A CRUZ DE CRISTO

John Stott

A CRUZ DE
CRISTO

Tradução
João Batista

EDITORA VIDA
Rua Conde de Sarzedas, 246 — Liberdade
CEP 01512-070 — São Paulo, SP
Tel.: 0 xx 11 2618 7000
atendimento@editoravida.com.br
www.editoravida.com.br
@editora_vida /editoravida

A CRUZ DE CRISTO
©1986, de John Stott
Originalmente publicado com o título *The Cross of Christ*

Todos os direitos desta edição em língua portuguesa reservados e protegidos por Editora Vida pela Lei 9.610, de 19/02/1998.

É proibida a reprodução desta obra por quaisquer meios (físicos, eletrônicos ou digitais), salvo em breves citações, com indicação da fonte.

■

Exceto em caso de indicação em contrário, todas as citações bíblicas foram extraídas de *Nova Versão Internacional* (NVI)
© 1993, 2000, 2011 by International Bible Society, edição publicada por Editora Vida. Todos os direitos reservados.

Todas as citações bíblicas e de terceiros foram adaptadas segundo o Acordo Ortográfico da Língua Portuguesa, assinado em 1990, em vigor desde janeiro de 2009.

■

As opiniões expressas nesta obra refletem o ponto de vista de seus autores e não são necessariamente equivalentes às da Editora Vida ou de sua equipe editorial.

Editor responsável: Sônia Freire Lula Almeida
Editor-assistente: Gisele Romão da Cruz
Revisão do Acordo Ortográfico e de provas: Equipe Vida
Diagramação: Claudia Fatel Lino
Capa: Douglas Lucas

Os nomes das pessoas citadas na obra foram alterados nos casos em que poderia surgir alguma situação embaraçosa.

Todos os grifos são do autor, exceto indicação em contrário.

1. edição:	2006	18ª reimp.:	dez. 2017
11ª reimp.:	nov. 2010	19ª reimp.:	nov. 2018
12ª reimp.:	fev. 2012	20ª reimp.:	dez. 2019
13ª reimp.:	set. 2013	21ª reimp.:	out. 2020
14ª reimp.:	jan. 2015	22ª reimp.:	fev. 2022
15ª reimp.:	out. 2015	23ª reimp.:	maio 2023
16ª reimp.:	maio 2016	24ª reimp.:	abril 2024
17ª reimp.:	fev. 2017		

**Dados Internacionais de Catalogação na Publicação (CIP)
(Câmara Brasileira do Livro, SP, Brasil)**

Stott, John
 A cruz de Cristo / John Stott; tradução João Batista. — São Paulo: Editora Vida, 2006

 Título original: *The Cross of Christ*
 Bibliografia
 ISBN 978-85-7367-146

 1. Jesus Cristo — Crucificação 2. Redenção I. Título.

06-2559   CDD-232.963

Índices para catálogo sistemático:
1. Jesus Cristo : Crucificação : Teologia cristã 232.963

Sumário

Prefácio 7

Primeira Parte
Aproximando-se da Cruz

Capítulo 1   A Centralidade da Cruz 15
Capítulo 2   Por que Cristo Morreu? 48
Capítulo 3   Olhando abaixo da superfície 64

Segunda Parte
O Coração da Cruz

Capítulo 4   O Problema do Perdão 88
Capítulo 5   Satisfação pelo Pecado 114
Capítulo 6   A autossubstituição de Deus 137

Terceira Parte
A realização da Cruz

Capítulo 7   A salvação dos pecadores 170
Capítulo 8   A Revelação de Deus 208
Capítulo 9   A Conquista do Mal 232

Quarta Parte
Vivendo sob a Cruz

Capítulo 10   A comunidade de Celebração 258
Capítulo 11   Autocompreensão e Autodoação 278
Capítulo 12   Amando a Nossos Inimigos 299
Capítulo 13   Sofrimento e Glória 315

Conclusão   A Penetrante Influência da Cruz 342
Bibliografia 356

Prefácio

Tenho como um enorme privilégio o ter sido convidado para escrever um livro sobre o maior e mais glorioso de todos os temas, a cruz de Cristo. Dos vários anos de trabalho despendidos nesta tarefa, emergi espiritualmente enriquecido, com minhas convicções aclaradas e fortalecidas, e com uma firme resolução de gastar o restante dos meus dias na terra (assim como sei que toda a congregação dos redimidos passará a eternidade no céu) no serviço liberador do Cristo crucificado.

É oportuno que um livro sobre a cruz faça parte das celebrações do Jubileu de Ouro da Inter-Varsity Press, a quem o público leitor muito deve. Pois a cruz é o centro da fé evangélica. Deveras, como argumento neste livro, ela jaz no centro da fé histórica, bíblica, e o fato de que esta verdade não é sempre reconhecida em toda a parte em si mesmo é justificativa suficiente para preservar um testemunho distintamente evangélico. Os cristãos evangélicos creem que em Cristo e, através do Cristo crucificado, Deus nos substitui por si mesmo e levou os nossos pecados, morrendo em nosso lugar a morte que merecíamos morrer, a fim de que pudéssemos ser restaurados em seu favor e adotados em sua família. O dr. J. I. Packer com acerto escreveu que esta crença "é o marco distintivo da fraternidade evangélica mundial" (embora "muitas vezes seja mal compreendida e caricaturada por seus críticos"); ela "nos leva ao próprio coração do evangelho cristão".[1]

É necessário que se esclareça a distinção entre compreensão "objetiva" e "subjetiva" da expiação em cada geração. Segundo o dr. Douglas Johnson, esta descoberta foi um momento decisivo no ministério do dr. Martyn Lloyd-Jones, que ocupou uma posição singular de liderança evangélica nas décadas que se seguiram à Segunda Guerra Mundial. Ele confidenciou a vários amigos que "uma mudança fundamental ocorreu em sua perspectiva e pregação no ano de 1929". Ele tinha, é claro, dado ênfase, desde o princípio do seu ministério à necessidade indispensável do novo nascimento. Mas, certa noite, depois de pregar em Bridgend, South Wales, o ministro local desafiou-o dizendo que "parecia que a cruz e a obra de Cristo" ocupavam um pequeno lugar em sua pregação.

---

[1] PACKER, J. I. **What Did the Cross Achieve?**, p. 3.

pregação. Imediatamente ele foi a uma livraria que vende livros usados e pediu ao proprietário os dois livros padrão sobre a Expiação. O livreiro apresentou a *Expiação* de R. W. Dale (1875) e *A Morte de Cristo* de James Denney (1903). Tendo voltado para casa, ele se entregou totalmente ao estudo, recusando o almoço e o chá, e causando tal ansiedade à esposa que esta telefonou a seu irmão perguntando se devia chamar um médico. Porém, ao emergir da reclusão, Lloyd-Jones dizia ter encontrado "o verdadeiro coração do evangelho e o segredo do significado interior da fé cristã". De sorte que o conteúdo de sua pregação mudou, e com esta mudança o seu impacto. Nas próprias palavras dele, a questão básica não era a pergunta de Anselmo "por que Deus se tornou homem?" mas "por que Cristo morreu?".[2]

Por causa da importância vital da expiação, e de uma compreensão dela que retire toda falsa informação dos grandes conceitos bíblicos de "substituição", "satisfação" e "propiciação", duas coisas têm-me grandemente surpreendido. A primeira é a tremenda impopularidade em que a doutrina permanece. Alguns teólogos demonstram relutância estranha em aceitá-la, mesmo quando compreendem claramente sua base bíblica. Penso, por exemplo, naquele notável erudito metodista, Vincent Taylor. Sua erudição aprimorada e abrangente encontra-se exemplificada em seus três livros sobre a cruz — *Jesus e Seu Sacrifício* (1937), *A Expiação no Ensino do Novo Testamento* (1940) e *Perdão e Reconciliação* (1946). Ele, ao descrever a morte de Cristo, emprega muitos adjetivos como "vicária", "redentora", "reconciliadora", "expiatória", "sacrificial" e especialmente "representativa". Mas não consegue chamá-la de "substitutiva". Depois de um exame rigoroso do primitivo ensino e crença cristã de Paulo, de Hebreus e de João, escreve ele o seguinte acerca da obra de Cristo: "Nenhuma das passagens que examinamos descreve-a como a de um substituto [...]. Em lugar algum encontramos apoio para tais conceitos.".[3] Não, a obra de Cristo foi um "ministério realizado em nosso favor, mas não em nosso lugar". Contudo, embora Vincent Taylor tenha feito estas espantosas afirmativas, fê-las com grande desconforto. Sua veemência nos deixa despreparados

---

[2] Sou grato ao dr. Douglas Johnson por dar-me esta informação, que complementa o relato de Ian H. Murray em **David Martyn Lloyd-Jones**, p. 190-191.

[3] TAYLOR, Vincent. **Atonement**, p. 258.

para as concessões que mais tarde ele se sente obrigado a fazer. "Talvez o aspecto mais admirável do ensino do Novo Testamento referente à obra representativa de Cristo", escreve ele, "seja o fato de chegar bem perto dos limites da doutrina substitutiva sem, na realidade, atravessá-los. O paulinismo, em particular, encontra-se a uma distância mínima da substituição". Ele até mesmo confessa a respeito de teólogos do Novo Testamento que "com demasiada frequência nos contentamos em negar a substituição sem substituí-la", e que é uma noção que "talvez estejamos mais ansiosos a rejeitar do que a examinar". Entretanto, o que procurarei mostrar neste livro é que a doutrina bíblica da expiação é substitutiva do princípio ao fim. O que Vincent Taylor não quis aceitar não foi a doutrina em si, mas as cruezas de pensamento e expressão das quais os advogados da substituição têm, com bastante frequência, sido culpados.

Minha segunda surpresa, em vista da centralidade da cruz de Cristo, é que nenhum livro sobre este tópico foi escrito por um escritor evangélico para leitores sérios (até dois ou três anos atrás) por quase meio século. É verdade, surgiram vários livros pequenos, e apareceram algumas obras de peso. Gostaria de prestar tributo especial aos notáveis labores neste campo do dr. Leon Morris, de Melbourne, Austrália. O seu livro *Pregação Apostólica da Cruz* (1955) deixou-nos todos em dívida, e alegro-me de que ele tenha trazido o conteúdo da obra ao alcance dos leigos em *A Expiação* (1983). Ele se tornou mestre da vasta literatura de todas as épocas sobre este tema, e seu livro *A Cruz no Novo Testamento* (1965) permanece, provavelmente, o exame mais completo hoje disponível. Dessa obra cito com caloroso endosso sua afirmativa de que "a cruz domina o Novo Testamento".

Todavia, até à recente publicação do livro de Ronald Wallace intitulado *A Morte Expiatória de Cristo* (1981) e do de Michael Green, *A Cruz Vazia de Jesus* (1984), não conheço outro livro evangélico para os leitores que tenho em mente, desde a obra de H. E. Guillebaud, *Por que a Cruz?* (1937), que foi um dos primeiros livros editados pela IVF. Foi um livro corajoso, que enfrentou diretamente os críticos da expiação substitutiva com três perguntas: (1) "é cristã?"; (isto é, compatível com os ensinos de Jesus e seus apóstolos); (2) "é imoral?" (isto é, compatível ou incompatível com a justiça); e (3) "é incrível?" (isto é, compatível ou incompatível com problemas como o tempo e a transferência da culpa).

Meu interesse é um pouco mais abrangente, pois este não é um livro apenas sobre a expiação, mas também sobre a cruz. Depois dos três capítulos introdutórios que formam a Primeira Parte, chego, na Segunda Parte, ao que chamei de "o coração da cruz", na qual argumento em favor de uma compreensão verdadeiramente bíblica das noções de "satisfação" e "substituição". Na Terceira Parte passo a três grandes realizações da cruz, a saber, salvar os pecadores, revelar a Deus e vencer o mal. A Quarta Parte, porém, trata de áreas que muitas vezes são omitidas nos livros sobre a cruz, isto é, o que significa a comunidade cristã "viver sob a cruz". Procuro mostrar que a cruz a tudo transforma. Ela dá um relacionamento novo de adoração a Deus, uma compreensão nova e equilibrada de nós mesmos, um incentivo novo para nossa missão, um novo amor para com nossos inimigos e uma nova coragem para encarar as perplexidades do sofrimento.

Ao desenvolver o meu tema, conservei em mente o triângulo Escritura, tradição e mundo moderno. Meu primeiro desejo foi ser fiel à Palavra de Deus, permitindo que ela diga o que tem para dizer e não pedindo que ela diga o que eu gostaria que ela dissesse. Não há alternativa à exegese textual cuidadosa. Em segundo lugar, procurei partilhar alguns dos frutos das minhas leituras. Ao procurar compreender a cruz, não podemos ignorar as grandes obras do passado. Desrespeitar a tradição e a teologia histórica é desrespeitar o Espírito Santo que tem ativamente iluminado a igreja em todos os séculos. Então, em terceiro lugar, tentei compreender a Escritura, não apenas à sua própria luz e à luz da tradição, mas também com relação ao mundo contemporâneo. Perguntei o que a cruz de Cristo diz para nós que vivemos no século XXI.

Ao ousar escrever (e ler) um livro a respeito da cruz, há, é claro, um grande perigo de presunção. Isto, em parte, advém do fato de que o que realmente aconteceu quando "Deus estava reconciliando consigo mesmo o mundo em Cristo" é um mistério cujas profundezas passaremos a eternidade examinando; e, em parte, porque seria muitíssimo impróprio fingir um frio desprendimento à medida que contemplamos a cruz de Cristo. Quer queiramos, quer não, estamos envolvidos. Nossos pecados o colocou aí. De sorte que, longe de nos elogiar, a cruz mina nossa justiça própria. Só podemos nos aproximar dela com a cabeça curvada e em espírito de contrição. E aí permanecemos até que o Senhor Jesus nos conceda ao coração sua palavra de perdão e aceitação, e nós, presos por seu amor, e transbordantes de ação de graças, saíamos para o mundo a fim de viver as nossas vidas no serviço dele.

Sou grato a Roger Beckwith e a David Turner por terem lido porções do manuscrito e por terem feito úteis comentários. Agradeço a participação de meus quatro assistentes mais recentes — Mark Labberton, Steve Ingraham, Bob Wismer e Steve Andrews. Steve Andrews, como é sua característica, foi meticuloso na leitura do manuscrito, na compilação da bibliografia e dos índices, e na leitura e correção das provas.

Reservo, porém, para o final, meus agradecimentos sinceros a Frances Whitehead, que em 1986 completou trinta anos como minha secretária. Este livro é um dos muitos que ela datilografou. Jamais poderei elogiar em demasia sua eficiência, ajuda, lealdade e entusiasmo constante pela obra do Senhor. Com grande gratidão dedico-lhe este livro.

Natal de 1985.
JOHN STOTT

PRIMEIRA PARTE

APROXIMANDO-SE DA CRUZ

Capítulo 1
A Centralidade da Cruz

Conhece o leitor o quadro de Holman Hunt, líder da Irmandade Rafaelita, intitulado "A Sombra da Morte"? Ele representa o interior da carpintaria de Nazaré. Jesus, nu até a cintura, está em pé ao lado de um cavalete de madeira sobre o qual colocou a serra. Seus olhos estão erguidos ao céu, e seu olhar é de dor ou de êxtase, ou de ambas as coisas. Seus braços também estão estendidos acima da cabeça. O sol da tarde, entrando pela porta aberta, lança, na parede atrás dele, uma sombra negra em forma de cruz. A prateleira de ferramentas tem a aparência de uma trave horizontal sobre a qual suas mãos foram crucificadas. As próprias ferramentas lembram os fatídicos prego e martelo.

Em primeiro plano, no lado esquerdo, uma mulher está ajoelhada entre as aspas de madeira. Suas mãos descansam no baú em que estão guardadas as ricas dádivas dos magos. Não podemos ver a face da mulher, pois ela se encontra virada. Mas sabemos que é Maria. Ela parece sobressaltar-se com a sombra em forma de cruz que seu filho lança na parede.

Os pré-rafaelitas têm fama de serem sentimentais. Contudo, eram artistas sérios e sinceros, e o próprio Holman Hunt estava decidido, conforme ele mesmo disse, a "batalhar contra a arte frívola da época" — o tratamento superficial de temas banais. Ele passou os anos de 1870 a 1873 na Terra Santa, onde pintou "A Sombra da Morte" em Jerusalém, no telhado da sua casa. Embora a ideia historicamente seja fictícia, é, contudo, teologicamente verdadeira. Desde a infância de Jesus, deveras desde o seu nascimento, a cruz lança uma sombra no seu futuro. Sua morte se encontrava no centro da sua missão. E a igreja sempre reconheceu essa realidade.

Imagine um estranho fazendo uma visita à Catedral de São Paulo em Londres. Tendo sido criado numa cultura não cristã, o visitante quase nada sabe a respeito do Cristianismo. Todavia, ele é mais que um simples turista; tem interesse por obras de arte e deseja aprender.

Descendo a Rua Fleet, ele se impressiona com a grandeza das proporções do edifício, e se admira de que *sir* Christopher Wren pudesse ter concebido um prédio desses depois do Grande Incêndio de Londres em 1666. À proporção que seus olhos tentam abarcar a tudo, ele não consegue deixar de perceber a enorme cruz dourada que domina a cúpula.

Ele entra na catedral e vai até seu ponto central, e para sob a cúpula. Tentando compreender o tamanho e a forma do edifício, ele se conscientiza de que a planta baixa, que consiste de nave e transeptos, é cruciforme. Andando ao redor, ele observa que cada capela lateral contém o que lhe parece uma mesa, sobre a qual, proeminentemente exposta, está uma cruz. Ele desce à cripta a fim de ver os sepulcros de homens famosos como o próprio *sir* Christopher Wren, lorde Nelson e o duque de Wellington: em cada um deles encontra-se gravada ou estampada em relevo uma cruz.

Voltando para cima, ele resolve assistir ao culto que está prestes a começar. O homem ao seu lado usa uma pequena cruz na lapela, e a senhora do seu outro lado leva uma cruz no colar. Seus olhos agora observam o vitral colorido da janela ao leste. Embora de onde está ele não possa ver os detalhes, percebe, porém, que o vitral contém uma cruz.

De repente, a congregação se põe de pé. Entram o coro e os clérigos, precedidos por alguém que carrega uma cruz processional. Entram cantando um hino. O visitante olha para o boletim de culto e lê as palavras de abertura:

> No calvário se ergueu uma cruz contra o céu,
> Como emblema de afronta e de dor.
> Mas eu amo essa cruz: foi ali que Jesus
> Deu a vida por mim, pecador.

Do que vem a seguir, ele chega a compreender que está testemunhando um culto de Santa Comunhão, e que este enfoca a morte de Jesus. Pois quando as pessoas que se encontram ao seu redor vão ao altar para receber o pão e o vinho, o ministro lhes fala do corpo e do sangue de Cristo. O culto termina com o cântico de outro hino:

> Ao contemplar a tua cruz
> E o que sofreste ali, Senhor,
> Sei que não há, ó meu Jesus,
> Um bem maior que o teu amor.
>
> Não me desejo gloriar
> Em nada mais senão em ti;

> Pois que morreste em meu lugar,
> Teu, sempre teu, serei aqui.

Embora a congregação se esteja dispersando, uma família fica para trás. Trouxeram o filho para ser batizado. Juntando-se a eles na frente, o visitante vê o ministro primeiro derramar água sobre a criança e então fazer o sinal da cruz na sua testa, dizendo: "Eu te marco com o sinal da cruz a fim de mostrar que não te deves envergonhar de confessar a fé do Cristo crucificado [...]".

O estranho deixa a catedral impressionado, mas intrigado. A insistência, repetida por palavra e símbolo, à centralidade da cruz foi admirável. Contudo, levantaram-se questões em sua mente. Um pouco da linguagem usada pareceu exagerada. Será que os cristãos, por causa da cruz, realmente relegam o mundo como perda, e se gloriam somente nela, sacrificando tudo por ela? Pode a fé cristã ser resumida corretamente como a "fé do Cristo crucificado"? Quais as bases, pergunta-se ele, dessa concentração na cruz de Cristo?

O SINAL E O SÍMBOLO DA CRUZ

Todas as religiões e ideologias têm seu símbolo visual, que exemplifica um aspecto importante de sua história ou crença. A flor de loto, por exemplo, embora tenha sido usada pelos chineses, egípcios e hindus antigos com outros significados, hoje está particularmente associada ao budismo. Por causa de sua forma de roda, pensa-se que represente o círculo do nascimento e da morte ou a emergência da beleza e da harmonia das águas turvas a partir do caos. Às vezes representa-se Buda entronizado na flor de loto totalmente aberta.

O judaísmo antigo, com medo de quebrar o segundo mandamento, que proíbe a fabricação de imagens, evitava sinais e símbolos visuais. O judaísmo moderno, porém, emprega o assim chamado Escudo ou Estrela de Davi, um hexagrama formado pela combinação de dois triângulos equiláteros. O Escudo fala da aliança de Deus com Davi de que o trono deste seria estabelecido para sempre e que o Messias viria da sua descendência. O islã, a outra fé monoteísta que se levantou no Oriente Médio, é simbolizado pelo crescente ou meia-lua, pelo menos na Ásia Ocidental. Originalmente o crescente representava uma fase da lua e era o símbolo de soberania em Bizâncio antes da conquista muçulmana.

As ideologias seculares deste século também possuem seus sinais que são universalmente reconhecíveis. O martelo e a foice do marxismo, adotados em 1917 pelo governo soviético e retirados de um quadro belga do século dezenove, representam a indústria e a agricultura. O fato de serem cruzados significa a união de operários e camponeses, da fábrica e do campo. Da suástica, por outro lado, há vestígios de 6.000 anos atrás. As pontas se dobram para a direita, simbolizando ou o movimento do sol no céu, ou o ciclo das quatro estações, ou o processo de criatividade e prosperidade ("svasti" em sânscrito significa "bem-estar"). No início deste século, porém, alguns alemães adotaram a suástica como símbolo da raça ariana. Então Hitler se apossou dela e ela passou a representar a sinistra intolerância racial nazista.

O Cristianismo, portanto, não é exceção quanto a possuir um símbolo visual. Todavia, a cruz não foi o primeiro. Por causa das selvagens acusações dirigidas contra os cristãos, e da perseguição a que estes foram submetidos, eles tiveram de "ser muito circunspectos e evitar ostentar sua religião. Assim a cruz, agora símbolo universal do Cristianismo, a princípio foi evitada, não somente por causa da sua associação direta com Cristo, mas também em virtude de sua associação vergonhosa com a execução de um criminoso comum"[1]. De modo que nas paredes e tetos das catacumbas (sepulcros subterrâneos na periferia de Roma, onde os cristãos perseguidos provavelmente se esconderam), os primeiros motivos cristãos parecem ter sido ou pinturas evasivas de um pavão (que se dizia simbolizar a imortalidade), uma pomba, o louro dos atletas ou, em particular, de um peixe. Somente os iniciados saberiam, e ninguém mais poderia adivinhar que *ichthys* ("peixe") era o acrônimo de *Iesus Christos Theou Huios Soter* ("Jesus Cristo Filho de Deus Salvador"). Mas o peixe não permaneceu como símbolo cristão, sem dúvida porque a associação entre Jesus e o peixe era meramente acronímica (uma disposição fortuita de letras) e não possuía nenhuma importância visual.

Um pouco mais tarde, provavelmente durante o segundo século, os cristãos perseguidos parecem ter preferido pintar temas bíblicos como a arca de

---

[1] GOUGH, Michael. **Origins of Christian Art**, p. 18. Veja também: MILLER, J. H. "Cross" e "Crucifix"; BARRACLOUGH, Geoffrey (Ed.). **Christian World**; POCKNEE, Cyril E. **Cross and Crucifix**.

Noé, Abraão matando o cordeiro no lugar de Isaque, Daniel na cova dos leões, seus três amigos na fornalha de fogo, Jonas sendo vomitado pelo peixe, alguns batismos, um pastor carregando uma ovelha, a cura do paralítico e a ressurreição de Lázaro. Tudo isso simbolizava a redenção de Cristo e não era incriminador, uma vez que somente os entendidos teriam sido capazes de interpretar o seu significado. Além disso, o monograma Chi-Rho (as duas primeiras letras da palavra grega *Christos*) era um criptograma popular, muitas vezes representado em forma de cruz. Esse criptograma às vezes continha uma ovelha em pé na sua frente, ou uma pomba.

Um emblema cristão universalmente aceito teria, obviamente, de falar a respeito de Jesus Cristo, mas as possibilidades eram enormes. Os cristãos podiam ter escolhido a manjedoura em que o menino Jesus foi colocado, ou o banco de carpinteiro em que ele trabalhou durante sua juventude em Nazaré, dignificando o trabalho manual, ou o barco do qual ele ensinava as multidões na Galileia, ou a toalha que ele usou ao lavar os pés dos apóstolos, a qual teria falado de seu espírito de humilde serviço. Também havia a pedra que, tendo sido removida da entrada do túmulo de José, teria proclamado a ressurreição. Outras possibilidades eram o trono, símbolo de soberania divina, o qual João, em sua visão, viu que Jesus partilhava, ou a pomba, símbolo do Espírito Santo enviado do céu no dia do Pentecoste. Qualquer destes sete símbolos teria sido apropriado para indicar um aspecto do ministério do Senhor. Mas, pelo contrário, o símbolo escolhido foi uma simples cruz. Seus dois braços já simbolizavam, desde a remota Antiguidade, os eixos entre o céu e a terra. Mas a escolha dos cristãos possuía uma explicação mais específica. Desejavam comemorar, como centro da compreensão que tinham de Jesus, não o seu nascimento nem a sua juventude, nem o seu ensino nem o seu serviço, nem a sua ressurreição nem o seu reino, nem a sua dádiva do Espírito, mas a sua morte e a sua crucificação. Parece que o crucifixo (isto é, uma cruz contendo uma figura de Cristo) não foi usado até o sexto século.

Parece certo que, pelo menos a partir do segundo século, os perseguidos cristãos não apenas desenhavam, pintavam e gravavam a cruz como símbolo visual de sua fé, mas também faziam o sinal da cruz em si mesmos ou nos outros. Uma das primeiras testemunhas dessa prática foi Tertuliano, o advogado--teólogo do Norte da África, em cerca de 200 A.D. Escreveu ele:

A cada passo e a cada movimento dados para frente, em cada entrada e em cada saída, quando nos vestimos e nos calçamos, quando tomamos banho, quando nos assentamos à mesa, quando acendemos as lâmpadas; no sofá, na cadeira, nas ações corriqueiras da vida diária, traçamos na testa o sinal [da cruz].[2]

Hipólito, culto presbítero de Roma, é testemunha especialmente interessante. Sabe-se que ele foi um "reacionário declarado que, em sua própria geração, era a favor do passado em vez do futuro". Seu famoso tratado *A Tradição Apostólica* (cerca de 215 A.D.) "afirma explicitamente estar registrando somente formas e modelos de rituais já tradicionais, e costumes já há muito estabelecidos, e ter sido escrito em protesto deliberado contra inovações".[3] Quando, pois, ele descreve certas "observâncias da igreja", podemos ter certeza de que essas já estavam sendo praticadas uma geração ou mais antes dele. Ele menciona que o sinal da cruz era usado pelo bispo ao ungir a testa do candidato durante a Confirmação, e o recomenda na oração particular: "Imitem sempre a ele (Cristo), fazendo, com sinceridade, um sinal na testa: pois este é o sinal da sua paixão". O sinal da cruz, acrescenta ele, também é proteção contra o mal: "Quando tentado, sempre reverentemente sela a tua testa com o sinal da cruz. Pois este sinal da paixão, quando o fizeres com fé, é mostrado e manifestado contra o diabo, não a fim de que possas ser visto pelos homens, mas, por teu conhecimento, apresenta-o como um escudo."[4]

Não é necessário que tachemos este hábito de superstição. Pelo menos na sua origem, o sinal da cruz teve a finalidade de identificar e, deveras, santificar cada ato como se pertencesse a Cristo.

Na metade do terceiro século, quando Cipriano, outro africano do norte, era bispo de Cartago, o imperador Deciano (250-251 A.D.) desencadeou uma terrível perseguição, durante a qual milhares de cristãos morreram pelo fato de se terem recusado a oferecer sacrifício ao nome dele. Na ânsia de fortalecer o moral do povo, e incentivá-los a aceitar o martírio em vez de comprometer a fé cristã, Cipriano lembrava-os da cerimônia da cruz: "tomemos também como proteção da nossa cabeça o capacete da salvação [...] para que nossa fronte

---

[2] TERTULIANO. **De Corona**, cap. III, p. 94.

[3] DIX, Gregory (Ed.). **Apostolic Tradition of St. Hippolytus**, p. XI.

[4] Ibid., p. 68-69.

possa ser fortificada, de modo que conservemos seguro o sinal de Deus".[5] Quanto aos fiéis que suportaram prisões e arriscaram a vida, Cipriano os louvava, dizendo: "as vossas frontes, santificadas pelo selo de Deus [...] foram reservadas para a coroa do Senhor".[6]

Richard Hooker, teólogo anglicano e Mestre do Templo de Londres do século dezesseis, aplaudiu o fato de que os primitivos Pais da Igreja, apesar do escárnio dos pagãos para com os sofrimentos de Cristo, "escolheram o sinal da cruz (no batismo) antes que qualquer outro sinal externo, pelo qual o mundo pudesse facilmente sempre discernir o que eram".[7] Ele estava cônscio das objeções dos puritanos. "O sinal da cruz e que tais imitações do papado", diziam eles, "as quais a igreja de Deus na época dos apóstolos jamais reconheceu", não deviam ser usados, pois não se devem acrescentar invenções humanas às instituições divinas, e sempre houve o perigo do seu mau uso como superstição. Assim como o rei Ezequias destruiu a serpente de bronze, da mesma forma o sinal da cruz deve ser abandonado. Mas Hooker permaneceu firme na sua posição. Em "questões indiferentes", que não eram incompatíveis com a Escritura, os cristãos estavam livres. Além disso, o sinal da cruz possuía uma utilidade positiva: é "para nós uma advertência [...] para que nos gloriemos no serviço de Jesus Cristo, e não baixemos a cabeça como homens que dele têm vergonha, embora o sinal da cruz nos traga opróbrio e ignomínia nas mãos deste mundo vil".[8]

Foi Constantino, o primeiro imperador a professar a fé cristã, quem acrescentou ímpeto ao uso do símbolo da cruz. Pois, segundo Eusébio, nas vésperas da Batalha da Ponte Milviana, a qual lhe deu supremacia no Ocidente (321-313 A.D.), ele viu uma cruz iluminada no céu, acompanhada das palavras *in hoc signo vinces* ("vence por este sinal"). Imediatamente ele a adotou como seu emblema e mandou brasoná-la nos estandartes de seu exército.

Qualquer que seja a ideia que façamos de Constantino e do desenvolvimento da "cristandade" depois dele, pelo menos a igreja tem fielmente preservado a cruz como seu símbolo central. Em algumas tradições eclesiásticas o

---

[5] CIPRIANO. **Ad Thibaritanos IX**.

[6] CIPRIANO. **De Lapsis 2**.

[7] HOOKER, Richard. **Ecciesiastical Polity**, Livro V, Cap. LXV 20, "Da Cruz e do Batismo".

[8] Ibid., Livro V, cap. LXV 6.

candidato a batismo ainda é marcado com esse sinal, e os parentes do cristão que, depois de morrer é enterrado e não cremado, muito provavelmente mandarão erigir uma cruz sobre a sua sepultura. Assim, desde o nascimento do cristão até a sua morte, como podíamos dizer, a igreja procura nos identificar e proteger com uma cruz.

A escolha que os cristãos fizeram da cruz como símbolo da sua fé é tanto mais surpreendente quando nos lembramos do horror com que era tida a crucificação no mundo antigo. Podemos compreender por que a mensagem da cruz que Paulo pregava era "loucura" para muitos (1Coríntios 1.18,23). Como poderia uma pessoa de mente sadia adorar como deus um homem morto, justamente condenado como criminoso e submetido à forma mais humilhante de execução? Essa combinação de morte, crime e vergonha colocava-o muito além do respeito, sem falar da adoração.[9]

Os gregos e os romanos se apossaram da crucificação que, aparentemente, fora inventada pelos "bárbaros" que viviam à margem do mundo conhecido. É ela, com toda a probabilidade, o método mais cruel de execução jamais praticado, pois deliberadamente atrasa a morte até que a máxima tortura seja infligida. Antes de morrer, a vítima podia sofrer durante dias. Ao adotarem a crucificação, os romanos a reservaram para assassinos, rebeldes, ladrões, contanto que também fossem escravos, estrangeiros ou pessoas sem posição legal ou social. Os judeus, portanto, se enraiveceram quando o general romano Varus crucificou 2.000 dos seus compatriotas em 4 a.C., e quando, durante o cerco de Jerusalém, o general Tito crucificou tantos fugitivos da cidade que não se podia encontrar "espaço [...] para as cruzes, nem cruzes para os corpos".[10]

Os cidadãos romanos, a não ser em casos extremos de traição, estavam isentos de crucificação. Cícero, num de seus discursos, condenou-a como *crudelissimum taeterrimumque supplicium*, "um castigo muitíssimo cruel e repugnante".[11] Um pouco mais tarde ele declarou: "Atar um cidadão romano é crime, chicoteá-lo é abominação, matá-lo é quase um ato de assassínio: crucificá-lo é — o quê? Não há palavras

---

[9] Veja especialmente as p. 1-10 sobre a **Crucificação** por Martin Hengel, cujo título original foi **Mors turpissima crucis**, "a morte totalmente vil da cruz", uma expressão primeiramente usada por Orígenes.

[10] Veja os relatos dados por Josefo em **Antiguidades** XVII 10:10 e **Guerra Judaica** V. XI:1.

[11] Cícero. **Against Verres** II, v. 64, § 165.

que possam descrever ato tão horrível".[12] Cícero foi ainda mais explícito em 63 a.C. em sua defesa bem-sucedida do idoso senador Gaio Rabírio, que havia sido acusado de homicídio: "a própria palavra cruz deve ser removida para longe não apenas da pessoa do cidadão romano, mas também de seus pensamentos, olhos e ouvidos. Pois não é somente a ocorrência destas coisas (os procedimentos da crucificação) ou a capacidade de suportá-las, mas a possibilidade delas, a expectativa, deveras, a mera menção delas, que é indigna de um cidadão romano e de um homem livre".[13]

Se os romanos viam com horror a crucificação, da mesma forma viam-na os judeus, embora por motivos diferentes. Os judeus não faziam distinção entre o "madeiro" e a "cruz", entre o enforcamento e a crucificação. Eles, portanto, automaticamente aplicavam aos criminosos crucificados a terrível declaração da lei de que "o que for pendurado no madeiro é maldito de Deus" (Deuteronômio 21.23). Eles não podiam crer que o Messias de Deus morreria sob a maldição divina, pendurado num madeiro. No dizer de Trifo, um judeu, a Justino, apologista cristão: "Quanto a este ponto sou excessivamente incrédulo".[14]

De forma que, quer de criação romana, quer judaica, ou ambas, os primeiros inimigos do Cristianismo não perdiam a oportunidade de ridicularizar a reivindicação de que a vida do ungido de Deus e Salvador dos homens tinha acabado numa cruz. Tal ideia era loucura. Esse sentimento é bem exemplificado por um grafito do segundo século, descoberto no monte Palatino em Roma, na parede de uma casa que, segundo alguns eruditos, foi usada como escola para os pajens imperiais. É o quadro mais antigo da crucificação, e é uma caricatura. Um desenho grosseiro representa, esticado numa cruz, um homem com a cabeça de um burro. Embaixo, rabiscado com letras desiguais, estão as palavras ALEXAMENOS CEBETE THEON, "Alexamenos adora a Deus". O desenho encontra-se hoje no Museu Kircherian de Roma. Qualquer que tenha sido a origem da acusação do culto ao burro (atribuída tanto a judeus quanto a cristãos), era o conceito, da adoração a um homem que estava sendo exposto ao motejo.

Detectamos a mesma nota de escárnio em Luciano de Samosata, satirista pagão do segundo século. Em *O Passamento de Peregrino* (um convertido cristão

---

[12] CÍCERO. **Against Verres** II, v. 66, § 170.

[13] CÍCERO. **In Defence of Rabirius**. v. 16, p. 467.

[14] MÁRTIR, Justino. **Dialogue with Trypho a Jew**, cap. LXXXIX.

fictício a quem ele apresenta como charlatão), Samosata difama os cristãos, dizendo que "adoravam o próprio sofista crucificado e viviam sob suas leis".

A perspectiva de Jesus

O fato de a cruz se tornar um símbolo cristão, e que os cristãos, teimosamente, se recusaram, apesar do ridículo, a descartá-lo em favor de alguma coisa menos ofensiva, só pode ter uma explicação. Significa que a centralidade da cruz teve origem na mente do próprio Jesus. Foi por lealdade a ele que seus seguidores se apegaram com tanta tenacidade a esse sinal. Que evidência há, pois, de que a cruz se encontrava no centro da perspectiva do próprio Jesus?

Nosso único vislumbre da mente em desenvolvimento do menino Jesus nos é dado na história de como, com a idade de 12 anos, ele foi levado a Jerusalém na época da Páscoa e então, por engano, deixado para trás. Quando seus pais o encontraram no templo, "assentado no meio dos mestres, ouvindo-os e interrogando-os", eles o repreenderam. Disseram que o procuravam aflitos. "Por que me procuráveis?" respondeu ele com inocente espanto. "Não sabíeis que me cumpria estar na casa de meu Pai?" (Lucas 2.41-50). Lucas conta a história com uma agonizante economia de detalhes. Portanto, devemos ter cuidado em não colocar nela mais do que a própria narrativa justifica. Isto, porém, podemos afirmar, que já com a idade de 12 anos Jesus se referia a Deus como seu "Pai" e também sentia uma compulsão interior de se ocupar com os assuntos dele. Ele sabia possuir uma missão. Seu Pai o tinha enviado ao mundo com um propósito. Essa missão ele devia realizar; esse propósito ele devia cumprir. E estes emergem gradativamente na narrativa dos Evangelhos.

Os evangelistas sugerem que o batismo e a tentação de Jesus foram ocasiões em que ele se comprometeu em seguir o caminho de Deus em vez do caminho do diabo, o caminho do sofrimento e da morte em vez do caminho da popularidade e da fama. Contudo, Marcos (acompanhado por Mateus e Lucas) aponta um evento posterior no qual Jesus começou a ensinar claramente sua missão. Foi o ponto mais importante de seu ministério público. Tendo-se retirado com os apóstolos para o distrito norte, nos arredores de Cesareia de Filipe, aos pés do monte Hermom, ele lhes fez a pergunta direta sobre quem eles pensavam que ele era. Quando Pedro respondeu que ele era o Messias de

Deus, imediatamente Jesus "advertiu-os de que a ninguém dissessem tal coisa a seu respeito" (Marcos 8.29,30). Esta ordem estava de acordo com suas instruções prévias acerca de guardarem o assim chamado "segredo messiânico". Contudo, agora algo novo aconteceu:

> Jesus então começou a ensinar-lhes que era necessário que o Filho do homem sofresse muitas coisas, fosse rejeitado pelos anciãos, pelos principais sacerdotes e pelos escribas, fosse morto e que depois de três dias ressuscitasse. E isto ele expunha claramente (Marcos 8.31,32).

"Claramente" é tradução de *parresia*, cujo significado é "com liberdade de discurso", ou "abertamente". Não devia haver segredo acerca do assunto. O fato de sua messianidade havia sido mantido em segredo porque o povo tinha entendido mal o seu caráter. A expectativa messiânica popular era de um líder político revolucionário. João nos diz que no auge da popularidade galileia de Jesus, depois de alimentar os cinco mil, as multidões tinham querido "arrebatá-lo para o proclamarem rei" (João 6.15). Agora que os apóstolos haviam claramente reconhecido e confessado a sua identidade, contudo, ele podia explicar a natureza de sua messianidade, e fazê-lo abertamente. Pedro censurou-o, horrorizado pelo destino que ele havia predito para si mesmo. Mas Jesus repreendeu a Pedro com palavras fortes. O mesmo apóstolo que, ao confessar a messianidade divina de Jesus, tinha recebido uma revelação do Pai (Mateus 16.17), havia sido enganado pelo diabo, com o intuito de negar a necessidade da cruz. "Arreda! Satanás", disse Jesus, com uma veemência que deve ter assustado os seus ouvintes. "Porque não cogitas das coisas de Deus, e, sim, das dos homens" (Marcos 8.31-33).[15]

Em geral esse incidente é tido como a primeira "predição da paixão". Já tinha havido alusões passageiras (exemplo: Marcos 2.19-20); mas essa foi bem direta. A segunda alusão foi feita um pouco mais tarde, enquanto Jesus passava, incógnito, pela Galileia. Disse ele aos Doze: "O Filho do homem será entregue nas mãos dos homens, e o matarão; mas, três dias depois da sua morte, ressuscitará" (Marcos 9.31).

---

[15] Cf. Mateus 16.21ss; Lucas 9.22ss.

Marcos afirma que os discípulos não compreenderam o que ele queria dizer, e tiveram medo de lhe perguntar. Mateus acrescenta que "se entristeceram grandemente" (Mateus 17.22,23). Foi este, provavelmente, o tempo em que, segundo Lucas, Jesus "manifestou no semblante a intrépida resolução de ir para Jerusalém" (9.51). Ele estava decidido a cumprir o que fora escrito a seu respeito.

Jesus fez a terceira "predição da paixão" quando se dirigiam à Cidade Santa. Marcos a introduz com uma gráfica descrição do espanto que a resolução do Senhor inspirou nos discípulos:

> Estavam de caminho, subindo para Jerusalém, e Jesus ia adiante dos seus discípulos. Esses se admiravam e o seguiam tomados de apreensões. E Jesus, tornando a levar à parte os doze, passou a revelar-lhes as coisas que se lhe deviam sobrevir, dizendo: Eis que subimos para Jerusalém e o Filho do homem será entregue aos principais sacerdotes e aos escribas; vão condená-lo à morte e o entregarão aos gentios; hão de escarnecê-lo, cuspir nele, açoitá-lo e matá-lo; mas depois de três dias ressuscitará.

Lucas acrescenta o seu comentário de que "vai cumprir-se ali tudo quanto está escrito por intermédio dos profetas, no tocante ao Filho do homem" (Lucas 18.31-34).[16]

Esta repetição tripla da predição da paixão acrescenta uma nota de solenidade à narrativa de Marcos. E desta forma que ele, deliberadamente, prepara seus leitores, como Jesus, deliberadamente, preparou os Doze para os terríveis eventos que estavam pela frente. Ajuntando as três predições, a ênfase mais impressionante não é que Jesus seria traído, rejeitado e condenado por seu próprio povo e seus líderes, nem que eles o entregariam aos gentios que dele escarneceriam e o matariam, nem que depois de três dias ele ressurgiria dentre os mortos. Nem é tampouco que Jesus se designava de "Filho do homem" (a figura celestial a quem Daniel viu em sua visão, vindo nas nuvens do céu, recebendo autoridade, glória e poder soberano, e recebendo adoração das nações) e, contudo, paradoxalmente, afirmava que, como Filho do homem, ele sofreria e morreria, combinando assim, com ousada originalidade, as duas figuras messiânicas do Antigo Testamento, a do Servo Sofredor de Isaías 53,

---

[16] Marcos 10.32-34; cf. Mateus 20.17-19.

e a do Filho do homem reinante de Daniel 7. Mais impressionante ainda é a determinação que ele tanto expressou como exemplificou. Ele *devia* sofrer, ser rejeitado e morrer, disse ele. Tudo o que fora escrito a seu respeito na Escritura *devia* ser cumprido. Assim, ele se dirige para Jerusalém e vai adiante dos Doze. Ele instantaneamente reconheceu que o comentário negativo de Pedro era de procedência satânica e, portanto, instantaneamente o repudiou.

Embora essas três predições formem um trio óbvio por causa da sua estrutura e palavreado semelhante, os Evangelhos registram pelo menos mais oito ocasiões em que Jesus se referiu à sua morte. Descendo do monte onde havia sido transfigurado, ele advertiu de que sofreria nas mãos dos seus inimigos assim como João Batista havia sofrido,[17] e em resposta ao pedido injuriosamente egoísta de Tiago e João, que desejavam os melhores lugares no reino, disse que ele próprio tinha vindo para servir, não para ser servido, e "para dar a sua vida em resgate de muitos".[18] As restantes seis alusões foram todas feitas durante a última semana da sua vida, à proporção que a crise se aproximava. Ele via a sua morte como a culminância de séculos de rejeição judaica da mensagem de Deus e predisse que o juízo divino traria um fim ao privilégio nacional judaico.[19] Então na terça-feira, mencionando a páscoa, ele disse que ia ser "entregue para ser crucificado"; na casa em Betânia ele descreveu o perfume derramado na sua cabeça como em preparação para o seu sepultamento; no cenáculo ele insistiu em que o Filho do homem iria assim como dele estava escrito, e deu-lhes pão e vinho como emblema do seu corpo e sangue, assim prefigurando sua morte e requisitando sua comemoração. Finalmente, no jardim do Getsêmani ele recusou ser defendido por homens ou anjos, pois "como, pois, se cumpririam as Escrituras, segundo as quais assim deve suceder?".[20] Desta forma, os evangelistas sinóticos dão testemunho comum ao fato de que Jesus tanto previu claramente quanto repetidamente predisse a aproximação da sua morte.

---

[17] Mateus 17.9-13; Marcos 9.9-13; cf. Lucas 9.44.

[18] Marcos 10.35-45; Mateus 20.20-28.

[19] Marcos 12.1-12; cf. Mateus 21.33-46; Lucas 20.9-19.

[20] Para os ditos da Páscoa, veja Mateus 26.2; para as referências ao enterro, Marcos 14.3-9 e cf. Mateus 26.6-13; para o ai sobre Judas, Marcos 14.10ss e cf. Mateus 26.14ss e Lucas 22.22; para a instituição da ceia, Marcos 14.22-25 e cf. Mateus 26.26-29, Lucas 22.14-20 e 1Coríntios 11.23-26; para a prisão, Mateus 26.47-56 e cf. Marcos 14.43-50, Lucas 22.47-53 e João 18.1-11.

João omite estas predições precisas. Contudo, ele dá testemunho do mesmo fenômeno mediante suas sete referências à "hora" de Jesus (geralmente *hora*, mas uma vez *kairos*, "tempo"). Era a hora do seu destino, na qual ele deixaria o mundo e voltaria ao Pai. Além disso, sua hora estava sob o controle do Pai, de modo que a princípio ainda não havia chegado, embora no final ele diria confiantemente que ela havia chegado.

Quando Jesus disse a sua mãe nas bodas de Caná, depois que o vinho acabara, e a seus irmãos, quando queriam que ele subisse para Jerusalém e se manifestasse publicamente: "A minha hora ainda não chegou", o significado era claro. Mas João queria que seus leitores detectassem o significado mais profundo, embora a mãe e os irmãos de Jesus não o tivessem percebido.[21] João continua a partilhar este segredo com seus leitores, e o usa a fim de explicar por que as afirmativas aparentemente blasfemas de Jesus não levaram à sua prisão. "Então procuravam prendê-lo", comenta ele, "mas ninguém lhe pôs a mão, porque ainda não era chegada a sua hora".[22] Somente quando Jesus chega a Jerusalém pela última vez é que João torna explícita a referência. Quando alguns gregos pediram para vê-lo, a princípio ele disse: "É chegada a hora de ser glorificado o Filho do homem", e então, depois de falar claramente da sua morte, ele prossegue: "Agora está angustiada a minha alma, que direi eu? Pai, salva-me desta hora? Mas precisamente com este propósito vim para esta hora. Pai, glorifica o teu nome"[23]. Então, duas vezes no cenáculo, ele fez referências finais a que o tempo havia chegado para que ele deixasse o mundo e fosse glorificado.[24]

Por mais incertos que possamos nos sentir acerca das primeiras alusões à sua "hora" ou "tempo", não podemos ter dúvidas a respeito das últimas três. Pois Jesus especificamente chamou a sua "hora" de o tempo de sua "glorificação", o qual (como veremos mais tarde), começou com sua morte, e acrescentou que não podia pedir que fosse livrado dela porque era este o motivo de ele ter vindo ao mundo. Deveras, não é provável que o paradoxo registrado por João tenha sido acidental, que a hora pela qual ele tinha vindo era a hora em que o

---

[21] João 2.4; 7.8.
[22] João 7.25ss especialmente v. 30, e 8.12ss especialmente v. 20.
[23] João 12.20-28.
[24] João 13.1; 17.1.

deixava. Marcos torna a questão ainda mais explícita ao identificar a sua "hora" com o seu "cálice".[25]

Tendo esta evidência, suprida pelos escritores dos Evangelhos, o que podemos dizer sobre a perspectiva de Jesus acerca da sua própria morte? Além de qualquer dúvida, ele sabia que ela ia acontecer — não no sentido em que todos nós sabemos que morreremos um dia, mas no sentido em que ele teria uma morte violenta, prematura e, contudo, intencional. Mais do que isso, ele apresenta três motivos interligados para sua inevitabilidade.

Primeiro, ele sabia que ia morrer por causa da hostilidade dos líderes nacionais judaicos. Parece que esta hostilidade fora despertada bem cedo durante o seu ministério público. A sua atitude para com a lei em geral, e para com o Sábado em particular, os enraivecia. Quando ele insistiu em curar numa sinagoga, no dia de Sábado, um homem que tinha a mão ressequida, Marcos nos diz que "retirando-se os fariseus, conspiravam logo com os herodianos, contra ele, em como lhe tirariam a vida" (3.6). Jesus deve ter percebido a intenção deles. Ele também conhecia o registro da perseguição dos profetas fiéis no Antigo Testamento.[26] Embora soubesse que era mais do que profeta, ele também sabia que não era menos, e que, portanto, podia esperar tratamento semelhante. Ele era uma ameaça à posição e preconceito dos líderes. Segundo Lucas, depois que Jesus leu e explicou Isaías 61 na sinagoga de Nazaré, em cuja exposição ele parecia ensinar uma preferência divina pelos gentios, "todos na sinagoga, ouvindo estas coisas, se encheram de ira. E levantando-se, expulsaram-no da cidade e o levaram até ao cume do monte sobre o qual estava edificada, para de lá o precipitaram abaixo". Acrescenta Lucas que "Jesus, porém, passando por entre eles, retirou-se" (4.16-30). Mas ele escapou por pouco. Jesus sabia que mais cedo ou mais tarde eles o apanhariam.

Segundo, ele sabia que ia morrer porque era isto o que estava escrito nas Escrituras acerca do Messias. "Pois o Filho do homem vai, como está escrito a seu respeito" (Marcos 14.21). Deveras, referindo-se ao testemunho profético do Antigo Testamento, ele tinha a tendência de ligar a morte e a ressurreição, os sofrimentos e a glória do Messias. Pois as Escrituras ensinavam a ambos. E o Senhor ainda insistia sobre este assunto mesmo depois de haver ressurgido. Ele disse aos discípulos na

---

[25] João 12.27; 13.1; Marcos 14.35,41. Cf. 26.18.

[26] Joachim Jeremias desenvolve este argumento em **Central Message**. Veja especialmente p. 41.

estrada de Emaús: "Porventura não convinha que o Cristo padecesse e entrasse na sua glória? E, começando por Moisés, discorrendo por todos os profetas, expunha-lhes o que a seu respeito constava em todas as Escrituras" (Lucas 24.25,26; cf. v. 44-47).

Gostaríamos muitíssimo de estar presentes a essa exposição de "Cristo por todas as Escrituras". Pois o número real de suas citações reconhecíveis extraídas do Antigo Testamento em relação à cruz e à ressurreição não é grande. Ele predisse o afastamento dos apóstolos, citando Zacarias, que quando o pastor fosse ferido as ovelhas se espalhariam.[27] Ele concluiu sua parábola dos viticultores com uma referência impressionante à pedra que, embora rejeitada pelos construtores, subsequentemente foi feita a pedra angular.[28] E enquanto ele pendia da cruz, três das assim chamadas "sete palavras", foram citações diretas das Escrituras: "Deus meu, Deus meu, por que me desamparaste?" está em Salmos 22.1; "Tenho sede", de Salmos 69.21, e "Pai, nas tuas mãos entrego o meu espírito" de Salmos 31.5. Estes três salmos descrevem a profunda angústia de uma vítima inocente, que está sofrendo tanto física quanto mentalmente nas mãos dos seus inimigos, mas que, ao mesmo tempo, mantém sua confiança em Deus. Embora, é claro, tenham sido escritos para expressar a angústia do próprio salmista, contudo, Jesus tinha, evidentemente, chegado a ver-se a si mesmo e seus próprios sofrimentos como o cumprimento final deles.

É, contudo, de Isaías 53 que Jesus parece ter extraído a predição mais clara não somente dos seus sofrimentos, mas também de sua glória subsequente. Pois aí o servo de Yavé é primeiramente apresentado como "desprezado, e o mais rejeitado entre os homens; homem de dores e que sabe o que é padecer" (v. 3), sobre quem o Senhor colocou os nossos pecados para que ele fosse "trespassado pelas nossas transgressões, e moído pelas nossas iniquidades" (v. 5,6), e então, no final dos capítulos 52 e 53, ele "será exaltado e elevado, e será mui sublime" (52.13) e recebe "como a sua parte e com os poderosos repartirá ele o despojo" (53.12), como resultado do qual ele "causará admiração às nações" (52.15) e "justificará a muitos" (53.11). A única citação direta, registrada dos lábios de Jesus, é o versículo 12: "Foi contado com os transgressores". "Pois vos digo que importa que se cumpra em mim o que está escrito", disse ele (Lucas 22.37). Ao declarar ele que "devia sofrer muitas coisas" e que não tinha vindo "para ser servido, mas

---

[27] Zacarias 13.7; Mateus 26.31; Marcos 14.27.
[28] Salmos 118.22; Mateus 21.42; Marcos 12.10-11; Lucas 20.17. Cf. Atos 4.11; 1Pedro 2.7.

para servir e dar a sua vida em resgate por muitos" (Marcos 8.31; 10.45), embora não sejam citações diretas de Isaías 53, a sua combinação de sofrimento, serviço e morte pela salvação de outros apontam claramente nessa direção. Além do mais, Paulo, Pedro, Mateus, Lucas e João — os maiores contribuintes para o Novo Testamento — juntos aludem pelo menos a oito dos doze versículos do capítulo. Qual era a origem de sua aplicação confiante e detalhada de Isaías 53 a Jesus? Eles devem tê-la extraído dos próprios lábios do Mestre. Foi desse capítulo, mais do que de qualquer outro, que Jesus aprendeu que a vocação do Messias era sofrer e morrer pelo pecado dos homens, e, assim, ser glorificado.

A oposição da hierarquia e as predições da Escritura, contudo, em si mesmas não explicam a inevitabilidade da morte de Jesus. O terceiro e mais importante motivo pelo qual ele sabia que ia morrer era sua própria escolha deliberada. Ele decidiu cumprir o que estava escrito acerca do Messias, por mais doloroso que fosse. Essa atitude não era nem fatalismo nem complexo de mártir. Simplesmente ele cria que a Escritura do Antigo Testamento era a revelação do Pai e que estava totalmente decidido a realizar a vontade do Pai e terminar a obra do Pai. Além disso, seu sofrimento e morte não seriam sem propósito. Ele tinha vindo "buscar e salvar o perdido" (Lucas 19.10). Era pela salvação dos pecadores que ele morreria, dando a sua vida em resgate por eles (Marcos 10.45). Assim, ele tomou a firme decisão de ir para Jerusalém. Nada o deteria nem o desviaria do seu objetivo. Daí o repetido "deve" quando ele fala da sua morte. O Filho do homem *deve* sofrer muitas coisas e ser rejeitado. Tudo o que foi escrito a respeito dele *deve* ser cumprido. Ele se recusou a apelar para os anjos a fim de que o salvassem porque então as Escrituras não seriam cumpridas da maneira como diziam que deveriam cumprir-se. Não era *necessário* que o Cristo sofresse antes de entrar na sua glória?[29] Ele se sentiu constrangido, até mesmo sob compulsão: "Tenho, porém, um batismo com o qual hei de ser batizado; e quanto me angustio até que o mesmo se realize" (Lucas 12.50).

De forma que, embora ele soubesse que devia morrer, não morreria por ser uma vítima indefesa das forças do mal dispostas contra ele, nem de um destino inflexível contra ele decretado, mas porque de livre vontade abraçou o propósito do Pai com o fim de salvar os pecadores, como a Escritura havia revelado.

---

[29] Marcos 8.31; Lucas 24.44; Mateus 26.54; Lucas 24.26.

Foi essa a perspectiva de Jesus sobre a sua morte. Apesar da grande importância do seu ensino, exemplo e obras de compaixão e poder, nenhuma destas coisas ocupava o centro de sua missão. O que lhe dominava a mente não era viver, mas dar a sua vida. Este auto--sacrifício final era a sua "hora", para a qual tinha vindo ao mundo. E os quatro evangelistas, que dão testemunho dele, mostram que compreendem isto dando uma quantidade desproporcional de espaço à história de seus últimos dias na terra, sua morte e ressurreição. Ela ocupa entre um terço e um quarto dos Evangelhos Sinóticos, e o Evangelho de João já foi apropriadamente descrito como possuindo duas partes: o "Livro dos Sinais", e o "Livro da Paixão", uma vez que João gasta uma quantidade quase igual de tempo em cada uma.

A ÊNFASE DOS APÓSTOLOS

Afirma-se com frequência que, no livro dos Atos, a ênfase dos apóstolos foi sobre a ressurreição em vez de a morte de Jesus, e que, de qualquer modo, não deram explicação doutrinária da sua morte. A evidência não sustenta nenhum destes argumentos. Não estou dizendo, é claro, que os sermões dos apóstolos expressam uma doutrina completa da expiação, como mais tarde encontramos em suas cartas. O senso histórico de Lucas capacita-o a registrar o que disseram na época, não o que poderiam ter dito se estivessem pregando vários anos mais tarde. Contudo, a semente da doutrina se encontra aí. Lucas tece a sua história em torno dos dois apóstolos Pedro e Paulo, e supre cinco amostras de sermões evangelísticos de cada um deles, umas mais curtas e outras mais longas. Assim, temos os sermões que Pedro pregou no dia do Pentecoste e o que entregou no recinto do templo, resumos breves do que ele disse durante seus dois julgamentos pelo Sinédrio, e o relato bastante completo de sua mensagem ao centurião gentio Cornélio e à sua casa.[30] Então, quando Lucas está relatando as proezas missionárias de seu herói Paulo, ele contrasta o sermão do apóstolo aos judeus na sinagoga de Antioquia da Pisídia com o entregue aos pagãos ao ar-livre em Listra. Ele contrasta dois mais na segunda viagem missionária, a saber, aos judeus de Tessalônica e aos filósofos de Atenas, e resume seu ensino aos dirigentes judaicos de Roma.[31] Em cada sermão o

---

[30] Atos 2.14-39; 3.12-26; 4.8-12; 5.29-32 e 10.34-43.
[31] Atos 13.16-41; 14.15-17; 17.2,3, 22.31; 28.23-31.

tratamento é diferente. Para os judeus, Paulo falou do Deus da aliança, o Deus de Abraão, Isaque e Jacó, mais aos gentios ele apresenta o Deus da criação, que fez os céus, a terra e o mar e tudo o que neles há. Entretanto, a proclamação de ambos os apóstolos possuía um centro que podia ser reconstruído como segue:

> "Jesus foi um homem aprovado por Deus por meio de milagres e ungido pelo Espírito a fim de fazer o bem e para curar. Apesar disto, ele foi crucificado através da instrumentalidade de homens perversos, embora também pelo propósito de Deus, segundo as Escrituras, de que o Messias deve sofrer. Então Deus inverteu o veredicto humano sobre Jesus, levantando-o dentre os mortos, também segundo as Escrituras, como atestado pelas testemunhas oculares apostólicas. A seguir o exaltou ao lugar de suprema honra como Senhor e Salvador. Agora ele possui autoridade completa tanto para salvar os que se arrependem, creem e são batizados em seu nome, concedendo-lhes o perdão dos pecados e o dom do Espírito, como para julgar os que o rejeitam."

Emergem vários pontos deste âmago do evangelho.

Primeiro, embora os apóstolos tenham atribuído a morte de Jesus à maldade humana, declararam que foi também devida a um propósito divino.[32] Além do mais, o que Deus havia pré-conhecido, também havia predito. De forma que os apóstolos repetidamente enfatizavam que a morte e a ressurreição de Jesus aconteceram "segundo as Escrituras". O próprio resumo posterior que Paulo fez do evangelho também ressaltava tal verdade: "que Cristo morreu pelos nossos pecados, segundo as Escrituras, e que foi sepultado, e ressuscitou ao terceiro dia, segundo as Escrituras [...]" (1Coríntios 15.3,4). Somente às vezes registram-se citações bíblicas reais. Muitas outras devem ter sido usadas, como na ocasião em que Paulo esteve na sinagoga de Tessalônica e "arrazoou com eles, acerca das Escrituras, expondo e demonstrando ter sido necessário que o Cristo padecesse e ressurgisse dentre os mortos" (Atos 17.2,3). Parece provável que estas foram as Escrituras que Jesus usou, ou pelo menos estão incluídas nelas, e, portanto, eram a doutrina que expunham.

Segundo, embora não esteja presente uma doutrina completa da expiação, a pregação apostólica da cruz era doutrinária. Os apóstolos não apenas proclamavam que Cristo morreu segundo as Escrituras, e, assim, segundo o próprio

---

[32] Exemplo: Atos 2.23; 3.18; 4.28.

propósito salvador de Deus, mas também chamavam a cruz sobre a qual ele morreu de "madeiro". Lucas teve o trabalho de registrar esse fato acerca de ambos os principais apóstolos, Pedro e Paulo. Pedro usou duas vezes a expressão de que o povo matou a Jesus pendurando-o num "madeiro", ao se dirigir ao Sinédrio judaico e ao gentio Cornélio. Da mesma forma, Paulo disse à congregação da sinagoga de Antioquia da Pisídia que quando o povo e seus dirigentes em Jerusalém "depois de cumprirem tudo o que a respeito dele estava escrito, tirando-o do madeiro, puseram-no em um túmulo".[33]

Ora, não tinham necessidade alguma de usar esse tipo de linguagem. Pedro também falou da "crucificação" de Jesus, e Paulo, de seus "sofrimentos" e "execução".[34] Assim, por que fizeram referência ao "madeiro", e ao fato de ele ter sido "pendurado" nele? A única explicação possível está em Deuteronômio 21.22,23, onde se encontram instruções quanto ao corpo da pessoa que foi enforcada por causa de uma ofensa capital. Essa pessoa devia ser sepultada antes do anoitecer, "porquanto o que for pendurado no madeiro é maldito de Deus". Os apóstolos conheciam muito bem essa lei, e a sua implicação de que Jesus morrera sob a maldição divina. Contudo, em vez de calar esse fato, eles, deliberadamente, chamavam a atenção do povo para ele. Assim, evidentemente, não se envergonhavam de proclamá-lo. Não pensavam que Jesus, em sentido algum, merecia ser amaldiçoado por Deus. Portanto, devem pelo menos ter começado a compreender que foi a nossa maldição que ele levou. É certo que ambos os apóstolos afirmaram essa doutrina claramente em suas cartas posteriores. Paulo na carta aos Gálatas, provavelmente escrita pouco antes de sua visita a Antioquia da Pisídia, disse que "Cristo nos resgatou da maldição da lei, fazendo-se ele próprio maldição em nosso lugar, porque está escrito: Maldito aquele que for pendurado em madeiro" (3.13). E Pedro escreveu: "Carregando ele mesmo em seu corpo, sobre o madeiro, os nossos pecados" (1Pedro 2.24). Se, então, Pedro e Paulo em suas cartas viram claramente que o propósito da cruz de Cristo era levar o pecado ou a maldição, e ambos ligaram esse fato aos versículos de Deuteronômio que tratam da execução sobre o madeiro, não é razoável supor que já nos seus discursos do livro de Atos, nos quais chamaram a cruz de madeiro, tinham vislumbres

---

[33] Atos 5.30; 10.39; 13.29.

[34] Atos 2.23,36; 4.10; 17.3; 13.28.

da mesma verdade? Se isto for assim, há mais ensino doutrinário acerca da cruz nos primeiros sermões dos apóstolos do que geralmente se reconhece.

Terceiro, precisamos considerar como os apóstolos apresentaram a ressurreição. Embora tivessem dado ênfase a ela, seria exagero chamarmos à sua mensagem de evangelho exclusivamente da ressurreição. Pois, na realidade, a ressurreição não pode firmar-se por si mesma. Visto que é uma ressurreição da morte, seu significado é determinado pela natureza dessa morte. De fato, o motivo da ênfase na ressurreição pode ser antes o de ressaltar algo acerca da morte que ela cancela e vence. É este o caso. E a sua mensagem mais simples foi: "vós o matastes, Deus o ressuscitou, e nós somos testemunhas".[35] Por outras palavras, a ressurreição foi a inversão divina do veredicto humano. Foi, porém, mais do que isso. Mediante a ressurreição Deus "glorificou" e "exaltou" a Jesus que havia morrido.[36] Promovendo-o ao lugar de suprema honra à sua direita, em cumprimento aos Salmos 110.1 e por causa da realização da sua morte, Deus transformou ao Jesus crucificado e ressurreto em "Senhor e Cristo" e em "Príncipe e Salvador", dando-lhe autoridade para salvar os pecadores por meio de arrependimento, perdão e o dom do Espírito.[37] Além do mais, diz-se que essa salvação completa é devida ao "nome" poderoso (a soma total da sua pessoa, morte e ressurreição), no qual as pessoas devem crer e no qual devem ser batizadas, "porque abaixo do céu não existe nenhum outro nome, dado entre os homens, pelo qual importa que sejamos salvos".[38]

Quando nos voltamos dos primeiros sermões dos apóstolos, registrados no livro de Atos, para as afirmativas mais maduras de suas cartas, a proeminência que dão à cruz se torna ainda mais marcante. É verdade que algumas das cartas mais curtas não a mencionam (como a carta de Paulo a Filemom, a carta de Judas, e a segunda e a terceira cartas de João), e, não é de surpreender que a homilia principalmente ética de Tiago não se refira a ela. Contudo, os três maiores escritores de cartas do Novo Testamento — Paulo, Pedro e João — são unânimes em testemunhar da sua centralidade, como também o faz a carta aos Hebreus e o Apocalipse.

---

[35] Cf. Atos 2.23,24; 3.15; 4.10; 5.30; 10.39,40; 13.28-30.

[36] Atos 3.13; 2.33.

[37] Cf. Atos 2.33-36; 3.26; 5.31,32; 10.43; 13.38,39.

[38] Atos 2.38; 3.16; 4.10,12; cf. Lucas 24.46,47.

Comecemos com Paulo. Ele não achou ser anomalia alguma definir o seu evangelho como "a mensagem da cruz", seu ministério como "a pregação de Cristo crucificado", o batismo como a iniciação "da sua morte", e a Ceia do Senhor como uma proclamação da morte do Senhor. Ele ousadamente declarou que, embora a cruz parecesse loucura ou "pedra de tropeço" aos que confiam em si mesmos, era de fato a própria essência da sabedoria e do poder de Deus.[39] Tão convicto estava desse fato que havia deliberadamente decidido, como disse aos coríntios, renunciar à sabedoria do mundo e, em vez dela, a nada conhecer entre eles senão "a Jesus Cristo e este crucificado" (1Coríntios 2.1,2). Quando, mais tarde na mesma carta, ele desejou lembrá-los do seu evangelho, que ele próprio havia recebido e entregado a eles, o qual se tornara o fundamento sobre o qual se firmavam, e as boas novas mediante as quais estavam sendo salvos, o "de primeira importância" (disse ele) era que "Cristo morreu pelos nossos pecados, segundo as Escrituras, e que foi sepultado, e ressuscitou ao terceiro dia, segundo as Escrituras. E apareceu [...]" (1Coríntios 15.1-5). E quando, alguns anos mais tarde, ele desenvolveu esse esboço, transformando-o em manifesto completo do evangelho, que é a sua carta aos Romanos, a ênfase que deu à cruz foi ainda maior. Pois havendo provado que toda a humanidade é pecadora e culpada perante Deus, ele explica que o modo justo de Deus de tornar os injustos corretos consigo mesmo opera "mediante a redenção que há em Cristo Jesus; a quem Deus propôs, no seu sangue, como propiciação, mediante a fé" (Romanos 3.21-25). Consequentemente, somos "justificados pelo seu sangue", e "reconciliados com Deus mediante a morte do seu Filho" (Romanos 5.9,10). Sem a morte sacrificial de Cristo por nós a salvação teria sido impossível. Não é de admirar que Paulo se vangloriasse em nada mais senão na cruz (Gálatas 6.14).

O testemunho do apóstolo Pedro é igualmente claro. Ele inicia sua primeira carta com a afirmativa admirável de que seus leitores foram aspergidos com o sangue de Jesus Cristo. E, alguns versículos mais tarde, ele os lembra de que o preço da redenção do seu antigo modo vazio de vida não foi "coisas corruptíveis, como prata ou ouro", mas antes, o "precioso sangue, como de cordeiro sem defeito e sem mácula, o sangue de Cristo" (1Pedro 1.18,19). Embora as referências restantes de sua carta à morte de Jesus a relacionem com os sofrimentos injustos

---

[39] 1Coríntios 1.18-25; Romanos 6.3; 1Coríntios 11.26.

dos cristãos ("glória através do sofrimento", sendo o princípio que ele apresenta para os cristãos), Pedro, entretanto, aproveita a oportunidade para dar profundas instruções acerca da morte do Salvador. "Carregando ele mesmo em seu corpo, sobre o madeiro, os nossos pecados" e "Cristo morreu, uma única vez, pelos pecados, o justo pelos injustos, para conduzir-vos a Deus" (2.24; 3.18), em cumprimento à profecia de Isaías 53. Visto que, no contexto, Pedro está dando ênfase à cruz como nosso exemplo, é ainda mais notável que ele tivesse escrito a respeito de Cristo como nosso substituto e portador de nosso pecado.

A ênfase das cartas de João é sobre a encarnação. Por estar o apóstolo combatendo uma heresia primitiva que tentava separar a Cristo de Jesus, o Filho divino do ser humano, ele insistiu em que "Cristo veio em carne" e quem negasse esse fato era o anticristo.[40] Entretanto, ele viu a encarnação como possuindo uma vista para a expiação. Pois o singular amor de Deus não foi visto tanto na vinda como na morte do seu Filho, a quem ele "enviou [...] como propiciação pelos nossos pecados" e cujo "sangue [...] nos purifica de todo o pecado".[41]

A epístola aos Hebreus, mais um tratado teológico do que uma carta, foi escrita para os cristãos judeus que, sob a pressão da perseguição, estavam sendo tentados a renunciar a Cristo e voltar ao judaísmo. A tática do autor foi demonstrar a supremacia de Jesus Cristo, não somente como Filho sobre os anjos, e como Profeta sobre Moisés, mas também em particular como Sacerdote sobre o agora obsoleto sacerdócio levítico. Pois o ministério sacrificial de Jesus, nosso "grande sumo sacerdote" (4.14), é incomparavelmente superior ao deles. Ele não tinha pecados pelos quais fazer sacrifício; o sangue que ele derramou não foi de bodes, nem de bezerros, mas o seu próprio; ele não tinha necessidade alguma de oferecer os mesmos sacrifícios repetidamente, os quais jamais poderiam tirar os pecados, porque ele fez "um sacrifício eterno pelos pecados", e assim obteve uma "redenção eterna" e estabeleceu uma "aliança eterna" que contém a promessa: "Perdoarei a sua maldade e dos seus pecados jamais me lembrarei".[42]

Ainda mais notável, porém, é a maneira pela qual o último livro da Bíblia, o Apocalipse, retrata a Jesus. O primeiro capítulo nos apresenta o Mestre como

---

[40] Exemplo: 1João 2.22; 4.1-3; 2João 7.
[41] 1João 3.16; 4.9,14; 4.10 e cf. 2.1,2; 1.7.
[42] Veja especialmente Hebreus 8-10.

"o primogênito dos mortos" (v. 5) e "aquele que vive", que foi morto mas agora vive para sempre, e que tem as chaves da morte e do inferno (v. 18). Acrescenta-se uma doxologia apropriada: "Àquele que nos ama, e pelo sangue nos libertou dos nossos pecados, e nos constituiu reino, sacerdotes para o seu Deus e Pai, a ele a glória e o domínio pelos séculos dos séculos!" (v. 5,6).

A designação mais comum que João dá a Jesus, consoante com sua imagem simbólica do Apocalipse, é simplesmente "o Cordeiro". O motivo deste título, que lhe é aplicado vinte e oito vezes através do livro, pouco tem que ver com a mansidão do seu caráter, embora uma vez suas qualidades tanto de "leão" como de "cordeiro" são deliberadamente contrastadas (5.5,6); é antes porque ele foi morto como uma vitima sacrificial e, mediante o seu sangue, libertou o seu povo. A fim de compreender a perspectiva mais ampla da qual João vê a influência do Cordeiro, pode ser útil dividi-la em quatro esferas —salvação, história, adoração e eternidade.

O redimido povo de Deus (aquela "grande multidão que ninguém poderia contar"), tirado de cada nação e língua, e que permanece de pé na presença do trono de Deus, atribui a sua salvação especificamente a Deus e ao Cordeiro. Clamam em grande voz: "Ao nosso Deus que se assenta no trono, e ao Cordeiro, pertence a salvação".

Mediante uma figura de pensamento muito dramática, diz-se que eles "lavaram as suas vestiduras, e as alvejaram no sangue do Cordeiro". Por outras palavras, devem sua permanência justa perante Deus inteiramente à cruz de Cristo, através da qual seus pecados foram perdoados e sua impureza purificada. A sua salvação por meio de Cristo também é segura, pois não apenas os seus nomes estão escritos no livro da vida do Cordeiro, mas também o nome do Cordeiro está escrito nas suas testas.[43]

Na visão de João, porém, o Cordeiro é mais do que o Salvador de uma multidão incontável; ele também é retratado como o senhor de toda a história. Para começar, ele é visto em pé no centro do trono, isto é, partilhando o governo soberano do Deus Todo-poderoso. Mais do que isso, o ocupante do trono traz na mão direita um rolo selado com sete selos, o qual geralmente é identificado como o livro da história. A princípio João chora muito porque ninguém no Universo podia abrir o rolo, nem mesmo olhar dentro dele. Mas, então, finalmente diz-se que o Cordeiro é digno.

---

[43] Apocalipse 7.9-14,16,17; 13.8; 21.27; 14.1ss.

Ele pega o rolo, quebra os selos um a um, e assim (parece), desenrola a história capítulo por capítulo. É significativo que aquilo que o qualifica para assumir esse papel é a sua cruz; pois esta é a chave da história e do processo redentor que ela inaugura. Apesar dos seus sofrimentos por causa das guerras, fomes, pragas, perseguições e outras catástrofes, o povo de, Deus ainda pode vencer o diabo "pelo sangue do Cordeiro", e recebe a segurança de que a vitória final será dele e deles, visto que o Cordeiro prova ser "Senhor dos senhores e Rei dos reis".[44]

Não é de surpreender descobrirmos que o Autor da salvação e Senhor da história é também o objeto da adoração no céu. No capítulo 5 ouvimos como um coro após o outro entra para aumentar o louvor do Cordeiro. Primeiro, quando ele tomou o rolo, "os quatro seres viventes e os vinte e quatro anciãos" (provavelmente representando toda a criação por um lado, e toda a igreja de ambos os Testamentos, por outro), caíram perante o Cordeiro [...] e cantaram um cântico novo: "Digno és de tomar o livro e de abrir os selos, porque foste morto e com o teu sangue compraste para Deus os que procedem de toda tribo, língua, povo e nação [...]".

A seguir, João ouviu a voz de milhões de milhões e milhares de milhares de anjos, ou mais, os quais constituíam o círculo externo dos que cercavam o trono. Eles também cantavam com grande voz: "Digno é o Cordeiro, que foi morto, de receber o poder, e riqueza, e sabedoria, e força, e honra, e glória, e louvor".

Então, finalmente, ele "ouviu que toda criatura que há no céu e na terra, debaixo da terra e no mar, e tudo o que neles há" — a criação universal — estava cantando: "Àquele que está sentado no trono, e ao Cordeiro, seja o louvor, e a honra, e a glória, e o domínio pelos séculos dos séculos".

A este cântico, os quatro seres viventes responderam com o seu "amém", e os anciãos se prostraram e o adoraram.[45]

Jesus, o Cordeiro, hoje é mais do que o centro do palco na salvação, na história e na adoração. Ele terá um lugar central quando a história terminar e a cortina se abrir para a eternidade. No dia do juízo aqueles que o rejeitaram tentarão fugir dele. Clamarão às montanhas e rochas que os soterrem: "Caí sobre nós, escondei-nos da face daquele que se assenta no trono, e da ira do Cordeiro, porque chegou o grande dia da ira deles; e quem é que pode suster-se?".

---

[44] Apocalipse 5.1-6; 22.1,3; 12.11; 17.14.

[45] Apocalipse 5.8,9,11-14.

Para aqueles que confiaram nele e o seguiram, porém, aquele dia será como um dia de festa de casamento. Pois a união final de Cristo com o seu povo é retratada em termos do casamento do Cordeiro com a sua noiva. Mudando a metáfora, a Nova Jerusalém descerá do céu. Nela não haverá templo, "porque o seu santuário é o Senhor, o Deus Todo-poderoso e o Cordeiro"; nem precisará do Sol nem da Lua, "pois a glória de Deus a ilumina, e o Cordeiro é a sua lâmpada".[46]

Não podemos deixar de perceber, nem de nos impressionar com a ligação inibida e repetida que o vidente faz de "Deus e o Cordeiro". A pessoa a quem ele coloca em igualdade com Deus é o Salvador que morreu pelos pecadores. Ele o retrata como sendo o mediador da salvação de Deus, partilhando o trono de Deus, recebendo a adoração de Deus (adoração que lhe é devida) e difundindo a luz de Deus. E a sua dignidade, que o qualifica a estes privilégios singulares, deve-se ao fato de que foi morto, e que pela sua morte nos trouxe a salvação. Se (como pode ser) o livro da vida pertence "ao Cordeiro que foi morto desde a fundação do mundo", como afirma 13.8, então o que João nos está dizendo é que desde a eternidade passada à eternidade futura o centro do palco é ocupado pelo Cordeiro de Deus que foi morto.

Persistência apesar da oposição

Este exame não nos deixa dúvida de que os contribuintes principais do Novo Testamento criam na centralidade da cruz de Cristo, e criam que sua convicção se derivava da mente do próprio Mestre. A igreja primitiva do período pós--apostólico, portanto, tinha uma base dupla e firme — no ensino de Cristo e de seus apóstolos — para transformar a cruz em sinal e símbolo do Cristianismo. A tradição eclesiástica provou, neste caso, ser um reflexo fiel da Escritura.

Além do mais, não devemos perder de vista a sua admirável tenacidade. Eles sabiam que aqueles que haviam crucificado o Filho de Deus o haviam sujeitado à vergonha pública e que, a fim de suportar a cruz, Jesus teve de se humilhar e expor-se à sua ignomínia.[47] Entretanto, o que era odioso, até mesmo vergonhoso aos críticos de Cristo, aos olhos dos seus seguidores era muitíssimo glorioso.

---

[46] Apocalipse 6.15-17; 19.6,7; 21.9,10,22,23.

[47] Hebreus 6.6; Filipenses 2.8; Hebreus 12.12.

Haviam aprendido que o servo não é maior do que seu mestre, e que para eles, como o foi para ele, o sofrimento era o meio da glória. Mais do que isso, o sofrimento *era* a glória, e sempre que eram insultados por causa do nome de Cristo, então, o Espírito da glória descansava sobre eles.[48]

Contudo, os inimigos do evangelho não partilhavam nem partilham dessa perspectiva. Não há ruptura maior entre a fé e a descrença do que as atitudes respectivas deles para com a cruz. Onde a fé vê a glória, a descrença vê apenas desgraça. O que era loucura para os gregos, e continua sendo para os intelectuais modernos que confiam em sua própria sabedoria, é, contudo, a sabedoria de Deus. E o que permanece como pedra de tropeço para os que confiam em sua própria justiça, como os judeus do primeiro século, prova ser o poder salvador de Deus (1Coríntios 1.18-25).

Um dos aspectos mais tristes do islamismo é rejeitar a cruz, declarando inapropriado que um grande profeta de Deus chegasse a um fim tão ignominioso. O Alcorão não vê necessidade nenhuma da morte de um Salvador que tirasse os pecados. Pelo menos cinco vezes declara categoricamente que "alma nenhuma levará o fardo de outra". Deveras, "se uma alma sobrecarregada clamar por ajuda, nem mesmo um parente próximo partilhará do seu fardo". Por que isto? É porque "cada homem colherá os frutos de suas próprias ações", embora Alá seja misericordioso e perdoe os que se arrependem e praticam o bem. Negando a necessidade da cruz, o Alcorão prossegue para a negação do fato. Os judeus "proferiram uma falsidade monstruosa", ao declararem: "matamos o Messias Jesus, filho de Maria, apóstolo de Alá", pois "não o mataram, nem o crucificaram, mas pensaram tê-lo feito".[49] Embora os teólogos muçulmanos interpretem essa afirmativa de modos diferentes, a crença mais comumente aceita é que Deus lançou um encanto sobre os inimigos de Jesus a fim de salvá-lo, e que ou Judas Iscariotes[50] ou Simão, de Cirene, tenha

---

[48] Lucas 24.26; João 12.23,24; 1Pedro 1.11; 4.13; 5.1,10; 4.14.

[49] Citações de **O Alcorão**. As cinco rejeições da possibilidade da "substituição" encontram-se nas páginas 114 (LIII 38), 176 (XXV 18), 230 (XVII 15), 274 (XXXIX 7) e 429 (VI 164).

[50] O evangelho espúrio de "Barnabé", escrito em italiano no século 14 ou 15 por um cristão convertido ao islã, contém partes do Alcorão como dos quatro Evangelhos canônicos. Conta a fantástica história de que, quando Judas chegou com os soldados para prender a Jesus, este se retirou para uma casa. Três anjos o resgataram por uma janela, ao passo que

tomado o seu lugar no último instante. No século dezenove a seita Ahmadiya do islamismo emprestou, de diferentes escritores cristãos liberais, a noção de que Jesus apenas desmaiou na cruz, e reviveu no túmulo, acrescentando que, subsequentemente ele viajou para a índia a fim de ensinar, onde morreu; dizem ser os guardiões do seu túmulo que está em Cashmir.

Mas os mensageiros cristãos das boas-novas não podem permanecer calados a respeito da cruz. Eis o testemunho do missionário norte-americano Samuel M. Zwemer (1867-1952), que trabalhou na Arábia, e foi redator do *Mundo Muçulmano* durante quarenta anos, e que às vezes é chamado de "o apóstolo do islamismo":

> O missionário entre os muçulmanos (para os quais a cruz de Cristo é pedra de tropeço e a expiação, loucura) é levado diariamente a uma meditação mais profunda sobre esse mistério da redenção, e a uma convicção mais forte de que aqui está o próprio coração de nossa mensagem e missão [...].
>
> Se a cruz de Cristo for alguma coisa para a mente, certamente será tudo — a realidade mais profunda e o mistério mais sublime. A pessoa chega a perceber que literalmente toda a riqueza e glória do evangelho tem aí o seu centro. A cruz é o pivô, como também o centro do pensamento do Novo Testamento. É o marco exclusivo da fé cristã, o símbolo do Cristianismo e sua estrela polar.
>
> Quanto mais os incrédulos negarem o seu caráter crucial, tanto mais os cristãos encontrarão nele a chave para os mistérios do pecado e sofrimento. Quando lemos o evangelho com os muçulmanos, redescobrimos a ênfase apostólica sobre a cruz. Descobrimos que, embora a ofensa da cruz permaneça, seu poder magnético é irresistível.[51]

"Irresistível" é a própria palavra que um estudante iraniano usou ao referir-me sua conversão a Cristo. Criado lendo o Alcorão, fazendo suas orações e levando uma boa vida, ele, contudo, sabia estar separado de Deus, pelos seus pecados. Quando amigos cristãos o levaram à igreja e o incentivaram a ler a Bíblia, ele aprendeu que Jesus Cristo havia morrido pelo seu perdão. "Para mim a oferta

---

Judas ficou tão mudado em "discurso e aparência" que foi confundido com Jesus, e em lugar deste foi crucificado.

[51] ZWEMER, Samuel M. **Glory of the Cross**, p. 6.

era irresistível e enviada pelo céu", disse ele, e clamou pedindo que Deus tivesse misericórdia dele por meio de Cristo. Quase imediatamente "o fardo da minha vida passada se ergueu. Senti-me como se um peso enorme.. houvesse desaparecido. Com o alívio e a impressão de leveza veio uma incrível alegria. Finalmente havia acontecido. Eu estava livre do meu passado. Eu *sabia* que Deus me havia perdoado, e me sentia limpo. Eu queria gritar, e contar a minha experiência ao mundo todo." Foi através da cruz que esse rapaz descobriu o caráter de Deus e a dimensão que falta ao islamismo, "a paternidade íntima de Deus e a segurança profunda do perdão dos pecados".

Porém os muçulmanos não são, de maneira nenhuma, o único povo que repudia o evangelho da cruz. Os hindus também, embora possam aceitar a sua historicidade, rejeitam o seu significado salvador. Gandhi, por exemplo, fundador da Índia moderna, que, enquanto trabalhava na África do Sul como jovem advogado, foi atraído ao Cristianismo, escreveu acerca de si mesmo enquanto nesse país em 1894:

> Eu poderia aceitar a Jesus como mártir, uma incorporação do sacrifício, e um mestre divino, mas não como o homem mais perfeito que jamais existiu. Sua morte na cruz foi um grande exemplo para o mundo, mas que ela contivesse algo parecido como uma virtude misteriosa ou miraculosa, meu coração não poderia aceitar.[52]

Voltando-nos para o Ocidente, talvez a rejeição mais desdenhosa da cruz tenha vindo da pena do filósofo e filólogo alemão Friederich Nietzsche (morto em 1900). No início do seu livro *O Anticristo* (1895) ele definiu o bem como "a vontade do poder", o mal como "tudo o que procede da fraqueza" e a felicidade como "o sentimento de que o poder *aumenta* [...]" enquanto "o que é mais prejudicial do que qualquer vício" é a "simpatia ativa pelo mal constituído e fraco — o Cristianismo". Tendo admiração pela ênfase de Darwin sobre a sobrevivência do mais apto, ele desprezava todas as formas de fraqueza, e em seu lugar sonhava com a emergência de um "super-homem" e "uma raça governante audaz". Para ele "depravação" significava "decadência", e nada era mais decadente do que o Cristianismo que "tem tomado o partido de tudo o que é fraco, baixo, mal constituído".

---

[52] **Gandhi: An Autobiography**, p. 113.

Sendo "a religião da *misericórdia*", ele "preserva o que está maduro para a destruição", e, desta forma, "distorce a lei da evolução". Nietzsche reservou sua invectiva mais amarga ao "conceito cristão de Deus" como "Deus dos enfermos, Deus como aranha, Deus como espírito", e ao Messias cristão a quem rejeitou com desprezo, como "Deus sobre a cruz".

Se Nietzsche rejeitou o Cristianismo por causa de sua "fraqueza", outros, porém, têm-no rejeitado por causa de seus assim chamados ensinos "bárbaros". O professor *sir* Alfred Ayer, o filósofo de Oxford, bem conhecido por sua antipatia ao Cristianismo, por exemplo, recentemente escreveu um artigo de jornal que dizia que, entre as religiões de importância histórica, havia um caso muito forte para considerar o Cristianismo como a pior. Por quê? Porque ele repousa "nas doutrinas aliadas do pecado original e da expiação vicária, as quais são intelectual e moralmente ultrajantes".[53]

Como é que os cristãos podem encarar tal ridículo sem mudar de posição? Por que nos apegamos à velha e rude cruz, e insistimos em sua centralidade, recusando-nos a deixar que ela seja empurrada para a periferia de nossa mensagem? Por que devemos proclamar o que é escandaloso, e gloriarmo-nos no que é vergonhoso? A resposta jaz na simples palavra "integridade". A integridade cristã consiste parcialmente numa resolução de desmascarar as caricaturas, mas principalmente na lealdade pessoal a Jesus, em cuja mente a cruz salvadora ocupava o centro. Deveras, todos os leitores que se aproximaram, sem preconceito, das Escrituras, parecem ter chegado à mesma conclusão. Eis um exemplo extraído deste século.

P. T. Forsyth, congregacionalista inglês, escreveu em *A Crucialidade da Cruz* (1909): "Cristo é para nós o que o é a cruz. Tudo o que Cristo foi no céu ou na terra foi colocado no que ele fez aí [...] Cristo, repito, é para nós justamente o que a cruz o é. A pessoa não pode compreender a Cristo até que compreenda a sua cruz".

E, no ano seguinte (1910), no livro *A Obra de Cristo*, ele escreveu:

> Sobre esta interpretação da obra de Cristo (a doutrina paulina da reconciliação) descansa toda a Igreja. Se tirarmos a fé desse centro, estaremos malhando *o* prego no caixão da Igreja. A Igreja então estará condenada à morte, e seu passamento será apenas uma questão de tempo.

---

[53] *The Guardian*, 30 ago. 1979.

A seguir, Emil Brunner, teólogo suíço, cujo livro *O Mediador* foi publicado primeiramente em alemão em 1927, tendo como subtítulo "Um estudo da doutrina central da fé cristã", defendeu sua convicção com as seguintes palavras:

> No Cristianismo a fé no Mediador não é algo opcional, não é algo sobre o qual, em último recurso, é possível terem-se diversas opiniões, se tão somente estivermos unidos no "ponto principal". Pois a fé no Mediador — no evento que aconteceu de uma vez por todas, uma expiação revelada — é a própria religião cristã; é o "ponto principal"; não é algo posto junto ao centro; é a substância e o grão, não a casca. Isto é tão verdade que podemos até mesmo dizer: diferentemente de todas as outras formas de religião, a cristã é a fé em um Mediador [...]. E não há outra possibilidade de existir um cristão a não ser através da fé naquilo que aconteceu de uma vez por todas, revelação e expiação através do Mediador.

Mais tarde, Brunner aplaude a descrição que Lutero faz da teologia cristã como sendo uma *theologia crucis*, e prossegue:

> A cruz é o símbolo da fé cristã, da igreja cristã, da revelação de Deus em Jesus Cristo [...]. Toda a luta da Reforma pela *sola fide*, o *soli deo gloria*, não passou de uma luta pela interpretação correta da cruz. Aquele que compreende corretamente a cruz — e esta é a opinião dos reformadores —compreende a Bíblia, compreende a Jesus Cristo.

Novamente, "reconhecer, com fé, esta singularidade, fé no Mediador, é sinal da fé cristã. Todo aquele que considerar esta afirmativa como um sinal de exagero, intolerância, dureza, pensamento não histórico, e que tais, ainda não ouviu a mensagem do Cristianismo".

Minha citação final é extraída do erudito anglicano, bispo Stephen Neill: "Na teologia histórica cristã a morte de Cristo é o ponto central da história; para aí todas as estradas do passado convergem; e daí saem todas as estradas do futuro".[54]

---

[54] Do capítulo intitulado "Jesus e a História" em *Truth of God Incarnate*, ed. E. M. B. Green, p. 80.

O veredicto dos eruditos tem passado para a devoção cristã popular. Devem-se fazer concessões aos cristãos que, usando uma inofensiva hipérbole, dizem que junto à cruz de Cristo descobriram que seu orgulho foi quebrado, sua culpa retirada, seu amor acendido, sua esperança restaurada e seu caráter transformado. Vendo a cruz como centro da história e da teologia, eles naturalmente percebem-na também como o centro de toda a realidade. Assim, veem-na em todos os lugares. E sempre a viram. Cito dois exemplos, um antigo e um moderno.

Justino Mártir, apologista cristão do segundo século, confessava que para onde quer que olhava, via a cruz. Não se atravessa o mar nem se ara a terra sem ela, escreve ele, referindo-se ao mastro e à verga do navio, à lâmina e ao jugo do arado. Escavadores e mecânicos não trabalham sem ferramentas em forma de cruz, uma possível alusão à pá e seu cabo, além disso "a forma humana difere da dos animais irracionais somente no fato de ser ereta e ter os braços estendidos". E, se o tronco e os braços da forma humana proclamam a cruz, assim o fazem o nariz e as sobrancelhas.[55] Imaginoso? Sim, completamente, e, contudo, estou disposto a perdoar a essas fantasias que glorificam a cruz.

Meu exemplo moderno é a descrição mais eloquente que conheço da universalidade da cruz. Quem escreve é Malcolm Muggeridge, inconscientemente atualizando o pensamento de Justino Mártir. Criado num lar socialista, e conhecendo escolas dominicais socialistas e seu "tipo de agnosticismo adocicado por hinos", ele se perturbou com "este conceito todo de um Jesus de boas causas". Então:

Eu tinha um vislumbre de uma cruz — não necessariamente de um crucifixo; talvez dois pedaços de madeira acidentalmente unidos, num poste telefônico, por exemplo — e de súbito meu coração parava. De um modo instintivo e intuitivo eu compreendia que se tratava de algo mais importante, mais tumultuoso e mais apaixonado do que nossas boas causas, por admiráveis que fossem [...].

Era, eu sei, um interesse obsessivo [...]. Às vezes eu mesmo juntava pequenos pedaços de madeira. Esse símbolo, considerado irrisório em meu lar, era, contudo, o foco de esperanças e desejos inconcebíveis [...].

Ao lembrar-me disso, uma sensação do meu próprio fracasso pesa profundamente sobre mim. Eu devia tê-la usado sobre o coração; devia tê-la carregado

---

[55] Justino MÁRTIR, *First Apology*, cap. LV, "Símbolos da Cruz".

como um precioso estandarte, que jamais deveria sair de minhas mãos; embora eu caísse, devia ser segurada no alto. Ela devia ter sido o meu culto, o meu uniforme, a minha linguagem, a minha vida. Não terei desculpas; não posso dizer que não sabia. Eu sabia desde o princípio, e me afastei.[56]

Mais tarde, porém, ele voltou, como cada um de nós que já teve um vislumbre da realidade do Cristo crucificado deve fazer. Pois o único Jesus autêntico é o que morreu na cruz.

Mas por que ele morreu? Quem foi responsável por sua morte? Essa é a pergunta a que nos voltamos no próximo capítulo.

---

[56] Malcolm Muggeridge, *Jesus Rediscovered*, p. 24-25.

Capítulo 2
POR QUE CRISTO MORREU?

Por que Cristo morreu? Quem foi responsável por sua morte?
Muitos não veem problema algum nestas perguntas e, portanto, não têm dificuldade alguma em responder a elas. Para esses, os fatos parecem tão claros como o dia. Jesus não "morreu", dizem; ele foi morto, executado publicamente como um criminoso. Achavam que as doutrinas que ele ensinava eram perigosas, até mesmo subversivas. Os dirigentes judaicos ficaram furiosos com sua atitude desrespeitosa para com a lei e com suas reivindicações provocadoras, enquanto os romanos ouviram dizer que ele se estava proclamando rei dos judeus, e, assim, desafiava a autoridade de César. Para ambos os grupos, Jesus parecia ser um pensador e pregador revolucionário, e alguns o consideravam também como ativista revolucionário. Ele perturbou o *status quo* tão profundamente que decidiram acabar com ele. De fato, entraram em uma aliança maligna a fim de fazê-lo. No tribunal apresentou-se uma acusação teológica contra ele, blasfêmia. No tribunal romano a acusação era política, sedição. Mas quer seu delito tenha sido visto como primariamente contra Deus, quer contra César, o resultado foi o mesmo. Percebiam-no como uma ameaça à lei e à ordem, a qual não podiam tolerar. De modo que o liquidaram. Por que ele morreu? Ostensivamente, ele morreu como um criminoso, mas na realidade, como a vítima de mentes medíocres, e como um mártir de sua própria grandeza.

Um dos aspectos fascinantes que os escritos dos relatos dos Evangelhos fazem do julgamento de Jesus é essa mescla de fatores legais e morais. Todos eles indicam que tanto no tribunal judaico como no romano seguiu-se certo procedimento legal. A vítima foi presa, acusada e examinada, e chamaram-se testemunhas. Então o juiz deu o seu veredicto e pronunciou a sua sentença. Contudo, os evangelistas também esclarecem que o preso não era culpado das acusações, que as testemunhas eram falsas, e que a sentença de morte foi um horrendo erro judicial. Além do mais, o motivo desse erro foi a presença de fatores pessoais e morais que influenciaram a execução da lei. Caifás, sumo sacerdote judaico, e Pilatos, procurador romano, não eram apenas oficiais da igreja e do estado, no cumprimento e execução de seus deveres oficiais; eram seres humanos decaídos e falíveis, levados pelas paixões sombrias que governam a todos nós. Pois nossos motivos são confusos. Podemos ter êxito em preservar um pouco de retidão no desempenho do dever público, mas por trás dessa fachada espreitam emoções violentas e pecaminosas, as quais estão ameaçando explodir. Os evangelistas expõem esses pecados secretos, enquanto contam a história da prisão, julgamento, sentença e execução de Jesus. É um dos propósitos da sua narrativa, pois o material dos Evangelhos era usado na instrução oral dos convertidos.

Os soldados romanos e Pilatos

Os responsáveis imediatos pela morte de Jesus foram, é claro, os soldados romanos que executaram a sentença. Todavia, nenhum dos quatro evangelistas descreveu o processo de crucificação.

Se tivéssemos de depender exclusivamente dos Evangelhos, não saberíamos o que aconteceu. Outros documentos contemporâneos, porém, nos dizem como era feita a crucificação. Primeiro, o prisioneiro era despido e humilhado publicamente. A seguir era forçado a deitar-se de costas no chão, suas mãos eram pregadas ou atadas ao braço horizontal da cruz (o *patíbulo*), e seus pés ao poste vertical. Então a cruz era erguida e jogada num buraco escavado para ela no chão. Em geral, providenciava-se um pino ou assento rudimentar a fim de receber um pouco do peso do corpo da vítima para que não se rasgasse e caísse. Aí ficava o crucificado pendurado, exposto à intensa dor física, ao ridículo do povo, ao calor do dia e ao frio da noite. A tortura durava vários dias.

Os escritores dos Evangelhos não descrevem o processo de crucificação. Unindo o que eles nos dizem, parece que, segundo um costume romano conhecido, Jesus começou carregando sua própria cruz ao lugar da execução. Supõe-se, contudo, que ele caiu sob o peso dela, pois um homem chamado Simão, natural de Cirene, no Norte da África, que naquele momento entrava na cidade, vindo do campo, foi detido e forçado a levar a cruz de Jesus. Quando chegaram ao "lugar chamado Gólgota (que significa o lugar da Caveira)", ofereceram a Jesus vinho misturado com mirra, um gesto de misericórdia cuja finalidade era atenuar a dor. Mas, embora o tivesse provado, segundo Mateus, Jesus se recusou a bebê-lo. A seguir, os quatro evangelistas simplesmente escrevem: "E o crucificaram".[1] E é só. Haviam descrito, com alguns detalhes, como os soldados zombaram dele no Pretório (residência do governador): Vestiram-no com um manto de púrpura,

---

[1] Mateus 27.32-35; Marcos 15.21-25; Lucas 23.26-33; João 19.17,18.

colocaram uma coroa de espinhos na sua cabeça e um cetro de caniço na sua mão direita, vendaram-lhe os olhos, cuspiram nele e bateram-lhe na face e deram-lhe na cabeça, ao mesmo tempo que o desafiavam a identificar quem o feria. Também se ajoelharam na sua frente em zombaria. Os evangelistas, porém, não oferecem detalhes da crucificação; não fazem referência alguma ao martelo, aos pregos, à dor, nem mesmo ao sangue.

Tudo o que nos dizem é: "E o crucificaram". Isto é, os soldados haviam executado o seu horrendo dever. Não há evidência de que tenham tido prazer nele, nem sugestão de terem sido cruéis ou sádicos. Estavam apenas obedecendo a uma ordem. Era o seu dever. Fizeram o que tinham de fazer. E o tempo todo, diz-nos Lucas, Jesus continuava a orar em voz alta: "Pai, perdoa-lhes porque não sabem o que fazem" (23.34).

Embora os escritores dos Evangelhos pareçam sugerir que nenhuma culpa tinham os soldados romanos por crucificarem a Jesus (e acrescentam que mais tarde o centurião responsável por eles creu, ou pelo menos quase creu), quanto ao procurador romano que ordenou a crucificação, o caso é bem diferente. "Então Pilatos o entregou para ser crucificado. Tomaram eles, pois, a Jesus [...]. Onde o crucificaram" (João 19.16-18). Pilatos era culpado. De fato, a sua culpa encontra-se em nosso credo cristão o qual declara que Jesus foi "crucificado sob Pôncio Pilatos".

Sabe-se que Pilatos foi nomeado procurador (isto é, governador romano) da província fronteiriça da Judeia pelo imperador Tibério e serviu durante dez anos, de cerca de 26 a 36 A.D. Ele adquiriu a fama de hábil administrador, tendo um senso de justiça tipicamente romano. Os judeus, porém, o odiavam porque ele os desprezava. Eles não se esqueciam de seu ato de provocação do início do seu governo quando exibiu os estandartes romanos na própria cidade de Jerusalém. Josefo descreve outra de suas loucuras, a saber, que desapropriou dinheiro do templo a fim de construir um aqueduto.[2] Muitos acham que foi no motim que se seguiu que ele misturou sangue de certos galileus com os seus sacrifícios (Lucas 13.1). Estas são apenas algumas amostras do seu temperamento esquentado, de sua violência e crueldade. De acordo com Filão, o rei Agripa I, numa carta ao imperador Calígula, descreveu Pilatos como: "Um homem de disposição inflexível, e muito cruel como também obstinado".[3] Seu objetivo principal era manter a lei e a ordem, conservar

---

[2] *Antiguidades* XVIII 3:2.

[3] *Ad Gaium* 38, p. 165.

os judeus perturbadores firmemente sob controle, e, se necessário para esses fins, ser implacável na supressão de qualquer tumulto ou ameaça de motim.

O retrato de Pôncio Pilatos nos Evangelhos se encaixa nessa evidência externa. Quando os dirigentes judaicos levaram Jesus a ele, dizendo: "Encontramos este homem pervertendo a nossa nação, vedando pagar tributo a César e afirmando ser ele o Cristo, Rei" (Lucas 23.2), Pilatos não pôde deixar de lhes dar atenção. À medida que a sua investigação prossegue, os evangelistas ressaltam dois pontos importantes.

Primeiro, Pilatos estava convicto da inocência de Jesus. Ele obviamente ficou impressionado com a nobre conduta, com o domínio próprio e a inocência política do prisioneiro. De forma que ele declarou publicamente três vezes não achar nele culpa alguma. A primeira declaração ele a fez logo depois do amanhecer de sexta-feira quando o Sinédrio lhe levou o caso. Pilatos os ouviu, fez algumas perguntas a Jesus, e depois de uma audiência preliminar anunciou: "Não vejo neste homem crime algum".[4]

A segunda ocasião foi quando Jesus voltou, depois de ter sido examinado por Herodes. Pilatos disse aos sacerdotes e ao povo: "Apresentastes-me este homem como agitador do povo; mas, tendo-o interrogado na vossa presença, nada verifiquei contra ele dos crimes que o acusais. Nem tampouco Herodes, pois no-lo tornou a enviar. É, pois, claro que nada contra ele se verificou digno de morte"[5]. A esta altura a multidão gritou: "Crucifica-o! Crucifica-o!" Mas Pilatos respondeu, pela terceira vez: "Que mal fez este? De fato nada achei contra ele para condená-lo à morte".[6] Além disso, a convicção pessoal do Procurador acerca da inocência de Jesus foi confirmada pela mensagem enviada por sua mulher: "Não te envolvas com esse justo; porque hoje, em sonhos, muito sofri por seu respeito" (Mateus 27.19).

A insistência repetida de Pilatos sobre a inocência de Jesus é o pano de fundo essencial ao segundo ponto a seu respeito ao qual os evangelistas dão ênfase, a saber, suas engenhosas tentativas de evitar ter de tomar um partido. Ele queria evitar sentenciar a Jesus (visto acreditar ser ele inocente) e ao mesmo tempo evitar exonerá-lo (visto acreditarem os dirigentes judaicos ser ele culpado).

---

[4] Lucas 23.4; João 18.38.

[5] Lucas 23.13-15; cf. João 19.4,5.

[6] Lucas 23.22; João 19.6.

Como poderia Pilatos conseguir conciliar esses fatores irreconciliáveis? Vemo-lo contorcer-se à medida que tenta soltar a Jesus e pacificar os judeus, isto é, ser justo e injusto simultaneamente. Ele tentou quatro evasões.

Primeira, ao ouvir que Jesus era da Galileia, e, portanto, estar sob a jurisdição de Herodes, enviou-o ao rei para julgamento, esperando transferir a ele a responsabilidade da decisão. Herodes, porém, devolveu Jesus sem sentença (Lucas 23.5-12).

Segunda, ele tentou meias-medidas: "Portanto, depois de o castigar, soltá--lo-ei" (Lucas 23.16,22). Ele esperava que a multidão se satisfizesse com algo menos que a penalidade máxima, e que o desejo de sangue do povo fosse saciado ao verem as costas de Jesus laceradas. Foi uma ação mesquinha. Pois se Jesus era inocente, devia ter sido imediatamente solto, não primeiramente açoitado.

Terceira, ele tentou fazer a coisa certa (soltar a Jesus) com o motivo errado (pela escolha da multidão). Lembrando-se do costume que o Procurador tinha de dar anistia de páscoa a um prisioneiro, ele esperava que o povo escolhesse a Jesus para esse favor. Então ele podia soltá-lo como um ato de demência em vez de um ato de justiça. Era uma ideia astuta, mas inerentemente vergonhosa, e o povo a frustrou exigindo que o perdão fosse dado a um notório criminoso e assassino, Barrabás.

Quarta, ele tentou protestar sua inocência. Tomando água, lavou as mãos na presença do povo, dizendo: "Estou inocente do sangue deste justo" (Mateus 27.24). E então, antes que suas mãos se secassem, entregou-o para ser crucificado. Como pôde ele incorrer nessa grande culpa imediatamente depois de ter proclamado a inocência de Jesus?

É fácil condenar a Pilatos e passar por alto nosso próprio comportamento igualmente tortuoso. Ansiosos por evitar a dor de uma entrega completa a Cristo, nós também procuramos subterfúgios. Deixamos a decisão para alguém mais, ou optamos por um compromisso morno, ou procuramos honrar a Jesus pelo motivo errado (como mestre em vez de Senhor), ou até mesmo fazemos uma afirmação pública de lealdade a ele, mas ao mesmo tempo o negamos em nossos corações.

Três expressões na narrativa de Lucas iluminam o que, finalmente, Pilatos fez: "o seu clamor prevaleceu", "Pilatos decidiu atender-lhes o pedido", e "quanto a Jesus, entregou à vontade deles" (Lucas 23.23-25). O clamor *deles*, pedido *deles*, vontade deles: a estes Pilatos, em sua fraqueza, capitulou. Ele desejava soltar a Jesus (Lucas 23.20), mas também desejava "contentar a multidão" (Marcos 15.15). A multidão venceu. Por quê? Porque lhe disseram: "Se soltas a este, não és amigo de César; todo aquele que se faz rei é contra César" (João 19.12). A escolha era entre a honra e a ambição, entre o princípio e a conveniência. Ele já estivera em dificuldades com Tibério César em duas ou três ocasiões prévias. Ele não podia arcar com mais uma.

Claro, Jesus era inocente. Claro, a justiça exigia a sua liberdade. Mas como podia ele patrocinar a inocência e a justiça se, fazendo-o, estaria negando a vontade do povo, desfeiteando os dirigentes da nação e, acima de tudo, provocando um levante, o que o levaria a perder o favor imperial? Sua consciência afogou-se nas altas vozes da racionalização. Ele fez concessões por ser covarde.

O POVO JUDAICO E SEUS SACERDOTES

Embora não possamos exonerar a Pilatos, certamente podemos reconhecer que ele se encontrava em um dilema difícil, e que foram os líderes judaicos que aí o colocaram. Foram eles quem entregaram Jesus a Pilatos para ser julgado, quem o acusaram de reivindicações e ensino subversivos, e quem atiçaram a multidão levando-a a exigir a crucificação. Portanto, como o próprio Jesus disse a Pilatos: "Quem me entregou a ti, maior pecado tem" (João 19.11). Pode ser que, visto ter ele empregado o singular, se referisse ao sumo sacerdote Caifás, mas o Sinédrio todo estava implicado. Deveras, o povo também, como Pedro audaciosamente lhes disse logo depois do Pentecoste: "Israelitas [...] Jesus, a quem vós traístes e negastes perante Pilatos, quando este havia decidido soltá-lo. Vós, porém, negastes o Santo e o Justo e pedistes que vos concedessem um homicida. Dessarte matastes o Autor da vida [...]" (Atos 3.12-15). Parece que as mesmas multidões que haviam recebido a Jesus em Jerusalém no Domingo de Ramos com grande alegria, dentro de cinco dias estavam em altas vozes pedindo o seu sangue. Contudo, a culpa dos dirigentes, por tê-las incitado, era muito maior.

Jesus, desde o início, havia perturbado o estabelecimento judaico. Para começar, ele era irregular. Embora se dissesse Rabi, não havia entrado pela porta certa, nem subido a escada certa. Ele não tinha credenciais, nem autorização apropriada. Além disso, ele havia chamado sobre si mesmo a controvérsia por causa do seu comportamento provocante, confraternizando com gente de má fama, festejando em vez de jejuar, e profanando o sábado por meio de curas. Não estando contente com o desrespeito pelas tradições dos anciãos, ele os havia, na realidade, rejeitado como um grupo, e tinha também criticado aos fariseus por exaltarem a tradição, colocando-a acima da Escritura. Eles se importavam mais com os regulamentos do que com as pessoas, dissera ele, mais com a purificação cerimonial do que com a pureza moral, mais com as leis do que com o amor. Ele até mesmo os havia denunciado como "hipócritas", chamando-os de "guias de cegos" e comparando-os a "sepulcros caiados, que por fora se mostram belos, mas interiormente estão cheios de ossos de mortos e de toda imundícia" (Mateus 23.27). Estas foram acusações intoleráveis. Pior ainda, ele estava minando a autoridade deles. Ao mesmo tempo ele fazia afirmações ultrajantes acerca de ser senhor do sábado, conhecer a Deus como seu Pai, até mesmo ser igual a Deus. Era blasfêmia. Sim, era isso mesmo, blasfêmia.

De modo que estavam cheios de indignação autojustificada para com Jesus. Sua doutrina era herética. Seu comportamento era uma ofensa à lei sagrada. Ele desviava o povo. E corriam rumores de que ele estava incentivando a deslealdade a César. Assim, o seu ministério devia ser detido antes que causasse maior dano. Eles tinham bons motivos políticos, teológicos e éticos para exigir que ele fosse preso, julgado e condenado. Além disso, quando o levaram ao tribunal e o colocaram sob juramento, mesmo então ele fizera reivindicações blasfemas acerca de si mesmo. Ouviram-no com seus próprios ouvidos. Já não era necessário chamar testemunhas. Ele era blasfemador confesso. Ele merecia morrer. Estava absolutamente claro. Ele era culpado. As mãos deles estavam limpas.

E contudo, existiam falhas no caso dos dirigentes judaicos. Deixando de lado a questão fundamental da veracidade das afirmações de Jesus, havia a questão do motivo. Qual era o motivo fundamental da hostilidade que os sacerdotes sentiam para com Jesus? Era o interesse deles a estabilidade política, a verdade doutrinária e a pureza moral? Pilatos não achou que fosse. Ele não se deixou enganar pelas racionalizações dos líderes do povo, especialmente por sua fingida lealdade ao imperador. Como disse H. B. Swete: "Ele detectou, sob o disfarce deles, o vício vulgar da inveja".[7] Nas palavras de Mateus: "Porque sabia que por inveja o tinham entregado".[8] Não há motivos para questionarmos a avaliação de Pilatos. Ele era um juiz astuto do caráter humano. Além disso, parece que os evangelistas, ao registrarem o seu juízo, o endossam.

---

[7] SWETE, H. B. The Gospel According to St Mark, p. 350.

[8] Mateus 27.18; cf. Marcos 15.10.

Inveja! Inveja é o lado inverso da moeda chamada vaidade. Ninguém que não tenha orgulho de si mesmo jamais terá inveja de outros. E os dirigentes judaicos eram orgulhosos; racial, nacional, religiosa e moralmente orgulhosos. Tinham orgulho da longa história do relacionamento especial da sua nação com Deus, tinham orgulho de seu próprio papel de líderes da nação, e, acima de tudo, tinham orgulho da sua autoridade. A competição deles com Jesus foi, essencialmente, uma luta pela autoridade. Jesus havia desafiado a autoridade deles, pois possuía um tipo de autoridade que manifestamente lhes faltava. Quando os líderes judaicos foram a Jesus com suas perguntas capciosas: "Com que autoridade fazes estas coisas? ou quem te deu tal autoridade para as fazeres?" (Marcos 11.28), pensavam que o tinham apanhado. Mas, em vez disso, encontraram-se amarrados pela contrapergunta do Senhor: "O batismo de João era do céu ou dos homens? Respondei-me" (v. 30). Estavam encurralados. Não tinham como responder, porque se dissessem "do céu", ele quereria saber por que não creram nele, e se dissessem "dos homens", temiam o povo que acreditava que João era um profeta verdadeiro. De modo que não deram resposta. A tergiversação deles era um sintoma da sua insinceridade. Se não conseguiam enfrentar o desafio da autoridade de João, certamente não poderiam enfrentar o desafio da autoridade de Cristo. Ele dizia ter autoridade para ensinar a respeito de Deus, para expelir demônios, para perdoar pecados, para julgar o mundo. Em tudo isto ele era completamente diferente deles, pois a única autoridade que eles conheciam era o apelo a outras autoridades. Além disso, havia uma genuinidade autoevidente acerca da autoridade de Jesus. Era real, sincera, transparente, divina.

De modo que se sentiam ameaçados por Jesus. Ele minava o prestígio deles, o domínio que exerciam sobre as pessoas, a sua própria autoconfiança e seu autorrespeito, enquanto os dele permaneciam intactos. Tinham inveja dele, e, portanto, decidiram eliminá-lo. É interessante que Mateus relate duas tramas invejosas para eliminar a Jesus. A primeira, de Herodes, no início da vida de Jesus, e a outra, dos sacerdotes, no final. Ambos sentiram uma ameaça à sua autoridade. De modo que ambos procuraram destruir a Jesus.[9] Por mais respeitáveis que os argumentos políticos e teológicos dos sacerdotes possam ter sido, foi a inveja que os levou a entregar Jesus a Pilatos para ser destruído.

---

[9] Mateus 2.13; 27.20.

A mesma paixão maligna influencia nossas atitudes contemporâneas para com Jesus. Ele ainda é, como o denominou C. S. Lewis, "um interferidor transcendental".[10] Ressentimo-nos de suas intrusões à nossa vida privada, sua exigência de nossa homenagem, sua expectativa de nossa obediência. Por que é que ele não cuida de seus próprios negócios, perguntamos petulantemente, e nos deixa em paz? A essa pergunta ele instantaneamente responde dizendo que nós somos o seu negócio e que jamais nos deixará sozinhos. De modo que nós, também, vemo-lo como um rival ameaçador, que perturba nossa paz, mina nossa autoridade e diminui nosso autorrespeito. Nós também queremos eliminá-lo.

Judas Iscariotes, o traidor

Tendo visto como os sacerdotes entregaram Jesus a Pilatos, e como Pilatos o entregou aos soldados, agora precisamos examinar como, para começar, Judas o entregou aos sacerdotes. Essa entrega é especificamente chamada de "traição". Deveras, a quinta-feira santa será sempre lembrada como a noite em que ele foi traído (1Coríntios 11.23), e Judas como aquele que o traiu. Esse epitáfio acusador já está preso ao seu nome quando ele é mencionado pela primeira vez nos Evangelhos entre os Doze. Os três evangelistas sinóticos colocam-no em último lugar na lista dos apóstolos.[11]

Não é incomum alguns expressarem simpatia para com Judas. "Afinal", dizem, "se Jesus havia de morrer, alguém tinha de traí-lo. Assim, por que culpar a Judas? Ele não passou de instrumento da providência, uma vítima da predestinação". Bem, a narrativa bíblica certamente indica que Jesus conhecia de antemão a identidade do seu traidor[12] e referiu-se a ele como destinado à destruição para que a Escritura se cumprisse.[13] É também verdade que Judas fez o que fez somente depois que Satanás o instigou e entrou nele.[14]

---

[10] Lewis, C. S. **Surprised by Joy**, p. 163.
[11] Mateus 10.4; Marcos 3.19; Lucas 6.16.
[12] João 6.64,71; 13.11.
[13] João 17.12. Cf. Atos 1.15-17,25.
[14] João 13.2,27. Cf. Lucas 22.3.

Entretanto, nada disso exonera a Judas. Ele deve arcar com a responsabilidade do que fez, tendo, sem dúvida, deliberadamente tramado suas ações. O fato de sua traição ter sido predita nas Escrituras não significa que ele não fosse um agente livre, assim como as predições do Antigo Testamento acerca da morte de Jesus não significa que ele não tivesse morrido voluntariamente. De forma que Lucas mais tarde referiu-se à sua maldade (Atos 1.18). Por mais fortes tivessem sido as influências satânicas sobre ele, deve ter existido uma época na qual ele se expôs a elas. Parece que Jesus claramente o considerou como responsável por suas ações, pois até mesmo no último instante, no cenáculo, fez-lhe um apelo final, mergulhando um pedaço de pão e dando-o a ele (João 13.25-30). Judas, porém, rejeitou o apelo de Jesus, e sua traição parece ainda mais odiosa porque foi uma quebra flagrante da hospitalidade. Nesse aspecto ela cumpre outra Escritura que diz: "Até o meu amigo íntimo, em quem eu confiava, que comia do meu pão, levantou contra mim o calcanhar" (Salmos 41.9). O cinismo último de Judas foi escolher trair o seu Mestre com um beijo, usando esse símbolo da amizade a fim de destruí-la. De modo que Jesus afirmou a culpa de Judas, dizendo: "Ai daquele por intermédio de quem o Filho do homem está sendo traído! Melhor lhe fora não haver nascido!" (Marcos 14.21). Assim, Jesus não apenas o condenou, mas o próprio Judas, no final, condenou-se a si mesmo. Ele reconheceu o seu crime, trair o sangue inocente, devolveu o dinheiro pelo qual tinha vendido a Jesus, e se suicidou. Sem dúvida, ele estava mais preso pelo remorso do que pelo arrependimento, mas, finalmente, confessou sua culpa.

O motivo do crime de Judas há muito que ocupa a curiosidade e a engenhosidade dos estudiosos. Alguns estão convictos de que ele era um zelote[15] que se tinha unido a Jesus e a seus seguidores na crença de que o movimento deles era de libertação nacional, mas que, finalmente, o traiu por causa de desilusão política ou como um truque a fim de que Jesus fosse obrigado a lutar. Os que tentam fazer uma reconstrução desse tipo pensam que encontram evidência confirmatória no nome

---

[15] O fundador do partido dos zelotes tinha o mesmo nome que Judas, isto é, "Judas, o galileu", que, em 6 A.D. liderou uma revolta armada contra Roma (mencionada em Atos 5.37). A rebelião foi esmagada e Judas morto, mas seus filhos continuaram a luta. Masada foi a fortaleza final da resistência zelote em Roma; caiu em 74 A.D. William Barclay é um dos que acham "mais do que possível" que Judas tenha sido um zelote, e que o beijo no jardim do Getsêmani não foi traição, antes, um sinal cujo propósito era provocar Jesus a abandonar sua hesitação e lançar sua campanha há muito esperada (**Crucified and Crowned**, p. 36-38).

"Iscariotes", embora todos admitam que é um nome obscuro. Em geral acham que o nome indica a origem de Judas como "um homem de Queriote", uma cidade do Sul da Judeia, a qual é mencionada em Josué 15.25. Mas os que pensam que Judas foi um zelote sugerem que "Iscariotes" se relaciona com a palavra "sicário", um assassino (do latim *sica* e do grego *sikarion*, "adaga"). Josefo menciona os *sicários*.

Inflamados por um nacionalismo judaico fanático, os sicários estavam decididos a recuperar a independência do seu país do domínio colonial romano, e para esse fim lançavam mão até mesmo do assassínio de seus inimigos políticos, a quem desprezavam como informantes. O Novo Testamento refere-se a eles apenas uma vez, a saber, quando o comandante romano que salvara Paulo de ser linchado em Jerusalém perguntou-lhe: "Não és tu, porventura, o egípcio que há tempos sublevou e conduziu ao deserto quatro mil sicários?" (Atos 21.38).

Outros comentaristas consideram a base dessa reconstrução demasiadamente fraca, e atribuem a deserção de Judas a falha moral em vez de motivação política, isto é, a ganância mencionada pelo quarto evangelista. Ele nos diz que Judas era o tesoureiro do grupo apostólico, tendo recebido o cuidado da bolsa comum. A ocasião do comentário de João foi a unção de Jesus por Maria de Betânia. Ela trouxe um vaso de alabastro contendo um perfume muito caro (nardo puro, segundo Marcos e João), o qual derramou sobre ele. Jesus estava reclinado à mesa, e a casa se encheu de um fragrante perfume. Foi um grande gesto de devoção quase exagerada, ao qual Jesus mais tarde chama de boa ação. Mas, alguns dos presentes (dos quais Judas foi o porta-voz), reagiram de modo totalmente diferente. Observando-a com incredulidade, eles fungaram de indignação autojustificada. "Que desperdício!" disseram. "Que extravagância maligna! O perfume podia ser vendido por um preço equivalente a mais de um ano de salários, e o dinheiro dado aos pobres." O comentário deles, porém, era insincero, como João prossegue a dizer. Judas não disse isso porque se importava com os pobres mas porque era ladrão; como guardador da bolsa, ele se servia do dinheiro que nela era colocado. Deveras, tendo testemunhado e denunciado o que viu como o desperdício irresponsável de Maria, ele parece ter ido diretamente aos sacerdotes a fim de recuperar um pouco da perda. O que estão dispostos a me dar se eu o entregar a vocês? perguntou ele. Sem dúvida alguma, então começaram a pechinchar, e no fim concordaram em dar-lhe 30 moedas de prata, o preço de resgate de um escravo comum. Os evangelistas, com o seu senso de alto drama, deliberadamente contrastam Maria com Judas, a generosidade desprendida daquela e a pechincha friamente calculada deste. Acerca das outras paixões sombrias que estariam queimando o coração de Judas só podemos conjeturar, mas João insiste em que foi a ganância que finalmente o venceu. Inflamado pelo desperdício dos salários de um ano, ele foi e vendeu a Jesus por menos de um terço dessa quantia.[16]

Não é por acaso que Jesus nos diz que nos acautelemos de toda a cobiça, ou que Paulo declara que o amor do dinheiro é raiz de todos os tipos de males.[17] Na busca do ganho material os seres humanos têm descido às profundezas da depravação. Os magistrados têm pervertido a justiça por subornos, como os juízes de Israel de quem Amós escreveu: "Vendem o justo por dinheiro, e condenam o necessitado por causa de um par de sandálias" (2.6). Os políticos têm usado o seu poder para a concessão de contratos ao que faz uma proposta melhor, e os espiões têm descido a ponto de vender ao inimigo os segredos de seu país. Os negociantes têm feito transações desonestas, pondo em perigo a prosperidade de outros a fim de ganhar mais. Até mesmo professores supostamente espirituais têm transformado a religião em uma empresa comercial, e alguns ainda hoje o fazem, de modo que o candidato ao pastorado recebe a advertência: não seja amante do dinheiro.[18] O linguajar de todas essas pessoas é o mesmo que o de Judas: dependendo do que me derem, eu o entregarei a vocês. Pois todo mundo tem o seu preço, assevera o cínico, desde o assassino contratado, disposto a pechinchar a vida de alguém, ao mais baixo oficial que atrasa a emissão de um documento ou um passaporte enquanto não receber o seu suborno. Judas não foi exceção. Jesus dissera que é impossível servir a Deus e ao dinheiro. Judas escolheu o dinheiro. Muitos outros têm feito o mesmo.

OS PECADOS DELES E OS NOSSOS

Examinamos os três indivíduos — Pilatos, Caifás e Judas — a quem os evangelistas apõem culpa maior pela crucificação de Jesus, e seus associados: os sacerdotes, o povo e os soldados. Acerca de cada pessoa ou grupo usa-se o mesmo verbo: *paradidomi*, traduzido por "entregar" ou "trair". Jesus havia predito que

---

[16] Mateus 26.6-16; Marcos 14.3-11; João 12.3-8 e 13.29.
[17] Lucas 12.15; 1Timóteo 6.10.
[18] Timóteo 3.3,8; Tito 1.7; Cf. Atos 8.18-23 e 20.33,34.

seria entregue nas mãos dos homens, ou "entregue para ser crucificado".[19] E os evangelistas, ao contarem sua história, demonstram que a predição de Jesus foi verdadeira. Primeiro, Judas o entregou aos sacerdotes (por causa da ganância). A seguir, os sacerdotes o entregaram a Pilatos (por causa da inveja). Então Pilatos o entregou aos soldados (por causa da covardia), e eles o crucificaram.[20]

Nossa reação instintiva a esse mal acumulado é dar eco à pergunta espantada de Pilatos, quando a multidão gritou pedindo o sangue de Jesus: "Que mal fez ele?" (Mateus 27.23). Pilatos, porém, não recebeu uma resposta lógica. A multidão histérica clamava cada vez mais alto: "Crucifica-o! Crucifica-o!" Mas por quê?

É natural encontrarmos desculpas para eles, pois vemos a nós mesmos neles e gostaríamos de ser capazes de nos desculparmos. Deveras, havia algumas circunstâncias mitigantes. Como o próprio Jesus disse ao orar pelo perdão dos soldados que o estavam crucificando: "pois não sabem o que fazem". Da mesma forma, Pedro disse a uma multidão de judeus em Jerusalém: "Eu sei que o fizestes por ignorância, como também as vossas autoridades". Paulo acrescentou que, se "os poderosos deste século" tivessem compreendido, "jamais teriam crucificado o Senhor da glória."[21] Contudo, sabiam o suficiente para ser culpados, aceitar o fato de sua culpa e ser condenados por suas ações. Não estavam eles reivindicando responsabilidade total quando clamaram: "Caia sobre nós o seu sangue, e sobre nossos filhos"?[22] Pedro falou com toda a franqueza no dia de Pentecoste: "Esteja absolutamente certa, pois, toda a casa de Israel de que a este Jesus *que vós crucificastes*, Deus o fez Senhor e Cristo." Além do mais, longe de discordar do seu veredicto, o coração dos ouvintes de Pedro se compungiu e perguntaram o que deviam fazer (Atos 2.36,37). Estêvão foi ainda mais direto em seu discurso ao Sinédrio, o qual o levou ao martírio. Chamou o Concílio de "homens de dura cerviz e incircuncisos de coração e de ouvidos, vós sempre resistis ao Espírito Santo, assim como o fizeram vossos pais também vós o fazeis". Pois seus pais haviam perseguido os profetas e matado aqueles que predisseram a vinda do Messias, e agora tinham traído e assassinado o próprio Messias (Atos 7.51,52). Paulo, mais tarde, usou linguagem

---

[19] Mateus 17.22; 26.2.

[20] Mateus 26.14-16 (Judas); 27.18 (os sacerdotes); 27.26 (Pilatos).

[21] Lucas 23.34; Atos 3.17; 1Coríntios 2.8.

[22] Mateus 27.25. Cf. Atos 5.28.

parecida ao escrever aos tessalonicenses acerca da oposição judaica do seu tempo ao evangelho: eles "mataram o Senhor Jesus e os profetas, como também nos perseguiram". Por estarem tentando conservar os gentios afastados da salvação, o juízo viria sobre eles (1Tessalonicenses 2.14-16).

Culpar o povo judeu pela crucificação de Jesus hoje é extremamente fora de moda. Deveras, se a crucificação for usada como uma desculpa para matá-los e persegui-los (como aconteceu no passado), ou para propagar o antissemitismo, é absolutamente indefensável. O modo de evitar o preconceito antissemítico, contudo, não é fingir que os judeus são inocentes, mas, tendo admitido a sua culpa, acrescentar que outros partilharam dela. É assim que os apóstolos viram a situação. Herodes e Pilatos, gentios e judeus, disseram eles, tinham juntos "conspirado" contra Jesus (Atos 4.27). Mais importante ainda, nós mesmos também somos culpados. Se estivéssemos no lugar deles, teríamos feito exatamente o que fizeram. Deveras, nós o *fizemos*. Pois sempre que nos desviamos de Cristo, estamos "crucificando" para nós mesmos o Filho de Deus, e o "expondo à ignomínia" (Hebreus 6.6). Nós também sacrificamos Jesus à nossa ganância como Judas, à nossa inveja como os sacerdotes, à nossa ambição como Pilatos. "Estavas lá quando crucificaram o meu Senhor?" pergunta o cântico espiritual. E devemos responder: "Sim, eu estava lá." Não apenas como espectadores, mas também como participantes, participantes culpados, tramando, traindo, pechinchando e entregando-o para ser crucificado. Como Pilatos, podemos tentar tirar de nossas mãos a responsabilidade por meio da água. Mas nossa tentativa será tão fútil quanto foi a dele. Pois há sangue em nossas mãos. Antes que possamos começar a ver a cruz como algo feito para nós (que nos leva à fé e à adoração), temos de vê-la como algo feito por nós (que nos leva ao arrependimento). Deveras, "somente o homem que está preparado para aceitar sua parcela de culpa da cruz", escreve Canon Peter Green, "pode reivindicar parte na sua graça".[23]

A resposta que até agora demos à pergunta: "Por que Cristo morreu"? procurou refletir o modo pelo qual os escritores do evangelho contam a sua história. Eles indicam a corrente de responsabilidade (de Judas aos sacerdotes, dos sacerdotes a Pilatos, de Pilatos aos soldados), e, pelo menos, sugerem que a ganância, a inveja e o temor, os quais instigaram o comportamento dos envolvidos, também instigam o nosso. Contudo, esse não é o relato final dos evangelistas. Omiti uma

---

[23] GREEN, Peter. **Watchers by the Cross**, p. 17.

evidência vital que eles apresentam. É esta: embora Jesus tivesse sido levado à morte pelos pecados humanos, ele não morreu como mártir. Pelo contrário, ele foi à cruz espontaneamente, até mesmo deliberadamente. Desde o começo do seu ministério público, ele se consagrou a esse destino.

No seu batismo, ele se identificou com os pecadores (como mais tarde o faria por completo sobre a cruz), e em sua tentação ele se recusou a desviar-se do caminho da cruz. Ele predisse muitas vezes os seus sofrimentos e morte, como vimos no capítulo anterior, e, decididamente, partiu para Jerusalém a fim de morrer aí. O uso constante que ele faz da palavra "deve" em relação à sua morte expressa não uma compulsão exterior, mas sua resolução interior de cumprir o que a seu respeito havia sido escrito. "O Bom Pastor dá a sua vida pelas ovelhas", disse ele. Então, deixando de lado a metáfora, "eu dou a minha vida [...]. Ninguém a tira de mim; pelo contrário, eu espontaneamente a dou" (João 10.11,17,18).

Além disso, quando os apóstolos resolveram escrever acerca da natureza voluntária da morte de Jesus, usaram várias vezes o mesmo verbo (*paradidomi*) o qual os evangelistas empregaram com relação ao ser ele entregue à morte por outros. Assim, Paulo pôde escrever que o "Filho de Deus, que me amou e a si mesmo se entregou (*paradontos*) por mim".[24] A afirmação do apóstolo talvez tenha sido um eco de Isaías 53.12, que diz que ele "derramou (*paredothe*) a sua alma na morte". Paulo também usou o mesmo verbo ao olhar para a autoentrega voluntária do Filho à entrega do Pai. Por exemplo, "aquele que não poupou ao seu próprio Filho, antes, por todos nós o entregou (*paredoken*), porventura não nos dará graciosamente com ele todas as coisas?"[25]. Octavius Winslow resumiu o assunto com uma bela afirmativa: "Quem entregou Jesus para morrer? Não foi Judas, por dinheiro; não foi Pilatos, por temor; não foram os judeus, por inveja — mas o Pai, por amor!"[26].

É essencial que conservemos juntos estes dois modos complementares de olhar para a cruz. No nível humano, Judas o entregou aos sacerdotes, os quais o entregaram a Pilatos, que o entregou aos soldados, os quais o crucificaram. Mas, no nível divino, o Pai o entregou, e ele se entregou a si mesmo para morrer por nós. À medida que encaramos a cruz, pois, podemos dizer a nós mesmos:

---

[24] Gálatas 2.20. Cf. Efésios 5.2,25 e também Lucas 23.46.
[25] Romanos 8.32; cf. 4.25.
[26] MURRAY, John. **Romans**, v. 1, p. 324.

"Eu o matei, meus pecados o enviaram à cruz"; e: "ele se matou, seu amor o levou à cruz". O apóstolo Pedro uniu as duas verdades em sua admirável afirmativa do dia de Pentecoste: "Sendo este entregue pelo determinado desígnio e presciência de Deus, vós o matastes, crucificando-o por mão de iníquos"[27]. Assim, Pedro atribuiu a morte de Jesus simultaneamente ao plano de Deus e à maldade dos homens. Pois a cruz, que é uma exposição da maldade humana, como temos considerado em particular neste capítulo, é ao mesmo tempo a revelação do propósito divino de vencer a maldade humana assim exposta.

Volto, ao terminar este capítulo, à pergunta com a qual o comecei: por que Jesus Cristo morreu? Minha primeira resposta foi que ele não morreu; ele foi morto. Agora, porém, devo equilibrar essa resposta com o seu oposto. Ele não foi morto, ele morreu, entregando-se voluntariamente para fazer a vontade do Pai.

A fim de discernir o que era a vontade do Pai, temos de examinar novamente os mesmos eventos, desta vez olhando abaixo da superfície.

---

[27] Atos 2.23; cf. 4.28. Mais tarde, em sua primeira carta, Pedro descreveria ao Cordeiro como tendo sido escolhido "antes da fundação do mundo" (1Pedro 1.19,20).

Capítulo 3

Olhando abaixo da superfície

Nos capítulos anteriores procurei estabelecer dois fatos acerca da cruz. Primeiro, sua importância central (para Cristo, para seus apóstolos e para a igreja mundial desde então), e, segundo, seu caráter deliberado (pois embora tenha sido devida à maldade humana, foi também por causa de um propósito determinado de Deus, voluntariamente aceito por Cristo, que se entregou a si mesmo à morte).

Mas por quê? Voltamos a esse enigma básico. O que há acerca da crucificação de Jesus que, apesar de seu horror, vergonha e dor, a faz tão importante a ponto de Deus a planejar de antemão e de Cristo vir para suportá-la?

Uma construção inicial

Pode ser útil responder a essa pergunta em quatro estágios, começando com o claro e não controverso, e, passo a passo, ir penetrando mais profundamente no mistério.

Primeiro, *Cristo morreu por nós*. Além de ser necessária e voluntária, sua morte foi altruísta e benéfica. Ele a empreendeu por nossa causa, não pela sua, e cria que por meio dela nos garantia um bem que não poderia ser garantido de nenhum outro modo. O Bom Pastor, disse ele, ia dar a sua vida pelas ovelhas, em benefício delas. Similarmente, as palavras que ele proferiu no cenáculo, ao dar o pão aos seus discípulos, foram: "Isto é o meu corpo oferecido por vós". Os apóstolos pegaram esse simples conceito e o repetiram, às vezes tornando-o mais pessoal, trocando a segunda pessoa pela primeira: "Cristo morreu por nós".[1] Ainda não há nenhuma explicação e nenhuma identificação da bênção que ele nos assegurou mediante a sua morte, mas pelo menos concordamos quanto às expressões "por vós" e "por nós".

---

[1] João 10.11,15; Lucas 22.19; Romanos 5.8, Efésios 5.2; 1Tessalonicenses 5.10; Tito 2.14. O professor Martin Hengel demonstrou, com grande erudição, que o conceito de uma pessoa voluntariamente morrer por sua cidade, família e amigos, pela verdade ou para apaziguar os deuses, era largamente difundido no mundo greco-romano. Havia-se criado uma palavra especial *hyperapothneskein* ("morrer por") a fim de expressá-lo. As boas novas de que Cristo havia morrido por nós, portanto, eram prontamente inteligíveis às audiências pagãs do primeiro século (Hengel, Martin. **Atonement**, p. 1-32).

Segundo, *Cristo morreu para conduzir-nos a Deus* (1Pedro 3.18). O foco do propósito benéfico da sua morte é a nossa reconciliação. Como diz o Credo Niceno: "por nós (geral) e por nossa salvação (particular) ele desceu do céu [...]". A salvação que ele conseguiu para nós mediante sua morte é retratada de vários modos. Às vezes é concebida negativamente como redenção, perdão ou libertação. Outras vezes é positiva — vida nova ou eterna, ou paz com Deus no gozo de seu favor e comunhão.[2] No presente, o vocabulário preciso não importa. O ponto importante é que, em consequência da sua morte, Jesus é capaz de conferir-nos a grande bênção da salvação.

Terceiro, *Cristo morreu por nossos pecados*. Nossos pecados eram o obstáculo que nos impedia de receber o dom que ele desejava dar-nos. De modo que eles tinham de ser removidos antes que a salvação nos fosse outorgada. E ele ocupou-se dos nossos pecados, ou os levou, na sua morte. A expressão: "por nossos pecados" (ou fraseado muito similar) é usada pela maioria dos escritores do Novo Testamento; parece que eles tinham certeza de que — de um modo ainda não determinado — a morte de Cristo e nossos pecados se relacionavam. Eis uma amostra de citações: "Cristo morreu pelos nossos pecados, segundo as Escrituras" (Paulo); "Cristo morreu pelos pecados uma vez por todas" (Pedro); "ele apareceu de uma vez por todas [...] para desfazer o pecado mediante o sacrifício de si mesmo", e ele "ofereceu de uma vez por todas um sacrifício pelos pecados" (Hebreus); "o sangue de Jesus, seu Filho, nos purifica de todo o pecado" (João); "àquele que nos ama e nos libertou de nossos pecados através do seu sangue [...] seja a glória" (Apocalipse).[3] Todos estes versículos (e muitos mais) ligam a morte de Jesus aos nossos pecados. Que elo é esse?

Quarto, *Cristo sofreu a nossa morte*, ao morrer por nossos pecados. Isso quer dizer que se a sua morte e os nossos pecados estão ligados, esse elo não é efeito de mera consequência (ele foi vítima de nossa brutalidade humana), mas de penalidade (ele suportou em sua pessoa inocente a pena que nossos pecados mereciam). Pois segundo a Escritura, a morte se relaciona com o pecado como sua justa recompensa: "o salário do pecado é a morte" (Romanos 6.23). A Bíblia toda vê a morte humana não como um evento *natural*, mas *penal*. É uma invasão alienígena do bom mundo de Deus, e não faz parte de sua intenção original para a humanidade.

---

[2] Para o negativo veja, por exemplo, Gálatas 1.4; Efésios 1.7; Hebreus 9.28. Para o positivo, João 3.14-16; Efésios 2.16; Colossenses 1.20; 1Tessalonicenses 5.10; 1Pedro 3.18.

[3] 1Coríntios 15.3; 1Pedro 3.18; Hebreus 9.26; 10.12; 1João 1.7; Apocalipse 1.5,6.

É certo que o registro fóssil indica que a pilhagem e a morte existiam no reino animal antes da criação do homem. Porém parece que Deus tinha em mente um fim mais nobre para os seres humanos portadores de sua imagem, fim talvez semelhante ao traslado que Enoque e Elias experimentaram, e à "transformação" que ocorrerá com aqueles que estiverem vivos na volta de Jesus.[4] Por meio de toda a Escritura, pois, a morte (tanto física como espiritual) é vista como juízo divino sobre a desobediência humana.[5] Daí as expressões de horror com relação à morte, a sensação de anomalia de que o homem se tivesse tornado como as bestas que perecem, uma vez que o mesmo destino aguarda a todos.[6] Daí também a violenta indignação de que Jesus foi alvo em seu confronto com a morte ao lado do túmulo de Lázaro.[7] A morte era um corpo estranho. Jesus resistiu-lhe; ele não pôde aceitá-la.

Se, pois, a morte é a pena do pecado, e se Jesus não tinha pecado próprio em sua natureza, caráter e conduta, não devemos dizer que ele não precisava ter morrido? Não poderia ele, em vez de morrer, ter sido trasladado? Quando o seu corpo se tornou translúcido durante a transfiguração no monte, não tiveram os apóstolos uma previsão do seu corpo da ressurreição (daí a instrução de a ninguém contarem acerca desse acontecimento até que ele ressurgisse dentre os mortos, Marcos 9.9)? Não podia ele naquele momento ter entrado no céu e escapado à morte? Mas ele voltou ao nosso mundo a fim de ir *voluntariamente* à cruz. Ninguém lhe tiraria a vida, insistia ele; ele ia dá-la de sua própria vontade. De modo que quando o momento da morte chegou, Lucas a representou como um ato autodeterminado do Senhor. "Pai", disse ele, "nas tuas mãos entrego o meu espírito".[8] Tudo isso significa que a simples afirmativa do Novo Testamento: "ele morreu por nossos pecados" diz muito mais do que aparenta na superfície. Afirma que Jesus Cristo, sendo sem pecado e não tendo necessidade de morrer, sofreu a nossa morte, a morte que nossos pecados mereciam.

---

[4] Veja Gênesis 5.24; 2Reis 2.1-11; 1Coríntios 15.50-54.

[5] Exemplo: Gênesis 2.17; 3.3,19,23; Romanos 5.12-14; Apocalipse 20.14; 21.8.

[6] Salmos 49.12,20; Eclesiastes 3.19-21.

[7] Veja a ocorrência do verbo *embrimaomai* em João 11.33,38. Indicando originalmente o resfôlego dos cavalos, esse verbo foi aplicado às fortes emoções humanas de desgosto e indignação.

[8] João 10.18; Lucas 23.46.

Necessitaremos, em capítulos posteriores, penetrar mais profundamente na razão, moralidade e eficácia dessas afirmativas. Por enquanto devemos contentar-nos com esta construção quádrupla preliminar, que Cristo morreu por nós, para o nosso bem; que esse "bem" pelo qual ele morreu era a nossa salvação; que a fim de no-la assegurar, ele teve de enfrentar os nossos pecados; e que, ao morrer por nossos pecados, foi a nossa morte que ele sofreu.

A pergunta que desejo fazer agora, e à qual procurarei responder no restante deste capítulo, é se os fatos se encaixam nesta construção teológica preliminar. Será ela uma teoria um tanto complexa imposta sobre a história da cruz, ou será que a narrativa dos evangelistas lhe supre evidência e até mesmo permanece ininteligível sem ela? Argumentarei em favor do último caso. Além do mais, procurarei demonstrar que o que os evangelistas retratam, embora seja testemunho deles, não é de sua invenção. O que estão fazendo é permitir que entremos um pouco na mente do próprio Cristo.

De modo que olharemos para três das cenas principais das últimas vinte e quatro horas de Jesus na terra — o cenáculo, o jardim do Getsêmani, e o lugar chamado Gólgota. Ao fazermos esse exame, seremos incapazes de nos limitar ao mero relato de uma história pungente, visto que cada cena contém ditos de Jesus, os quais exigem explicação e não podem ser deixados de lado. Algo mais profundo do que meras palavras e ações estava acontecendo abaixo da superfície. A verdade teológica continua a aparecer, mesmo quando desejamos que ela nos deixe em paz. Em particular, sentimo-nos obrigados a fazer perguntas acerca da instituição da Ceia do Senhor no cenáculo, sobre a "agonia" no jardim do Getsêmani, e acerca do "grito de desespero" na cruz.

Contudo, antes que possamos fazer essas perguntas, há um fato digno que nos diminuirá o passo, e que tem de ver com a perspectiva de Jesus por meio de todos esses eventos. Nossa história tem início na noite de Quinta-Feira Santa. Jesus tinha visto o sol se pôr pela última vez. Dentro de mais ou menos quinze horas seus membros seriam estendidos na cruz. Dentro de vinte e quatro horas ele estaria morto e enterrado. E ele sabia disso. Contudo, o extraordinário é que ele estava pensando a respeito de sua missão como ainda no futuro, não no passado. Comparativamente, ele era jovem, por certo entre os trinta e trinta e cinco anos de idade. Ele nem bem tinha vivido metade da vida humana. Ele ainda estava no auge de seus poderes. Na idade dele a maioria das pessoas tem seus melhores anos pela frente. Maomé viveu até os sessenta, Sócrates até os setenta, e Platão e Buda tinham mais de oitenta anos quando morreram. Se a morte ameaça encurtar a vida de uma pessoa, o sentimento de frustração lança-a na tristeza. Mas não a Jesus, por este simples motivo: ele não considera a morte que estava prestes a sofrer como o fim último de sua missão, mas como necessária à sua realização. Somente alguns segundos antes de ele morrer (e não antes) ele foi capaz de gritar: "Está terminado!" De modo que, então, embora fosse a sua última noite, e embora tivesse poucas horas de vida, Jesus não olhava *para trás*, para uma missão que havia completado, muito menos pensando ter falhado; olhava *para frente*, para uma missão que estava prestes a cumprir. A missão de uma vida de trinta ou trinta e cinco anos haveria de ser realizada em suas últimas vinte e quatro horas, deveras, suas últimas seis.

A Última Ceia no cenáculo

Jesus estava passando sua última noite na terra em reclusão tranquila com os apóstolos. Era o primeiro dia da festa dos Pães Asmos, e haviam-se reunido para tomar a refeição pascal juntos na casa de um amigo. O lugar é descrito como "um cenáculo grande, mobiliado e preparado", e podemos imaginá-los ao redor de uma mesa baixa, reclinados sobre almofadas no chão. Evidentemente não havia criados que os servissem, de modo que ninguém lhes lavou os pés antes da refeição. Nem um dos apóstolos, tampouco, foi humilde suficiente para se desincumbir de tão vil tarefa. Foi para intensa consternação deles, portanto, que durante a ceia Jesus vestiu um avental de escravo, despejou água numa bacia e lavou os pés aos apóstolos, realizando assim o que nenhum deles estivera disposto a fazer. A seguir ele lhes disse como o amor autêntico sempre se expressa mediante o serviço humilde e como o mundo os identificaria como discípulos somente se amassem uns aos outros. Em contraste com a prioridade do amor sacrificial e servical, ele os advertiu de que um membro do grupo iria traí-lo. Ele também falou muito da sua iminente partida, da vinda do Consolador que tomaria o seu lugar, e do variado ministério de ensino e testemunho desse Espírito da verdade.

Então, continuando a refeição, eles observaram encantados quando ele pegou um pão, abençoou-o (isto é, deu graças), quebrou-o em pedaços e passou-os aos discípulos, dizendo: "Este é o meu corpo, que é dado por vós; fazei isto em memória de mim". Da mesma forma, terminada a ceia, ele tomou um cálice de vinho, deu graças, entregou-o aos discípulos e disse: "Este é o cálice da nova aliança em meu sangue"; ou: "Este é o meu sangue da nova aliança, que é derramado por muitos para o perdão de pecados; fazei isto, sempre que o beberdes, em memória de mim".[9]

Essas são ações e palavras tremendamente significativas. É pena que, por estarmos tão familiarizados com elas, tendam a perder o seu impacto. Pois lançam inundações de luz sobre a visão que o próprio Jesus tinha a respeito da sua morte. Através do que fez com o pão e com o vinho, e mediante o que disse a respeito desses elementos, ele estava dramatizando visivelmente sua morte antes que acontecesse e dando a sua própria autorizada explicação acerca do seu significado e propósito. Ele ensinava pelos menos três lições.

A primeira lição se referia à *centralidade de sua morte*. Solene e deliberadamente, durante sua última noite com os discípulos, ele dava instruções concernentes ao seu próprio culto memorial. Contudo, não devia ser uma única ocasião, como nossos cultos memoriais modernos, o tributo final pago por amigos e parentes. Pelo contrário, devia ser uma refeição regular ou culto, ou ambos. Ele lhes disse especificamente que o repetissem: "fazei isto em memória de mim". O que deviam fazer? Deviam copiar o que ele tinha feito, tanto os seus atos como suas palavras, isto é, tomar, quebrar, abençoar, identificar e partilhar o pão e o vinho. O que significavam o pão e o vinho? As palavras que ele proferira tinham a explicação. Acerca do pão ele dissera: "Este é o meu corpo que é dado por vós", e do vinho: "Este é o meu sangue que é derramado por vós". De modo que sua morte falava aos discípulos de ambos os elementos. O pão não representava seu corpo vivo, enquanto ele se reclinava com eles à mesa, mas seu corpo que em breve seria dado por eles na morte. Da mesma forma, o vinho não representava o seu sangue que lhe corria nas veias enquanto lhes falava, mas seu sangue que em breve seria derramado por eles na morte. A evidência é clara e irrefutável. A Ceia do Senhor, que foi instituída por Jesus, e que é o único ato comemorativo autorizado por ele, não dramatiza nem seu nascimento nem sua vida, nem suas palavras nem suas obras, mas somente a sua morte. Nada poderia indicar mais claramente a significação central que Jesus atribuía à sua morte. Era por sua morte que ele desejava, acima de tudo, ser lembrado. Portanto, é seguro dizer

---

[9] Paulo e os evangelistas sinóticos registram as palavras de administração de um modo um pouco diferente. Veja 1Coríntios 11.23-25; Mateus 26.26-28; Marcos 14.22-24; Lucas 22.17-19.

que não há Cristianismo sem a cruz. Se a cruz não for o centro da nossa religião, a nossa religião não é a de Jesus.

Segunda, Jesus estava ensinando a respeito do propósito da sua morte. De acordo com Paulo e Mateus, as palavras de Jesus acerca do cálice referiam-se não somente ao seu sangue mas também à nova aliança associada com o seu sangue, e Mateus acrescenta que o sangue de Cristo devia ser derramado pelo perdão dos pecados. Aqui temos a afirmação verdadeiramente fantástica de que por intermédio do derramamento do sangue de Jesus, na morte, Deus estava tomando a iniciativa de estabelecer um novo pacto ou "aliança" com o seu povo, na qual uma das maiores promessas seria o perdão dos pecadores. Que quis ele dizer?

Muitos séculos antes Deus tinha feito uma aliança com Abraão, prometendo abençoá-lo com uma boa terra e uma posteridade abundante. Deus renovou essa aliança no monte Sinai, depois de tirar a Israel (descendentes de Abraão) do Egito. Ele prometeu ser o seu Deus e fazê-los o seu povo. Além disso, essa aliança foi ratificada com o sangue do sacrifício: "Então tomou Moisés aquele sangue e o aspergiu sobre o povo, e disse: Eis aqui o sangue da aliança que o Senhor fez convosco a respeito de todas estas palavras"[10]. Passaram-se centenas de anos, durante os quais o povo se esqueceu de Deus, quebrou a sua aliança e provocou o seu juízo, até que um dia no sétimo século a.C. a palavra do Senhor veio a Jeremias, dizendo:

> Eis aí vêm dias, diz o Senhor, e firmarei nova aliança com a casa de Israel e com a casa de Judá. Não conforme a aliança que fiz com seus pais, no dia em que os tomei pela mão, para os tirar da terra do Egito; porquanto eles anularam a minha aliança, não obstante eu os haver desposado, diz o Senhor. Porque esta é aliança que firmarei com a casa de Israel, depois daqueles dia, diz o Senhor. Na mente lhes imprimirei as minhas leis, também no coração lhas inscreverei; eu serei o seu Deus, e eles serão o meu povo. Não ensinará jamais cada um ao seu próximo, nem cada um ao seu irmão, dizendo: Conhece ao Senhor, porque todos me conhecerão, desde o menor até ao maior deles, diz o Senhor. Pois, perdoarei as suas iniquidades, e dos seus pecados jamais me lembrarei (Jeremias 31.31-34).

---

[10] Êxodo 24.8. Veja também as referências à aliança em Isaías 42.6; 49.8; Zacarias 9.11 e Hebreus 9.18-20.

Passaram-se mais seis séculos, anos de espera paciente e expectativa crescente, até uma noite num cenáculo de Jerusalém, em que um camponês galileu, carpinteiro de profissão e pregador por vocação, ousou dizer, com efeito: "Esta nova aliança, profetizada por Jeremias, está prestes a ser estabelecida; o perdão de pecados prometido como uma das bênçãos distintivas está prestes a ficar disponível; e o sacrifício para selar esta aliança e assegurar este perdão será o derramamento do meu sangue na morte". Será possível exagerar a natureza espantosa dessa reivindicação? Aqui está a visão que Jesus tinha da sua morte. É o sacrifício divinamente ordenado pelo qual a nova aliança com a sua promessa de perdão será ratificada. Ele vai morrer a fim de levar o seu povo a um novo relacionamento de aliança com Deus.

A terceira lição que Jesus estava ensinando referia-se à *necessidade de apropriarmo-nos pessoalmente da sua morte*. Se tivermos razão em dizer que, no cenáculo, Jesus estava apresentando uma dramatização de sua morte, é importante que observemos a forma que ela tomou. Não consistia em um ator num palco, e doze pessoas no auditório. Não; envolveu a todos como também a ele, de modo que tanto eles como ele participaram do drama. É verdade que Jesus tomou o pão, abençoou-o e o quebrou, mas então, enquanto comiam, ele explicou a significação do seu gesto. Novamente, ele tomou o cálice e o abençoou, mas então, enquanto bebiam, explicou a significação do seu gesto. Assim, não eram meros espectadores deste drama da cruz; eram participantes dele. Não poderiam ter deixado de entender a mensagem. Assim como não era suficiente que o pão fosse quebrado e o vinho derramado, mas que tinham de comer e beber, da mesma forma não era suficiente que ele morresse, mas eles tinham de se apropriar pessoalmente dos benefícios da sua morte. O comer e o beber eram, como ainda o são, uma parábola viva de recebermos a Cristo como nosso Salvador crucificado, e nos alimentarmos dele, pela fé, em nossos corações. Jesus já havia ensinado essa mensagem em seu grande discurso sobre o Pão da Vida, o qual veio logo depois da alimentação dos cinco mil:

> Em verdade, em verdade vos digo: Se não comerdes a carne do Filho do homem e não beberdes o seu sangue, não tendes vida em vós mesmos. Quem comer a minha carne e beber o meu sangue tem a vida eterna, e eu o ressuscitarei no último dia. Pois a minha carne é verdadeira comida, e o meu sangue é verdadeira bebida (João 6.53-55).

As palavras de Jesus naquela ocasião, e suas ações no cenáculo testemunham a mesma realidade. Dar ele o seu corpo e o seu sangue na morte era uma coisa; apropriarmo-nos nós das bênçãos da sua morte é outra muito diferente. Contudo, muitos ainda não aprenderam essa distinção. Posso ainda lembrar-me da grande revelação que foi para mim, na juventude, quando me disseram que era necessário uma ação de minha parte. Eu costumava imaginar que, por haver Cristo morrido, o mundo tinha sido corrigido automaticamente. Quando alguém me explicou que Cristo havia morrido por *mim*, respondi um tanto altivamente: "Todo mundo sabe disso", como se o fato em si ou o meu conhecimento do fato me houvesse trazido a salvação. Mas Deus não força as suas dádivas sobre nós; temos de recebê-las mediante a fé. A Ceia do Senhor permanece como o sinal externo perpétuo tanto da dádiva divina como da recepção humana. Tem o propósito de ser a comunhão do corpo e do sangue de Cristo (1Coríntios 10.16).

Portanto, eis as lições do cenáculo acerca da morte de Cristo. Primeira, ocupava o centro do pensamento que ele tinha acerca de si mesmo e de sua missão, e ele desejava que fosse o centro do nosso. Segunda, aconteceu a fim de estabelecer a nova aliança e assegurar o seu perdão prometido. Terceira, precisa ser apropriada individualmente, se quisermos desfrutar os seus benefícios (a aliança e o perdão). A Ceia do Senhor instituída por Jesus não tinha o propósito de ser um "não me esqueça" piegas, mas, antes, um culto rico de significação espiritual.

O que torna os eventos do cenáculo e a significação da Ceia do Senhor ainda mais impressionantes é pertencerem ao contexto da Páscoa. Já vimos que Jesus pensava em sua morte como sendo um sacrifício do Antigo Testamento. Mas qual dos sacrifícios tinha ele em mente? Parece que ele pensava no sacrifício do monte Sinai, de Êxodo 24, mediante o qual a aliança foi renovada, mas também no da Páscoa, de Êxodo 12, o qual se transformou em celebração anual da libertação de Israel e uma aliança da parte de Deus com eles.

Segundo os evangelistas sinóticos, a última ceia foi a refeição pascal que se realizava depois que os cordeiros eram sacrificados. Essa ideia está clara na pergunta que os discípulos fizeram a Jesus: "Onde queres que a preparemos?" E o próprio Jesus se referiu à refeição como "esta páscoa".[11] Segundo João,

---

[11] Marcos 14.12-16; Lucas 22.15.

porém, a refeição da páscoa não seria realizada até a noite de sexta-feira, o que significa que Jesus morria na cruz no mesmo instante em que os cordeiros pascais estavam sendo mortos.[12] Em seu importante livro *As Palavras Eucarísticas de Jesus*, Joachim Jeremias elaborou as três principais tentativas que se têm feito para harmonizar essas duas cronologias. O melhor parece ser declarar que ambas estão corretas, pois ambas foram seguidas por um grupo diferente. Ou os fariseus e os saduceus usavam calendários alternativos, com a diferença de um dia, ou havia tantos peregrinos em Jerusalém por ocasião do festival (talvez até 100.000) que os galileus matavam os seus cordeiros na quinta-feira e os comiam nessa noite, ao passo que os judeus observavam a celebração um dia depois.

Qualquer que seja o modo de reconciliar as duas cronologias, o contexto da páscoa reforça ainda mais as três lições que já consideramos. A importância central que Jesus atribuía à sua morte é acentuada pelo fato de que ele, na realidade, estava dando instruções no sentido de que sua própria ceia substituísse a celebração anual da páscoa. Pois proferiu palavras de explicação sobre o pão e o vinho ("Isto é o meu corpo [...]. Isto é o meu sangue [...]"), assim como o chefe da família arameu-judaica fazia sobre o alimento pascal ("Este é o pão de aflição que nossos pais comeram quando saíram do Egito").[13] Assim, "Jesus modelou seus ditos no ritual de interpretação da páscoa".

As palavras de Jesus esclarecem ainda mais a compreensão que ele tinha do propósito da sua morte. Ele "pressupõe", escreveu Jeremias "uma morte que separou a carne e o sangue. Por outras palavras, Jesus falou de si mesmo como um *sacrifício*". Deveras, é bem provável que ele "estivesse falando de si mesmo como o cordeiro pascal", de modo que o significado de sua última parábola foi: "Eu vou à morte como o verdadeiro sacrifício da páscoa." As implicações deste raciocínio são muito abrangentes, pois na páscoa original no Egito cada cordeiro morreu em lugar do primogênito, e o primogênito só seria poupado se um cordeiro morresse em seu lugar. O cordeiro não apenas tinha de ser morto, mas também o seu sangue tinha de ser aspergido na porta da frente, e a sua carne comida numa refeição de comunhão. Assim, o ritual da páscoa também

---

[12] João 18.28. Cf. João 19.36 e Êxodo 12.46.

[13] Cf. Êxodo 12.26-27; 13.8; Deuteronômio 16.3.

ensina a terceira lição: era necessário que os benefícios da morte sacrificial fossem apropriados pessoalmente.

A AGONIA NO JARDIM DO GETSÊMANI

A ceia terminou e Jesus acabou de dar suas instruções aos apóstolos. Ele instou com eles a que permanecessem nele assim como os ramos permanecem na videira. Ele os advertiu da oposição do mundo, contudo, encorajou-os a testemunhar dele, lembrando-lhes de que o Espírito da verdade seria a testemunha principal. Ele também orou — primeiro por si mesmo, para que glorificasse o seu Pai no suplicio que se seguiria, então pelos discípulos, para que se mantivessem na verdade, santidade, missão e unidade, e, por último, orou por aqueles que fariam parte de gerações subsequentes e que creriam nele através da mensagem dos apóstolos. É provável que depois disso tenham cantado um hino, e, juntos tenham deixado o cenáculo. Andam pelas ruas da cidade no silêncio da noite; à suave luz da lua pascal atravessam o vale de Cedrom, começam a subir o monte das Oliveiras, e entram num jardim de oliveiras, como o nome "Getsêmani" ("prensa de azeite") sugere. Este é, evidentemente, um dos retiros favoritos de Jesus, pois João comenta que "ali estivera muitas vezes com seus discípulos" (18.2). Aqui acontece algo que, apesar da maneira sombria como os evangelistas o descrevem, simplesmente clama por uma explicação, e começa a revelar o enorme preço da cruz de Cristo. Nós o chamamos, de modo correto, de "a agonia do jardim".

Deixando a maioria dos apóstolos para trás, e instando com eles a que vigiem e orem, Jesus leva a Pedro, Tiago e João — os três íntimos — a certa distância, diz-lhes que se sente "profundamente triste até à morte", e pede-lhes que vigiem com ele. Então se adianta um pouco, prostra-se com o rosto em terra e ora, dizendo: "Meu Pai: se possível, passa de mim este cálice! Todavia, não seja como eu quero, e, sim, como tu queres". Voltando aos apóstolos, encontra-os dormindo e os repreende. Saindo pela segunda vez, ele ora: "Meu Pai, se não é possível passar de mim este cálice sem que eu o beba, faça-se a tua vontade." Novamente encontra os discípulos dormindo. De modo que os deixa uma vez mais e ora, pela terceira vez, dizendo as mesmas palavras. Depois desse terceiro período de oração, ele volta e os encontra dormindo novamente, pois não conseguem penetrar o inconcebível mistério do seu sofrimento.

Esse é um caminho que ele tem de palmilhar sozinho. A certa altura Lucas diz que ele estava "em agonia", e orava mais intensamente de modo que "o seu suor se tornou como gotas de sangue caindo sobre a terra".[14]

Ao nos aproximarmos dessa cena sagrada, devemos primeiro considerar as palavras vigorosas que Jesus e os evangelistas usaram para expressar as suas fortes emoções. Fomos preparados para elas por duas afirmativas anteriores do Mestre. A primeira, registrada por Lucas, foi que ele tinha um "batismo com o qual hei de ser batizado" e "se angustiava" (no grego *synecho*) até que se realizasse. A segunda é um dito registrado por João de que a alma de Cristo estava angustiada (no grego *tarasso*) de tal modo que ele não sabia se devia pedir que o seu Pai o livrasse dessa hora. E uma antecipação do Getsêmani.[15]

B. B. Warfield escreveu um excelente estudo intitulado "Acerca da Vida Emocional de Nosso Senhor", no qual se referiu aos termos empregados pelos evangelistas sinóticos com relação ao Getsêmani. A palavra agonia, registrada por Lucas, ele a define como "consternação, relutância pavorosa". Mateus e Marcos possuem duas expressões em comum. A ideia primária de "perturbar" (*ademoneo*), sugere ele, é "aversão repugnante, talvez misturada com tristeza", enquanto a autodescrição de Jesus como "profundamente triste" (*perilypos*) "expressa uma tristeza, ou talvez melhor disséssemos, uma dor mental, ou uma perturbação que o pressiona de todos os lados, da qual, pois, não há escape". Marcos usa outra palavra, "profundamente perturbada" (*ekthambeomai*), que pode ser traduzida por "tomado de horror"; e, acrescenta Warfield: "é um termo que define mais estreitamente a aflição como consternação — se não exatamente pavor, contudo, um assombro alarmado".[16] Reunidas, essas palavras expressivas indicam que Jesus estava sentindo uma dor emocional aguda, que causava profuso suor, à medida que ele olhava com apreensão e quase terror para o seu suplício vindouro.

---

[14] Mateus (26.36-46), Marcos (14.32-42) e Lucas (22.39-46) descrevem a agonia de Jesus no jardim do Getsêmani. João não se refere a ela, embora fale da caminhada ao horto das oliveiras ao pé do monte das Oliveiras onde Jesus foi traído e preso (18.1-11).

[15] Lucas 12.50; João 12.27.

[16] Estas palavras gregas ocorrem em Mateus 26.37; Marcos 14.33 e Lucas 22.44. O ensaio de B. B. Warfield é publicado em sua **Pessoa e Obra**, p. 93-145. Suas traduções destas palavras ocorrem nas p. 130-131.

Ele se refere a esse suplício como um "cálice" amargo pelo qual ardentemente ora que, se possível, passe dele, para que não tenha de bebê-lo. Que cálice é esse? Será um sofrimento físico do qual deseja desviar-se, a tortura do açoite e da cruz juntamente, talvez, com a angústia mental da traição, negação e deserção da parte dos seus amigos, e a zombaria e o abuso dos seus inimigos? Nada poderia fazer-me crer que o cálice que Jesus temia era qualquer uma destas coisas (por mais terríveis fossem) ou todas juntas. Sua coragem física e moral durante todo o seu ministério público havia sido indomável. Para mim, é ridículo supor que agora ele estava com medo da dor, do insulto e da morte. Sócrates, na ceia de um cárcere em Atenas, segundo relato de Platão, tomou o cálice de cicuta "sem tremer nem mudar de cor ou de expressão". Então ele "levou o cálice aos lábios, e alegre e tranquilamente o sorveu". Quando seus amigos começaram a chorar, ele os repreendeu por seu comportamento "absurdo" e instou com eles a que "se aquietassem e fossem fortes".[17] Ele morreu sem temor, pesar ou protesto. Seria Sócrates mais corajoso do que Jesus? Ou continham os seus cálices venenos diferentes?

Então vêm os mártires cristãos. O próprio Jesus dissera aos seus seguidores que quando fossem insultados, perseguidos e injuriados, deviam "regozijar-se e alegrar-se". Será que Jesus não praticava o que pregava? Seus apóstolos o fizeram. Deixando o Sinédrio com as costas sangrando de um açoite sem misericórdia, eles, na realidade, regozijavam-se por terem sido achados dignos de sofrer vergonha pelo "Nome". A dor e a rejeição para eles eram alegria e privilégio, não um suplício do qual deviam fugir em assombro.[18]

No período pós-apostólico até mesmo surgiu o anseio de se unir a Cristo no martírio. Inácio, bispo de Antioquia da Síria, no começo do segundo século, a caminho de Roma, implorou à igreja aí que não tentasse procurar sua liberdade a fim de não privá-lo dessa honra! "Que o fogo e a cruz", escreveu ele, "que a companhia das feras selvagens, que o quebrar de ossos e o despedaçar de membros, que o moer de todo o corpo, e toda a malícia do diabo venham sobre mim; que assim seja, se tão somente eu puder ganhar a Cristo Jesus!".[19]

---

[17] **Phaedo**, p. 117-118.
[18] Mateus 5.11,12; Atos 5.41; Filipenses 1.29,30.
[19] Apud **Book of Martyrs**, de Foxe, p. 19.

Alguns anos mais tarde, nos meados do segundo século, Policarpo, bispo de Esmirna, de oitenta anos de idade, tendo-se recusado a escapar da morte pela fuga ou pela negação de Cristo, foi queimado na fogueira. Logo antes de acender-se o fogo, ele orou, dizendo: "Ó Pai, bendigo-te por teres-me achado digno de receber a minha porção entre o número dos mártires".[20]

Quanto a Albano, o primeiro mártir cristão inglês de que se tem conhecimento, durante uma das severas perseguições do terceiro século, primeiro ele foi "surrado cruelmente, contudo, sofreu-o pacientemente, aliás, com alegria, por amor do Senhor", e então foi decapitado.[21]

E assim continuou em todas as gerações. "Oh, as alegrias que os mártires em Cristo sentiram", exclamou Richard Baxter, "no meio das chamas ardentes!" Embora feito de carne e sangue como nós, continuou ele, as suas almas podiam regozijar-se até mesmo enquanto seus corpos se queimavam.[22]

Dos muitos exemplos que poderíamos tirar do presente século, escolho só aqueles mencionados por Sadhu Sundar Singh, místico e evangelista cristão hindu. Ele contou, por exemplo, de um evangelista tibetano, açoitado por atormentadores que então esfregaram sal nas suas feridas. Diz ele que a face desse evangelista "brilhava com paz e alegria". Ele conta que outro foi costurado dentro da pele úmida de um iaque e deixado ao sol durante três dias. Este, porém, "esteve alegre o tempo todo", agradecendo a Deus o privilégio de sofrer por ele. É verdade que às vezes Sadhu embelezava ou romantizava as suas histórias, contudo, não parece haver motivo para duvidarmos do seu testemunho, de sua própria experiência e da de outros, que, mesmo no meio da tortura Deus dá ao seu povo uma alegria e uma paz sobrenaturais.[23]

Voltamos à figura solitária no jardim do Getsêmani — prostrado, suando, vencido pela dor e pelo pavor, implorando, se possível, fosse poupado de beber o cálice. Os mártires foram alegres, mas ele estava triste; eles se mostraram dispostos, mas ele estava relutante. Como podemos compará-los? Como podiam eles ter extraído sua inspiração dele, se ele titubeou quando eles não o fizeram?

---

[20] Apud **Book of Martyrs**, de Foxe, p. 20-25.
[21] Ibid., p. 31-33.
[22] **De Saints' Everlasting Rest**, p. 393.
[23] HEILER, Friedrich. **Gospel of Sadhu Sundar Singh**, p. 173-178.

Além disso, até agora ele havia tido uma perspectiva clara da necessidade dos seus sofrimentos e da sua morte, e estava decidido a cumprir o seu destino, e era veemente na oposição a todo aquele que procurasse desviá-lo. Tinha tudo isso de repente mudado? Era ele agora, afinal de contas, chegado o momento da prova, um covarde? Não, não! Toda a evidência do seu ensino, caráter e comportamento vai contra tal conclusão.

Naquele caso o cálice do qual ele se afastou foi algo diferente. Não simbolizava nem a dor física de ser açoitado e crucificado, nem a aflição mental de ser desprezado e rejeitado até mesmo por seu próprio povo; antes, a agonia espiritual de levar os pecados do mundo. Por outras palavras, de suportar o juízo divino que esses pecados mereciam. O Antigo Testamento confirma de modo vigoroso que essa é a compreensão correta, pois tanto na literatura de Sabedoria como nos Profetas, o *cálice* do Senhor era um símbolo regular da ira de Deus. Dizia-se que o ímpio bebia "do furor do Todo-poderoso" (Jó 21.20). Mediante Ezequiel, Yavé advertiu a Jerusalém de que ela em breve teria o mesmo destino que Samaria, que fora destruída:

> Beberás o copo de tua irmã, fundo e largo; servirás de riso e escárnio; pois nele cabe muito. Encher-te-ás de embriaguez e de dor; o copo de tua irmã Samaria é copo de espanto e de desolação. Tu o beberás, esgota-lo-ás [...] (Ezequiel 23.32-34).

Não muito depois essa profecia de juízo aconteceu, e então os profetas começaram a incentivar o povo com promessas de restauração. Descrevendo a Jerusalém como tendo bebido da mão do Senhor "o cálice da sua ira, o cálice de atordoamento, e o esgotaste", Isaías a convocou a despertar e levantar-se, pois Yavé agora havia tirado o cálice da mão dela e ela jamais teria de beber dele de novo. Nem tampouco foi o cálice da ira do Senhor dado somente a seu desobediente povo. Salmos 75 é uma meditação sobre o juízo universal de Deus: "Na mão do Senhor há um cálice, cujo vinho espuma, cheio de mistura; dele dá a beber; sorvem-no até às escórias, todos os ímpios da terra". Similarmente, foi dito a Jeremias que pegasse um cálice da mão do Senhor, um cálice cheio do vinho da sua ira e fizesse que todas as nações às quais era enviado bebessem dele. A mesma figura de pensamento ocorre no livro do Apocalipse, onde o ímpio "beberá do vinho da cólera de Deus, preparado, sem mistura, do cálice da sua ira", e o juízo final é retratado como o derramamento das sete taças da cólera de Deus sobre a terra.[24]

Jesus teria conhecimento dessas imagens do Antigo Testamento. Ele deve ter reconhecido o cálice que lhe era oferecido como aquele que continha a ira de Deus, preparado para os ímpios, e que causava uma desorientação física completa (atordoamento) e mental (confusão) como a embriaguez. Devia ele se identificar tanto com os pecadores que levasse o juízo deles? Desse contato com o pecado humano, sua alma sem pecado recuava. Da experiência de alienação do seu Pai que o juízo sobre o pecado traria, ele se afastou horrorizado. Não que ele se tivesse rebelado por um único instante. Sua visão evidentemente havia-se escurecido, à medida que uma terrível escuridão envolvia o seu espírito, mas sua vontade permaneceu submissa. Cada oração começou com a expressão: "Meu Pai: se possível, passe de mim este cálice!" e cada oração terminou com: "Todavia, não seja como eu quero, e, sim, como tu queres." Embora, em teoria, tudo fosse possível para Deus, como o próprio Jesus afirmou no Getsêmani (Marcos 14.36), contudo, isso não foi possível. O propósito do amor de Deus era salvar os pecadores, e salvá-los justamente; mas isso seria impossível sem a morte do Salvador que tirasse os pecados. De modo que, como poderia ele arar pedindo que fosse salvo dessa hora de morte? Não, ele havia dito, ele não pediria isso, visto que "precisamente com este propósito vim para esta hora" (João 12.27).

De sua agonia de pavor, enquanto contemplava as implicações da sua morte, Jesus emergiu com confiança serena e resoluta. Assim, quando Pedro sacou da espada numa tentativa frenética de impedir a prisão, Jesus pôde dizer: "Não beberei, porventura, o cálice que o Pai me deu?" (João 18.11). Visto que João não registrou as orações agonizantes de Jesus pedindo a remoção do cálice, esta referência a ele é ainda mais importante. Jesus agora sabe que o cálice não lhe será tirado. O Pai lho deu. Ele o beberá. Além disso, por mais amargo e doloroso seja o cálice, ele ainda descobrirá que fazer a vontade do Pai, que o enviou, e terminar a sua obra é sua comida e sua bebida, por assim dizer, a qual profunda e completamente lhe satisfaz a sede.

---

[24] Isaías 51.17-22; Salmos 75.8; Jeremias 25.15-29 (cf. Habacuque 2.16); 49.12; Apocalipse 14.10; 16.1ss. e 18.6.

A agonia do jardim abre uma janela para uma agonia maior na cruz. Se a antecipação do levar o pecado do homem e a ira de Deus era tão terrível, como não deve ter sido a realidade?

O GRITO DE DESAMPARO NA CRUZ

Agora devemos passar além dos detalhes da traição e da prisão de Jesus, seus julgamentos perante Anás e Caifás, Herodes e Pilatos, as negações de Pedro, a zombaria cruel dos sacerdotes e soldados, a malevolência e o açoite, e a histeria da multidão que exigiu a sua morte. Vamos ao fim da história. Condenado à morte por crucificação, "como cordeiro foi levado ao matadouro; e, como ovelha, muda perante os seus tosquiadores, ele não abriu a sua boca" (Isaías 53.7). Carregando sua própria cruz, até que Simão, um cireneu, fosse forçado a levá-la, ele terá andado pela *via dolorosa*, saído da cidade, em direção do Gólgota, "o lugar da caveira". "Ali o crucificaram", escreve Lucas, recusando-se a descrever o desnudamento, a pregação dos cravos, ou a distensão violenta dos seus membros enquanto a cruz era erguida e atirada no seu lugar. Até mesmo a dor cruciante não pôde silenciar seus repetidos apelos: "Pai, perdoa-lhes, porque não sabem o que fazem". Os soldados lançaram sortes sobre as suas vestes. Algumas mulheres estavam paradas à distância. A multidão permaneceu um pouco, para olhar. Jesus entregou sua mãe aos cuidados de João e João aos dela. Ele proferiu palavras reais de segurança ao criminoso arrependido, crucificado ao seu lado. Os dirigentes, porém, zombavam dele, gritando: "Salvou os outros; a si mesmo se salve, se é de fato o Cristo de Deus, o escolhido". As palavras deles, proferidas como um insulto, eram a verdade literal. Ele não podia salvar a si mesmo e aos outros simultaneamente. Ele escolheu sacrificar-se a fim de salvar o mundo.

Pouco a pouco a multidão, sua curiosidade saciada, foi-se raleando. Finalmente, caiu o silêncio e chegou a escuridão — trevas, talvez porque olho algum devia ver, e silêncio, porque língua alguma poderia contar a angústia de alma que o Salvador sem pecados agora sofria. "No nascimento do Filho de Deus", escreveu Douglas Webster, "houve luz à meia-noite; na morte do Filho de Deus, houve trevas ao meio-dia".[25] Os escritores sagrados expressam o que aconteceu nas trevas de vários modos:

---

[25] WEBSTER, Douglas. **In Debt to Christ**, p. 46.

[...] ele foi trespassado pelas nossas transgressões, e moído pelas nossas iniquidades; o castigo que nos traz a paz estava sobre ele, e pelas suas pisaduras fomos sarados. Todos nós andávamos desgarrados como ovelhas; cada um se desviava pelo caminho, mas o Senhor fez cair sobre ele a iniquidade de nós todos.

Eis o Cordeiro de Deus, que tira o pecado do mundo!

O próprio Filho do homem não veio para ser servido, mas para servir e dar a sua vida em resgate por muitos.

Cristo, tendo-se oferecido uma vez para sempre para tirar os pecados de muitos.

Carregando ele mesmo em seu corpo, sobre o madeiro, os nossos pecados.

Cristo morreu, uma única vez, pelos pecados, o justo pelos injustos, para conduzir-vos a Deus.

Àquele que não conheceu pecado, ele o fez pecado por nós; para que nele fôssemos feitos justiça de Deus.

Cristo nos resgatou da maldição da lei, fazendo-se ele próprio maldição em nosso lugar.[26]

O pavoroso conceito de Jesus "levar", na realidade "tornar-se" nosso pecado e maldição, como podia ser isso e o que podia significar, deixaremos para os próximos capítulos. Por enquanto, parece que a escuridão do céu foi um símbolo externo das trevas espirituais que o envolveram. Pois que são as trevas no simbolismo bíblico senão a separação de Deus que "é luz, e não há nele treva nenhuma" (1João 1.5)? "Trevas exteriores" foi uma das expressões que Jesus usou para descrever o inferno, visto que é uma exclusão total da luz da presença de Deus. Nessas trevas exteriores o Filho de Deus se atirou por nós. Nossos pecados apagaram o brilho do rosto do seu Pai. Podemos até ousar dizer que os nossos pecados enviou Cristo ao inferno — não ao "inferno" (*hades*, a habitação dos mortos) a que se refere o Credo ao dizer que ele "desceu ao inferno" depois da morte, mas ao "inferno" (*gehenna*, o lugar de castigo) a que nossos pecados o condenaram antes que seu corpo morresse.

Parece que a escuridão durou três horas. Pois foi à hora terceira (9h00 da manhã) que ele foi crucificado, e à hora sexta (meio-dia) que a escuridão cobriu toda

---

[26] Isaías 53.5-6; João 1.29; Marcos 10.45; Hebreus 9.28; 1Pedro 2.24; 3.18; 2Coríntios 5.21; Gálatas 3.13.

a terra, e à hora nona (3h00 da tarde) que, emergindo das trevas, Jesus clamou em alta voz em aramaico: "*Eloí, Eloí, lamá sabactâni?*" que significa: "Deus meu, Deus meu, por que me desamparaste?"²⁷. Os circunstantes de fala grega entenderam mal as suas palavras e pensaram que ele chamava por Elias. Ainda hoje muitos entendem mal o que ele disse. Quatro explicações principais para esse terrível grito de "abandono" (deserção), têm sido oferecidas. Todos os comentaristas concordam em que ele estava citando Salmos 22.1. Mas não concordam sobre o motivo de tê-lo feito. Qual era a importância dessa citação nos seus lábios?

Primeira, sugerem alguns que foi um *grito de raiva, descrença ou desespero*. Talvez ele se tivesse apegado à esperança de que até no último instante o Pai enviaria anjos para salvá-lo, ou, pelo menos, que em meio à sua obediência total à vontade do Pai ele continuaria a experimentar o conforto da presença paterna. Mas não, agora estava claro que ele havia sido abandonado, e clamou com um "por quê" de partir o coração cheio de consternação e desafio. Sua fé falhou. Mas, é claro, acrescentam esses intérpretes, ele estava enganado. Ele se imaginava abandonado, quando na realidade não estava. Aqueles que desse modo explicam o grito de abandono mal conseguem compreender o que fazem. Estão negando a perfeição moral do caráter de Jesus. Estão dizendo que ele foi culpado de descrença na cruz, de covardia no jardim. Eles o estão acusando de fracasso, e fracasso no momento de seu maior e supremo autossacrifício. A fé cristã protesta contra essa explicação.

Uma segunda interpretação, uma modificação da primeira, vê o grito de abandono como um *grito de solidão*. Jesus, sustenta-se agora, conhecia as promessas que Deus havia feito de jamais deixar nem abandonar a seu povo.²⁸ Ele conhecia a fidelidade da aliança de amor de Deus. De modo que o seu "por quê?" não era uma reclamação de que Deus o houvesse realmente abandonado; antes, que lhe houvesse permitido *sentir-se* abandonado. "Às vezes penso", escreveu T. R. Glover, "que jamais houve uma palavra que revela de modo mais espantoso a distância entre o sentimento e o fato".²⁹ Em vez de dirigir-se a Deus como "Pai", ele podia agora chamá-lo apenas de "meu Deus", o que é, deveras, uma afirmação de fé em sua fidelidade da aliança, mas fica aquém de declarar sua bondade

---

²⁷ Marcos 15.25,33,34.

²⁸ Exemplo: Josué 1.5,9 e Isaías 41.10.

²⁹ GLOVER, T. R. **Jesus of History**, p. 192.

amorosa de pai. Nesse caso, Jesus não estava nem enganado nem descrente, mas experimentava o que os santos têm chamado de a "escura noite da alma", e, de fato, fazendo-o deliberadamente em solidariedade conosco. Nessa condição, como diz Thomas J. Crawford, o povo de Deus "não extrai satisfação consciente das alegrias do seu favor e dos confortos da sua comunhão". Não se lhes garante "um sorriso de aprovação, uma voz de reconhecimento, uma manifestação do favor divino".[30] Essa explicação é possível, pois não desdoura o caráter de Jesus, como a primeira. Contudo, parece haver uma dificuldade insuperável no modo pelo qual é adotada, a saber, que as palavras de Salmos 22.1 expressam uma experiência de ser, e não apenas de *sentir-se* abandonado por Deus.

Uma terceira e bem popular interpretação diz que o grito de Jesus era um *grito de vitória*, exatamente o oposto da primeira, que diz ser um grito de desespero. Agora o argumento é que, embora Jesus citasse somente o primeiro versículo de Salmos 22, ele o fez com a intenção de representar o salmo todo que começa e continua com um relato dos aterroradores sofrimentos, mas termina com grande confiança, e até mesmo triunfo: "A meus irmãos declararei o teu nome; cantar-te-ei louvores no meio da congregação; vós que temeis o Senhor, louvai-o [...]. Pois não desprezou nem abominou a dor do aflito, nem ocultou dele o rosto, mas o ouviu, quando lhe gritou por socorro" (v. 22-24). Essa é uma interpretação engenhosa mas (a mim me parece) improvável. Por que citaria Jesus o começo do salmo se na realidade indiretamente se referia ao seu final? Pareceria um tanto perverso. Teria alguém compreendido a sua intenção?

A quarta explicação é simples e direta. Ela aceita o valor real das palavras e as interpreta como um *grito genuíno de abandono*. Concordo com Dale, que escreveu: "Recuso-me a aceitar qualquer explicação destas palavras que diga que não representam a verdade real da disposição do nosso Senhor".[31] Jesus não tinha necessidade alguma de se arrepender de ter proferido um grito falso. Até esse momento, embora abandonado pelos homens, ele podia acrescentar: "Contudo não estou só, porque o Pai está comigo" (João 16.32). Na escuridão, porém, ele estava completamente sozinho, sendo agora também abandonado por Deus. No dizer de Calvino: "Se Cristo tivesse morrido apenas uma morte física, teria sido ineficaz

---

[30] CRAWFORD, Thomas J. **Doctrine of Holy Scripture**, p. 137-138.

[31] DALE, R. W. **Atonement**, p. 61.

[...]. A menos que a sua alma partilhasse do castigo, ele teria sido um Redentor de corpos somente". Em consequência, "ele pagou um preço maior e muito mais excelente ao sofrer em sua alma os terríveis tormentos de um homem condenado e abandonado".[32] Portanto, uma separação real e pavorosa aconteceu entre o Pai e o Filho; ela foi aceita, voluntariamente, tanto pelo Pai como pelo Filho; foi devida aos nossos pecados e sua justa recompensa; Jesus expressou esse horror de grandes trevas, este abandono de Deus, citando o único versículo da Escritura que corretamente o descrevia, e ao qual ele tinha cumprido perfeitamente, a saber: "Deus meu, Deus meu, por que me desamparaste?" Das objeções e dos problemas teológicos trataremos mais tarde, embora já insistimos em que o desamparo de Jesus na cruz deve ser equilibrado com uma afirmação igualmente bíblica como: "Deus estava reconciliando consigo mesmo o mundo em Cristo". C. E. B. Cranfield tem razão ao enfatizar tanto a verdade de que Jesus experimentou "não apenas um abandono sentido, mas real, de seu Pai" e "o paradoxo que, embora esse abandono de Deus fosse totalmente real, a unidade da bendita Trindade permaneceu ainda assim completa".[33] A esta altura, porém, é suficiente sugerir que Jesus estivera meditando em Salmos 22, que descreve o cruel castigo de um homem inocente e justo, assim como ele estava meditando em outros salmos os quais citou da cruz;[34] que ele citou o versículo 1 pelo mesmo motivo que citou todas as outras passagens bíblicas, a saber, que cria as estar cumprindo; que o seu grito teve a forma de uma pergunta, não porque não conhecesse a resposta, mas somente porque o próprio texto do Antigo Testamento (o qual ele estava citando) possuía essa forma.

Quase imediatamente depois do grito de abandono, Jesus proferiu, em rápida sucessão, mais três palavras ou frases. Primeira: "Tenho sede". Seus grandes sofrimentos espirituais tinham-lhe cobrado o preço fisicamente. Segunda, ele clamou, novamente (segundo Mateus e Marcos) com grande voz: "Está consumado".

---

[32] **Institutos**, de Calvino, II. XVI 10 e 12. É verdade, e um tanto estranho, que Calvino (seguindo o exemplo de Lutero) cria que esta era a explicação da descida de Jesus ao inferno, depois da sua morte. O que importa é o fato de que ele experimentou o abandono de Deus por nós, e não precisamente *quando* isto aconteceu.

[33] CRANFIELD, C. E. B. **Mark**, p. 458-459.

[34] Exemplo: "Tenho sede" (João 19.28) é uma alusão a Salmos 69.21 (cf. Salmos 22.15), e "Nas tuas mãos entrego o meu espírito" (Lucas 23.46), uma citação de Salmos 31.5.

E a terceira, tranquila, voluntária e confiante autorrecomendação: "Pai, nas tuas mãos entrego o meu espírito!", enquanto tomava o último fôlego.[35] O grito do meio, o alto grito de vitória é, nos Evangelhos, a palavra *tetelestai*. Estando no tempo perfeito, significa: "foi e para, sempre será consumado". Percebemos a realização que Jesus reivindicou logo antes de morrer. Não foram os homens que consumaram sua ação brutal; foi ele que realizou o que veio ao mundo realizar. Ele levou os pecados do mundo. Deliberada, livre e perfeitamente em amor ele suportou o juízo em nosso lugar. Ele nos conseguiu a salvação, estabeleceu uma nova aliança entre Deus e a humanidade, e tornou disponível a principal bênção da aliança, o perdão dos pecados. Imediatamente, a cortina do templo, que durante séculos tinha simbolizado a alienação dos pecadores de Deus, rasgou-se de alto a baixo, a fim de demonstrar que Deus havia destruído a barreira do pecado, e aberto o caminho à sua presença.

Trinta e seis horas mais tarde, Deus ressuscitou a Jesus dentre os mortos. Aquele que havia sido condenado à morte em nosso lugar, foi publicamente vindicado em sua ressurreição. Foi a demonstração decisiva de Deus de que Jesus não havia morrido em vão.

Tudo isso apresenta um quadro coerente e lógico. Dá uma explicação da morte de Jesus, tomando em relato científico apropriado os dados disponíveis, sem deixar nenhum de fora. Explica a importância central que Jesus atribuía à sua morte, por que ele instituiu a ceia a fim de comemorá-la, e como, mediante a sua morte, ratificou a nova aliança, com sua promessa de perdão. Explica a sua agonia de antecipação no jardim, sua agonia de abandono na cruz, e sua reivindicação de ter decisivamente realizado a nossa salvação. Todos esses fenômenos tomam-se inteligíveis se aceitarmos a explicação que Jesus deu aos seus apóstolos de que ele mesmo levou os nossos pecados em seu corpo no madeiro.

Em conclusão, a cruz reforça três verdades: acerca de nós mesmos, acerca de Deus e acerca de Jesus Cristo.

Primeira, nosso pecado deve ser extremamente horrível. Nada revela a gravidade do pecado como a cruz. Pois, em última instância, o que enviou Cristo ali não foi nem a ambição de Judas, nem a inveja dos sacerdotes, nem a covardia vacilante de Pilatos, mas a nossa própria ganância, inveja, covardia e outros pecados,

---

[35] João 19.28,30; Lucas 23.46.

e a resolução de Cristo em amor e misericórdia de levar o juízo desses pecados e desfazê-los. É impossível que encaremos a cruz de Cristo com integridade e não sintamos vergonha de nós mesmos. Apatia, egoísmo e complacência vicejam em todos os lugares do mundo, exceto junto à cruz. Aí, essas ervas nocivas secam-se e morrem. São vistas como as coisas horríveis e venenosas que realmente são. Pois se não havia outro modo pelo qual o Deus justo pudesse justamente perdoar a nossa injustiça, a não ser que a levasse sobre si mesmo em Cristo, deve ela, deveras, ser séria. Só quando vemos essa seriedade é que, desnudados de nossa autojustiça e autossatisfação, estamos prontos para colocar nossa confiança em Jesus Cristo como o Salvador de quem urgentemente necessitamos.

Segunda, a maravilha do amor de Deus deve ir além da compreensão. Deus podia, com justiça, ter nos abandonado ao nosso próprio destino. Ele podia ter nos deixado sozinhos para colhermos o fruto de nossos erros e perecermos em nossos pecados. É isso o que merecíamos. Mas ele não nos abandonou. Por causa do seu amor por nós, ele veio procurar-nos em Cristo. Ele nos foi ao encalço até mesmo na desolada angústia da cruz, onde levou o nosso pecado, a nossa culpa, o nosso juízo e a nossa morte. É preciso que o coração seja duro e de pedra para não se comover face a um amor como esse. É mais do que amor. Seu nome correto é "graça", que é o amor aos que não o merecem.

Terceira, a salvação de Cristo deve ser um dom gratuito. Ele a "comprou" para nós com o alto preço de seu próprio sangue. De modo que o que nos resta pagar? Nada! Visto que ele reivindicou que tudo estava "consumado", nada há com que possamos contribuir. Não, é claro, que agora temos a permissão de pecar e podemos sempre contar com o perdão de Deus. Pelo contrário, a mesma cruz de Cristo, que é o fundamento de uma salvação gratuita, é também o incentivo mais poderoso a uma vida santa. Mas essa nova vida vem depois. Primeiro, temos de nos humilhar aos pés da cruz, confessar que pecamos e nada merecemos de suas mãos a não ser o juízo, agradecer-lhe o nos ter amado e morrido por nós, e receber dele um perdão completo e gratuito. Contra essa humilhação própria o nosso orgulho se rebela. Ressentimos a ideia de que não podemos ganhar — nem mesmo contribuir — para a nossa própria salvação. De modo que tropeçamos, como disse Paulo, na pedra de tropeço da cruz.[36]

---

[36] 1Coríntios 1.23; Gálatas 5.11; cf. Mateus 11.6; Romanos 9.32; 1Pedro 2.8.

Segunda Parte

O CORAÇÃO DA CRUZ

Capítulo 4
O Problema do Perdão

O "olhar abaixo da superfície" do capítulo anterior pode ter provocado em alguns leitores uma reação de impaciência. "A simples ceia no cenáculo", você pode estar dizendo, "e até mesmo a oração de agonia no jardim e o grito da cruz, tudo isso deve ter explicação mais direta. Por que você complica tudo com o seu teologizar tortuoso?" É uma reação compreensível.

Em particular, a nossa insistência de que segundo o evangelho a cruz de Cristo é o único fundamento sobre o qual Deus perdoa pecados confunde a muita gente. "Por que o nosso perdão depende da morte de Cristo?" perguntam. "Por que Deus não nos perdoa simplesmente, sem a necessidade da cruz?" Como disse certo cínico francês: "le bon Dieu me pardonnera; c'est son métier".[1] "Afinal de contas", pode continuar o discordante, "se pecamos uns contra os outros, requer-se que perdoemo-nos uns aos outros. Somos até mesmo advertidos das terríveis consequências da falta de perdão. Por que Deus não pratica o que prega e é igualmente generoso? Não é preciso que ninguém morra para que nos perdoemos uns aos outros. Então por que Deus cria tanta confusão acerca de perdoar-nos e até declara que sem o sacrifício do seu Filho pelo pecado o perdão é impossível? Parece uma superstição primitiva a qual as pessoas modernas há muito deviam ter atirado fora."

É essencial fazer essas perguntas e responder a elas. Podemos dar-lhes, de imediato, duas respostas, embora necessitemos do restante do capítulo a fim de elaborá-las. A primeira resposta vem do arcebispo Anselmo em seu grande livro *Cur Deus Homo?*, escrito no final do século onze. Escreveu ele que se alguém imagina que Deus pode simplesmente nos perdoar como nós perdoamos uns aos outros, essa pessoa "ainda não pensou na seriedade do pecado", ou literalmente "que peso tão grande o pecado é" (LXXI). Poderíamos expressar a segunda resposta de modo similar: "Você ainda não considerou a majestade de Deus". Quando a percepção que temos de Deus e do homem, da santidade e do pecado, é tortuosa, então nossa compreensão da expiação provavelmente também será tortuosa.

---

[1] "O bom Deus me perdoará; é esse o seu mister (ou a sua especialidade)." Apud NEILL, S. C. **Christian Faith Today**, p. 145. James Denney atribuiu a citação a Heine em seu livro **Death of Christ**, p. 186.

O fato é que a analogia entre o nosso perdão e o de Deus está muito longe de ser exata. É verdade, Jesus nos ensinou a orar, dizendo: "Perdoa-nos as nossas dívidas assim como nós temos perdoado aos nossos devedores". Mas ele estava ensinando a impossibilidade de perdão da parte da pessoa que não perdoa, e, assim, a obrigação que o perdoado tem de perdoar, como deixa claro a parábola do servo incompassivo; ele não estava fazendo um paralelo entre Deus e nós com relação à *base* do perdão.[2] Argumentarmos que "perdoamo-nos uns aos outros incondicionalmente, que Deus faça o mesmo por nós", trai não sofisticação mas superficialidade, visto que deixa de lado o fato elementar de que não somos Deus. Somos indivíduos particulares, e os pequenos delitos das outras pessoas são danos pessoais. Deus não é um indivíduo particular, contudo, e o pecado tampouco é mero dano pessoal. Pelo contrário, o próprio Deus é o criador das leis que quebramos e o pecado é rebeldia contra ele.

A pergunta crucial que devemos fazer, portanto, é diferente. Não é por que "Deus acha *difícil* perdoar, mas como é que ele acha *possível*, de algum modo, fazê-lo". Como disse Emil Brunner: "O perdão é o oposto de tudo aquilo que podemos ter como certo. Nada é menos óbvio do que o perdão".[3] Ou, nas palavras de Carnegie Simpson: "O perdão, para o homem, é o mais claro dos deveres; para Deus é o mais profundo dos problemas".[4]

O problema do perdão é constituído pela colisão inevitável entre a perfeição divina e a rebeldia humana, entre Deus como ele é e nós como somos. O obstáculo ao perdão não é somente o nosso pecado nem somente a nossa culpa, mas também a reação divina em amor e ira para com os pecadores culpados. Pois embora, deveras, "Deus seja amor", contudo, temos de lembrar-nos de que o seu amor é "um amor santo",[5] amor que anseia pelos pecadores enquanto ao mesmo tempo se recusa a tolerar o pecado. Como, pois, poderia Deus expressar o seu santo amor? — seu amor em perdoar pecadores sem comprometer a sua santidade, e a sua santidade ao julgar os pecadores sem frustrar o seu amor? Confrontado pela maldade

---

[2] Mateus 6.12-15; 18.21-35.

[3] BRUNNER, Emil. **Mediator**, p. 448.

[4] SIMPSON, P. Carnegie. **Fact of Christ**, p. 109.

[5] Para um exame da ênfase ao "amor santo" veja: FORSYTH, P. T. **Cruciality of the Cross** e **Work of Christ**, TEMPLE, William. **Christus Ventas**, p. ex., p. 257, 269; e, BRUNNER, Emil. **Mediator**.

humana, como poderia Deus ser verdadeiro a si mesmo, como amor santo? Nas palavras de Isaías, como poderia ele ser simultaneamente "Deus justo e Salvador" (45.21)? Porque, apesar da verdade de que Deus tenha demonstrado a sua justiça tomando a iniciativa de salvar o seu povo, as palavras "justiça" e "salvação" não podem ser tomadas como sinônimos. Pelo contrário, a iniciativa divina salvadora era compatível com a sua justiça e a expressava. Na cruz, em santo amor, o próprio Deus, por meio de Cristo, pagou a penalidade completa de nossa desobediência. Ele levou o juízo que merecemos a fim de trazer-nos o perdão que não merecemos. Na cruz, a misericórdia e a justiça divina foram igualmente expressas e eternamente reconciliadas. O santo amor de Deus foi "satisfeito".

Todavia, estou correndo rápido demais. O motivo pelo qual muitos dão respostas erradas às perguntas acerca da cruz, e até mesmo fazem perguntas erradas, é que não pensaram cuidadosamente na seriedade do pecado nem na majestade de Deus. Para que possamos fazê-lo agora, revisaremos quatro conceitos bíblicos básicos, a saber, a gravidade do pecado, a responsabilidade moral do homem, a culpa verdadeira e a falsa, e a ira de Deus. Veremos a nós mesmos, assim, sucessivamente como pecadores, responsáveis, culpados e perdidos. Não será um exercício agradável, e, no seu decurso, nossa integridade será testada.

A GRAVIDADE DO PECADO

A própria palavra "pecado", em anos recentes, desapareceu do vocabulário da maioria das pessoas. Pertence à fraseologia religiosa tradicional que, pelo menos no Ocidente cada vez mais secularizado, muitos agora declaram sem sentido. Além do mais, se alguém menciona o "pecado", na maioria das vezes é compreendido mal. O que é, pois?

O Novo Testamento emprega cinco palavras gregas principais para o pecado, as quais juntas retratam os seus aspectos variados, tanto passivos como ativos. A mais comum dessas palavras é *hamartia*, que descreve o pecado como um não atingimento do alvo, ou fracasso em alcançar um objetivo. *Adikia* é "iniquidade", e *poneria* é o mal de um tipo vicioso ou degenerado. Ambos os termos parecem falar de uma corrupção ou perversão de caráter. As palavras mais ativas são *parabasis* (com a qual podemos associar *paraptoma*), uma "transgressão", o ir além de um limite conhecido, e *anomia*, "falta de lei", o desrespeito ou violação de uma lei conhecida. Cada caso subentende um critério objetivo, um padrão a que falhamos em atingir ou uma linha que deliberadamente cruzamos.

Presume-se, por toda a Escritura, que este critério ou ideal foi estabelecido por Deus. É, de fato, sua lei moral, que expressa seu caráter justo. Não é, contudo, a lei do seu próprio ser somente; é também a lei do nosso, visto que ele nos criou à sua imagem, e ao fazê-lo, escreveu os requisitos da sua lei em nossos corações (Romanos 2.15). Há, portanto, uma correspondência vital entre a lei de Deus e nós, e pecar é transgredir a lei (1João 3.4), ofender nosso bem-estar mais elevado, como também ofender a autoridade e o amor de Deus.

A ênfase da Escritura, porém, é sobre a autocentralidade ímpia do pecado. Cada pecado é uma quebra do que Jesus chamou de o primeiro e grande mandamento, não apenas o fracasso de amar a Deus com todo o nosso ser, mas também a recusa ativa de reconhecê-lo e obedecer-lhe como o nosso Criador e Senhor. Rejeitamos a posição de dependência que o fato de sermos criados envolve, e procuramos ser independentes. Pior ainda, ousamos proclamar nossa autoindependência, nossa autonomia, o mesmo que reivindicar a posição que somente Deus pode ocupar. O pecado não é um lapso lamentável de padrões convencionais; a sua essência é a hostilidade para com Deus (Romanos 8.7), manifesta em rebeldia ativa contra ele. Ele tem sido descrito em termos de "livrar-se do Senhor Deus" a fim de colocarmos a nós mesmos no seu lugar, num espírito altivo de "poderosidade divina". Emil Brunner resume esse pensamento muito bem, ao dizer: "Pecado é desafio, arrogância, desejo de ser igual a Deus [...]. Asserção da independência humana contra Deus [...]. Constituição da razão autônoma, moralidade e cultura". É com muita razão que ele intitulou o livro do qual tiramos essa citação "Homem em Revolta".

Uma vez que tenhamos visto que cada pecado que cometemos é uma expressão (em diferentes graus de autoconsciência) desse espírito de revolta contra Deus, seremos capazes de aceitar a confissão de Davi: "Pequei contra ti, contra ti somente, e fiz o que é mau perante os teus olhos" (Salmos 51.4). Ao cometer o adultério com Bate-Seba, e ao arranjar para que Urias, o marido dela, fosse morto na batalha, Davi havia cometido ofensas extremamente sérias contra eles e contra a nação. Contudo, eram as leis de Deus que ele tinha quebrado e, por isso, era contra Deus que, em última análise, havia pecado.

Talvez seja a profunda relutância de encarar a gravidade do pecado que tem levado à sua omissão do vocabulário de muitos de nossos contemporâneos.

Um observador arguto da condição humana, que notou o desaparecimento da palavra, é o psiquiatra americano Karl Menninger. Ele escreveu a esse respeito em seu livro "O que Foi Feito do Pecado?" Descrevendo a indisposição da sociedade ocidental, o seu humor geral de tristeza e condenação, ele acrescenta que "sente-se a falta de qualquer menção de 'pecado'". "Essa palavra já esteve na mente de todos, mas agora poucas vezes se ouve. Será que isso significa", pergunta ele, "que o pecado não faz parte de todos os nossos problemas [...]? Será que ninguém comete pecados? Para onde, deveras, foi o pecado? O que aconteceu a ele?" Investigando as causas do desaparecimento do pecado, o dr. Menninger nota primeiro que "muitos pecados antigos têm-se transformado em crimes", de modo que a responsabilidade pela sua solução passou da igreja para o Estado, do sacerdote para o policial, ao passo que outros se dissiparam em doenças, ou pelo menos nos sintomas de doenças, de forma que nesses casos o tratamento substituiu o castigo. Um terceiro e conveniente artifício chamado "irresponsabilidade coletiva" capacitou-nos a transferir a culpa de nosso comportamento desviado de nós mesmos como indivíduos para a sociedade como um todo ou para um dos seus muitos agrupamentos.

O dr. Menninger prossegue fazendo um apelo não somente pela volta da palavra "pecado" ao nosso vocabulário, mas também por um reconhecimento da realidade que ela expressa. Não podemos despedir o pecado como mero tabu cultural ou erro social. Devemos levá-lo a sério. Acrescenta ele: "O clérigo não pode minimizar o pecado e manter o seu papel correto em nossa cultura". Pois o pecado é "uma qualidade implicitamente agressiva — uma crueldade, um ferimento, um afastamento de Deus e do restante da humanidade, uma alienação parcial, ou um ato de rebelião [...]. O pecado possui uma qualidade voluntariosa, desafiadora ou desleal: *alguém* é desafiado ou ofendido ou magoado". Ignorar isto seria desonesto. Confessá-lo capacitar-nos-ia a fazer algo a seu respeito. Além do mais, a volta do pecado inevitavelmente levaria ao "reavivamento ou reafirmação da responsabilidade pessoal". De fato, a "utilidade" de reviver o pecado é que a responsabilidade seria revivida com ele.

A RESPONSABILIDADE MORAL HUMANA

Mas será justo culpar os seres humanos por sua má conduta? Somos realmente responsáveis pelas nossas ações? Ou será que, em vez de agentes livres, não passamos de vítimas de outras agências, e, assim, sofremos mais pecado contra nós mesmos do que nós mesmos pecamos? Temos ao nosso alcance toda uma gama de bodes expiatórios — os genes, a química corporal (um desequilíbrio hormonal temporário), o temperamento herdado, o fracasso de nossos pais durante a primeira infância, a criação, o ambiente educacional e social. Juntos, estes parecem constituir um álibi infalível.

Talvez jamais tenha havido tentativa maior de minar o conceito tradicional de responsabilidade do que o livro do Professor B. F. Skinner, intitulado *Além da Liberdade e Dignidade*. A tese dele é que "os terríveis problemas que nos encaram no mundo hoje" (especialmente as ameaças da explosão populacional, a guerra nuclear, a fome, as doenças e a poluição) poderiam todos ser resolvidos por "uma tecnologia do comportamento humano". Isto é, "poderiam ser feitas vastas mudanças no comportamento humano" por meio de mudanças no ambiente. O homem poderia ser programado para comportar-se corretamente. O que o impede, pois? Resposta: o conceito do "homem autônomo", sua suposta "liberdade" (no que ele é tido como responsável por suas ações) e a sua suposta "dignidade" (em que lhe é dado crédito por suas realizações). Estas coisas, porém, são uma ilusão, pois "uma análise científica transfere para o ambiente tanto a responsabilidade como a realização". O homem deve ter a coragem de criar um ambiente ou cultura social que "adequadamente molda e mantém o comportamento daqueles que vivem nele." Isto é essencial à sobrevivência da humanidade, o que é mais importante do que o conceito tradicional "elogioso" de nossa "liberdade e dignidade". É certo que C. S. Lewis chamou essa transferência da liberdade e dignidade da pessoa para o ambiente de "a abolição do homem". O que seria abolido, porém, é apenas o "homem autônomo [...] o homem defendido pela literatura da liberdade e dignidade". De fato, "há muito que se sente a necessidade da sua abolição". Olhando para o futuro, no qual o homem cria o ambiente que o controla, e assim realiza um "gigantesco exercício no controle próprio", B. F. Skinner termina o seu livro com as palavras: "Ainda não vimos o que o homem pode fazer do homem." É um prospecto enregelante do determinismo autodeterminado.

Contudo, o espírito humano se rebela contra ele. Certamente podemos aceitar o conceito da "responsabilidade diminuída", mas não a dissolução total de toda a responsabilidade, exceto em circunstâncias mais extremas. Um paralelo entre responsabilidade moral e responsabilidade legal a esta altura é instrutivo. Geralmente falando, a lei criminal assume que as pessoas têm o poder de escolher obedecer à lei ou quebrá-la, e trata-as de acordo. Entretanto, a responsabilidade do crime pode ser atenuada, e até mesmo excluída por certas condições "justificativas". Em seus ensaios sobre a filosofia da lei intitulados *Castigo e Responsabilidade*, H. L. A. Hart define o princípio como segue: "Em todos os sistemas legais avançados, a responsabilidade da condenação por crimes sérios torna-se dependente, não apenas do ofensor, pelo fato de ter cometido esses atos externos proibidos pela lei, mas também pelo fato de tê-los praticado em certa estrutura mental, ou sob determinada vontade".[6] Esse estado de mente e de vontade é conhecido tecnicamente como *mens rea* que, embora possa ser traduzido literalmente por *mente culpada*, na realidade refere-se à "intenção" da pessoa. Por exemplo, a distinção entre o homicídio intencional e o não intencional, isto é, entre o assassínio e o homicídio não premeditado volta diretamente à lei mosaica. O princípio também possui uma aplicação mais ampla. Se a pessoa comete um delito enquanto está fora de si, sob pressão ou como um autômato, não se pode estabelecer a responsabilidade criminal. A provocação pode reduzir o assassínio a homicídio não premeditado. A contestação por insanidade tem sido aceita durante anos, e tem sido interpretada desde as Regras de McNaghten de 1843 como "doença da mente", levando a coisas como "um defeito da razão", e que o ofensor ou não conhecia a "natureza e a qualidade do ato que estava praticando", ou, se o conhecia, "não sabia que o que estava fazendo era errado".

Todavia, as Regras foram criticadas por se concentrarem na ignorância do ofensor, em vez de na falta de capacidade de controle próprio. De forma que o Ato de Infanticídio de 1938 faz provisão para atos cometidos por uma mulher quando "o equilíbrio de sua mente foi perturbado por motivo de ela não se ter recuperado totalmente do efeito do parto [...]", e o Ato de Homicídio de 1957 prevê que uma pessoa "não será condenada por assassínio se estiver sofrendo de uma anomalia mental [...] a qual prejudicou substancialmente a responsabilidade mental de seus atos [...]". Assim, também, o Parlamento Inglês decidiu que criança alguma abaixo de dez anos de idade pode ser considerada culpada de um delito, ao passo que entre as idades de dez a quatorze anos é necessário que se prove especificamente que a criança sabia que o que estava fazendo era seriamente errado.

Assim, a responsabilidade legal depende da responsabilidade mental e moral, isto é, da *mens rea*, a intenção da mente e da vontade. As objeções baseadas na falta de conscientização ou de controle, porém, sempre necessitarão de ser

---

[6] Afirmações similares aparecem nas páginas 28 e 114.

definidas com precisão, e constituem-se exceções. O acusado certamente não pode apelar para sua herança genética ou criação social como desculpa de um comportamento criminal, muito menos para a negligência pessoal ("Simplesmente não pensava no que fazia"). Não, em geral, o procedimento de julgar, condenar e sentenciar em nossos tribunais descansa sobre o conceito de que os seres humanos são livres para fazer escolhas e responsáveis pelas escolhas que fazem.

A mesma coisa acontece nas situações do dia a dia. Admitimos que somos condicionados por nossos genes e por nossa educação, mas o espírito humano (para não mencionar a mente cristã) protesta contra o reducionismo segundo o qual o ser humano não passa de um computador (programado para realizar e responder) ou um animal (à mercê de seus instintos). Contra esses conceitos apelamos ao sentido inerradicável do homem de que, dentro de limites razoáveis, somos agentes livres, capazes de tomar nossas decisões e decidir nossas próprias ações. Quando uma alternativa se nos apresenta, sabemos que somos capazes de escolher. E quando fazemos uma escolha errada, reprovamos a nós mesmos, porque sabemos que podíamos ter nos comportado de modo diferente. Também agimos na assunção de que as outras pessoas são livres e responsáveis, pois tentamos persuadi-las a aceitar nossa perspectiva, e "todos nós louvamos ou culpamos as pessoas de vez em quando".[7]

Acho que *sir* Norman Anderson tem razão em chamar a atenção para esse senso humano de responsabilidade. Por um lado, escreve ele, podemos especular acerca da extensão a que as pessoas são "precondicionadas pela constituição e condição de seus cérebros, pela estrutura psicológica que herdaram ou adquiriram, pelo curso cego e inevitável da 'natureza' ou pela soberania de um Deus Criador, para se comportarem do modo como o fazem". Mas, por outro lado, é possível "afirmar inequivocamente que não há motivo nenhum para supor que os homens comuns estão enganados em sua firme convicção de que têm, dentro de limites, uma liberdade de escolha e ação genuína, e que esta traz, necessariamente, uma medida correspondente de responsabilidade moral".[8]

Os três contribuintes às Preleções sobre o Cristianismo Contemporâneo de Londres, em 1982, intituladas *Livres para Ser Diferentes*, chegaram à mesma conclusão. O Professor Malcolm Jeeves falou e escreveu como psicólogo, o Professor

---

[7] VIDLER, Alec R. **Essays in Liberality**, p. 45.

[8] ANDERSON, J. N. D. **Morality, Law and Grace**, p. 38.

Sam Berre como geneticista, e o dr. David Atkinson como teólogo. Juntos, investigaram as influências da "natureza" (nossa herança genética), da "nutrição" (nosso condicionamento social) e da "graça" (a iniciativa amorosa e transformadora de Deus) sobre o comportamento humano. Concordaram em que estas coisas, evidentemente, tanto amoldam como restringem o nosso comportamento. Entretanto, suas preleções foram uma rejeição vigorosa e interdisciplinar do determinismo e uma asserção da responsabilidade humana. Embora o assunto todo seja, compreensivelmente, complexo, e não nos seja possível desembaraçar todos os fios, contudo os três contribuintes foram capazes de expressar esta conclusão comum:

> Não somos autômatos, incapazes de fazer qualquer coisa a não ser reagir mecanicamente aos genes, ambiente ou até mesmo à graça de Deus. Somos seres pessoais criados por Deus para si mesmo [...]. Além do mais, o que Deus nos deu não deve ser visto como um dom estático. Nosso caráter pode ser refinado. Nosso comportamento pode mudar. Nossas convicções podem amadurecer. Nossas dádivas podem ser cultivadas [...]. Nós, de fato, somos livres para ser diferentes [...].[9]

Quando nos voltamos para a Bíblia, descobrimos a mesma tensão, da qual temos consciência em nossa experiência pessoal, entre as pressões que nos condicionam e nos controlam, e nossa responsabilidade moral permanente. A Bíblia dá ênfase à influência de nossa herança, o que somos "em Adão". A doutrina do pecado original significa que a própria natureza que herdamos está manchada e distorcida pela centralidade do ego. É, portanto, de dentro do coração dos homens, ensinou Jesus, que procedem os pensamentos maus e as más ações (Marcos 7.21-23). Não é de surpreender que ele também descreveu o pecador como escravo do pecado (João 8.34). De fato, somos escravizados ao mundo (moda e opinião pública), à carne (nossa natureza caída), e ao diabo (forças demoníacas). Mesmo depois que Cristo nos liberta e nos torna seus escravos, não nos livramos inteiramente do poder insidioso de nossa queda, de modo que Paulo pode concluir seu argumento no capítulo 7 de Romanos com o seguinte resumo: "De maneira que eu, de mim mesmo, com a mente sou escravo da lei de Deus, mas, segundo a carne, da lei do pecado" (v. 25b).

---

[9] JEEVES, Malcolm; BERRY, R. J.; ATKINSON, David. **Free to Be Different**, p. 155.

A Escritura reconhece a sutileza e o poder dessas forças, as quais, verdadeiramente, diminuem nossa responsabilidade. É porque Deus sabe como fomos formados e se lembra de que somos pó que ele é paciente conosco, lento para irar e não nos trata como os nossos pecados merecem (Salmos 103.10,14). Da mesma forma, o Messias de Deus é gentil com os fracos, recusando-se a quebrar a cana machucada ou apagar o pavio que fumega.[10]

Ao mesmo tempo, o reconhecimento bíblico de que nossa responsabilidade é diminuída não significa que ela tenha sido destruída. Pelo contrário, a Escritura, invariavelmente, trata-nos como agentes moralmente responsáveis. Coloca sobre nós a necessidade de escolher entre a vida e o bem, a morte e o mal, entre o Deus vivo e os ídolos.[11] Exorta-nos à obediência e adverte-nos quando desobedecemos. O próprio Jesus pleiteou com a Jerusalém recalcitrante a que o reconhecesse e lhe desse as boas-vindas. Muitas vezes, disse ele, dirigindo-se à cidade, em seu discurso: "Quis eu reunir os teus filhos, como a galinha ajunta os seus pintinhos debaixo das asas, e vós não o quisestes!" (Mateus 23.37). Assim, ele atribuiu a cegueira espiritual de Jerusalém, sua apostasia e juízo vindouro à obstinação. É verdade que ele também disse que ninguém ia a ele a não ser que o Pai o levasse, mas somente depois de haver dito que eles se recusavam a ir a ele.[12] Por que é que as pessoas não vão a Cristo? Será que não podem, ou será que não o desejam? Jesus ensinou ambas as coisas. E neste "não podem" e "não desejam" está o antinômio último entre a soberania divina e a responsabilidade humana. Mas, não importa a maneira pela qual a expressemos, não devemos eliminar nenhuma das partes. Nossa responsabilidade perante Deus é um aspecto inalienável de nossa dignidade humana. Sua expressão final será no dia do juízo. Todas as pessoas, grandes e pequenas, sem se levar em conta sua classe social, comparecerão perante o trono de Deus, não moídas ou forçadas, a fim de receber esse derradeiro sinal de respeito pela responsabilidade humana, à medida que cada um apresenta um relato do que fez.

Emil Brunner certamente tem razão em dar ênfase à nossa responsabilidade como um aspecto indispensável de nossa condição de ser humano. "Hoje nosso

---

[10] Isaías 42.1-3; Mateus 12.15-21. Deus também faz distinção entre os pecados cometidos em ignorância e os cometidos com conhecimento e deliberação.

[11] Deuteronômio 30.15-20; Josué 24.15.

[12] João 6.44; 5.40.

slogan deve ser: fora com o determinismo por todos os meios! Pois torna impossível toda a compreensão do homem como homem"[13]. O homem tem de ser visto como "um ser que pensa e que tem vontade" responsivo e responsável para com o seu Criador, "a contraparte criada de sua autoexistência divina". Além do mais, essa responsabilidade humana é, em primeiro lugar, "não [...] um dever, mas um dom, [...] não lei, mas graça". Expressa-se em "amor que crê e é responsivo". De modo que, "a pessoa que compreendeu a natureza da responsabilidade entende a natureza do homem. A responsabilidade não é um atributo, é a 'substância' da existência humana. Contém tudo [...] é ela que distingue o homem das outras criaturas [...]". Portanto, "se a responsabilidade for eliminada, todo o sentido da existência humana desaparece."

Mas, a Queda não enfraqueceu seriamente a responsabilidade do ser humano? Já não é ele responsável por suas ações? Sim, ele é. "O homem jamais peca totalmente por causa da fraqueza, mas sempre também pelo fato de que se entrega em fraqueza. Mesmo no mais obtuso pecador há uma fagulha de decisão", deveras uma rebelião desafiadora para com Deus. De modo que o ser humano não pode atribuir a sua responsabilidade à sua própria maldade. "Destino algum, constituição metafísica alguma, fraqueza alguma de sua natureza, mas ele mesmo, o ser humano, no centro de sua personalidade é feito responsável pelo seu pecado."

A CULPA FALSA E A VERDADEIRA

Se os seres humanos pecaram (o que aconteceu), e se são responsáveis por seus pecados (o que são), então são culpados perante Deus. A culpa é dedução lógica das premissas do pecado e responsabilidade. Erramos por nossa própria falta, e, portanto, devemos arcar com a justa penalidade de nosso erro.

É este o argumento dos primeiros capítulos da carta aos Romanos. Paulo divide a raça humana em três secções maiores, e mostra como cada uma conhece algo do seu dever moral, mas deliberadamente suprime seu conhecimento a fim de seguir o seu próprio caminho pecaminoso. Nos dizeres de João: "O julgamento é este: Que a luz veio ao mundo, e os homens amaram mais as trevas do que a luz; porque as suas obras eram más" (João 3.19). Nada é mais sério do que a rejeição deliberada da luz da verdade e bondade. Paulo inicia falando da

---

[13] BRUNNER, Emil. **Man in Revolt**, p. 257.

sociedade decadente romana. O povo conheceu o poder e a glória de Deus através da criação, e sua santidade por meio da sua consciência, mas se recusaram a viver de acordo com o seu conhecimento. Pelo contrário, deixaram a adoração e se entregaram à idolatria. De modo que Deus os entregou à imoralidade e outras formas de comportamento antissocial (Romanos 1.18-32).

A segunda secção da humanidade a que Paulo se dirige é o mundo autojustificado, cujo conhecimento da lei de Deus pode estar nas Escrituras (os judeus) ou em seus corações (os gentios). A terceira secção é o mundo especificamente judaico, cujos membros têm orgulho do conhecimento que possuem e da instrução moral que dão a outros. Contudo, à mesma lei que ensinam, também desobedecem. Sendo esse o estado deles, sua condição privilegiada de povo da aliança não os protegerá do juízo divino (2.17-3.20).

É esse ponto de vista um tanto mórbido? Nós, os cristãos, com frequência temos sido criticados (não menos os cristãos evangélicos) por falarmos continuamente do pecado, por nos tornarmos obcecados com ele em nossas próprias vidas e especialmente em nossa evangelização, por tentarmos induzir nos outros um sentimento de culpa. Nietzsche, por exemplo, reclamava amargamente de que o "Cristianismo *necessita* de doença [...]. *Tornar doente* é o objetivo verdadeiro e oculto de todo o sistema de procedimentos de salvação pregado pela Igreja [...]. A pessoa não se 'converte' ao Cristianismo — ela deve estar suficientemente enferma para ele".[14] Nietzsche em parte estava certo, a saber, que o Cristianismo é remédio para os doentes do pecado. Afinal de contas, o próprio Jesus defendeu sua concentração nos publicanos e pecadores, dizendo: "Os sãos não precisam de médico, e, sim, os doentes; não vim chamar justos, e, sim, pecadores" (Marcos 2.17). Entretanto, vigorosamente negamos que o papel da igreja é "tornar" as pessoas doentes a fim de convertê-las. Pelo contrário, temos de fazê-las conscientes de sua enfermidade, a fim de que se voltem para o grande Médico.

Contudo, persiste a crítica de que os cristãos possuem uma preocupação doentia pelo pecado. Um porta-voz desse modo de pensar, contemporâneo e eloquente, é o ex-correspondente para Assuntos Religiosos da BBC, Gerald Priestland. Em uma de suas palestras da série *Progresso de Priestland*, transmitida pelo rádio, ele contou que aos dez anos de idade pensava que o Cristianismo se

---

[14] NIETZSCHE, Friedrich. **The Anti-Christ**, p. 167-168.

ocupava do pecado, e ao chegar aos quinze estava tendo "vislumbres do abismo da depressão", acompanhados de temores da vingança divina por seus "inomináveis crimes secretos", temores que continuaram a crescer nos próximos trinta anos. O seu Cristianismo não lhe ajudou em nada. "Quando eu olhava para a cruz, e sua vítima sofredora, a única mensagem que recebia era: Você fez isto — e não há saúde em você!" Sua conversão, equivalente à experiência na estrada de Damasco, aconteceu finalmente no "divã do psiquiatra", pois foi aí que ele aprendeu "o elemento que faltava do perdão". Desde então ele confessa possuir "um nível relativamente baixo de culpa pessoal e pouco interesse pelo assunto do pecado".

A história de Gerald Priestland não para aí, mas esse trecho é ilustração suficiente do grave dano que meias-verdades podem causar. Como poderia alguém imaginar que o Cristianismo se ocupa do pecado em vez do perdão de pecados? Como pode alguém olhar para a cruz e ver somente a vergonha do que fizemos a Cristo, em vez da glória do que ele fez por nós? O filho pródigo teve de "cair em si" (reconhecer a centralidade do seu ego) antes que pudesse "vir a seu pai". Foi necessária a humilhação da penitência, antes da alegria da reconciliação. Não teria havido anel, veste, beijo, festa se ele tivesse permanecido no país distante, ou retornado impenitente. Uma consciência culpada será uma grande bênção somente se nos forçar a voltar para casa.

Não quero dizer com isto que a nossa consciência seja um guia de confiança. Há a consciência mórbida, exageradamente escrupulosa, e procurar deliberadamente criar uma desse tipo seria daninho. Entretanto, nem todos os sentimentos de culpa são patológicos. Pelo contrário, os que se declaram sem pecado e sem culpa sofrem de uma doença ainda pior. Pois manipular, sufocar e até mesmo "cauterizar" a consciência (1Timóteo 4.2) a fim de escapar à dor das suas acusações, nos deixa impérvios à nossa necessidade de salvação.

Será, pois, saudável ou doentio insistir na gravidade do pecado e na necessidade da expiação? considerar as pessoas responsáveis por suas ações? adverti-las do perigo do juízo divino? e instar com elas a que confessem os seus pecados, se arrependam e se voltem para Cristo? É sadio. Pois se há uma "culpa falsa" (o sentimento mau acerca da maldade que *não* cometemos), há também uma "inocência falsa" (o sentimento bom acerca do mal que cometemos). Se a contrição falsa é doentia (um chorar infundado por causa da culpa), também o é a segurança falsa (um alegrar-se infundado por causa do perdão). Portanto, pode ser que não somos nós quem está exagerando quando acentuamos a seriedade do pecado. São nossos críticos que a subestimam.

Deus disse a respeito dos falsos profetas nos dias do Antigo Testamento: "Curam superficialmente a ferida do meu povo, dizendo: Paz, paz; quando não há paz" (Jeremias 6.14; 8.11). Remédios superficiais são sempre o resultado de um diagnóstico falho. Aqueles que os prescrevem são vítimas do espírito enganoso do modernismo, o qual nega a gravidade do pecado. Contudo, fazer um diagnóstico correto de nossa condição, por mais grave que ela seja, jamais seria doentio, contanto que vamos imediatamente ao remédio.[15] De modo que a lei que nos condena é, entretanto, a boa dádiva de Deus, porque ela nos remete a Cristo a fim de sermos justificados. E o Espírito Santo veio convencer "o mundo do pecado", mas somente para que pudesse, com mais eficácia, dar testemunho de Cristo como o Salvador da culpa (João 16.8; 15.26,27). Não há alegria que se compare com o gozo dos perdoados.

É aqui que erram alguns psicólogos e psiquiatras norte-americanos de nossos dias, pois andam apenas metade do caminho. Começam de maneira correta, contudo, mesmo alguns que não professam a fé cristã, pois insistem em que devemos levar a sério o pecado, a responsabilidade e a culpa. Esse é, certamente, um grande ganho, mas diagnosticar corretamente sem a capacidade de prescrever corretamente é abraçar uma meia-medida decepcionante e perigosa.

O dr. Hobart Mowrer, que foi Professor de Pesquisa da Psicologia na Universidade de Illinois, ao publicar a sua crítica da psicanálise freudiana, rejeitou a noção de que a "psiconeurose não implica responsabilidade moral". Pois "enquanto negamos a realidade do pecado, separamos a nós mesmos [...] da possibilidade de uma redenção ('recuperação') radical". O dr. Mowrer, usando a palavra "pecado", criou grande rebuliço no seu campo profissional. Mas ele persistiu a ensinar o fato do pecado e a necessidade do seu reconhecimento.

> Enquanto a pessoa viver à sombra da culpa real, irreconhecida e inexpiada, ela *não* pode [...] "aceitar a si mesma" [...]. Ela continuará a odiar a si mesma e a sofrer as consequências inevitáveis do ódio próprio. Mas, no momento em que ela [...] começa a aceitar a sua culpa e a sua pecaminosidade, abre-se à possibilidade de reforma radical, e com ela [...] uma nova liberdade de autorrespeito e paz.

Alguns anos mais tarde, rebelando-se também contra a insistência freudiana de que a culpa é patológica, o dr. William Glasser começou, em Los Angeles, a

---

[15] Jeremias 6.14; 8.11.

desenvolver uma aproximação diferente no tratamento de delinquentes juvenis, a qual ele chamou de "Terapia da Realidade". Sua tese era que a pessoa "incapaz de cumprir suas necessidades essenciais", especialmente as de amor e valor próprio, nega a realidade do mundo que a cerca e age de maneira irresponsável. De forma que o terapeuta procura "fazer que ela encare uma verdade que passou a vida tentando evitar: *ela é responsável por seu comportamento*.[16] O dr. Mowrer, no prefácio do seu livro, resume a essência do método terapêutico do dr. Glasser como "uma versão psiquiátrica que trata da realidade, responsabilidade e do certo e errado".

Similarmente, "o pecado deve ser resolvido nos tribunais privados do coração humano", escreve Karl Menninger.[17] Não discordamos. Mas como? Especialmente, prossegue ele, por meio do "arrependimento, da reparação, da restituição e da expiação". Neste ponto Karl Menninger trai sua compreensão muito parcial do evangelho. Pois essas quatro palavras não podem ser unidas deste modo. As três primeiras, de fato, podem ir juntas. Tanto a reparação (uma palavra geral que significa consertar alguma coisa) como a restituição (a restauração mais particular do que foi roubado) são necessárias na representação da genuinidade do arrependimento. Mas "expiação" não é algo que possamos fazer; somente Deus pode expiar nossos pecados, e, em realidade, ele o fez por meio de Cristo.

É verdade que o dr. Menninger menciona o perdão de Deus uma ou duas vezes (embora sem nenhuma base na cruz de Cristo). O dr. Hobart Mowrer, entretanto, evita cuidadosamente tanto a palavra quanto o conceito. À semelhança de Karl Menninger, ele concentra seus esforços no reconhecimento das faltas e na restituição. Ele chama os seus grupos terapêuticos de "grupos de integridade", porque o seu fundamento é a integridade pessoal no reconhecimento do erro. A iniciação a um grupo é feita por meio de uma "autorrevelação completa e não qualificada" a que ele chama de *exomologesis*. Quando, durante uma conversa pessoal com o dr. Mowrer na Universidade de Illinois em 1970, mencionei que *exomologesis* é a palavra grega para "confissão", e que na tradição cristã o propósito da confissão é receber o perdão da pessoa ofendida, ele imediatamente respondeu: "Oh, jamais falamos acerca do perdão". O conceito que ele tem do pecado é que em cada caso é a quebra de uma obrigação contratual pela qual a

---

[16] GLASSER, William. **Reality Therapy**, p. 5-41.
[17] MENNINGER, Karl. **Whatever Became of Sin?**, p. 180.

pessoa culpada deve fazer restituição. O perdão é, pois, desnecessário, tanto da parte da pessoa ofendida como até mesmo da parte de Deus.

Embora, como tem sido ressaltado, o dr. Menninger não partilhe a inibição do dr. Mowrer acerca da menção do pecado, contudo nenhum deles jamais se refere à cruz, muito menos a vê como o único e suficiente fundamento sobre o qual Deus perdoa pecados. Recobrar os conceitos do pecado humano, responsabilidade, culpa e restituição, sem simultaneamente readquirir a confiança na obra divina da expiação, é um desequilíbrio trágico. É um diagnóstico sem a receita, a futilidade da autossalvação em lugar da salvação de Deus, e o despertar da esperança apenas para de novo esmagá-la no chão.

Um reconhecimento completo da responsabilidade humana e, portanto, da culpa, longe de diminuir a dignidade dos seres humanos, na realidade a aumenta. Pressupõe que os homens, diferentes dos animais, são seres moralmente responsáveis, que sabem o que são, podiam ser e deviam ser, e não se desculpam por sua medíocre performance. Essa é a tese de Harvey Cox em um dos seus livros. O pecado de Eva no jardim do Éden, insiste ele, não foi tanto a sua desobediência ao comer do fruto proibido, mas sua fraca entrega da responsabilidade que o precedeu, não o seu orgulho mas a sua preguiça. Embora o dr. Cox certamente esteja enganado em sua recusa de aceitar a visão bíblica do pecado como sendo em essência o orgulho, e esteja manchado com o falso conceito do "homem emancipado", contudo, faz uma observação importante quando diz que a "apatia é a forma-chave do pecado no mundo de hoje [...]. Pois, quanto a Adão e Eva a apatia significava permitir que a serpente lhes dissesse o que fazer. Significava abdicar [...] o exercido do domínio e controle do mundo". O tomar decisões, porém, encontra-se na essência de nossa humanidade. Pecado não somente é a tentativa de sermos Deus, mas também a recusa de sermos homem, afastando, assim, a responsabilidade de nossas ações. "Não vamos deixar que nenhuma serpente nos diga o que fazer". A defesa mais comum dos criminosos de guerra nazistas foi que estavam meramente cumprindo ordens. Apesar disso, o tribunal os declarou culpados.

A Bíblia leva o *pecado* a sério porque leva o *homem* a sério. Como vimos, os cristãos não negam o fato — em algumas circunstâncias —da responsabilidade diminuída, mas afirmamos que a responsabilidade diminuída sempre resulta em humanidade diminuída. Dizer que alguém "não é responsável por suas ações" é rebaixá-lo como ser humano. Faz parte da glória de ser humano o fato de sermos responsáveis por nossas ações. Então, quando reconhecemos nosso pecado e culpa, recebemos o perdão de Deus, entramos na alegria da sua salvação, e, assim, nos tornamos ainda mais completamente humanos e saudáveis. Doentio é o espojar-se na culpa que não leva à confissão, ao arrependimento, à fé em Jesus Cristo e ao perdão.

Em seu famoso ensaio intitulado "A Teoria Humanitária do Castigo" C. S. Lewis lamenta a tendência moderna de abandonar a noção da justa retribuição e substituí-la por interesses humanitários tanto pelo criminoso (reforma) como pela sociedade como um todo (freio). Pois isso significa, argumenta ele, que cada infrator da lei "fica privado de seus direitos como ser humano. Esta é a razão. A teoria humanitária remove do castigo o conceito do merecimento. Mas o conceito do merecimento é o único elo de ligação entre o castigo e a justiça. É somente na base do merecimento ou da falta dele que uma sentença pode ser justa ou injusta". Novamente, "quando paramos de considerar o que o criminoso merece e consideramos somente o que o pode curar ou deter a outros, tacitamente o retiramos por completo da esfera da justiça; em vez de uma pessoa, um indivíduo com direitos, agora temos um mero objeto, um paciente, um 'caso' ". Com que direito podemos usar a força a fim de impor o tratamento a um criminoso, ou a fim de curá-lo ou de proteger a sociedade, a menos que ele o *mereça*?

> Sermos "curados" contra a nossa vontade, e curados de estados aos quais podemos não perceber como enfermidade, é sermos colocados no mesmo nível dos que ainda não atingiram a idade da razão e dos que jamais a atingirão; é sermos classificados como infantes, imbecis e animais domésticos. Mas sermos castigados, ainda que severamente, porque o merecemos, porque "não devíamos ter errado", é sermos tratados como uma pessoa humana criada à imagem de Deus.[18]

A SANTIDADE E A IRA DE DEUS

Examinamos a seriedade do pecado como rebeldia contra Deus, a responsabilidade contínua dos homens por suas ações, e sua culpa subsequente à vista de Deus

---

[18] O ensaio de C. S. LEWIS intitulado "A Teoria Humanitária do Castigo" foi publicado em várias coleções dos seus escritos. Usei o texto como se encontra em Churchmen Speak, editor Philip E. Hughes, p. 39-44. Veja também a carta de C. S. Lewis a T. S. Eliot no dia 25 de maio de 1962 em **Letters of C. S. Lewis**, editor W. H. Lewis, p. 304. Ele escreve: "É tirania vil submeter o homem a uma 'cura' compulsória [...] a menos que ele a mereça".

e a responsabilidade do castigo. Mas podemos pensar que Deus "pune" ou "julga" o mal? Sim, podemos e devemos. Deveras, o pano de fundo essencial da cruz não é somente o pecado, a responsabilidade e a culpa dos seres humanos, mas também a justa reação de Deus a essas coisas, em outras palavras, sua santidade e ira.

A santidade de Deus é o fundamento da religião bíblica. Também o é o corolário de que o pecado é incompatível com a sua santidade. Os olhos dele são puros demais para contemplar o mal e ele não pode tolerar o erro. Portanto, os nossos pecados eficazmente nos separam dele, de modo que o seu rosto está escondido de nós e ele se recusa a ouvir as nossas orações.[19] Em consequência, os autores bíblicos entendiam claramente que ser humano algum jamais poderia ver a Deus e sobreviver. Pode ser que lhes fosse permitido ver as suas "costas" mas não o seu "rosto", o brilho do sol, mas não o Sol.[20] E todos aqueles que receberam até mesmo um vislumbre da glória divina não conseguiram suportar a visão. Moisés escondeu o rosto porque estava com medo de olhar para Deus. Quando Isaías teve a sua visão de Yavé entronizado e exaltado, foi vencido pelo senso de sua impureza. Quando Deus se revelou pessoalmente a Jó, a reação deste foi desprezar a si mesmo e arrepender-se na cinza e no pó. Ezequiel viu somente a aparência da semelhança da glória do Senhor, em chama ardente e luz brilhante, mas foi suficiente para que ele caísse prostrado ao chão. Em uma visão similar, Daniel também caiu com o rosto ao chão e desmaiou. Quanto àqueles que foram confrontados pelo Senhor Jesus Cristo, até mesmo durante a sua vida terrena, quando a sua glória estava velada, sentiram um profundo incômodo. Por exemplo, em Pedro ele provocou um senso de sua pecaminosidade e indignidade de estar na presença do Senhor. E quando João viu a elevada magnificência do Senhor, caiu a seus pés como morto.[21]

Intimamente relacionada com a santidade de Deus está a sua ira, a qual é, de fato, sua reação santa ao mal. Certamente não podemos descartá-la dizendo que o Deus de ira pertence ao Antigo Testamento, ao passo que o Deus do Novo é amor. Pois o amor de Deus claramente se manifesta no Antigo Testamento, como também a sua ira no Novo. R. V. G. Tasker escreveu, com acerto: "É um

---

[19] Habacuque 1.13; Isaías 59.1ss.

[20] Exemplo: Êxodo 33.20-23; Juízes 13.22.

[21] Êxodo 3.6; Isaías 6.1-5; Jó 42.5-6; Ezequiel 1.28; Daniel 10.9; Lucas 5.8; Apocalipse 1.17.

axioma bíblico não haver incompatibilidade entre estes dois atributos da divina natureza; e, em sua maioria, os grandes teólogos e pregadores cristãos do passado esforçaram-se para ser leais a ambos os lados da autorrevelação divina"[22]. Contudo, o conceito de um Deus irado continua a levantar problemas na mente dos cristãos. Como pode uma emoção, perguntam, a qual Jesus equiparou ao assassínio, e a qual Paulo declarou ser um dos "atos da natureza pecaminosa", e da qual devemos nos livrar, ser atribuída ao Deus todo-santo?[23]

Uma tentativa de explicação associa-se especialmente com o nome de C. H. Dodd, e com o seu comentário sobre a *Epístola de Paulo aos Romanos*. Ele ressalta que, embora ao lado das referências que Paulo faz ao amor de Deus ele também tenha escrito que Deus nos amou, contudo, ao lado das referências à ira divina ele jamais escreve que Deus está irado contra nós. Além da ausência do verbo "irar", Paulo constantemente usa o substantivo *orge* (ira ou raiva) "de um modo curiosamente impessoal". Ele se refere à "ira" sem especificar de quem ela é, e assim, quase a torna absoluta. Por exemplo, ele escreve do dia da ira de Deus, ou como a lei traz a ira, e de como a ira desceu sobre os judeus incrédulos, ao passo que os cristãos foram salvos da ira vindoura por meio de Jesus Cristo.[24] A dedução que Dodd faz dessa evidência é que Paulo reteve o conceito da ira "não com a finalidade de descrever a atitude de Deus para com o homem, mas a fim de descrever um processo inevitável de causa-efeito sobre um Universo moral".

O Professor A. T. Hanson elaborou a tese de C. H. Dodd em uma de suas pesquisas bíblicas. Chamando a atenção para uma "marcante tendência" entre os autores bíblicos pós-exílicos de "falar da ira divina de maneira muito impessoal", ele a define como o "processo inevitável de o pecado solucionar-se por si mesmo na história". Indo ao Novo Testamento, escreve ele: "não pode haver dúvida de que para Paulo o caráter impessoal da ira era importante; liberava-o da necessidade de atribuir ira diretamente a Deus, transformava a ira de atributo divino em nome de um processo, o qual os pecadores trazem sobre si mesmos". Porque a ira é "totalmente impessoal" e "não descreve uma atitude de Deus, mas uma condição dos homens".

---

[22] Tasker, R. V. G. **Biblical Doctrine of the Wrath of God**, p. VII. Atribui-se "ira" a Jesus em Marcos 3.5 e (talvez, segundo alguns manuscritos) Marcos 1.41.

[23] Mateus 5.21-26; Gálatas 5.20; Efésios 4.31; Colossenses 3.8.

[24] Romanos 2.5; 4.15; 1Tessalonicenses 2.16; 1.10; Romanos 5.9.

A expressão "liberava-o da necessidade" é reveladora. Sugere que Paulo sentia--se incomodado com a noção da ira pessoal de Deus, procurava escapar de ter de crer nela e ensiná-la, e foi liberto do seu fardo ao descobrir que a ira não era uma emoção divina, atributo ou atitude, mas um processo histórico impessoal que afetava os pecadores. Nessa questão, parece que o Professor Hanson está projetando sobre Paulo o seu próprio dilema, pois é franco o suficiente a ponto de confessar que também tem um problema desses. Para o final do seu argumento, ele escreve: "Uma vez que nos permitamos ser levados a pensar que a referência à ira de Deus no Novo Testamento significa que a sua concepção é a de um Deus irado [...] não podemos deixar de manter que em algum sentido o Filho suportou a ira do Pai, não podemos deixar de pensar em termos forenses, com toda a tensão e violência ao nosso senso de justiça moral dado por Deus que tal teoria envolve". Ele parece estar dizendo que é a fim de vencer essas "apavorantes dificuldades" que reinterpretou a ira de Deus. Dizer que Cristo levou a "ira" sobre a cruz, mantém Hanson, significa que ele "suportou as consequências dos pecados dos homens", não a sua penalidade.

Portanto, devemos tomar cuidado com nossas pressuposições. É perigoso começar com qualquer condição *a priori*, até mesmo com um "senso de justiça moral dado por Deus", o qual então molda nossa compreensão da cruz. É mais prudente e seguro começar indutivamente com uma doutrina da cruz dada por Deus, a qual então molda nossa compreensão da justiça moral. Mais tarde espero demonstrar que é possível manter um conceito bíblico e cristão da "ira" e da "propiciação" que, longe de contradizer a justiça moral, expressa-a e a protege.

As tentativas que C. H. Dodd, A. T. Hanson e outros fizeram de reconstruir a "ira" como um processo impessoal devem ser consideradas, no mínimo, não provadas. É certo que às vezes a palavra é usada sem referência explícita a Deus, e com ou sem o artigo definido, mas a frase completa "a ira de Deus" também é usada, aparentemente sem embaraço algum, tanto por Paulo como por João. Sem dúvida, Paulo também ensinou que a ira de Deus estava sendo revelada no presente através da deterioração moral da sociedade pagã e por meio da administração da justiça estatal.[25] Todavia, estes processos não são identificados com a ira de Deus, mas tidos como manifestações dela. A verdade de que a ira de Deus (isto é, seu antagonismo

---

[25] Romanos 1.18-32 e 13.1-7. C. H. Dodd refere-se a estes nas páginas 26 e 204 do seu comentário.

ao mal) está ativa através dos processos sociais e legais não leva à conclusão de que ela é, em si mesma, um contínuo puramente impessoal de causa e efeito. Talvez o motivo de Paulo ter adotado expressões impessoais não seja a fim de afirmar que Deus jamais se enraiveça, mas enfatizar que sua ira não possui nenhum matiz de malícia pessoal. Afinal, Paulo às vezes menciona *charis* (graça) sem se referir a Deus. Ele pode escrever, por exemplo, do aumento da graça e do reino da graça (Romanos 5.20, 21). Contudo, por esse motivo não despersonalizamos a graça nem a convertemos numa influência ou processo. Pelo contrário, graça é a palavra mais poderosa de todas; graça é o próprio Deus agindo graciosamente para conosco. E assim como *charis* representa a atividade pessoal graciosa do próprio Deus, da mesma forma *orge* representa sua hostilidade à impiedade, igualmente pessoal.

Como, pois, definiremos a ira? Escrevendo a respeito da ira humana, James Denney chamou-a de "o ressentimento ou a reação instintiva da alma a tudo o que percebe como errado ou prejudicial", e "a repulsão veemente daquilo que fere".[26] De maneira similar, a ira de Deus, nas palavras de Leon Morris, é sua "revulsão pessoal e divina ao mal" e sua "oposição pessoal e vigorosa" a ele.[27] Referir-se desta forma à ira de Deus, é fazer uso de um antropormofismo legítimo, desde que o consideremos apenas como um tosco e fácil paralelo, visto que a ira de Deus é absolutamente pura e não contaminada pelos elementos que tornam pecaminosa a ira humana. A ira humana em geral é arbitrária e desinibida; a ira divina é sempre íntegra e controlada. Nossa ira tende a ser uma explosão espasmódica, despertada por melindres e desejos de vingança; a de Deus é um antagonismo contínuo e constante, despertado somente pelo mal, e expresso na condenação dele. Deus é totalmente livre de animosidade ou sentimentos de vingança pessoal; de fato, ele é alimentado simultaneamente pelo amor constante ao ofensor. O resumo de Charles Cranfield é que a orge de Deus não é nenhum "pesadelo de uma fúria indiscriminada, descontrolada e irracional, mas a ira de um Deus santo e misericordioso trazida para fora pela *asebeia* (impureza) e *adikia* (injustiça) dos homens e contra elas dirigida".[28]

---

[26] DENNEY, James. "Raiva", p. 60-62.

[27] MORRIS, Leon. **Cross in the New Testament**, p. 190-191. Veja também seu livro **Apostolic Preaching**, p. 161-166.

[28] CRANFIELD, C. E. B. **Romans**, v. I, p. 111.

O fator comum aos conceitos bíblicos da santidade e da ira de Deus é a verdade de que não podem coexistir com o pecado. A santidade de Deus expõe o pecado, e a sua ira se opõe a ele. De forma que o pecado não pode chegar-se a Deus, e Deus não pode tolerar o pecado. A Escritura usa diversas metáforas vívidas como ilustração desse fato voluntarioso.

A primeira é a *altura*. Frequentemente, na Bíblia, o Deus da criação e da aliança é chamado de o "Deus Altíssimo", e vários salmos o apresentam como o "Senhor Altíssimo".[29] Sua elevada exaltação expressa tanto a sua soberania sobre as nações, a terra e todos os deuses,[30] como sua inacessibilidade aos pecadores. É verdade que o seu trono é chamado de "trono da graça", e é rodeado pelo arco-íris da promessa da aliança. Entretanto, é o "Alto, o Sublime" e ele próprio é o "alto e exaltado", que não habita em casas feitas por mãos humanas, visto que o céu é o seu trono e a terra o estrado dos seus pés; de modo que os pecadores não tomem a liberdade de chegar-se a ele.[31] É verdade, repito, que ele desce até o contrito e humilde, que encontra segurança em sua sombra. Os pecadores orgulhosos, porém, ele os conhece apenas de longe, e não pode suportar o orgulho e a altivez dos olhos dos arrogantes.[32]

A "alta" exaltação de Deus não é literal, é claro, e jamais deve ser tomada como tal. O recente clamor acerca de abandonar um Deus "lá em cima" foi em grande parte supérfluo. Os escritores bíblicos usaram a altura como um símbolo da transcendência, assim como nós o fazemos. É mais expressiva do que profundeza. "O Fundamento do Ser" pode falar da realidade última a algumas pessoas, mas "o Alto e Sublime" transmite mais explicitamente a singularidade divina. Quando pensarmos no Deus grande e vivente, é melhor olharmos para cima do que para baixo, e para fora do que para dentro de nós mesmos.

O segundo quadro é de *distância*. Deus não apenas está alto acima de nós, mas também "longe de nós". Não ousamos chegar perto demais. De fato, muitos são os mandamentos bíblicos a que mantenhamos nossa distância. "Não te chegues para cá", disse Deus a Moisés, da sarça ardente. De modo que as preparações

---

[29] Exemplo: Gênesis 14.18-22; Salmos 7.17; 9.2; 21.7; 46.4; 47.2; 57.2; 83.18; 92.8; 93.4; 113.4; Daniel 3.26; 4.2,17,24,25,34; 5.18-21; 7.18-27; Oseias 7.16; 11.7; Miqueias 6.6.

[30] Exemplo: Salmos 97.9; 99.2.

[31] Hebreus 4.16; Apocalipse 4.3; Isaías 6.1; 57.15; Atos 7.48,49.

[32] Isaías 57.15; Salmos 91.1,9; 138.6; Provérbios 21.4; Isaías 10.12.

para o culto de Israel expressavam as verdades contemporâneas da proximidade de Deus ao povo por causa da sua aliança e da separação que mantinha para com eles em virtude de sua santidade. Mesmo quando desceu até o povo no monte Sinai a fim de revelar-se, Deus disse a Moisés que colocasse limites para o povo ao redor da base da montanha e instasse com eles a que não chegassem perto. Da mesma forma, quando Deus deu instruções para a construção do tabernáculo (mais tarde do templo), prometeu viver entre o seu povo e ao mesmo tempo admoestou-os a erigir uma cortina no Santo dos Santos como um sinal permanente de que ele estava fora de alcance dos pecadores. Ninguém tinha permissão de penetrar no véu, sob pena de morte, exceto o sumo sacerdote, e ainda este, apenas uma vez por ano no dia da Expiação, e então só se levasse consigo o sangue do sacrifício.[33] E quando os israelitas estavam para cruzar o Jordão e entrar na Terra Prometida, receberam este mandamento preciso: "Haja a distância de cerca de dois mil côvados entre vós e ela (a arca). Não vos chegueis a ela" (Josué 3.4). É contra o pano de fundo desse ensino claro acerca da santidade de Deus e acerca dos perigos da presunção que se deve compreender a história da morte de Uzá. Quando os bois que levavam a arca tropeçaram, ele estendeu a mão e a segurou. "Então a ira do Senhor se acendeu contra Uzá, e Deus o feriu ali por esta irreverência",[34] e ele morreu. Alguns comentaristas têm a tendência de protestar que essa "primitiva" compreensão do Antigo Testamento da ira de Deus é "fundamentalmente uma coisa irracional e, em última análise, inexplicável, que irrompeu com força enigmática, misteriosa e primeva" e que chegou bem perto do "capricho".[35] Mas não, nada há de inexplicável acerca da ira de Deus: sua explicação é sempre a presença do mal de uma forma ou de outra. Os pecadores não podem chegar-se ao todo-santo Deus sem impunidade. No último dia, os que não encontraram refúgio e purificação em Cristo ouvirão as palavras mais terríveis de todas: "Apartai-vos de mim".[36]

---

[33] Êxodo 3.5; 19.3-25 (cf. Hebreus 12.18-21); 20.24; 25—40, particularmente 29.45-46; Levítico 16 (cf. Hebreus 9.7,8).

[34] 2Samuel 6.6,7. Cf. 1Samuel 6.19. Os levitas, cuja responsabilidade era desmontar, carregar e montar o tabernáculo, haviam recebido advertências claras. Veja Números 1.51,53.

[35] Johannes Fichtner em seu artigo sobre *orge*, p. 401-402.

[36] Exemplo: Mateus 7.23; 25.41.

O terceiro e quarto quadros da inacessibilidade do Deus santo aos pecadores são os de *luz* e *fogo*: "Deus é luz", e "nosso Deus é fogo consumidor". Ambos desanimam, de fato inibem, uma aproximação. A luz brilhante cega; nossos olhos não podem suportar o seu brilho, e no calor do fogo tudo murcha e morre. De modo que Deus "habita em luz inacessível"; "homem algum jamais viu, nem é capaz de ver". E aqueles que deliberadamente rejeitam a verdade têm "certa expectação horrível de juízo e fogo vingador prestes a consumir os adversários [...]. Horrível coisa é cair nas mãos do Deus vivo"[37].

A quinta metáfora é a mais dramática de todas. Indica que o santo Deus rejeita o mal tão decisivamente quanto o corpo humano rejeita o veneno mediante o *vômito*. O vômito é, provavelmente, a reação mais violenta do corpo humano. As práticas imorais e idólatras dos cananeus eram tão repulsivas, como está escrito, que a terra "vomitou os seus moradores", e os israelitas foram prevenidos de que se cometessem as mesmas ofensas, a terra os vomitaria também. Além do mais, o que se afirma ser o repúdio do mal da parte da terra na realidade o é da parte do Senhor. Pois no mesmo contexto declara-se que ele "se aborreceu" dos cananeus por causa de suas atividades ímpias. Usa-se a mesma palavra hebraica com relação à desobediência voluntariosa de Israel no deserto: "Durante quarenta anos estive desgostado com essa geração". Aqui também é provável que o verbo se refira ao alimento nauseante, como na afirmativa: "Nossa alma tem fastio deste pão vil". Nossa criação delicada pode achar que esta metáfora natural seja embaraçosa. Contudo, ela continua no Novo Testamento. Quando Jesus ameaça "vomitar" os membros da igreja de Laodiceia por serem mornos, é justamente isso que o verbo grego significa (*emeo*). O quadro pode ser chocante, mas seu significado é claro. Deus não pode tolerar ou "digerir" pecado e hipocrisia. Não lhe causam meramente dissabor, mas também desgosto. São-lhe tão repugnantes que deve livrar-se deles. Deve cuspi-los ou vomitá-los.[38]

As cinco metáforas exemplificam a incompatibilidade total da santidade divina com o pecado humano. Altura e distância, luz, fogo e vômito, tudo diz que Deus não pode estar na presença do pecado, e que se este se chegar a ele é repudiado e consumido.

---

[37] 1João 1.5; Hebreus 12.29 (cf. Deuteronômio 4.24); 1Timóteo 6.16; Hebreus 10.27,31.

[38] Levítico 18.25-28; 20.22,23; Salmos 95.10; Números 21.5; Apocalipse 3.16.

Contudo, essas noções são estranhas ao homem moderno. O tipo de Deus que agrada à maioria das pessoas hoje teria uma disposição fácil quanto à tolerância de nossas ofensas. Ele seria amável, gentil, acomodatício, e não possuiria nenhuma reação violenta. Infelizmente, até mesmo na igreja parece que perdemos a visão da majestade de Deus. Há tanta superficialidade e frivolidade entre nós. Os profetas e os salmistas provavelmente diriam de nós que não temos o temor de Deus perante nossos olhos. Na adoração pública nosso hábito é nos sentarmos de qualquer modo; não ajoelhamos hoje em dia, muito menos nos prostramos em humildade na presença de Deus. É mais provável que batamos palmas de alegria do que nos enrubesçamos de vergonha ou lágrimas. Vamos à presença de Deus a fim de reivindicar seu patrocínio e amizade; não nos ocorre que ele pode nos mandar embora. Precisamos ouvir novamente as palavras ajuizadas do apóstolo Pedro: "Se invocais como Pai aquele que, sem acepção de pessoas, julga segundo as obras de cada um, portai-vos com temor durante o tempo da vossa peregrinação".[39] Em outras palavras, se ousamos chamar nosso Juiz de Pai, devemos livrar-nos da presunção. É preciso dizer que nossa ênfase evangélica na expiação é perigosa se chegamos a ela rápido demais. Só aprendemos a apreciar o acesso a Deus que Cristo ganhou para nós depois de primeiro termos visto a inacessibilidade de Deus aos pecadores. Só podemos gritar "Aleluia" com autenticidade depois que primeiro tivermos clamado: "Ai de mim, estou perdido". Nas palavras de Dale: "é em parte porque o pecado não provoca nossa própria ira, que não cremos que ele provoque a ira de Deus".[40]

Devemos, portanto, apegar-nos à revelação bíblica do Deus vivente que odeia o mal, desgosta-se e se ira com ele, e recusa-se a aceitá-lo. Em consequência, devemos estar seguros de que, quando ele procurou em sua misericórdia uma maneira de perdoar, purificar e aceitar os malfeitores, não foi ao longo do caminho do comprometimento moral. Tinha de ser um modo que expressasse igualmente seu amor e sua ira. Como o disse Brunner: "onde se ignora a ideia da ira de Deus, aí também não haverá compreensão do conceito central do evangelho: a singularidade da revelação no Mediador"[41]. De igual forma,

---

[39] 1Pedro 1.17.
[40] DALE, R. W. **Atonement**, p. 338-339.
[41] BRUNNER, Emil. **Mediator**, p. 152.

"somente aquele que conhece a grandeza da ira será dominado pela grandeza da misericórdia".[42]

Todas as doutrinas inadequadas acerca da expiação advêm das doutrinas inadequadas de Deus e do homem. Se trouxermos Deus para o nosso nível e nos elevarmos ao dele, então, é claro, não veremos necessidade de unia salvação radical, muito menos de uma expiação radical que a garanta. Quando, por outro lado, tivermos um vislumbre da deslumbrante glória da santidade divina, e formos convencidos de nosso pecado pelo Espírito Santo de tal modo que tremamos na presença de Deus e reconheçamos o que somos, a saber, pecadores que merecem ir para o inferno, então, e somente então a necessidade da cruz ficará tão óbvia que nos espantaremos de jamais tê-la visto antes.

O pano de fundo essencial da cruz, portanto, é uma compreensão equilibrada da gravidade do pecado e da majestade de Deus. Se diminuirmos uma delas, diminuímos a cruz. Se reinterpretarmos o pecado como lapso em vez de rebeldia, e Deus como indulgente em vez de indignado, então naturalmente a cruz parecerá supérflua. Mas destronar a Deus e entronizar a nós mesmos não somente desfaz a necessidade da cruz, também degrada a Deus e ao homem. Uma perspectiva bíblica de Deus e de nós mesmos, entretanto, isto é, de nosso pecado e da ira divina, honra a ambos. Honra aos seres humanos afirmando que são responsáveis por suas ações. Honra a Deus afirmando que ele possui caráter moral.

De modo que voltamos ao ponto em que começamos este capítulo, a saber, que o perdão é o problema mais profundo de Deus. Como o expressou B. F. Westcott: "superficialmente nada parece mais simples do que o pecado", ao passo que "se examinarmos mais profundamente nada é mais misterioso e mais difícil".[43] O pecado e a ira estão no caminho. Deus não somente deve respeitar-nos como os seres responsáveis que somos, mas também deve respeitar-se a si mesmo como o Deus santo que ele é. Antes que o Deus santo nos possa perdoar, é preciso alguma espécie de "satisfação". Esse é o assunto do próximo capítulo.

---

[42] Gustav Stahlin em seu artigo sobre a *orge*, p. 425.
[43] WESTCOTT, B. F. **Historie Faith**, p. 130.

Capítulo 5
SATISFAÇÃO PELO PECADO

Palavra alguma, no vocabulário da cruz, desperta mais crítica do que "substituição" e "satisfação". Contudo, é em defesa dessas palavras que escrevi este e o próximo capítulo. Combinadas ("satisfação mediante a substituição") podem ser até intoleráveis. Como, perguntam, podemos crer que Deus precisava de alguma espécie de "satisfação" a fim de se preparar para perdoar, e que Jesus Cristo a providenciou levando, como nosso substituto, o castigo que nós, pecadores, merecíamos? Não são essas noções indignas do Deus da revelação bíblica, um resquício de primitivas superstições, de fato, francamente imorais?

Sir Alister Hardy, por exemplo, ex-professor de Zoologia em Oxford, amigo de todos os tipos de experiências religiosas, pois gastou a vida investigando-as, expressou, contudo, sua inabilidade de aceitar as rudes crenças que, pensava ele, "tantos clérigos ortodoxos mantêm". Em suas Preleções Gifford de 1965, publicadas sob o título de *A Chama Divina*, ele pergunta se o próprio Jesus, se vivesse hoje, seria cristão. "Duvido muito", respondeu *sir* Alister. "Sinto-me seguro de que ele não teria pregado um Deus que seria apaziguado pelo cruel sacrifício de um corpo torturado [...]. Não posso aceitar nem a hipótese de que a perturbadora morte de Jesus foi um sacrifício aos olhos de Deus pelos pecados do mundo, nem que Deus, na forma de seu filho, torturou a si mesmo por nossa redenção. Somente posso confessar que, no íntimo do meu coração, acho que tais ideias religiosas estão entre as menos atraentes de toda a antropologia. Em meu entender, pertencem a uma filosofia muito diferente — diferente psicologia — daquela da religião ensinada por Jesus."

Sir Alister Hardy tinha razão em dizer que Jesus não explicaria (porque não o fez) a sua morte nesses termos rudes, mas estava errado em supor que "muitos clérigos ortodoxos" o fazem. Ele fez uma caricatura da compreensão que o cristão tem da cruz a fim de mais prontamente condená-la. A verdadeira questão é se podemos nos apegar à eficácia salvadora da morte de Jesus, e a seu vocabulário tradicional (incluindo-se "satisfação" e "substituição"), sem denegrir a Deus. Creio que podemos e devemos. É certo que nem a "satisfação" nem a "substituição" são palavras bíblicas, e, por isso, temos de prosseguir com grande cautela. Mas cada uma delas representa um conceito bíblico. Há, de fato, uma revelação bíblica da "satisfação através da substituição", a qual é singularmente honrosa para Deus, e que, portanto, poderia estar no próprio coração da adoração e testemunho da igreja. É por isso que Cranmer incluiu uma afirmativa a esse respeito no início de sua Súplica de Consagração (1549). Como consequência, durante 400 anos os anglicanos têm descrito a Jesus Cristo como tendo feito na cruz, pela "oblação de si mesmo uma vez oferecida", "um sacrifício completo, perfeito e suficiente, oblação e satisfação pelos pecados do mundo todo".

Mas o modo pelo qual diferentes teólogos desenvolveram o conceito da satisfação depende da sua compreensão dos obstáculos ao perdão, os quais primeiro necessitam ser removidos. Que exigências estão sendo feitas, as quais se constituem obstáculos até que sejam cumpridas? E quem as está fazendo? É o diabo? Ou é a lei, ou a honra ou a justiça de Deus, ou "a ordem moral"? Todas essas coisas têm sido propostas. Argumentarei, contudo, que o "obstáculo" primário encontra-se no próprio Deus. Ele deve "satisfazer-se a si mesmo" pelo modo de salvação que cria; ele não pode nos salvar contradizendo-se a si mesmo.

SATISFAZENDO AO DIABO

A noção de que foi o diabo que tornou a cruz necessária era geral na igreja primitiva.[1] É certo que Jesus e seus apóstolos falaram acerca da cruz como um meio da derrota do diabo (como examinaremos em capítulo posterior). Mas alguns dos Pais primitivos foram extremamente imprudentes em seus modos de representar tanto o poder do diabo como a maneira pela qual a cruz o privou desse poder. Todos eles reconheciam que desde a Queda, e por causa dela, a humanidade esteve cativa não somente ao pecado e à culpa, mas também ao diabo. Pensavam nele como o senhor do pecado e da morte, e como o maior tirano de quem Jesus nos veio libertar.

Mas, tendo o benefício do passado, podemos dizer que cometeram três erros. Primeiro, concederam ao diabo mais poder do que ele possui. Embora o tenham retratado como rebelde, ladrão e usurpador, tiveram a tendência de falar como se ele tivesse adquirido certos "direitos" sobre o homem, os quais até o próprio Deus era obrigado a satisfazer de modo honrável. Gregório de Nazianzus, no quarto

---

[1] Para pesquisas históricas sobre as diferentes teorias da expiação, veja os livros **Patristic Doctrine**, de H. E. W. TURNER, **Doctrine of the Atonement**, de J. K. MOZLEY, **Historic Theories**, de Robert MACKINTOSH, e **History of the Doctrine of the Work of Christ**, de Robert S. FRANKS.

século, foi um dos poucos teólogos primitivos que vigorosamente repudiaram essa ideia. Ele a chamou de "ultraje".²

Segundo, por causa dessa ideia tendiam a pensar na cruz como uma transação divina com o diabo; ela era o preço do resgate exigido pelo diabo. Este, mediante o que lhe seria pago de acordo com seus direitos, libertaria os seus cativos. Essa foi uma crença muito popular nos primeiros séculos da igreja.

Terceiro, alguns foram além e representaram a transação em termos de um embuste. Teologicamente, faziam um quadro do diabo como tendo ido longe demais. Embora em nosso caso, pecadores, ele tenha "o poder da morte" (Hebreus 2.14), ele não mantinha autoridade nenhuma sobre Jesus, que era sem pecado, e ao levá-lo à morte, derramou sangue inocente. Portanto, tendo assim abusado do seu poder, este lhe foi tirado. Alguns Pais acrescentam a esta altura que o diabo não sabia bem o que estava fazendo, ou por não ter reconhecido quem Jesus era ou, ao ver a Divindade em forma humana, pensasse que tinha uma oportunidade singular de sobrepujá-la. Mas ele foi enganado. Orígenes foi o primeiro a ensinar inequivocamente que a morte de Jesus foi tanto o preço do resgate pago ao diabo como o meio de seu engano e derrota. Gregório de Nissa, tímido erudito capadócio do quarto século, levou essas ideias um pouco mais longe em seu *Grande Catecismo*, ou *Oração Catequética*, usando imagens vívidas:

> Deus [...] a fim de garantir que o resgate em nosso favor pudesse ser facilmente aceito por ele (isto é, o diabo) que o exigia [...] estava oculto sob o véu de nossa natureza, para que, assim como acontece com os peixes famintos, o anzol da Divindade pudesse ser engolido com a isca de carne, e assim, introduzir a vida na casa da morte [...] (o diabo) fosse banido.³

Para nós, a analogia do anzol é grotesca, como também o uso sermônico da imagem da ratoeira de Agostinho. Pedro Lombardo usaria a mesma imagem séculos mais tarde, afirmando que a "cruz foi uma ratoeira que continha a isca do sangue de Cristo".⁴ É certo que esses teólogos podem muito bem ter

---

² *Orat.* XLV. 22.

³ *Catechetical Oration* 22-26. Veja **Atonement in Gregory of Nyssa**, de A. S. Dunstone, p. 15, nota de rodapé 7.

⁴ **Sentences**, Liber Distinctio XIX.1.

desenvolvido tais quadros como uma concessão à mente popular, e os Pais primitivos viram certa justiça na ideia de que aquele que havia enganado a raça humana, levando-a à desobediência, fosse enganado e levado à derrota. Porém atribuir ação fraudulenta a Deus é indigno dele.

O valor permanente dessas teorias é que, primeiro, levaram a sério a realidade, a malevolência e o poder do diabo (o "valente, bem armado" de Lucas 11.21), e, segundo, que proclamaram a sua derrota decisiva e objetiva na cruz para nossa libertação (por aquele "mais valente" que o atacou e o sobrepujou (Lucas 11.22).[5] Entretanto, R. W. Dale não estava exagerando quando as chamou de "intoleráveis, monstruosas e profanas".[6] Negamos que o diabo tenha sobre nós quaisquer direitos que Deus seja obrigado a satisfazer. Consequentemente, toda noção da morte de Cristo que a relacione a uma necessária transação com o diabo, ou com o seu engano, está fora de cogitação.

Satisfazendo à lei

Outra maneira de explicar a necessidade moral da "satisfação" divina na cruz tem sido exaltar a lei. Pecado é "transgressão da lei" (1João 3.4), desrespeito e desobediência à lei de Deus. A lei, porém, não pode ser quebrada sem a punição do infrator. Os pecadores, portanto, incorrem na penalidade da sua transgressão. Não podem simplesmente sair ilesos. A lei deve ser sustentada, sua dignidade defendida e suas justas penalidades pagas. A lei, assim, é "satisfeita".

Uma ilustração popular dessa verdade é a história do rei Dano no livro de Daniel (capítulo 6). Ele nomeou 120 sátrapas para governar Babilônia, e colocou três administradores acima deles, entre os quais estava Daniel. Além disso, tais eram as qualidades excepcionais de Daniel e o seu serviço que o rei planejou promovê-lo, colocando-o acima de todos os seus colegas. Isso lhes despertou a inveja, e começaram imediatamente a tramar a sua queda. Vigiando-o como gaviões, tentaram

---

[5] Embora não aceite "a linguagem desprotegida ou as afirmações falsas de *alguns* pais", visto que Deus não faz trocas com o diabo, Nathaniel Dimock crê, contudo, que na reação exagerada "deu-se condenação indevida à perspectiva patrística deste assunto". Portanto, ele salva algumas verdades bíblicas em sua Nota B, Adicional, "sobre a redenção de Cristo vista com relação ao domínio e obras do diabo". Veja seu livro **Doctrine of the Death of Christ**, p. 121-136.

[6] DALE, R. W. **Atonement**, p. 277.

descobrir alguma incoerência ou ineficiência em sua conduta pública para que pudessem levantar acusações contra ele. Mas falharam, "porque ele era fiel, e não se achava nele nenhum erro nem culpa" (v. 4). De forma que voltaram seu exame à vida privada de Daniel; sua única esperança, pensavam, era culpá-lo por alguma falta técnica em relação com sua devoção religiosa regular. Conseguiram fazer com que o rei estabelecesse um decreto e fizesse "firme o interdito que todo o homem que, por espaço de trinta dias fizer petição a qualquer outro deus, ou a qualquer homem, e não a ti, ó rei, seja lançado na cova dos leões" (v. 7). Com incrível ingenuidade, o rei caiu na armadilha deles. Mandando escrever o decreto, tornou-o inalterável, "segundo a lei dos medos e dos persas, que se não pode revogar" (v. 8,9).

A publicação do decreto chegou aos ouvidos de Daniel, mas não fez que ele mudasse sua rotina. Pelo contrário, continuou a orar ao seu Deus três vezes por dia. O seu costume era orar em seu quarto no andar superior, cujas janelas davam para Jerusalém. Aí ele era visível aos transeuntes, e aí os seus inimigos o viram. Voltaram imediatamente ao rei e relataram a quebra flagrante por Daniel do decreto real. "Tendo o rei ouvido estas coisas, ficou muito penalizado, e determinou consigo mesmo livrar a Daniel; e até ao pôr-do-sol se empenhou por salvá-lo" (v. 14). Mas não conseguiu encontrar solução ao problema legal que havia criado para si mesmo. Seus administradores e sátrapas lembraram-no de que "é lei dos medos e dos persas que nenhum interdito ou decreto, que o rei sancione, se pode mudar" (v. 15). Assim, Dario, relutantemente, curvou-se ao inevitável e deu ordem para que Daniel fosse atirado na cova dos leões. A lei havia triunfado.

Muitos são os pregadores (e eu estou incluído nesse grupo) que têm usado essa história com a finalidade de ressaltar o dilema divino. Dario respeitava a Daniel e se empenhou por encontrar um meio de salvá-lo, mas a lei deve percorrer seu percurso e não deve ser molestada. Assim, Deus nos ama a nós, pecadores, e anseia salvar-nos, mas não pode fazê-lo mediante a violação da lei que justamente nos condenou. Daí a necessidade da cruz, sobre a qual a penalidade da lei foi paga e a sua santidade vindicada. Como um recente expositor dessa perspectiva menciono Henry Wace, Deão de Cantuária de 1903 a 1924:

> Uma lei que não possui sanção, no sentido técnico dessa expressão — em outras palavras, uma lei que pode ser quebrada sem penalidade adequada, não é lei de modo nenhum; é inconcebível que a lei moral de Deus possa ser violada sem trazer

consequências do tipo mais terrível. A mera quebra de uma das suas leis físicas pode trazer, quer os homens tenham pretendido violá-la quer não, a miséria mais duradoura e geral; será que podemos supor, com razão, que a quebra mais flagrante e voluntariosa das mais altas de todas as leis — as da verdade e da justiça — não trariam tais resultados?[7]

Repetimos, "Deus não pode abolir a constituição moral das coisas que estabeleceu". É verdade que o Deão Wace prosseguiu a qualificar essas afirmativas, lembrando-nos de que o mundo moral não é "uma espécie de máquina moral na qual as leis operam, assim como o fazem na natureza física", e que "temos de tratar não simplesmente com uma ordem estabelecida, mas também com uma personalidade viva, com um Deus vivo". Entretanto, ele se refere novamente à "penalidade necessariamente envolvida na violação da lei divina".[8]

Não tenho o propósito de discordar dessa linguagem, e, deveras, eu mesmo continuo a usá-la. Ela possui, de fato, boa justificativa escriturística. Paulo cita Deuteronômio com aprovação, no sentido de que cada infrator da lei é "amaldiçoado", e a seguir afirma que "Cristo nos resgatou da maldição da lei, fazendo-se ele próprio maldição em nosso lugar" (Gálatas 3.10,13). Se, portanto, Paulo não teve receio de usar uma expressão impessoal como "maldição da lei", nós também não devemos tê-lo.

Os Pais latinos do quarto século, como Ambrósia e Hilário, regularmente expunham a cruz nesses termos. Indo mais longe que Tertuliano, o primeiro a usar os termos legais "mérito" e "satisfação" acerca da relação do cristão com Deus, interpretaram textos como Gálatas 3.13 à luz do "*satisfactio* da lei pública romana, que significa a perduração da sentença da lei".[9] Os Reformadores do século dezesseis desenvolveram essa ideia um pouco mais. Enfatizaram corretamente que a submissão pessoal de Jesus Cristo à lei era indispensável à nossa redenção da sua condenação. Também ensinaram que a submissão dele tomou duas formas, sua perfeita obediência à lei durante a vida e o seu carregar a penalidade em sua morte. Chamaram a primeira de obediência "ativa" e a segunda de "passiva". Contudo, esses adjetivos são inexatos, uma vez que a obediência de Jesus até à morte na cruz

---

[7] WACE, Henry. **Sacrifice of Christ**, p. 16.

[8] Ibid., p. 22,28-29,36.

[9] FRANKS, Robert S. **Work of Christ**, p. 135.

foi tão "ativa" (isto é, voluntária e determinada) como a sua submissão obediente à lei moral. Sua obediência à vontade do Pai é a mesma, quer em sua conduta quer em sua missão, em sua vida ou em sua morte. O valor de continuarmos a falar da obediência "dupla" de Cristo é que então distinguimos entre o cumprimento das exigências da lei e o sofrimento da condenação da lei. Ambos os tipos de submissão eram essenciais à eficácia da cruz.

Entretanto, precisamos estar alertas aos perigos da linguagem legal e da inadequação de compararmos a lei moral de Deus às leis civis do país ou às leis físicas do Universo. É verdade que parte da glória de uma monarquia constitucional é que até mesmo o monarca não está acima da lei, mas sob ela, sendo necessário que obedeça às suas provisões e (se as quebrar) sofra suas penalidades. Dario provê um bom exemplo dessa situação. Entretanto, o decreto que ele promulgou foi tolo e apressado, uma vez que não continha uma cláusula acerca da consciência religiosa e, assim, levou ao castigo de um homem justo por uma ação justa. O rei jamais havia pretendido que seu decreto tomasse tal ação uma ofensa punível. Não podemos pensar que Deus se deixasse apanhar numa confusão técnica e legal desse tipo. Nem é prudente comparar as leis morais divinas às suas leis físicas e então declará-las igualmente inflexíveis. Por exemplo, "se a pessoa puser a mão no fogo ela se queimará, e se quebrar os Dez Mandamentos, será punida". Há verdade na analogia, mas o conceito de penalidades mecânicas é enganoso. Pode ser verdade quanto às leis naturais, embora estritamente não sejam "leis" que comprometam as ações divinas, mas uma descrição da uniformidade normal de sua ação a qual o seres humanos observaram. O motivo real pelo qual a desobediência às leis morais de Deus traz condenação não é que Deus seja prisioneiro delas, mas que ele é o seu criador.

Como R. W. Dale disse, a conexão de Deus com a lei não "é uma relação de sujeição, mas de identidade [...]. Em Deus a lei é *viva*; ela reina no seu trono, brande o seu cetro, é coroada com a sua glória".[10] Pois a lei é a expressão do seu próprio ser moral, e o seu ser moral é sempre autocoerente. Nathaniel Dimock capta muito bem essa verdade nas seguintes palavras:

> Não pode haver nada [...] nas exigências da lei, na sua severidade, e na sua condenação, na sua morte, e na sua maldição, que não seja um reflexo (parcial) das

---

[10] DALE, R. W. **Atonement**, p. 372.

perfeições de Deus. Tudo o que for devido à lei é devido a ela por ser a lei de Deus, e, portanto, é devido ao próprio Deus.[11]

Satisfazendo à honra e à justiça de Deus

Se os Pais gregos primitivos representavam a cruz primariamente como uma "satisfação" ao diabo, no sentido de ser o preço do resgate que ele exigiu e que lhe foi pago, e os Pais latinos viam-na como uma satisfação da lei de Deus, Anselmo de Cantuária, no décimo primeiro século, deu-lhe um tratamento novo em seu *Cur Deus Homo*? fazendo uma exposição sistemática da cruz como uma satisfação da honra ofendida de Deus. O livro dele "marcou época em toda a história de nossa doutrina", escreveu R. S. Franks, "pois pela primeira vez, de uma maneira completa e coerente, aplica à elucidação do assunto as concepções da satisfação e do mérito".[12] James Denney foi além e chamou-o de "o livro mais verdadeiro e mais excelente sobre a expiação que jamais foi escrito"[13].

Anselmo, um italiano piedoso, primeiro viveu na Normandia, e depois, em 1093, após a conquista normanda foi nomeado arcebispo de Cantuária. Ele tem sido descrito como o primeiro representante do "eruditismo" medieval, uma tentativa de reconciliar a filosofia com a teologia, a lógica aristotélica com a revelação bíblica. Embora ele tivesse incluído em seus escritos grande número de citações bíblicas, e tivesse feito referências à Sagrada Escritura como um "firme fundamento", seu interesse maior era ser "agradável à razão". Nas palavras de Boso, seu interlocutor imaginário: "o caminho pelo qual me conduzes é tão fechado pelo raciocínio em ambos os lados que parece que eu não consigo virar-me nem para a direita nem para a esquerda".

Em *Cur Deus Homo?*, o maior tratado de Anselmo sobre o relacionamento da encarnação com a expiação, ele concorda em que o diabo precisava ser derrotado, mas rejeita as teorias patrísticas de resgate pelo motivo de que "Deus nada devia ao diabo a não ser castigo". Deveras, o homem devia algo a Deus, e essa é a dívida que necessitava ser paga. Pois Anselmo define o pecado como "não dar a Deus o que

---

[11] Dimock, Nathaniel. **Doctrine of the Death of Christ**, p. 32, nota de rodapé 1.

[12] Franks, Robert S. **Work of Christ**, p. 126.

[13] Denney, James. **Atonement**, p. 116.

lhe é devido", a saber, a submissão de toda a nossa vontade a ele. Pecar, portanto, é "tomar de Deus o que é dele", o que significa roubar dele e, assim, desonrá-lo. Se alguém imagina que Deus pode simplesmente perdoar-nos do mesmo modo que devemos perdoar uns aos outros, ainda não considerou a seriedade do pecado. Sendo uma desobediência inescusável da vontade conhecida de Deus, o pecado o desonra e o insulta, e "nada é menos tolerável [...] do que tomar a criatura do Criador a honra que lhe é devida, e não devolver o que retira". Deus não pode tolerar tal coisa. "Não é correto Deus passar por alto os pecados assim não punidos". É mais do que inapropriado, é impossível. "Não condiz com Deus fazer qualquer coisa injusta ou irregularmente, não está dentro do alcance de sua liberdade ou bondade ou vontade deixar sem punição o pecador que não devolve a Deus o que tomou". "Deus a nada tem como mais justo do que a honra de sua própria dignidade".

Portanto, o que se pode fazer? Se desejamos ser perdoados, devemos pagar o que devemos. Contudo, somos incapazes de fazê-lo, por nós mesmos ou por outras pessoas. Nossa obediência presente e boas obras não podem satisfazer a nossos pecados, pois elas são requeridas de nós de qualquer modo. De forma que não podemos salvar a nós mesmos. Nem pode qualquer outro ser humano salvar-nos, visto que "um pecador não pode justificar outro pecador". Daí o dilema com o qual termina o Livro I: "O homem pecador deve a Deus, por causa do pecado, o que não pode pagar, e a menos que pague não pode ser salvo".

No início do Livro II, revela-se a única saída do dilema humano: "não há ninguém [...] que *pode* trazer satisfação a não ser o próprio Deus [...]. Mas ninguém *deve* fazê-la a não ser o homem; de outra forma o homem não oferece satisfação". Portanto, "é necessário que alguém que seja Deus-homem a faça". Um ser que é Deus e não homem, ou homem e não Deus, ou uma mistura de ambos e, portanto, nem homem nem Deus, não se qualificaria. "É preciso que a mesma Pessoa que fará a satisfação seja perfeitamente Deus e perfeitamente homem, uma vez que ninguém *pode* fazê-la a não ser que seja perfeitamente homem." Essa afirmativa leva Anselmo a apresentar a Cristo. Ele foi (e é) uma Pessoa singular, visto que nele "Deus o Verbo e o homem se encontraram". Ele também realizou uma obra singular, pois se entregou à morte — não como uma dívida (visto que era sem pecado e, portanto, sem nenhuma obrigação de morrer), mas espontaneamente pela honra de Deus. Era também razoável que o homem, "que, ao pecar, furtou-se de Deus tão completamente quanto pôde, devia, ao dar a satisfação, se entregar a Deus tão completamente quanto pudesse", a saber, mediante a oferta voluntária de si mesmo para a morte. Por mais sério que fosse o pecado humano, contudo, a vida do Deus-homem era tão boa, tão exaltada e tão preciosa que o seu oferecimento na morte "pesa mais do que o número e a grandeza de todos os pecados", e a reparação devida foi feita à honra ofendida de Deus.

Os maiores méritos da exposição de Anselmo são que ele percebeu claramente a extrema gravidade do pecado (como uma rebelião voluntariosa contra Deus, na qual a criatura afronta a majestade do seu Criador), a santidade imutável de Deus (como incapaz de tolerar qualquer violação da sua honra), e as perfeições singulares de Cristo (como o Deus-homem que voluntariamente se entregou à morte por nós). Em alguns lugares, contudo, seu raciocínio escolástico levou-o além dos limites da revelação bíblica, como quando ele especulou se o pagamento de Cristo foi exatamente o que os pecadores deviam ou mais, e se o número dos seres humanos redimidos excederia o número dos anjos caídos. Além disso, toda a sua apresentação reflete a cultura feudal da época, na qual a sociedade era rigidamente estratificada, cada pessoa permanecia na dignidade que lhe fora conferida, a conduta "apropriada" ou "digna" dos inferiores aos superiores (e especialmente ao rei) era determinada, quebras desse código eram punidas, e todas as dívidas deviam ser honrosamente saldadas.

Todavia, quando Deus é retratado em termos reminiscentes de um senhor feudal que exige honra, e castiga a desonra, pode-se questionar se o quadro expressa corretamente a "honra" que, de fato, é devida a Deus somente. Certamente devemos permanecer insatisfeitos sempre que a expiação for apresentada como uma satisfação necessária à "lei" ou à "honra" de Deus, e se disserem que essas coisas são concretas, de algum modo tendo existência à parte dele.

Foi durante o século doze que se esclareceram três interpretações distintas da morte de Cristo. Anselmo (falecido em 1109), como já vimos, enfatizava a satisfação objetiva à honra de Deus, a qual havia sido paga pelo Deus-homem Jesus, ao passo que Pedro Abelardo de Paris, um contemporâneo jovem de Anselmo (falecido em 1142), acentuava a influência moral subjetiva que a cruz exerce sobre os cristãos (examinaremos o ensino de Abelardo com mais detalhes no capítulo oito). Nesse ínterim, Bernardo de Clairvaux (falecido em 1153), teólogo místico, continuava a ensinar que o diabo havia recebido o preço do resgate. Porém, foi a perspectiva de Anselmo que prevaleceu, pois os estudiosos da

Escritura eram incapazes de eliminar dela o conceito de satisfação. De modo que os "escolásticos" (assim chamados porque ensinavam em "escolas" europeias medievais recém-fundadas, isto é, universidades) desenvolveram ainda mais a posição de Anselmo — tanto os "tomistas", que eram dominicanos, cujo nome vem de Tomás de Aquino (falecido em 1274), como os "escotistas", que eram franciscanos, e cujo nome vem de Duns Scotus (falecido em 1308). Embora esses dois grupos de "mestres" diferissem quanto a detalhes, ambos ensinavam que a cruz de Cristo havia satisfeito as exigências da justiça divina.

Com a Reforma, e a ênfase dos reformadores sobre a justificação, é compreensível que acentuassem a justiça de Deus e a impossibilidade de um modo de salvação que não satisfizesse a essa justiça. Pois como escreveu Calvino nos *Institutos*, "há um desacordo perpétuo e irreconciliável entre justiça e injustiça". Era necessário, portanto, que Cristo "sofresse a severidade da vingança de Deus, pacificasse a sua ira e satisfizesse ao seu juízo".[14] Thomas Cranmer, em sua "Homilia da Salvação", explicou que essas três coisas tinham de entrar juntas em nossa justificação: da parte de Deus, "sua grande misericórdia e graça"; da parte de Cristo, "a satisfação da justiça de Deus", e da parte do homem, "fé verdadeira e viva". Ele concluiu a primeira seção da homilia, dizendo: "Agradou ao nosso pai celestial, por sua misericórdia infinita, sem nosso merecimento, preparar para nós as joias mais preciosas do corpo e sangue de Cristo, pelas quais nosso resgate pudesse ser totalmente pago, a lei cumprida e a sua justiça completamente satisfeita".[15]

Podemos encontrar esse mesmo ensino nas obras de Lutero. Após a sua morte, contudo, os "escolásticos" protestantes sistematizaram a doutrina da morte de Cristo numa satisfação dupla, a saber, a da lei e a da justiça de Deus. A lei de Deus foi satisfeita pela obediência perfeita de Cristo durante a vida, e a justiça de Deus por meio do seu perfeito sacrifício pelo pecado, levando a sua penalidade na morte. Essa formulação, contudo, é por demais conveniente. Visto que a lei de Deus é uma expressão da sua justiça, as duas não podem ser separadas com precisão.

---

[14] **Institutes** II. XVI. 10. Cf. II. XII. 3.

[15] CRANMER, Thomas. **First Book of Homilies**, p. 130. A Confissão de Fé de Westminster (1647) também declara que o Senhor Jesus, mediante sua perfeita obediência e autossacrifício, "satisfez plenamente à justiça do seu Pai" (VIII.5). Deveras, foi "uma satisfação adequada, real e completa à justiça do Pai" em favor dos justificados (XI.3).

Então, era o interesse de Deus satisfazer à "ordem moral"? Esse conceito, como o da "lei", é uma expressão da justiça ou do caráter moral de Deus. É, talvez, ao mesmo tempo, mais geral e mais amplo do que a "lei", uma vez que abrange não somente padrões morais mas também um sistema de sanções a ele inerente. Descansa sobre a crença de que o Deus santo que governa o mundo, governa-o moralmente. Ele estabeleceu uma ordem na qual o bem deve ser aprovado e recompensado, ao passo que o mal deve ser condenado e punido. A aprovação do mal ou a condenação do bem subverteria essa ordem moral. Num mundo desses o perdão de pecados que não dependesse de princípios seria igualmente subversivo.

Podemos ver, em Hugo Grotius (falecido em 1645), os princípios desse conceito concernente à morte de Cristo. Grotius foi um advogado e estadista holandês que deplorava as controvérsias e as divisões entre os cristãos, e sonhava com um Cristianismo unido e reformado. Sua compreensão da expiação foi mais um meio-termo entre Anselmo e Abelardo. Às vezes ele ensinava uma visão quase abelardiana da influência subjetiva da cruz, que leva os pecadores a arrepender-se e, assim, capacita Deus a perdoá-los. Em geral, contudo, ele preservava a objetividade da cruz, e a via como uma satisfação da justiça de Deus. Além do mais, ele tinha o interesse do jurista pela moralidade pública, tanto na prevenção do crime como na manutenção da lei. Ele não via a Deus como a parte interessada ofendida, nem como credor, nem mesmo como juiz, mas como o Governador Moral e Supremo do mundo. Assim, a justiça pública para ele era mais importante do que a justiça equitativa, e, cria ele, era esta que tinha sido satisfeita na cruz. E certo que Cristo morreu por nossos pecados em nosso lugar. Mas que parte ou ofício ocupou Deus nessa morte? perguntava ele. "O direito de infligir castigo não pertence à parte ofendida como ofendida" antes, "ao governador como governador".[16] Novamente, "infligir castigo [...] é prerrogativa somente do governador como tal [...] por exemplo, de um pai numa família, de um rei num estado, de Deus no Universo". De modo que Grotius desenvolveu sua interpretação "reitoral" ou "governamental" da cruz. Ele ensinou que Deus a ordenou "pela ordem das coisas e pela autoridade de sua própria lei". Ele se preocupou com a vindicação pública da justiça divina. "Deus não estava disposto a tolerar tantos pecados, e tão grandes pecados, sem um exemplo distintivo", isto é, de seu sério desprazer para com o pecado. "Deus tem [...] razões

---

[16] GROTIUS, Hugo. **Defense of the Catholic Faith**, p. 57.

muito pesadas para punir o pecado", mas uma das principais entre elas, na mente de Grotius, era a resolução de manter a lei estabelecida da ordem, de modo que pudéssemos "perceber a magnitude e a multidão dos pecados".

Diversos teólogos do século vinte têm tomado a visão de Deus como "o governador moral do mundo" e a têm levado além no que diz respeito à expiação. P. T. Forsyth, por exemplo, escreveu acerca dessa "ordem cósmica de santidade", e acrescentou: "A ordem moral de Deus exige expiação onde quer que ideias morais sejam tomadas com seriedade final, e a consciência do homem faz eco a essa exigência".[17]

Outro exemplo é B. B. Warfield, que chamou a atenção para o sentimento universal de culpa entre os seres humanos. É uma "autocondenação moral profunda, que está presente como fator primário em toda experiência verdadeiramente religiosa. Clama por satisfação. Nenhuma dedução moral pode persuadi--la de que o perdão de pecados é um elemento necessário na ordem moral do mundo. Ela sabe, pelo contrário, que o perdão indiscriminado de pecado seria precisamente a subversão da ordem moral do mundo [...]. Clama por expiação".[18]

Todavia, foi Emil Brunner que, no seu famoso livro *O Mediador*, fez a afirmativa mais notável da inviolabilidade da ordem moral. Pecado é mais que um "ataque à honra de Deus", escreveu ele; é um assalto à ordem moral do mundo, a qual é uma expressão da vontade moral de Deus.

> A lei do seu Ser divino, sobre a qual se baseiam toda a lei e a ordem no mundo [...] o caráter lógico e confiável de tudo o que acontece, a validez de todos os padrões, de toda a ordem intelectual, legal e moral, da própria lei em seu significado mais profundo, exige a reação divina, o interesse divino acerca do pecado, a resistência divina para com essa rebelião e essa quebra da ordem [...]. Se isso não fosse verdade, então não haveria seriedade alguma no mundo; não haveria significado em nada, nenhuma ordem, nenhuma estabilidade; a ordem do mundo cairia em ruínas; o caos e a desolação reinariam supremos. Toda a ordem do mundo depende da inviolabilidade da sua (de Deus) honra, sobre a certeza de que os que se rebelam contra ele serão punidos.

---

[17] Forsyth, P. T. **Cruciality of the Cross**, p. 137-138. Veja também seu livro **Work of Christ**, p. 122-129.

[18] Warfield, B. B. **Person and Work**, p. 292.

Mais tarde Brunner fez uma analogia entre a lei natural e a moral, afirmando que não se pode infringir nenhuma delas sem impunidade. O perdão sem a expiação seria uma contravenção da lógica, da lei e da ordem mais séria e vasta "do que a suspensão das leis naturais". Como, pois, é possível o perdão, se "o castigo é a expressão da lei e ordem divinas, da inviolabilidade da ordem divina do mundo"? Visto que a lei "é a expressão da vontade do Doador da lei, do Deus pessoal", então, se for quebrada, não pode curar-se a si mesma, nem o faz. O pecado acarretou uma "quebra na ordem do mundo", uma desordem tão profunda que é necessária uma reparação ou restituição, isto é, a "expiação".

Deus satisfazendo-se a si mesmo

Aqui, pois, estão cinco modos pelos quais os teólogos têm expressado seu sentido do que é necessário antes que Deus possa perdoar os pecadores. Um fala da subversão do diabo através da "satisfação" de suas exigências, outros da "satisfação" da lei, da honra ou da justiça, e o último da "satisfação da ordem moral do mundo". Em graus diversos todas essas formulações são verdadeiras. A limitação que partilham é que, a menos que sejam proferidas com muito cuidado, representam Deus como sendo subordinado a algo fora e acima de si mesmo, algo esse que controla as ações divinas, ao qual ele está sujeito e do qual não se pode livrar. "Satisfação" é uma palavra apropriada, desde que compreendamos que é o próprio Deus, em seu ser interior que necessita ser satisfeito, e não algo externo a si mesmo. A menção à lei, honra, justiça e ordem moral só é verdadeira se todas forem tomadas como expressões do próprio caráter de Deus. A expiação é uma "necessidade" porque "emerge de dentro do próprio Deus".[19]

É certo que a "autossatisfação" nos seres humanos decaídos é um fenômeno especialmente desagradável, quer se refira à satisfação de nossos instintos e paixões, quer à nossa complacência. Visto que somos manchados e distorcidos pelo egoísmo, a expressão: "devo satisfazer a mim mesmo" exprime falta de domínio próprio, ao passo que dizer: "Estou satisfeito comigo mesmo" demonstra falta de humildade. Mas não há nenhuma ausência de domínio próprio ou humildade em Deus, já que ele é perfeito em todos os seus pensamentos e desejos.

---

[19] WALLACE, Ronald S. **Atoning Death**, p. 113.

Dizer que ele deve "satisfazer a si mesmo" significa que ele deve ser ele mesmo e agir segundo a perfeição de sua natureza ou "nome". A necessidade de "satisfação" para Deus, portanto, não se encontra em nada fora de si, mas dentro de si mesmo, em seu próprio caráter imutável. É uma necessidade inerente ou intrínseca. A lei à qual ele deve se conformar, a qual ele deve satisfazer, é a de seu próprio ser. No sentido negativo, ele "não pode negar-se a si mesmo" (2Timóteo 2.13); ele não pode contradizer-se a si mesmo; ele "não pode mentir" (Tito 1.2), pelo simples motivo de que "é impossível que Deus minta" (Hebreus 6.18); ele jamais é arbitrário, imprevisível ou caprichoso; ele diz: "jamais [...] desmentirei a minha fidelidade" (Salmos 89.33). No sentido positivo, "Deus é fidelidade, e não há nele injustiça: é justo e reto" (Deuteronômio 32.4). Isto é, é verdadeiro a si mesmo; é sempre e invariavelmente ele mesmo.

A Escritura tem vários modos de chamar a atenção para a autocoerência divina, e em especial de acentuar que quando Deus é obrigado a julgar os pecadores, ele o faz porque deve, se deseja permanecer verdadeiro a si mesmo.

O primeiro exemplo é a *linguagem da provocação*. Yavé é descrito (de fato, descreve-se a si mesmo) como "provocado" à ira ou ciúme ou a ambos por causa da idolatria de Israel. Por exemplo, "com deuses estranhos o provocaram a zelos, com abominações o irritaram".[20] Os profetas exílicos, como Jeremias e Ezequiel, constantemente empregavam esse vocabulário.[21] Não queriam dizer que Yavé estivesse irritado ou exasperado, ou que o procedimento de Israel tivesse sido tão "provocante" que desfizera a paciência divina. Não, a linguagem da provocação exprime a reação inevitável da natureza perfeita de Deus ao mal. Indica que há dentro de Deus uma intolerância santa para com a idolatria, a imoralidade e a injustiça. Onde quer que essas ocorrerem, agem como estímulos ao desencadeamento de sua resposta de ira ou indignação. Ele jamais é provocado sem motivo. O mal, e somente o mal, o provoca e deve ser assim necessariamente, visto que Deus deve ser Deus (e proceder como Deus). Se o mal *não* o provocasse à ira ele perderia nosso respeito, pois já não seria Deus.

Segundo, há a *linguagem do ardor*. Aqui podemos mencionar os verbos que descrevem a ira de Deus como fogo. É verdade que também se diz que a ira dos se-

---

[20] Deuteronômio 32.16,21. Cf. Juízes 2.12; 1Reis 15.30; 21.22; 2Reis 17.17; 22.17; Salmos 78.58.
[21] Exemplo: Jeremais 32.30-32; Ezequiel 8.17; Oseias 12.14.

res humanos se acende.[22] Mas esse vocabulário no Antigo Testamento é aplicado mais frequentemente a Yavé, cuja ira se acende sempre que vê seu povo desobedecendo à sua lei e quebrando a sua aliança.[23] De fato, é precisamente quando é "provocado" à ira que se diz que ele se queima com ela,[24] ou que se diz que sua ira explode e consome como o fogo.[25] Em consequência disso, lemos do fogo da sua ira ou do fogo do seu ciúme; deveras, o próprio Deus os une, fazendo referência ao "fogo do meu zelo".[26] Como acontece com a provocação de Yavé à ira, também com o fogo da sua ira subentende-se certa inevitabilidade. No calor seco de um verão na Palestina o fogo acende-se facilmente. O mesmo acontecia com a ira de Yavé. Contudo, jamais era ativada pelo capricho, mas sempre em resposta ao mal. Nem sua ira jamais era descontrolada. Pelo contrário, nos primeiros anos da vida nacional de Israel ele "muitas vezes desvia a sua ira, e não dá largas a toda a sua indignação".[27] Porém, quando não mais pôde suportar a obstinada rebeldia do seu povo, disse: "Não tomarei atrás, não pouparei nem me arrependerei; segundo os teus caminhos e segundo os teus feitos serás julgada, diz o Senhor Deus".[28]

Se era fácil acender um fogo durante a estação seca na Palestina, era igualmente difícil apagá-lo. O mesmo acontecia com a ira divina. Uma vez que fosse justamente despertada, ele não desistia "do furor da sua grande ira, ira com que ardia contra Judá". Uma vez acendida, ela não era facilmente "apagada".[29] Pelo contrário, quando a ira de Yavé "ardia" contra o povo, ela os "consumia". Isto é, como o fogo leva à destruição, da mesma forma a ira de Yavé levava ao juízo. Pois Yavé é um fogo consumidor.[30]

---

[22] Exemplo: Gênesis 39.19; Êxodo 32.19; 1Samuel 11.6; 2Samuel 12.5; Ester 7.10.
[23] Exemplo: Josué 7.1; 23.16; Juízes 3.8; 2Samuel 24.1; 2Reis 13.3; 22.13; Oseias 8.5.
[24] Exemplo: Deuteronômio 29.27,28; 2Reis 22.17; Salmos 79.5.
[25] Exemplo: Jeremias 4.4; 21.12.
[26] Exemplo: Ezequiel 36.5-6; 38.19; Sofonias 1.18; 3.8.
[27] Salmos 78.38. Cf. Isaías 48.9; Lamentações 3.22; e no Novo Testamento, Romanos 2.4 e 2Pedro 3.9.
[28] Jeremais 44.22; Ezequiel 24.13,14; cf. Êxodo 32.10.
[29] 2Reis 23.26; 22.17; 2Crônicas 34.25; Jeremias 21.12.
[30] Deuteronômio 4.24, citado em Hebreus 12.29. Alguns exemplos do retrato do juízo divino como fogo consumidor: Números 11.1; Deuteronômio 6.15; Salmos 59.13; Isaías 10.17; 30.27; Lamentações 2.3; Ezequiel 22.31; Sofonias 1.18.

O fogo da sua ira era "apagado" somente quando o juízo estava completo,[31] ou quando ocorria uma regeneração radical, resultando em justiça social.[32]

A imagem do fogo endossa o ensino do vocabulário da provocação. Algo no ser essencial moral de Deus é "provocado" pelo mal, é por ele "acendido", e a seguir "arde" até que o mal seja "consumido".

Terceiro, há a *linguagem da própria satisfação*. Um grupo de palavras parece afirmar a verdade de que Deus deve ser ele mesmo, que o que está dentro dele deve sair, e que as exigências de sua própria natureza e caráter devem ser preenchidas mediante ação apropriada da sua parte. A palavra principal é *kalá*, que é empregada especialmente por Ezequiel em relação à ira de Deus. Significa "ser completo, terminado, realizado, gasto". Ocorre em vários contextos no Antigo Testamento, quase sempre com a indicação do "fim" de alguma coisa, ou porque foi destruída ou porque foi terminada de algum outro modo. O tempo, o trabalho e a vida, todos têm fim. As lágrimas se acabam por meio do choro, a água é usada, e a grama seca na estação do estio, e nossa força física se desgasta. De modo que, por meio de Ezequiel, Yavé adverte a Judá de que está prestes a "realizar", "satisfazer" ou "gastar" sua ira "sobre" ou "contra" eles.[33] Recusaram-se lhe dar ouvidos e persistiram em sua idolatria. De modo que agora, finalmente "vem o tempo; é chegado o dia [...] em breve derramarei o meu furor sobre ti, cumprirei a minha ira contra ti" (Ezequiel 7.7-8).

É importante que o "derramar" e o "cumprir" vão juntos, pois o que é derramado não pode ser de novo ajuntado, e o que está cumprido está terminado. As mesmas imagens são acopladas em Lamentações 4.11: "Deu o Senhor cumprimento à sua indignação, derramou o ardor da sua ira". Deveras, a ira de Yavé só "cessa" quando é "cumprida". Esses verbos implicam o mesmo conceito de necessidade interior. O que existe dentro de Yavé deve ser expresso; e o que é expresso deve ser completamente "cumprido" ou "satisfeito".

Resumindo, Deus é "provocado" à ira zelosa por seu povo em virtude dos pecados deles. Uma vez acesa, a sua ira "arde" e não pode ser facilmente apagada. Ele a "solta", "derrama", e "gasta". Esse vocabulário tríplice vividamente retrata

---

[31] Exemplo: Josué 7.26; Ezequiel 5.13; 16.42; 21.17.
[32] Exemplo: Jeremias 4.4; 21.12.
[33] Ezequiel 5.13; 6.12; 7.8; 13.15; 20.8,21.

o juízo de Deus como procedendo de dentro de si mesmo, de seu caráter santo, totalmente consoante com ele, e, portanto, inevitável.

Até aqui, contudo, o quadro tem sido unilateral. Por causa da história da apostasia de Israel, os profetas concentraram-se na ira de Yavé e seu consequente juízo. Mas a razão pela qual essa ameaça de destruição nacional é tão triste é que foi proferida contra o pano de fundo do amor de Deus por Israel, sua escolha e sua aliança com eles. Esse relacionamento especial com Israel, o qual Deus iniciou e sustentou, e o qual prometeu renovar, emergira também do seu caráter. Ele tinha agido por amor do seu nome. Ele não havia dado o seu amor a Israel nem os tinha escolhido porque fossem mais numerosos do que outros povos, pois eram o menor deles. Não, ele havia dado o seu amor a eles somente porque os amava (Deuteronômio 7.7,8). Não se podia dar explicação alguma de seu amor pelo povo, senão o amor divino.

De modo que a Escritura acentua a autocoerência de Deus de outra maneira, a saber, usando a *linguagem do Nome*. Deus sempre age "segundo o seu nome". É certo que esse não é o único critério de sua atividade. Ele também trata conosco "segundo nossas obras". Contudo, de modo nenhum de maneira invariável. De fato, se o fizesse, seríamos destruídos. De forma que ele "não nos trata segundo os nossos pecados, nem nos retribui consoante as nossas iniquidades".[34] Pois ele é um Deus "compassivo, clemente e longânimo, e grande em misericórdia e fidelidade" (Êxodo 34.6). Embora nem sempre nos trate "segundo nossas obras", entretanto, ele sempre o faz "segundo o seu nome", isto é, de maneira coerente com sua natureza revelada.[35] Em Ezequiel 20.44 o contraste é deliberado: "Sabereis que eu sou o Senhor, quando eu proceder para convosco por amor do meu nome, não segundo os vossos maus caminhos, nem segundo os vossos feitos corruptos, ó casa de Israel, diz o Senhor Deus".

Jeremias 14 exprime com inteireza enfática o reconhecimento de que Yavé é e sempre será fiel a seu nome, isto, a si mesmo. A situação era de seca devastadora: as cisternas estavam vazias, o chão rachado, os agricultores pasmados e os animais desorientados (v. 1-6). Em seu extremo de aflição, Israel clamou a Deus: "Posto que

---

[34] Salmos 103.10. Para a paciência de Deus, a restrição de sua ira e a demora de seu juízo, veja também Neemias 9.31; Lamentações 3.22; Romanos 2.4-16; 3.25; 2Pedro 3.9. Contraste, por exemplo, Ezequiel 7.8,9,27.

[35] Exemplo: Salmos 23.3; 143.11.

as nossas maldades testificam contra nós, ó Senhor, age por amor do teu nome" (v. 7). Em outras palavras, "embora não possamos apelar a ti para que ajas na base no que *nós* somos, podemos e o fazemos na base de quem *tu* és". Israel se lembrou de que era o povo escolhido de Deus, e suplicou que ele agisse de modo condizente com sua graciosa aliança e constante caráter, pois, acrescentaram: "somos chamados pelo teu nome" (v. 8,9). Em contraste com os pseudoprofetas, que pregaram uma mensagem desequilibrada de paz sem juízo (v. 13-16), Jeremias profetizava "espada, fome e peste" (v. 12). Mas também olhava além do juízo e via a restauração. Convicto de que Yavé agiria, disse-lhe: "por amor do teu nome" (v. 21).

Ezequiel 36 desenvolve um pouco mais o mesmo tema. Aqui Yavé prometeu a seu povo que depois do juízo viria a restauração, mas apresentou suas razões com grande franqueza: "Não é por amor de vós que eu faço isto, ó casa de Israel, mas pelo meu santo nome" (v. 22). Eles o tinham profanado, fazendo que fosse desprezado e até mesmo blasfemado pelas nações. Mas Yavé teria pena do seu grande nome e uma vez mais demonstraria a sua santidade, sua singularidade perante o mundo. Então as nações saberiam que ele era o Senhor (v. 21,23). Quando Deus assim age, "por amor do seu nome", não apenas o protege contra uma representação errada; está decidido a ser-lhe fiel. O interesse do Senhor por sua reputação é menor do que o por sua coerência.

À luz de todo esse material bíblico acerca da autocoerência divina, podemos compreender por que é impossível que Deus faça o que Cristo nos ordenou fazer. Ele mandou que negássemos a nós mesmos, mas Deus não pode negar-se a si mesmo.[36] Por quê? Por que Deus não faz, na verdade não pode fazer o que nos ordena? É porque Deus é Deus e não homem, muito menos homem caído. Temos de negar ou rejeitar tudo o que dentro de nós for falso à nossa verdadeira humanidade. Mas nada há em Deus que seja incompatível com sua divindade verdadeira, e, portanto, nada para negar. É com a finalidade de sermos nossos verdadeiros seres que temos de negar a nós mesmos; é porque Deus jamais é outro senão o seu verdadeiro ser que ele não pode negar nem negará a si mesmo. Ele pode esvaziar-se da glória a que tem direito e humilhar-se a ponto de se tornar servo. Na verdade, foi precisamente isso o que ele fez em Cristo (Filipenses 2.7,8). Mas ele não pode repudiar nenhuma parte de si mesmo, porque é perfeito. Ele não pode contradizer-se. Essa

---

[36] Marcos 8.34; 2Timóteo 2.13.

é a sua integridade. Quanto a nós, estamos constantemente cônscios de nossas incoerências humanas, as quais geralmente dão origem a comentários. "Essa não é uma característica sua", dizemos, ou "você não é você mesmo hoje", ou "esperava algo melhor de você". Mas já lhe passou pela imaginação dizer tais coisas a Deus ou a respeito dele? Ele é sempre ele mesmo e jamais incoerente. Se ele se comportasse de um modo "não característico", de um modo não condizente com o seu caráter, ele cessaria de ser Deus, e o mundo seria lançado em confusão moral. Não, Deus é Deus; jamais se desvia um nada de ser completamente o que ele é.

O SANTO AMOR DE DEUS

Que tem isso a ver com a expiação? Apenas que o modo pelo qual Deus escolhe perdoar os pecadores e reconciliá-los consigo mesmo deve, acima de tudo, ser totalmente coerente com seu próprio caráter. Não é somente que ele deve subverter e desarmar o diabo a fim de resgatar os seus cativos. Nem é somente que ele deve satisfazer à sua lei, sua honra, sua justiça ou a ordem moral: é que deve satisfazer a si mesmo. Essas outras formulações corretamente insistem em que pelo menos uma expressão divina deve ser satisfeita, sua lei ou honra ou justiça moral ou ordem; o mérito dessa formulação que vai mais além é que acentua a satisfação do próprio Deus em *todos* os aspectos do seu ser, incluindo-se sua justiça e seu amor.

Quando, porém, fazemos essa distinção entre os atributos de Deus, e colocamos um contra o outro, e até mesmo nos referimos a um "problema" ou "dilema" divino por causa desse conflito, não estaremos em perigo de ir além da Escritura? Tinha P. T. Forsyth razão em escrever que "nada há na Bíblia acerca da luta dos atributos"?[37] Acho que não. É certo que falar acerca de "luta" ou "conflito" em Deus é usar uma linguagem muito antropomórfica. A Bíblia, porém, não teme os antropomorfismos. Todos os pais conhecem o grande preço do amor, e o que significa ser "despedaçados" por emoções conflitantes, especialmente quando surge a necessidade de punir os filhos. Talvez o modelo humano de Deus mais audaz de todos na Escritura seja a dor da paternidade que lhe é atribuída no capítulo 11 de Oseias. Ele se refere a Israel como seu "filho" (v. 1), a quem ensinou a andar, tomando-o nos braços (v. 3) e inclinando-se para alimentá-lo (v. 4). Contudo, seu filho provou ser

---

[37] FORSYTH, P. T. **The Work of Christ**, p. 118.

um desgarrado e não reconheceu seu terno amor de pai. Israel estava decidido a apartar-se dele em rebeldia (v. 5-7). Portanto, merecia ser punido. Mas, pode o seu próprio pai forçar-se a puni-los? De modo que Yavé fala consigo mesmo:

> Como te deixaria, ó Efraim? Como te entregaria, ó Israel? Como te faria como a Admá? Como fazer-te um Zeboim? Meu coração está comovido dentro de mim, as minhas compaixões à uma se acendem. Não executarei o furor da minha ira; não tomarei para destruir a Efraim, porque eu sou Deus e não homem, o Santo no meio de ti; não voltarei em ira (Oseias 11.8,9).

Aqui certamente existe um conflito de emoções, uma luta de atributos, dentro de Deus. As quatro perguntas que iniciam com a palavra "como" dão testemunho de uma luta entre o que Yavé *devia* fazer por causa da sua justiça e o que *não pode* fazer por causa do seu amor. E qual é a *mudança* dentro dele senão uma tensão interior entre sua "compaixão" e o "furor" da sua ira?

A Bíblia contém muitas outras expressões que, de modos diferentes, expressam essa "dualidade" de Deus. Ele é "Deus compassivo, clemente e longânimo [...] ainda que não inocenta o culpado", nele "encontraram-se a graça e a verdade, a justiça e a paz se beijaram"; ele se anuncia como "Deus justo e Salvador", além do qual não há outro; e em ira, lembra-se da misericórdia. João descreve o Verbo que se fez carne, o unigênito do Pai, como "cheio de graça e de verdade"; e Paulo, contemplando as lides de Deus com os judeus e com os gentios, convida-nos a considerar "a bondade e a severidade de Deus". Quanto à cruz e à salvação, Paulo também escreve que Deus demonstrou a sua justiça "para ele mesmo ser justo e o justificador daquele que tem fé em Jesus", e nada descobre de anômalo acerca da justaposição de referências à "ira" e ao "amor" de Deus, enquanto João nos assegura que, se confessarmos os nossos pecados, Deus será "fiel e justo" para nos perdoar.[38] São exemplos de duas verdades complementares acerca de Deus, como se a lembrar-nos de que devemos ter cuidado em falar de um aspecto do caráter de Deus sem mencionarmos a sua equivalência.

Emil Brunner, no livro *O Mediador*, não hesitou em falar da "natureza dual" de Deus como sendo "o mistério central da revelação cristã". Pois "Deus

---

[38] Êxodo 34.6,7; Salmos 85.10; Isaías 45.21; Habacuque 3.2; Miqueias 7.18; João 1.14; Romanos 11.22; 3.26; Efésios 2.3,4; 1João 1.9.

não é simplesmente amor. A natureza de Deus hão pode ser esgotada com uma única palavra". Deveras, a oposição moderna à linguagem forense com relação à cruz é, principalmente, "devida ao fato de que a ideia da santidade divina foi tragada na do amor divino; isso significa que a ideia bíblica de Deus, na qual o elemento decisivo é essa natureza dupla de santidade e amor, está sendo substituída pela ideia moderna, unilateral, monística de Deus". Contudo, "a dualidade de santidade e amor [...] de misericórdia e ira não pode ser dissolvida, mudada para um único conceito sintético, sem que ao mesmo tempo se destrua a seriedade do conhecimento bíblico de Deus, a realidade e o mistério da revelação e expiação [...]. Aqui surge a 'dialética' de toda a teologia cristã genuína, cujo objetivo é simplesmente expressar em termos de pensamento a indissolúvel natureza dessa dualidade". Assim, pois, a cruz de Cristo "é o evento no qual Deus simultaneamente torna conhecida sua santidade e seu amor, em um único evento, de um modo absoluto". "A cruz é o único lugar em que o Deus amoroso, perdoador e misericordioso é revelado de tal modo que percebemos que a sua santidade e o seu amor são igualmente infinitos". De fato, "o aspecto objetivo da expiação [...] pode ser resumido como segue: consiste na combinação da justiça inflexível, juntamente com as suas penalidades, e o amor transcendente".

Ao mesmo tempo, jamais devemos pensar que essa dualidade do ser divino seja irreconciliável. Pois Deus não está dividido, por mais que se nos pareça que sim. Ele é "Deus de paz", de tranquilidade interior, não de agitação. É verdade que achamos difícil conter em nossa mente, simultaneamente, as imagens de Deus como Juiz que deve punir os malfeitores e como Amante que deve encontrar um modo de perdoá-los. Contudo, ele é ambos, ao mesmo tempo. Nas palavras de G. C. Berkouwer: "na cruz de Cristo a justiça e o amor de Deus são revelados *simultaneamente*",[39] enquanto Calvino, fazendo eco a Agostinho, foi um pouco mais audaz. Ele escreveu que Deus "de um modo divino e maravilhoso nos amou mesmo quando nos odiava".[40] Em verdade, as duas coisas são mais que simultâneas, são idênticas, ou pelo menos expressões alternativas da mesma realidade. Pois "a ira de Deus é o amor de Deus",

---

[39] BERKOUWER, G. C. **Work of Christ**, p. 277.
[40] **Institutes**, II.XVI. 4. Cf. II.XVII.2

escreveu Brunner numa sentença audaz, "na forma pela qual o homem que se desviou de Deus e se tornou contra ele a experimenta".[41]

Um dos teólogos que tem lutado com essa tensão é P. T. Forsyth, que cunhou — ou pelo menos popularizou — a expressão: "o amor santo de Deus".

> O cristianismo se interessa pela santidade de Deus antes de tudo, a qual emerge para o homem como amor [...]. Este ponto de partida da suprema santidade do amor de Deus, em vez de sua piedade, simpatia ou afeição, é a linha divisória entre o evangelho e [...] o liberalismo teológico [...]. Meu ponto de partida é que o primeiro cuidado de Cristo e sua revelação não foram simplesmente o amor perdoador de Deus, mas a santidade desse amor.

Novamente, "se falássemos menos acerca do amor de Deus e mais sobre a sua santidade, mais acerca do seu juízo, deveríamos dizer muito mais quando então falássemos do seu amor".[42]

E novamente, "sem um Deus santo a expiação não apresentaria problema algum. É a santidade do amor de Deus que torna necessária a cruz expiadora [...]".[43]

Essa visão do santo amor de Deus nos livrará das suas caricaturas. Não devemos retratá-lo nem como um Deus indulgente que compromete sua santidade a fim de nos poupar, nem como um Deus duro e vingativo que suprime o seu amor a fim de nos destruir. Como, pois, pode Deus expressar sua santidade sem nos consumir, e o seu amor sem tolerar os nossos pecados? Como pode Deus satisfazer ao seu santo amor? Como pode ele nos salvar e satisfazer a si mesmo simultaneamente? Respondemos a esta altura que, a fim de satisfazer a si mesmo, ele sacrificou — deveras substituiu a si mesmo por nós. O significado desse sacrifício e substituição é o assunto do próximo capítulo.

---

[41] BRUNNER, Emil. **Man in Revolt**, p. 187.

[42] FORSYTH, P. T. **Cruciality of the Cross**, p. 5,6 e 73.

[43] FORSYTH, P. T. **Work of Christ**, p. 80. Ele também usa a expressão "amor santo" no livro **The Justification of God**, particularmente nas p. 124-131 e 190-195. William Temple deu--lhe continuidade em **Christus Ventas**, particularmente nas páginas 257-260.

Capítulo 6
A AUTOSSUBSTITUIÇÃO DE DEUS

Focalizamos o problema do perdão na gravidade do pecado e na majestade de Deus, isto é, nas realidades de quem somos e de quem ele é. Como pode o santo amor de Deus confrontar-se com a pecaminosa falta de santidade do homem? O que aconteceria se houvesse uma colisão entre eles? O problema não está fora de Deus; está dentro de seu próprio ser. Visto que Deus jamais se contradiz, ele deve ser ele mesmo e deve "satisfazer-se" a si mesmo, agindo em coerência absoluta com a perfeição do seu caráter. "É o reconhecimento desta necessidade divina, ou o fracasso em reconhecê-la", escreveu James Denney, "que em última instância divide os intérpretes do Cristianismo em evangélicos e não-evangélicos, aqueles que são fiéis ao Novo Testamento e aqueles que não o podem digerir."[1]

Além do mais, como já vimos, essa necessidade interior não significa que Deus deve ser fiel a apenas uma parte de si mesmo (quer à sua lei de honra, quer à lei da justiça), nem que deve exprimir um de seus atributos (quer o amor, quer a santidade) a expensas de outro; antes, que deve ser completa e invariavelmente ele mesmo na plenitude de seu ser moral. T. J. Crawford acentuou esse ponto: "É erro total [...] supor que Deus age em certa época de acordo com um de seus atributos, e em outra de acordo com outro. Ele age em conformidade com todos eles em todos os tempos [...]. Quanto à justiça divina e à misericórdia divina em particular, o fim de sua (de Cristo) obra não foi harmonizá-las, como se estivessem em oposição uma à outra, mas em conjunto manifestá-las e glorificá-las na redenção dos pecadores. É um caso de *ação combinada*, e não *contra-ação*, da parte desses atributos, que foi demonstrada na cruz."[2]

Como, pois, podia Deus expressar simultaneamente sua santidade no juízo e seu amor no perdão? Somente providenciando um substituto divino pelo pecador, de modo que o substituto recebesse o juízo, e o pecador o perdão. É claro que nós, pecadores, ainda temos de sofrer algumas das consequências pessoais, psicológicas e sociais de nossos pecados, mas a consequência penal, a penalidade

---

[1] Danney, James. **Atonement**, p. 82.
[2] Crawford, Thomas J. **Doctrine of Holy Scripture**, p. 453-454.

merecida da alienação de Deus foi levada por Outro em nosso lugar, de modo que não necessitássemos suportá-la. Não encontrei uma afirmação mais cuidadosa da natureza substitutiva da expiação do que a feita por Charles E. B. Cranfield em seu comentário sobre Romanos. Embora ela resuma a conclusão em cuja direção se encaminha este capítulo, pode ser útil citá-la perto do começo para que conheçamos o rumo que estamos tomando. A citação faz parte do comentário do dr. Cranfield sobre Romanos 3.25. Escreve ele:

> Deus, porque em sua misericórdia desejou perdoar aos homens pecadores, e, sendo verdadeiramente misericordioso, desejou perdoá-los justamente, isto é, sem acoitar o pecado, teve o propósito de dirigir contra seu próprio ser, na pessoa de seu Filho, o peso total dessa ira justa a qual eles mereciam.

As questões vitais que agora nos deve tomar a atenção são as seguintes: quem é esse "substituto"? E como podemos entender e justificar a noção de ter ele substituído a si mesmo por nós? A melhor maneira de tratarmos destas perguntas é por meio de um exame dos sacrifícios do Antigo Testamento, visto que eram a preparação planejada por Deus para o sacrifício de Cristo.

O sacrifício no Antigo Testamento

"A interpretação da morte de Cristo como um sacrifício está implantada em todos os ensinos importantes do Novo Testamento."[3] Faz-se menção a ele em muitos lugares. Às vezes a referência é direta, como na afirmação de Paulo de que Cristo "se entregou a si mesmo por nós, como oferta (*prosphora*) e sacrifício (*thysia*) a Deus" (Efésios 5.2). Em outras passagens a alusão é menos direta, simplesmente que Cristo "se entregou a si mesmo" (*e.g.* Gálatas 1.4) ou "a si mesmo se ofereceu" (*e.g.* Hebreus 9.14) por nós, mas o contexto ainda é o do sistema sacrificial do Antigo Testamento. Em particular, a observação de que ele morreu "no tocante ao pecado" ou "pelos pecados" (*e.g.* Romanos 8.3, e 1Pedro 3.18) toma emprestada a tradução grega de "oferta pelo pecado" (*peri hamartias*). Deveras, a carta aos Hebreus retrata o sacrifício de Jesus Cristo como tendo cumprido perfeitamente as "sombras" do Antigo Testamento. Pois ele se sacrificou a si mesmo (não a animais),

---

[3] Extraído do artigo Sacrifício, de W. P. PATERSON, p. 343.

de uma vez por todas (não repetidamente), e assim assegurou-nos não apenas a purificação cerimonial e a restauração à comunidade da aliança, mas também a purificação de nossa consciência e a restauração à comunhão com o Deus vivo.

Entretanto, o que significavam os sacrifícios do Antigo Testamento? Possuíam eles significado substitutivo? Na resposta a essas perguntas não devemos cometer o erro de voltar-nos primeiro aos estudos antropológicos. É certo que sacerdotes, altares e sacrifícios parecem ter sido um fenômeno universal no mundo antigo, mas não temos o direito de supor *a priori* que os sacrifícios dos hebreus e os dos pagãos possuíam significado idêntico. Podem ter tipo uma origem comum na revelação de Deus a nossos ancestrais mais primitivos. Mas seria mais coerente com um reconhecimento do status especial da Escritura dizer que os israelitas (apesar de seus deslizes) preservaram a substância do propósito original de Deus, ao passo que os sacrifícios pagãos eram corrupções degeneradas dele.

No Antigo Testamento os sacrifícios eram oferecidos em diversas e variadas circunstâncias. Por exemplo, eram associados à penitência e à celebração, à necessidade nacional, à renovação da aliança, à festividade familiar e à consagração pessoal. Essa diversidade adverte-nos contra a imposição sobre eles de uma significação simples ou única. Entretanto, parece realmente ter havido duas noções básicas e complementares do sacrifício na revelação divina no Antigo Testamento, sendo cada uma associada com ofertas particulares. A primeira expressava o sentido em que os seres humanos pertencem a Deus por direito, e a segunda seu sentido de alienação de Deus por causa do seu pecado e culpa. Características da primeira eram a oferta "pacífica" ou de "comunhão" frequentemente associada com as ações de graça (Levítico 7.12), a oferta queimada (na qual tudo era consumido) e o ritual das três festas anuais da colheita (Êxodo 23.14-17). Características da segunda eram a oferta pelo pecado e a pela culpa, na qual se reconhecia claramente a necessidade de expiação. Seria incorreto fazer distinção entre esses dois tipos de sacrifícios como se representassem respectivamente a aproximação do homem a Deus (oferecendo dádivas, muito menos subornos com o fim de assegurar o seu favor) e a aproximação de Deus ao homem (oferecendo perdão e reconciliação). Pois ambos os tipos de sacrifício eram essencialmente reconhecimentos da graça de Deus e expressões de dependência dela. Seria melhor distingui-los, como o fez B. B. Warfield, vendo no primeiro o "homem concebido meramente como criatura" e no último "as necessidades do homem como pecador". Ou, a fim de elaborar a mesma distinção, no primeiro o ser humano é "uma criatura que pede proteção", e no segundo "um pecador que anseia pelo perdão".[4]

Assim, pois, por um lado os sacrifícios revelam Deus como o Criador, de quem depende a vida física do homem, e por outro como simultaneamente o juiz que exige a expiação pelo pecado e o Salvador que a provê. Destes dois tipos de sacrifício reconhecia-se ainda que o último é o fundamento do primeiro, pois a reconciliação com nosso Juiz é necessária mesmo antes da adoração do nosso Criador. É, portanto, significativo que, por ocasião da purificação do templo realizada por Ezequias, a oferta pelo pecado "de todo o Israel" tenha sido feita antes da oferta queimada (2Crônicas 29.20-24). Além disso, é possível que possamos discernir os dois tipos de oferta nos sacrifícios de Caim e Abel, embora ambos sejam denominados *minha*, uma oferta voluntária. O motivo por que o de Caim foi rejeitado, somos informados, foi que ele não respondeu com fé, como Abel, à revelação de Deus (Hebreus 11.4). Em contraste com a vontade revelada de Deus, ou ele colocou a adoração antes da expiação ou, na sua apresentação dos frutos do solo, distorceu o reconhecimento das dádivas do Criador em oferta própria.

A noção de substituição é que uma pessoa toma o lugar de outra, especialmente a fim de levar sua dor e livrá-la dela. Tal ação é universalmente vista como nobre. É bom poupar dor às pessoas; é duplamente bom fazê-lo ao custo de levá-la sobre si mesma. Admiramos o altruísmo de Moisés em estar disposto a ter o nome apagado do livro de Yavé se tão somente com esse gesto Israel fosse perdoado (Êxodo 32.32). Respeitamos também um desejo quase idêntico expressado por Paulo (Romanos 9.1-4), e sua promessa de pagar as dívidas de Onésimo (Filemom 18-19). Da mesma forma, em nosso século, não podemos deixar de nos comover com o heroísmo de Maximilian Kolbe, um franciscano polonês, no acampamento de concentração de Auschwitz. Quando vários prisioneiros foram selecionados para execução, e um deles gritou que era casado e tinha filhos, "Kolbe deu um passo à frente e perguntou se podia tomar o lugar do condenado. As autoridades aceitaram a sua oferta, e ele foi abandonado numa cela subterrânea para morrer de fome".[5]

---

[4] Extraído do ensaio Christ our Sacrifice, de B. B. WARFIELD, publicado em **Biblical Doctrines**, p. 401-435, particularmente p. 411.

[5] A história é contada por Trevor Beeson em **Discretion and Valour**, p. 139.

De modo que não é de surpreender que esse princípio comumente compreendido da substituição tivesse sido aplicado pelo próprio Deus aos sacrifícios. Abraão "ofereceu em holocausto, em lugar de seu filho", o carneiro que Deus havia providenciado (Gênesis 22.13). Moisés determinou que, no caso de um assassínio não solucionado, os anciãos da cidade deviam primeiro declarar sua própria inocência e a seguir oferecer uma novilha em lugar do assassino desconhecido (Deuteronômio 21.1-9). Miqueias evidentemente compreendia bem o princípio substitutivo, pois falou de como devia apresentar-se perante Yavé, e perguntou a si mesmo se devia levar ofertas queimadas, animais, ribeiros de azeite ou até mesmo "o meu primogênito pela minha transgressão? o fruto do meu corpo pelo pecado da minha alma?" O fato de ele ter dado a si mesmo uma resposta moral em vez de ritual, e especialmente o fato de ele ter rejeitado a horrorosa ideia de sacrificar seu próprio filho em lugar de si mesmo, não significa que ele tenha rejeitado o princípio substitutivo do Antigo Testamento, embutido no sistema sacrificial (Miqueias 6.6-8).

Esse elaborado sistema provia a subsistência das ofertas diárias, semanais, mensais, anuais e ocasionais. Incluía também cinco tipos principais de ofertas, que são apresentadas com detalhes nos primeiros capítulos de Levítico, a saber, a queimada, a de cereal, a de paz, a pelo pecado e a pela culpa. Visto que a oferta de cereal consistia em trigo e azeite, em vez de carne e sangue, era atípica e, portanto, feita em associação com uma das outras. As quatro restantes eram sacrifícios de sangue e, embora houvesse algumas diferenças entre elas (com relação a sua ocasião própria e ao uso preciso da carne e do sangue), todas partilhavam o mesmo ritual básico que requeria o adorador e o sacerdote. Era muito vívido. O adorador trazia a oferta, colocava a mão ou as mãos sobre a oferta e a matava. Então o sacerdote aplicava o sangue, queimava parte da carne, e dispunha para o consumo do que sobrava. Este era um importante simbolismo, não uma magia sem sentido. Ao colocar as mãos sobre o animal, o ofertante certamente se estava identificando com ele e "solenemente" designando "a vítima como estando em seu lugar".[6] Alguns eruditos vão mais longe e veem a imposição das mãos como "uma transferência simbólica dos

---

[6] KIDNER, F. D. **Sacrifice in the Old Testament**, p. 14. Veja também o artigo Sacrifice and Offering de R. J. THOMPSON e R. T. BECKWITH, e a nota adicional sobre o "Sacrifício no Antigo Testamento" de G. J. WENHAM em seu Commentary on Numbers, p. 202-205.

pecados do adorador ao animar",[7] o que era explicitamente verídico no caso do bode expiatório, de que trataremos mais adiante. Em qualquer dos casos, o animal substituto, tendo tomado o lugar do ofertante, era morto em reconhecimento de que a penalidade do pecado era a morte, seu sangue (simbolizando que a morte havia sido realizada) era aspergido, e a vida do ofertante era poupada.

A observação mais clara de que os sacrifícios de sangue do ritual do Antigo Testamento possuíam significado substitutivo, entretanto, e que por causa desse significado o derramamento e a aspersão do sangue eram indispensáveis à expiação, encontra-se nesta afirmativa, feita por Deus, ao explicar a proibição de comer o sangue: "Porque a vida da carne está no sangue. Eu vo-lo tenho dado sobre o altar, para fazer expiação pelas vossas almas: porquanto é o sangue que fará expiação em virtude da vida" (Levítico 17.11).

Esse texto faz três importantes afirmações acerca do sangue. Primeira, o sangue é o símbolo da vida. A compreensão de que "sangue é vida" parece ser muito antiga. Volta pelo menos até a época de Noé, a quem Deus proibiu comer carne "com seu sangue" (Gênesis 9.4), e essa proibição mais tarde foi repetida na fórmula "o sangue é a vida" (Deuteronômio 12.23). A ênfase, contudo, não era sobre o sangue que corre nas veias, o símbolo da vida sendo vivida, mas sobre o sangue derramado, o símbolo da vida terminada, geralmente por meios violentos.

Segunda, o sangue faz expiação, e o motivo de seu significado expiador é dado na repetição da palavra "vida". É somente porque "a vida da carne está no sangue" que "é o sangue que fará expiação em virtude da vida". Uma vida é poupada; outra vida é sacrificada no seu lugar. O que torna a expiação "sobre o altar" é o derramamento do sangue substitutivo. T. Crawford expressou-o bem: "O texto, portanto, segundo sua importância clara e óbvia, ensina a natureza *vicária* do ritual do sacrifício. *Dava-se vida por vida*, a vida da vítima pela vida do ofertante", deveras, "a vida da vítima inocente pela vida do ofertante pecador".[8]

Terceira, Deus deu o sangue com esse propósito expiador. "Eu vo-lo tenho dado", diz ele, "sobre o altar para fazer expiação pelas vossas almas". Assim, devemos pensar no sistema sacrificial como dado por Deus, e não feito pelo

---

[7] MORRIS, Leon. **Atonement**, p. 47.

[8] CRAWFORD, T. J. Doctrine of Holy Scripture, p. 237,241.

homem, e nos sacrifícios individuais não como um recurso humano para aplacar a Deus, mas como um meio de expiação providenciado pelo próprio Deus.

Essa perspectiva do Antigo Testamento ajuda-nos a compreender dois textos cruciais da carta aos Hebreus. O primeiro é que "sem derramamento de sangue não há remissão" (9.22), e o segundo que "é impossível que sangue de touros e de bodes remova pecados" (10.4). Não haver perdão sem sangue significa não haver expiação sem substituição. Tinha de haver vida por vida ou sangue por sangue. Mas os sacrifícios de sangue do Antigo Testamento não passavam de sombras; a substância era Cristo. Para que um substituto seja eficaz, deve ser um equivalente adequado. O sacrifício de animais não podia expiar os seres humanos porque "mais vale um homem do que uma ovelha" (Mateus 12.12). Somente o "precioso [...] sangue de Cristo" tinha valor suficiente (1Pedro 1.19).

A Páscoa e o "tirar o pecado"

Voltamo-nos agora do princípio da substituição, como visto no que o Antigo Testamento diz acerca do sacrifício de sangue em geral, a dois exemplos particulares desse sacrifício, a saber, a Páscoa e o conceito do "tirar o pecado".

Começar com a Páscoa é apropriado por duas razões. A primeira é que a Páscoa original marcou o princípio da vida nacional de Israel. "Este mês vos será o principal dos meses", Deus lhes havia dito, "será o primeiro mês do ano" (Êxodo 12.2). Devia inaugurar o calendário anual deles porque nesse mês Deus os redimira do longo e opressivo cativeiro egípcio, e porque o êxodo os levara à renovação da aliança de Deus com eles no monte Sinai. Mas antes do êxodo e da aliança vinha a Páscoa. Deviam celebrar esse dia "como solenidade ao Senhor: nas vossas gerações o celebrareis por estatuto perpétuo" (12.14,17).

A segunda razão para iniciar aqui é que o Novo Testamento claramente identifica a morte de Cristo com o cumprimento da Páscoa, e a emergência de sua comunidade nova e redimida com o novo êxodo. Não é somente por ter João Batista apresentado a Jesus como "o Cordeiro de Deus, que tira o pecado do mundo!" (João 1.29,36),[9] nem apenas pelo fato de que, segundo a cronologia do fim, Jesus estava

---

[9] O debate erudito continua quanto a se a observação de João Batista acerca do "Cordeiro de Deus" foi uma referência ao cordeiro da Páscoa, o *tamid* (o cordeiro do sacrifício

pendurado na cruz no momento preciso em que o cordeiro da Páscoa era morto[10] nem também porque no livro do Apocalipse ele é adorado como o Cordeiro que foi morto e que, por meio do seu sangue, comprou os homens para Deus.[11] É, de modo especial, pelo que Paulo categoricamente declara: "Cristo, nosso Cordeiro pascal, foi imolado. Por isso celebramos a festa [...]" (1Coríntios 5.7,8).

O que, pois, aconteceu na primeira Páscoa? E o que isso nos diz acerca de Cristo, nosso cordeiro pascal?

A história da Páscoa (Êxodo 11-13) é uma autorrevelação do Deus de Israel em três papéis. Primeiro, Yavé revelou-se como Juiz. O cenário foi a ameaça da praga final. Moisés devia advertir a Faraó nos termos mais solenes de que à meia-noite o próprio Yavé passaria através do Egito e feriria todo primogênito. Não haveria discriminação entre os seres humanos e os animais, nem entre as diferentes classes sociais. Todo primogênito masculino morreria. Haveria apenas um meio de escape, determinado e provido pelo próprio Deus.

Segundo, Yavé revelou-se como o Redentor. No dia dez do mês cada casa israelita devia escolher um cordeiro (macho de um ano de idade, sem defeito), e no crepúsculo da tarde do dia quatorze matá-lo. Então deviam tomar do sangue do cordeiro, molhar nele um ramo de hissopo e aspergi-lo na verga e em ambas as ombreiras da porta da frente. Não deviam sair de casa toda aquela noite. Tendo derramado e aspergido o sangue, deviam refugiar-se sob ele. Pois Yavé, que já havia anunciado a intenção de "passar pelo" Egito em juízo, agora acrescentava sua promessa de "passar por cima" de cada casa marcada com o sangue, a fim de protegê-la da destruição por ele ameaçada.

Terceiro, Yavé revelou-se como o Deus da aliança de Israel. Ele os havia redimido a fim de torná-los seu próprio povo. De modo que quando ele os salvou de seu próprio juízo, deviam comemorar e celebrar a bondade divina. Na noite da páscoa

---

diário), a ligação de Isaque (Gênesis 22), o cordeiro com pontas do apocalipse judaico, ou ao servo sofredor de Isaías 53. Para um resumo competente dos argumentos, à luz do uso que o quarto evangelista faz do Antigo Testamento, veja o **Cordeiro de Deus** de George L. CAREY, p. 97-122.

[10] Exemplo: João 13.1; 18.28; 19.14,31.

[11] Apocalipse 5.6,9,12; 12.11. Jesus é identificado como "o Cordeiro" vinte e oito vezes no livro do Apocalipse.

deviam banquetear-se com o cordeiro assado, com ervas amargas e pão não levedado, e deviam fazê-lo com os lombos cingidos, as sandálias nos pés e o cajado na mão, prontos a qualquer momento para a sua salvação. Alguns aspectos da refeição falava-lhes da sua opressão (*e.g.* ervas amargas), e outros, da sua libertação (*e.g.* sua vestimenta). Então em cada aniversário o festival devia durar sete dias, e deviam explicar aos seus filhos o que significava toda a cerimônia: "É o sacrifício da páscoa ao Senhor que passou por cima das casas dos filhos de Israel no Egito, quando feriu os egípcios e livrou as nossas casas." Além da celebração da qual participaria toda a família, devia haver também um rito especial para os filhos primogênitos. Eram eles que haviam sido pessoalmente salvos da morte pela morte do cordeiro da páscoa. Assim redimidos, pertenciam de um modo especial a Yavé que os havia comprado com o sangue, e portanto deviam ser consagrados ao seu serviço.

A mensagem deve ter sido absolutamente clara aos israelitas; é igualmente clara a nós que vemos o cumprimento da páscoa no sacrifício de Cristo. Primeiro, o Juiz e Salvador são a mesma pessoa. Foi o Deus que "passou através" do Egito a fim de julgar os primogênitos, que "passou por cima" das casas dos israelitas a fim de protegê-los. Jamais devemos caracterizar o Pai como Juiz e o Filho como Salvador. É o mesmo Deus que por intermédio de Cristo nos salva de si mesmo. Segundo, a salvação foi (e o é) por meio da substituição. Os únicos primogênitos poupados foram aqueles em cujas famílias um cordeiro tinha morrido em seu lugar. Terceiro, o sangue do cordeiro, depois de derramado, devia ser aspergido. Devia haver uma apropriação individual da provisão divina. Deus tinha de "ver o sangue" antes de salvar a família. Quarto, cada família salva por Deus era, pois, comprada para Deus. A vida toda deles agora pertencia a ele. A mesma coisa acontece com a nossa. E a consagração conduz à celebração. A vida dos redimidos é um banquete, ritualmente expresso na Eucaristia, o festival cristão de ações de graça, como examinaremos com maiores detalhes no capítulo 10.

O segundo exemplo maior do princípio da substituição é a noção de "levar o pecado". No Novo Testamento lemos a respeito de Cristo que ele mesmo carregou "em seu corpo, sobre o madeiro, os nossos pecados" (1Pedro 2.24), e de igual forma que foi "oferecido uma vez para sempre para tirar os pecados de muitos" (Hebreus 9.28). Mas o que significa "levar o pecado"? Deve ser a expressão compreendida em termos de levar a penalidade do pecado, ou pode ser interpretada de outras maneiras? E está a "substituição" necessariamente relacionada com o "levar o pecado"? Se assim for, que tipo de substituição tem-se em mente? Pode ela referir-se somente ao substituto inocente, provido por Deus e que toma o lugar do partido culpado e sofre a penalidade no seu lugar? Ou há tipos alternativos de substituição?

Nos últimos cem anos fizeram-se muitas tentativas engenhosas para reter-se o vocabulário da "substituição", enquanto se rejeitava a "substituição penal" ("penal" vem de *poena*, penalidade ou castigo). A origem dessas tentativas pode ser traçada ao protesto de Abelardo contra Anselmo no século doze, e ainda mais à rejeição escarnecedora da parte de Socinus da doutrina dos reformadores, no século dezesseis. Em seu livro *De Jesu Christo Servatore* (1578) Faustus Socinus negou não somente a divindade de Jesus mas também toda a idéia de "satisfação" na sua morte. A noção de que a culpa pode ser transferida de uma pessoa para outra,[12] dizia ele, era incompatível tanto com a razão quanto com a justiça. Não somente era impossível, mas também desnecessária. Pois Deus é perfeitamente capaz de perdoar os pecadores sem ela. Ele os conduz ao arrependimento, e assim, os torna perdoáveis.

A obra de John McLeod Campbell intitulada *A Natureza da Expiação* (1856) segue a mesma tradição geral. Cristo veio a fim de fazer a vontade de Deus, escreveu ele, e em particular levar os pecados dos homens. Entretanto, não no sentido tradicional, mas de duas outras maneiras. Primeiro, ao labutar com os homens em favor de Deus, os sofrimentos de Cristo não foram "sofrimentos penais suportados a fim de cumprir uma exigência da justiça divina", mas "os sofrimentos do amor divino sofrendo por nossos pecados segundo sua própria natureza".[13] Segundo, ao lidar com Deus em favor dos homens, a "satisfação" devida à justiça divina tomou a forma de "uma confissão perfeita de nossos pecados". Desse

---

[12] Calvino havia escrito: "É este o nosso livramento: a culpa que nos mantinha responsável pelo castigo havia sido transferida para a cabeça do Filho de Deus (Isaías 53.12). Devemos, acima de tudo, lembrar-nos desta substituição, para que não tremamos e permaneçamos ansiosos por toda a vida, isto é, em temor do juízo de Deus" (**Institutes**, II.XVI.5).

[13] Horace Bushnell modificou um pouco suas perspectivas em sua publicação posterior, *Forgiveness and Law*. Embora ainda repudiasse a doutrina tradicional, ele entretanto afirmava que havia na cruz uma propiciação de Deus, e que se havia "encarnado na maldição", a fim de salvar-nos dela. Acrescentava, contudo, que Cristo sofreu conscientemente a maldição ou vergonha de nosso pecado por toda a sua vida.

modo Cristo reconheceu a justiça da ira divina contra o pecado, "e nessa resposta perfeita ele a absorve". Ele era de tal maneira um com Deus que foi "cheio do sentido da condenação justa de nosso pecado por parte do Pai", e de tal modo a ponto de "responder com um perfeito Amém a essa condenação". Desse modo o "levar o pecado" dissolveu-se em simpatia, a "satisfação" em pesar pelo pecado, e a "substituição" em penitência vicária, em vez de castigo vicário.

Dez anos mais tarde, publicou-se *O Sacrifício Vicário*, de Horace Bushnell. Ele, à semelhança de McLeod Campbell, rejeitou a substituição "penal". Contudo, a morte de Jesus foi "vicária" ou "substitutiva" no sentido em que ele levou a nossa dor em vez de nossa penalidade. Pois "o próprio amor é em essência um princípio vicário", diz Busnell. Consequentemente, o amor de Deus entrou através da encarnação e ministério público de Jesus (não apenas pela sua morte) em nossos pesares e sofrimentos, e os "levou" no sentido de ter se identificado com eles e sentido um fardo por eles. Diz Bushnell: "Há uma cruz em Deus antes de o madeiro ser visto no Calvário". Esse sacrifício amoroso de Deus em Cristo — expresso em seu nascimento, vida e morte — é "o poder de Deus para a salvação" por causa da sua influência inspiradora sobre nós. Agora Cristo pode "tirar-nos dos nossos pecados [...] e assim, de nossas penalidades". É dessa forma que o Cordeiro de Deus tira os nossos pecados. "Expiação [...] é uma mudança operada em nós, uma mudança pela qual somos reconciliados com Deus". Mas a "expiação subjetiva" (isto é, a mudança em nós) vem primeiro, e somente então "Deus é objetivamente propiciado".

R. C. Moberly desenvolveu ideias parecidas em seu livro *Expiação e Personalidade* (1901). Ele rejeitou todas as categorias forenses com relação à cruz, e em particular toda ideia de castigo retributivo. Ele ensinou que a penitência (operada em nós pelo Espírito do Crucificado) primeiro nos torna "perdoáveis" e a seguir, santos. Pode-se dizer que Cristo tomou o nosso lugar somente em termos de penitência vicária, não de penalidade vicária.

A tentativa desses teólogos de reter a linguagem da substituição e do levar o pecado, enquanto mudam o seu significado, deve ser considerada como um fracasso. Gera mais confusão do que clareza. Oculta aos incautos que há uma diferença fundamental entre "substituição penitente" (na qual o substituto oferece o que não poderíamos) e "substituição penal" (na qual ele leva o que não podíamos levar). Eis a definição que o dr. J. I. Packer dá desta última. É a noção de que Jesus Cristo nosso Senhor, movido por um amor que estava decidido a fazer tudo o que fosse para nos salvar, suportou e esgotou o juízo divino destrutivo para o qual de outra forma estávamos inescapavelmente destinados, e assim ganhou para nós o perdão, a adoção e a glória. Afirmar a substituição penal é dizer que os cristãos estão em dívida para com Cristo especialmente por isto, e que é esta a fonte principal de toda a sua alegria, paz e louvor, tanto agora quanto na eternidade.[14]

A questão essencial, contudo, refere-se ao modo como os próprios autores bíblicos empregaram a linguagem do "levar o pecado".

O uso que se faz dessa expressão no Antigo Testamento deixa claro que "levar o pecado" não significa nem simpatizar-se com os pecadores, nem se identificar com a sua dor, nem expressar sua penitência, nem ser perseguido por causa da pecaminosidade humana (como outros têm argumentado), nem mesmo sofrer as consequências do pecado em termos pessoais ou sociais, mas especificamente suportar suas consequências penais, sofrer a sua penalidade. A expressão aparece com mais frequência nos livros de Levítico e de Números e refere-se àquele que peca, quebrando as leis de Deus, que "levará a sua iniquidade". Isto é, será tido como responsável ou sofrerá pelos seus pecados. Às vezes o texto não dá lugar a dúvidas, especificando a penalidade: o ofensor deve ser "eliminado do seu povo" (isto é, excomungado) e até, por exemplo no caso de blasfêmia, ser morto.[15]

É nesse contexto de levar o pecado que se percebe a possibilidade de alguém mais sofrer a penalidade do erro do pecador. Por exemplo, Moisés disse aos israelitas que os seus filhos teriam de vagar pelo deserto, levando sobre si as "vossas iniquidades" (Números 14.34); se um homem casado falhasse em anular um voto insensato ou um voto feito pela esposa, então (estava escrito) "responderá pela obrigação dela" (Números 30.15), ou dizendo de modo mais simples: "levará a iniquidade dela"; repito, depois da destruição de Jerusalém em 586 a.C., o restante que permaneceu nas ruínas disse: "Nossos pais

---

[14] PACKER, J. I. **What Did the Cross Achieve?**, p. 25.
[15] Alguns exemplos de expressões acerca do "levar o pecado" são Êxodo 28.43; Levítico 5.17; 19.8; 22.9; 24.15 e Números 9.13; 14.34 e 18.22.

pecaram, e já não existem; nós é que levamos os castigo das suas iniquidades" (Lamentações 5.7).

Esses são exemplos de levar o pecado involuntário e vicário. Em todos os casos pessoas inocentes se encontraram sofrendo as consequências da culpa de outros. Contudo, usava-se a mesma fraseologia quando se referia ao vicário ato de levar o pecado. Então introduziu-se a noção de substituição deliberada, e dizia-se que o próprio Deus provia o substituto, como na época em que instruiu Ezequiel a deitar-se, e em dramático simbolismo levar "sobre ti a iniquidade da casa de Israel" (Ezequiel 4.4,5). A oferta pelo pecado também era apresentada em termos de levar o pecado. A respeito dessa oferta, disse Moisés aos filhos de Arão: "o Senhor a deu a vós outros, para levardes a iniquidade da congregação, para fazerdes expiação por eles diante do Senhor" (Levítico 10.17).

Mais claro ainda era o ritual anual do Dia da Expiação. O sumo sacerdote devia tomar "dois bodes para a oferta pelo pecado" a fim de expiar os pecados da comunidade israelita como um todo (Levítico 16.5). Um bode devia ser sacrificado e seu sangue aspergido da maneira usual, ao posso que sobre a cabeça do bode vivo o sumo sacerdote devia pôr ambas as mãos e confessar "todas as iniquidades dos filhos de Israel, todas as suas transgressões e todos os seus pecados: e os porá sobre a cabeça do bode" (v. 21). Então ele devia enviar o bode ao deserto, e o bode levaria "sobre si todas as iniquidades deles para terra solitária" (v. 22). Alguns comentaristas cometem o erro de colocar uma cunha entre os dois bodes, o sacrificado e o de escape, menosprezando o fato de que os dois juntos são descritos como "oferta pelo pecado" no singular (v. 5). Talvez T. J. Crawford tivesse razão em sugerir que cada um deles incorporava um aspecto diferente do mesmo sacrifício, "um exibia os meios, e o outro os resultados, da expiação".[16] Nesse caso a proclamação pública do Dia da Expiação era clara, a saber, que a reconciliação era possível somente através do levar o pecado substitutivo. O autor da carta aos Hebreus não hesita em ver Jesus tanto como "misericordioso e fiel sumo sacerdote" (2.17) quanto como as duas vítimas, o bode sacrificado cujo sangue era levado para o Santo dos Santos (9.7,12) e o bode expiatório que tirava os pecados do povo (9.28).

---

[16] CRAWFORD, T. J. **Doctrine of Holy Scripture**, p. 225. Veja também o cap. 3, The Day of Atonement em **Atonement**, de Leon Morris, p. 68-87.

Embora a oferta pelo pecado e o bode expiatório tivessem, de modos diferentes, um papel único de tirar o pecado, pelo menos os israelitas mais inclinados às coisas espirituais devem ter percebido que um animal não pode ser um substituto satisfatório para o ser humano. Assim, nos famosos "cânticos do servo" na segunda parte de Isaías, o profeta começou a delinear alguém cuja missão abarcaria as nações, e que, a fim de cumpri-la, necessitaria sofrer, levar o pecado e morrer. Mateus aplica a Jesus o primeiro cântico acerca da mansidão e gentileza do ministério do servo,[17] e Pedro, em seus primeiros discursos, quatro vezes chama a Jesus de "servo" de Deus ou "santo servo".[18]

Mas é o capítulo 53 de Isaías, que descreve em particular o sofrimento e a morte do servo, que é aplicado sistematicamente a Jesus Cristo. "Nenhuma outra passagem do Antigo Testamento", escreveu Joachim Jeremias, "era tão importante para a Igreja quanto Isaías 53.[19] Os escritores do Novo Testamento citam oito versículos específicos como tendo cumprimento em Jesus. O versículo 1 ("Quem creu em nossa pregação?") é aplicado a Jesus por João (12.38). Mateus vê a afirmação do versículo 4 ("ele tomou sobre si as nossas enfermidades, e as nossas dores levou sobre si") como cumprida no ministério de curas de Jesus (8.17). Que nos desgarramos como ovelhas (v. 6), mas que pelas suas pisaduras fomos sarados (v. 5) têm eco em Pedro (1Pedro 2.22-25), e também o têm os versículos 9 ("nem dolo algum se achou em sua boca") e 11 ("as iniquidades deles levará sobre si"). Então os versículos 7 e 8, acerca de Jesus ser levado como ovelha para o matadouro e ser privado de justiça e vida, eram os versículos que o eunuco etíope lia em sua carruagem, os quais levaram Filipe a contar-lhe as boas-novas acerca de Jesus (Atos 8.30-35). Assim os versículos 1, 4, 5, 6, 7, 8, 9 e 11 — ao todo oito versículos dos 12 que perfazem o capítulo — referem-se especificamente a Jesus.

Estudiosos dos Evangelhos têm detectado numerosas referências que o próprio Jesus faz, às vezes usando apenas uma única palavra, a Isaías 53.

---

[17] Isaías 42.1-4; cf. Mateus 12.17-21.

[18] Atos 3.13,26; 4.27,30.

[19] JEREMIAS, J. **Eucharistic Words**, p. 228. Veja também o seu **Servant of God** e o artigo sobre *pais theou* ("servo de Deus") por JEREMIAS e ZIMMERLI, p. 712 e ss. Compare com o capítulo 3, *Jesus the Suffering Servant of God*, em *Christology of the New Testament*, de Oscar CULLMANN.

Por exemplo, ele disse que seria "rejeitado",[20] "tirado"[21] e "contado com os malfeitores".[22] Ele também seria "enterrado" como um criminoso sem a unção preparatória, de modo que (explicou ele) Maria de Betânia lhe deu uma unção antecipada, a fim de prepará-lo para o sepulcro.[23] Outras alusões podem muito bem ter sido a sua descrição do valente que "divide os despojos",[24] seu silêncio deliberado diante dos juízes,[25] sua intercessão pelos transgressores[26] e o entregar a vida pelos outros.[27] Se as passagens acima forem aceitas, então todo o capítulo 12, com exceção do versículo 2 ("nenhuma beleza havia que nos agradasse") é aplicado a Jesus no Novo Testamento, alguns várias vezes. Deveras, há boa evidência de que toda a sua carreira pública, a começar no seu batismo, passando pelos seus sofrimentos e morte, a sua ressurreição e ascensão, é vista como cumprimento do padrão predito em Isaías 53. Oscar Cullmann tem argumentado que no batismo Jesus deliberadamente fez-se um com aqueles cujos pecados ele viera levar, que sua resolução de "cumprir toda a justiça" (Mateus 3.15) era uma determinação de ser o "servo justo" de Deus, que, mediante sua morte para levar o pecado, justificaria a muitos (Isaías 53.11), e que a voz do Pai ouvida do céu, declarando comprazer-se no Filho, também o identificou com o servo (Isaías 42.1).[28] Da mesma forma, Vincent Taylor ressaltou que já no primeiro sermão apostólico do capítulo 2 de Atos o "conceito dominante é o do servo, humilhado na morte e exaltado [...]".[29] Mais recentemente, o professor Martin Hengel, de Tübingen, chegou à mesma conclusão, argumentando que esse uso de Isaías 53 deve voltar à mente do próprio Jesus.[30]

---

[20] Marcos 9.12; cf. Isaías 53.3.
[21] Marcos 2.20; cf. Isaías 53.8.
[22] Lucas 22.37; cf. Isaías 53.12.
[23] Marcos 14.8; cf. Isaías 53.9.
[24] Lucas 11.22; cf. Isaías 53.12.
[25] Marcos 14.61; 15.5; Lucas 23.9 e João 19.9, cf. Isaías 53.7.
[26] Lucas 23.34; cf. Isaías 53.12.
[27] João 10.11,15,17; cf. Isaías 53.10.
[28] CULLMANN, Oscar. **Baptism in the New Testament**, p. 18.
[29] TAYLOR, Vincent. **Atonement**, p. 18.
[30] HENGEL, Martin. **Atonement**, p. 33-75.

Até aqui o meu propósito quanto a Isaías tem sido mostrar quão fundamental é o capítulo à compreensão que o Novo Testamento tem de Jesus. Deixei para o final suas duas afirmações mais importantes, as quais focalizam a natureza expiatória de sua morte. A primeira é a "afirmação de resgate": "Pois o próprio Filho do homem não veio para ser servido, mas para servir e dar a sua vida em resgate por muitos" (Marcos 10.45). Aqui Jesus une as profecias divergentes do "Filho do homem" e do "servo". O Filho do homem viria "com as nuvens do céu" e todas as nações o serviriam (Daniel 7.13-14), ao passo que o Servo não seria servido, mas serviria, e completaria o seu serviço através do sofrimento, especialmente dando a sua vida como resgate em lugar de muitos. Era somente por meio do serviço que ele seria servido, somente pelo sofrimento que ele entraria na sua glória. O segundo texto pertence à instituição da Ceia do Senhor, quando Jesus declarou que seu sangue seria "derramado em favor de muitos",[31] um eco de Isaías 53.12: "derramou a sua alma na morte".[32] Além do mais, ambos os textos dizem que ele ou daria a sua vida ou derramaria o seu sangue "em favor de muitos", o que de novo faz eco a Isaías 53.12: "levou sobre si o pecado de muitos". Alguns se têm embaraçado por causa da natureza aparentemente restritiva dessa expressão. Mas Joachim Jeremias argumentou que, segundo a interpretação judaica pré-cristã, "os muitos" eram os "sem Deus tanto entre os judeus quanto os gentios". A expressão, portanto, não "é exclusiva" ('muitos, mas não todos') mas, no modo de falar semítico, inclusiva ('a totalidade, consistindo de muitos'), que era "um conceito (messiânico) desconhecido no pensamento rabínico contemporâneo."[33]

Parece assim definido, além de toda dúvida, que Jesus aplicou Isaías 53 a si mesmo e que compreendia a sua morte à luz dessa passagem como uma morte

---

[31] Marcos 14.24; cf. Mateus 26.28.

[32] Era seu estudo completo, Atonement, o professor Martin Hengel argumenta convincentemente que por trás das observações de Paulo de que Cristo "morreu por nossos pecados" (1Coríntios 15.3), e "foi entregue por nossos pecados" (Romanos 4.25) há o dito do resgate e os ditos da ceia de Jesus, registrados por Marcos (10.45; 14.22-25), e que por trás destes está Isaías 53 e a compreensão que o próprio Jesus tinha desse capítulo (p. 33-75).

[33] JEREMIAS, Joachim. Eucharistic Words, p. 228-229. Em outro lugar Jeremais interpreta os dois ditos de Jesus como se referissem a um "morrer vicário pela multidão incontável [...] daqueles que jazem sob o juízo de Deus". Veja também Central Message, p. 45-46, de sua autoria.

expiatória. Como o "servo justo" de Deus, ele seria capaz de "justificar a muitos", porque ia "levar o pecado de muitos". É este o cerne de todo o capítulo, não apenas que seria desprezado e rejeitado, oprimido e aflito, levado como uma ovelha para o matadouro e cortado da terra dos viventes, mas, em particular, que seria trespassado pelas nossas transgressões, que o Senhor poria sobre ele as iniquidades de nós todos, que assim seria contado com os transgressores, e que ele próprio levaria as iniquidades deles. "O cântico faz doze afirmativas distintas e explícitas", escreveu J. S. Whale, "que o servo sofre a *penalidade* dos pecados de outros homens: não somente sofrimento vicário, mas substituição penal é o significado claro dos versículos quatro, cinco e seis."[34]

À luz dessa evidência acerca da natureza expiatória da morte de Jesus, agora sabemos como interpretar a simples afirmativa de que ele "morreu por nós". A preposição "por" é tradução de *hyper* ("em favor de") ou *anti* ("em lugar de"). A maioria das referências contém *hyper*. Por exemplo: "Deus prova o seu próprio amor para conosco, pelo fato de ter Cristo morrido por nós, sendo nós ainda pecadores" (Romanos 5.8), e de novo: "um morreu por todos" (2Coríntios 5.14). *Anti* aparece somente nos versículos de resgate, a saber, em Marcos 10.45 (literalmente: "para dar a sua vida como um resgate em lugar de muitos") e em 1Timóteo 2.6 ("O qual a si mesmo se deu em resgate por todos", onde "por" é novamente *hyper*, mas a preposição *anti* encontra-se no substantivo, *antilytron*.

As duas preposições, contudo, nem sempre permanecem fiéis ao sentido que lhes dá o dicionário. Até mesmo a palavra mais abrangente *hyper* ("em favor de") muitas vezes é, como demonstra o contexto, usada no sentido de *anti* ("em lugar de"), como, por exemplo, quando se diz que somos "embaixadores em nome de Cristo" (2Coríntios 5.20), ou quando Paulo queria conservar a Onésimo em Roma a fim de que este o servisse "em lugar de" Filemom, seu amo (Filemom 13). O mesmo sentido está claro nas duas afirmações mais diretas do significado da morte de Cristo nas cartas de Paulo. Uma é que Deus "Aquele que não conheceu pecado, ele o fez pecado por nós" (2Coríntios 5.21), e a outra que "Cristo nos resgatou da maldição da lei, fazendo-se ele próprio maldição em nosso lugar" (Gálatas 3.13). Alguns comentaristas têm achado difícil aceitar essas afirmativas. Karl Barth referiu-se à primeira como

---

[34] WHALE, J. S. **Victor and Victim**, p. 69-70.

"quase insuportavelmente severa"[35] e A. W. F. Blunt descreveu a linguagem da segunda como "quase chocante".[36] Deve-se observar que, em ambos os casos, Paulo diz que o que aconteceu a Cristo na cruz ("fez pecado", "fazendo-se maldição") foi "por nós", ou em nosso favor ou para o nosso benefício. Mas exatamente o que foi que aconteceu? Aquele que não tinha pecado foi "feito pecado por nós", o que deve significar que levou a penalidade de nosso pecado em nosso lugar, e que nos resgatou da maldição da lei "fazendo-se ele próprio maldição em nosso lugar", o que deve significar que a maldição da lei que jazia sobre nós por causa da nossa desobediência foi transferida a ele, de modo que foi ele e não nós quem a levou.

Ambos os versículos vão além dessas verdades negativas (que ele levou o nosso pecado e maldição a fim de redimir-nos deles) a verdades positivas. Por um lado ele levou a maldição a fim de que pudéssemos herdar a bênção prometida a Abraão (Gálatas 3.14), e por outro, Deus fez que o Cristo, que não tinha pecado, fosse feito pecado por nós a fim de que "nele fôssemos feitos justiça de Deus" (2Coríntios 5.21). Assim, ambos os versículos indicam que quando somos unidos a Cristo acontece uma misteriosa troca: ele levou a nossa maldição para que possamos receber a sua bênção; ele tornou-se pecado com o nosso pecado para que possamos tomar-nos justiça com a sua justiça. Em outro lugar Paulo escreve acerca dessa transferência em termos de "imputação". Por um lado, Deus recusou-se a "imputar" a nós os nossos pecados, ou "contá-los" contra nós (2Coríntios 5.19), com a implicação de que, em vez disso, ele os imputou a Cristo. Por outro lado, Deus imputou a justiça de Cristo a nós.[37] Muitos se ofendem com esse conceito e dizem que é artificial e injusto da parte de Deus o arranjar tal transferência. Contudo, a objeção provém de um mal-entendido, que Thomas Crawford esclarece. Imputação, escreve ele, "de maneira alguma sugere a transferência das qualidades morais de uma pessoa a outra". Tal coisa seria impossível, e prossegue citando John Owen que "nós mesmos não fizemos nada daquilo que nos é imputado, nem Cristo fez nada do que lhe é imputado". Seria absurdo e incrível imaginar, continua Crawford, "que a torpeza moral de nossos pecados tivesse sido transferida a Cristo, de modo que o tornasse

---

[35] Barth, Karl. The Doctrine of Reconciliation. **Church Dogmatics**, v. 4, p. 165.
[36] Blunt, A. W. F. **Galatians**, p. 96. Veja o último capítulo para uma citação mais completa.
[37] Romanos 4.6; 1Coríntios 1.30; Filipenses 3.9.

pessoalmente pecaminoso e merecedor do mal; e que a excelência moral da sua justiça nos é transferida, de modo que nos tome pessoalmente justos e louváveis." Não, o que foi transferido a Cristo não foi qualidades morais, mas consequências legais: ele voluntariamente aceitou a responsabilidade de nossos pecados. É isso o que significam as expressões "feito pecado" e "feito maldição". Da mesma forma, "a justiça de Deus" na qual nos transformamos quando estamos "em Cristo" não é justiça de caráter e conduta (embora essa cresça dentro de nós mediante a operação do Espírito Santo), antes, é uma posição justa diante de Deus.[38]

Quando revisamos todo esse material do Antigo Testamento (o derramamento e a aspersão de sangue, a oferta pelo pecado, a páscoa, a significação do "levar o pecado", o bode expiatório e Isaías 53), e consideramos a sua aplicação neotestamentária à morte de Cristo, somos obrigados a concluir que a cruz foi um sacrifício substitutivo. Cristo morreu por nós. Cristo morreu em nosso lugar. Deveras, como diz J. Jeremias, esse uso de imagens sacrificiais "tem a intenção de expressar o fato de que Jesus morreu sem pecado em substituição por nossos pecados".[39]

Quem é o substituto?

A questão-chave da qual agora temos de tratar é esta: exatamente quem foi o nosso substituto? Quem tomou o nosso lugar, levou o nosso pecado, tornou-se a nossa maldição, sofreu a nossa penalidade, morreu a nossa morte? É certo que "Deus prova o seu próprio amor para conosco, pelo fato de ter Cristo morrido por nós, sendo nós ainda pecadores" (Romanos 5.8). Essa seria a resposta simples, superficial. Mas quem foi esse Cristo? Como devemos pensar a respeito dele?

Foi ele apenas homem? Se assim for, como poderia um ser humano substituir a outros seres humanos? Então, foi ele apenas Deus, com a aparência de homem, mas na realidade não sendo o homem que aparentava? Se assim for, como poderia ele representar a humanidade? Além do mais, como poderia ele ter morrido? Nesse caso, devemos pensar em Cristo não como apenas homem nem como apenas Deus, mas antes, como o único Deus-homem que, por causa da sua pessoa singularmente constituída, foi singularmente qualificado para mediar entre Deus e o homem?

---

[38] Veja **Doctrine of Holy Scripture**, de T. J. Crawford, p. 444-445.
[39] Jeremias, Joachim. **Central Message**, p. 36.

Nossas respostas a estas questões determinarão se o conceito de expiação substitutiva é racional, moral, plausível, aceitável, e acima de tudo, bíblico. A possibilidade de substituição repousa na identidade do substituto. Portanto, necessitamos examinar com maior profundeza as três explicações que esbocei acima.

A primeira proposta é que o substituto foi o *homem Cristo Jesus*, visto como ser humano, e concebido como indivíduo separado de Deus e de nós, como um terceiro partido independente. Aqueles que começam com esse *a priori* expõem-se a compreensões gravemente distorcidas da expiação e assim difamam a verdade da substituição. Têm a tendência de representar a cruz de dois modos, dependendo de a iniciativa ter sido de Cristo ou de Deus. No primeiro caso representam a Cristo como intervindo a fim de pacificar um Deus irado e arrancar dele uma relutante salvação. No outro, atribui-se a Deus a intervenção, o qual então começa a punir ao Jesus inocente em nosso lugar, pecadores culpados, merecedores do castigo. Em ambos os casos Deus e Cristo estão separados: ou Cristo persuade a Deus ou Deus pune a Cristo. O que as duas representações têm em comum é o fato de denegrirem o Pai. Relutando em sofrer, Deus vitima a Cristo. Relutando ele em perdoar, Cristo o convence a fazê-lo. Ele é visto como um bicho-papão impiedoso cuja ira tem de ser apaziguada, cuja má vontade em agir tem de ser vencida pelo autossacrifício amoroso de Jesus.

Interpretações rudes da cruz como essas ainda emergem em alguns de nossos exemplos evangélicos, como acontece quando descrevemos a vinda de Cristo para livrar-nos do juízo de Deus, ou quando o retratamos no bode expiatório que é punido em lugar do verdadeiro culpado, ou como o condutor de eletricidade ao qual a carga letal de energia é desviada.

Há, é claro, alguma justificação na Escritura para ambos os tipos de formulações, ou jamais teriam sido desenvolvidas por cristãos cujo desejo e reivindicação é serem bíblicos.

Assim, diz-se que Jesus Cristo é a "propiciação" de nossos pecados e nosso "advogado" com o Pai (1João 2.2), o que à primeira vista sugere que ele morreu a fim de aplacar a ira de Deus e agora intercede a fim de persuadi-lo a perdoar-nos. Mas outras partes da Escritura proíbem-nos de interpretar a linguagem da propiciação e advocacia dessa maneira, como veremos no próximo capítulo. A noção inteira de um Cristo compassivo induzindo um Deus relutante a agir em nosso favor soçobra no fato do amor divino. Não houve *Umstimmung* em Deus,

Cristo não assegurou uma mudança de mente ou de coração. Pelo contrário, a iniciativa salvadora teve origem nele. Foi por causa da "entranhável misericórdia de nosso Deus" (Lucas 1.78) que Cristo veio, "por causa do grande amor com que nos amou",[40] "porquanto a graça de Deus se manifestou salvadora" (Tito 2.11).

Quanto à outra formulação (de que Deus castigou a Jesus pelos nossos pecados), é verdade que os pecados de Israel eram transferidos ao bode expiatório, que "o Senhor fez cair" sobre ele, o seu servo sofredor, a iniquidade de todos nós (Isaías 53.6), que "ao Senhor agradou moê-lo" (Isaías 53.10), e que Jesus aplicou a si mesmo a profecia de Zacarias de que Deus feriria "o pastor".[41] É também verdade que o Novo Testamento diz que Deus "enviou o seu Filho como propiciação pelos nossos pecados" (1João 4.9-10), entregou-o por nós,[42] "a quem Deus propôs, no seu sangue, como propiciação" (Romanos 3.25), "condenou Deus, na carne, o pecado" (Romanos 8.3), e "o fez pecado por nós" (2Coríntios 5.21). Essas afirmativas são admiráveis. Porém, não temos a liberdade de interpretá-las de modo que sugiram que ou Deus impeliu a Jesus a fazer o que ele próprio não estava disposto a fazer, ou que Jesus foi uma vítima relutante da dura justiça de Deus. Jesus Cristo deveras levou a penalidade de nossos pecados, mas Deus estava agindo na obra de Cristo e por meio dela, e Cristo desincumbia-se de sua parte livre e espontaneamente (*e.g.* Hebreus 10.5-10).

Portanto não devemos dizer que Deus estava castigando a Jesus ou que Jesus estava sendo persuadido por Deus, pois fazê-lo é lançar um contra o outro como se agissem independentemente um do outro ou estivessem em conflito um com o outro. Jamais devemos fazer de Cristo o objeto do castigo de Deus, nem de Deus o objeto da persuasão de Cristo, pois tanto Deus quanto Cristo eram sujeitos e não objetos, tomando a iniciativa juntos de salvar os pecadores. O que aconteceu na cruz em termos de "abandono da parte de Deus" foi voluntariamente aceito por ambos no mesmo santo amor que tornou necessária a expiação. Foi "Deus em nossa natureza abandonado de Deus".[43] Se o Pai "deu o Filho", o Filho "deu a si mesmo". Embora o "cálice" do Getsêmani simbolizasse a ira de Deus, ele foi "dado" pelo Pai (João 18.11) e voluntariamente "tomado" pelo Filho.

---

[40] Efésios 2.4; cf. João 3.16; 1João 4.9,10.
[41] Zacarias 13.7; Marcos 14.27.
[42] Atos 2.23; Romanos 8.32.
[43] MURRAY, John. **Redemption Accomplished**, p. 77.

Embora o Pai tenha "enviado" o Filho, o mesmo Filho "veio". O Pai não colocou sobre o Filho uma carga que este não estava disposto a carregar, nem o Filho extraiu do Pai uma salvação que este estava relutante a conceder. Não há em lugar algum do Novo Testamento discórdia entre o Pai e o Filho, "quer pelo Filho arrebatando perdão de um Pai indisposto quer pelo Pai exigindo um sacrifício de um Filho indisposto".[44] Não houve relutância de nenhuma parte. Pelo contrário, as vontades deles coincidiram no perfeito sacrifício de amor.

Se então o nosso substituto não foi Cristo somente como um terceiro partido independente de Deus, é a verdade que *Deus somente* tomou o nosso lugar, levou o nosso pecado e morreu a nossa morte? Se não podemos exaltar a iniciativa de Cristo ao ponto de praticamente eliminar a contribuição do Pai, podemos inverter os papéis, e atribuir a iniciativa e a realização toda ao Pai, assim praticamente eliminando a Cristo? Pois se o próprio Deus fez tudo o que era necessário para a nossa salvação, será que isso não tornaria a Cristo redundante?

Essa solução proposta ao problema é, à primeira vista, teologicamente atraente, pois evita todas as distorções que se levantam quando se concebe a Jesus como um terceiro partido. Como vimos no capítulo anterior, é Deus que, como santo amor, deve satisfazer a si mesmo. Ele não estava disposto a agir em amor a expensas da sua santidade ou em santidade a expensas do seu amor. De modo que podemos dizer que ele satisfez ao seu santo amor ao morrer ele mesmo a morte e assim levar o juízo que os pecadores mereciam. Ele exigiu e ao mesmo tempo aceitou a penalidade do pecado humano. E o fez "para ele mesmo ser justo e o justificador daquele que tem fé em Jesus" (Romanos 3.26). Agora não há dúvida quanto ao Pai infligir castigo ao Filho ou de o Filho intervir em nosso favor com o Pai, pois é o próprio Pai que, em seu amor toma a iniciativa, leva a penalidade do pecado em si mesmo, e morre. Assim a prioridade não é a "exigência do homem sobre Deus", nem a "exigência de Deus sobre os homens", mas supremamente a "exigência de Deus sobre Deus, Deus cumprindo sua própria exigência".[45]

Muitos teólogos, antigos e atuais, representando diferentes tradições, têm visto a necessidade de acentuar que o próprio Deus estava na cruz, e têm, portanto, expressado a sua compreensão da expiação nesses termos.

---

[44] MARSHALL, I. H. **Work of Christ**, p. 74.
[45] FORSYTH, J. T. **Justification of God**, p. 35.

"Deus morrendo pelo homem", escreveu P. T. Forsythe. "Não tenho medo dessa frase; não posso deixá-la de lado. Deus morrendo pelos homens, e por homens tais — homens hostis, malignamente hostis".[46] Repito, porque "a santidade de Deus [...] não tem sentido sem o juízo", a única coisa que Deus não podia fazer em face da rebeldia humana era nada. "Ele deve ou infligir o castigo ou assumi-lo. E ele escolheu o último caminho, honrando a lei ao mesmo tempo que salvando o réu. Ele levou o seu próprio juízo.[47]

Foi o "próprio Deus" dando-se a si mesmo por nós. Karl Barth não hesitou em usar essas palavras. "O próprio coração de Deus sofreu na cruz", acrescentou ele. "Ninguém mais, mas o próprio Filho de Deus, e daí o próprio Deus eterno [...]".[48] Da mesma forma, Stephen Neill escreveu: "Se a crucificação de Jesus [...] é de algum modo, como os cristãos têm crido, o morrer do próprio Deus, então [...] podemos compreender com que Deus se parece."[49] E hinos de devoção popular têm ecoado essa observação, como esta frase de Carlos Wesley:

> Espantoso amor! Como pode ser
> Que tu, meu Deus, morresse por mim?

O motivo pelo qual tanto os cristãos eruditos quanto os mais simples têm podido usar esse tipo de linguagem é, claro, que a Escritura o permite. Quando os apóstolos escreveram acerca da cruz, com frequência indicaram mediante uma expressão conhecida quem foi que morreu ali e lhe deu a sua eficácia. Assim, aquele que se humilhou até à morte numa cruz não foi outro senão aquele que "subsistindo em forma de Deus" fez-se nada a fim de tomar-se humano e morrer (Filipenses 2.6-8). Foi o "Senhor da glória" a quem os poderosos deste século crucificaram (1Coríntios 2.8). E o sangue em que as vestes dos redimidos foram purificadas é o do Cordeiro que partilha o centro do trono de Deus (Apocalipse 5.6,9; 7.9). Além do mais, a lógica da carta aos Hebreus requer que digamos que foi Deus quem morreu. Ela joga com a similaridade entre

---

[46] FORSYTH, J. T. **Work of Christ**, p. 25.
[47] FORSYTH, J. T. **Cruciality of the Cross**, p. 205-206.
[48] BARTH, Karl. **Church Dogmatics**, II.1, p. 446 ss. Veja também p. 396-403.
[49] NEILL, S. C. Christian Faith Today, p. 159.

"aliança" e "testamento". Os termos de um testamento entram em vigor somente depois da morte do testador. De modo que aquele que faz as promessas em seu testamento primeiro tem de morrer para que os legados sejam recebidos. Visto, pois, que as promessas em questão são promessas de Deus, a morte deve ser a morte de Deus (Hebreus 9.15-17).

Há outro versículo que não devemos passar por alto. Ocorre no discurso de despedida que Paulo fez em Mileto aos anciãos da igreja efésia. O rebanho sobre o qual o Espírito Santo os havia feito superintendentes e pastores, diz ele, nada mais é que a "igreja de Deus, a qual ele comprou com o seu próprio sangue" (Atos 20.28). É verdade que o texto é incerto (alguns manuscritos trazem "a igreja do Senhor", referindo-se a Cristo, em vez de a "igreja de Deus"), e também o é a tradução (pode significar a "igreja de Deus a qual ele comprou com o sangue do seu próprio", referindo-se, de novo, a Cristo). Entretanto, o texto parece exigir que se leia "a igreja de Deus" e "seu próprio sangue". Pois o propósito de Paulo é lembrar aos presbíteros o precioso valor da igreja a que haviam sido chamados para servir. É a igreja de Deus. O Espírito de Deus nomeou-os líderes dela, e o preço pago por sua compra na realidade é o "sangue de Deus" — uma frase quase chocante usada por alguns dos Pais da igreja como Inácio e Tertuliano,[50] e que os clérigos medievais continuaram a usar, embora frequentemente como um juramento.

Apesar dessa justificação bíblica, contudo, versículo algum declara especificamente que o "próprio Deus" morreu na cruz. A Escritura dá testemunho da divindade da pessoa que se entregou por nós, mas não chega à afirmação inequívoca de "Deus ter morrido". Não precisamos ir longe em busca das razões dessa omissão. Primeiro, a imortalidade pertence ao ser essencial de Deus ("Deus [...] o único que possui imortalidade", 1Timóteo 6.16), e, portanto, não pode morrer. De modo que ele se tornou homem, a fim de poder fazê-lo: "Visto, pois, que os filhos têm participação comum de carne e sangue, destes também ele, igualmente, participou, para que, por sua morte, destruísse aquele que tem o poder da morte,

---

[50] Inácio refere-se ao "sangue de Deus" e ao "sofrimento do meu Deus" nas versões mais curtas de suas cartas aos Efésios (cap. I) e aos Romanos (cap. VI) respectivamente. Em seu **De Carne Christi**, Tertuliano é ainda mais explícito. "Não foi Deus realmente crucificado?" pergunta ele. De fato, foi ele quem primeiro usou a espantosa expressão "um Deus crucificado" (cap. V). Outro exemplo é Gregório de Nazianzus, que escreveu do "precioso e nobre sangue de nosso Senhor [...]" (*Orat.* XIV.22).

a saber, o diabo" (Hebreus 2.14). Da mesma forma, ele se tornou homem a fim de ser o "Mediador entre Deus e os homens" (1Timóteo 2.5).

O segundo motivo pelo qual é errado dizer que "Deus morreu" é que "Deus" no Novo Testamento frequentemente significa "o Pai" (*e.g.* "Deus enviou seu Filho"), e a pessoa que morreu na cruz não foi o Pai mas o Filho. No início do terceiro século A.D. alguns negaram essa posição. Tinham dificuldade em entender a doutrina da Trindade e achavam que não podiam crer no Pai, no Filho e no Espírito sem se tornar triteístas. De modo que começaram a enfatizar a unidade de Deus, e então falaram do Pai, do Filho e do Espírito não como três "pessoas" distintas e eternas dentro da Divindade, mas, antes, como os três modos "temporais" mediante os quais Deus sucessivamente se revelou. Daí terem recebido o nome de "modalistas". O Pai tornou-se o Filho, ensinavam eles, e então o Filho tornou-se o Espírito. Recebiam também a referência de "sabelianos" por causa de Sabélio, um dos seus dirigentes. Outro foi Praxeas, cujo ensino nos chegou através da poderosa refutação de Tertuliano. Praxeas ensinava (ou, segundo Tertuliano, o diabo ensinava por meio dele) "que o próprio Pai desceu à virgem, nasceu dela, sofreu, deveras foi o próprio Jesus Cristo". Visto que Praxeas também se opunha aos montanistas, que têm sido vagamente descritos como os carismáticos da época, Tertuliano continuou: "Praxeas prestou um serviço duplo ao diabo em Roma; ele expulsou a profecia e trouxe a heresia; ele fez fugir o Paracleto, e crucificou o Pai".[51] A absurda noção de que o Pai fora crucificado levou os críticos dos seguidores de Praxeas a dar-lhes o apelido de "patripassianos" (os que ensinavam que o Pai havia sofrido). Contra esse ensino Tertuliano instava: "Estejamos contentes com dizer que Cristo morreu, o Filho do Pai; *e que isto seja suficiente*, porque as Escrituras nos disseram tanto."[52]

Um desvio mais ou menos similar levantou-se no sexto século em Constantinopla, o qual veio a ser conhecido como "teopasitismo" (a crença de que Deus sofreu). Seus adeptos rejeitaram a definição do Concílio de Calcedônia (A.D. 451) de que Jesus, embora uma única pessoa, possuía duas naturezas, sendo verdadeiramente Deus e verdadeiramente homem. Em vez disso, eles eram "monofisitas", ensinando que Cristo possuía uma única natureza composta (*fisis*,

---

[51] TERTULIANO. Adversus Praxean, cap. I.
[52] TERTULIANO. Adversus Praxean, cap. XXIV.

"natureza"), que era essencialmente divina. Assim desvalorizando a humanidade de Jesus, naturalmente acentuavam que Deus sofreu nele e por meio dele.

Embora essas controvérsias nos pareçam muito remotas no século vinte, precisamos tomá-las como advertências. Uma ênfase exagerada aos sofrimentos de Deus na cruz pode levar-nos a confundir as pessoas da Trindade e negar a distinção eterna do Filho, à semelhança dos modalistas ou patripassianos, ou em confundir as naturezas de Cristo, e negar que ele foi uma única pessoa em duas naturezas, como os monofisitas ou teopascitas. É verdade que, visto Jesus ter sido Deus e homem, o Concílio de Éfeso (A.D. 431) declarou ser correto referir-se à virgem Maria como *theotokos* ("mãe de Deus"). Similarmente, e pela mesma razão, parece-nos permissível referir-se ao sofrimento de Deus na cruz. Pois se Deus pôde nascer, por que é que também não podia morrer? O valor dessas expressões é que eliminam a possibilidade de pensar-se em Jesus como um terceiro partido dependente. Não obstante, as palavras "theotokos" e "teopascita", ainda que tecnicamente legítimas, induzem ao erro porque acentuam a deidade da pessoa que nasceu e morreu, sem fazer referência comparável à sua humanidade. Seria mais prudente dizer-se, em vez disso, o que os autores do Novo Testamento disseram, fielmente ecoado pelo Credo dos Apóstolos, a saber, que aquele que "foi concebido pelo Espírito Santo, nasceu da virgem Maria, sofreu sob Pôncio Pilatos, foi crucificado, morreu e foi sepultado" não era "Deus", muito menos o Pai, mas "Jesus Cristo, seu único Filho, nosso Senhor". Os apóstolos esclareciam essa afirmativa ainda mais, enfatizando a obediência voluntária do Filho ao Pai.[53]

Deus em Cristo

Portanto nosso substituto, que tomou o nosso lugar e morreu a nossa morte na cruz, não foi Cristo somente (visto que tal coisa faria dele um terceiro partido atirado entre Deus e nós), nem Deus somente (visto que tal coisa minaria a encarnação histórica), mas *Deus em Cristo*, que foi verdadeiramente e completamente Deus e homem, e que, por causa disso, foi singularmente qualificado para representar tanto a Deus quanto o homem e mediar entre eles. Se falarmos somente do sofrimento e morte de Cristo, menosprezamos a iniciativa do Pai. Se falarmos somente do sofrimento e morte de Deus, passamos por alto a mediação do Filho. Os autores do Novo Testamento jamais

---

[53] Exemplo: Romanos 5.12-19; Gálatas 4.4; Filipenses 2.7-8; Hebreus 5.8.

atribuem a expiação nem a Cristo de modo que o separe do Pai, nem a Deus de tal maneira que Cristo seja dispensado, mas, antes, a Deus e a Cristo, ou a Deus agindo em Cristo e por meio dele com sua concorrência total.

A evidência do Novo Testamento acerca do que acabamos de dizer é clara. Ao examiná-la, parece lógico iniciar com o anúncio do nascimento do Messias. Os nomes que ele recebeu foram Jesus ("Salvador divino" ou "Deus salva") e Emanuel ("Deus conosco"). Pois no seu nascimento e por meio dele o próprio Deus tinha vindo resgatar o seu povo, salvá-los dos seus pecados (Mateus 1.21-23). De modo igual, segundo Lucas, o Salvador que havia nascido não era apenas, de acordo com a expressão familiar, o Cristo do Senhor, o ungido do Senhor, mas, na realidade, "Cristo o Senhor", ele mesmo tanto Messias quanto Senhor (Lucas 2.11).

Quando o ministério público de Jesus teve início, sua autoconscientização confirmou que Deus estava operando nele e por meio dele. Pois embora ele tivesse falado em "agradar ao Pai" (João 8.29) e "obedecer" a ele (João 15.10), em fazer a sua vontade e terminar o seu trabalho,[54] contudo, essa entrega era inteiramente voluntária, de modo que a sua vontade e a do Pai sempre estavam em perfeita harmonia.[55] Mais que isso, segundo João ele falou de uma "habitação" mútua, ele no Pai e o Pai nele, até mesmo uma "união" entre eles.[56]

Essa convicção de que o Pai e o Filho não podem ser separados, especialmente quando estamos pensando na expiação, visto que o Pai estava agindo por meio do Filho, vem à sua expressão mais plena em algumas das grandes observações de Paulo acerca da reconciliação. Por exemplo, "tudo provém de Deus" (referindo-se à obra da nova criatura, 2Coríntios 5.17,18), que "nos reconciliou consigo mesmo por meio de Cristo" e "estava em Cristo reconciliando consigo o mundo" (v. 18 e 19). Não parece ter muita importância onde, ao traduzir-se o grego, colocamos as expressões "por meio de Cristo" e "em Cristo". O importante é que Deus e Cristo estavam juntos ativos na obra da reconciliação, deveras que foi em Cristo e por meio dele que Deus estava efetuando a reconciliação.

Dois outros importantes versículos paulinos forjam um elo indissolúvel entre a pessoa e a obra de Cristo, indicando assim que ele só foi capaz de fazer o que fez porque era quem era. Ambos falam que a "plenitude" de Deus habitava nele e operava por meio dele (Colossenses 1.19,20; 2.9). Essa obra é retratada

---

[54] Exemplo: João 4.34; 6.38-39; 17.4; 19.30.

[55] Exemplo: João 10.18; Marcos 14.36; Hebreus 10.7 (Salmos 40.7-8).

[56] Exemplo: João 14.11; 17.21-23; 10.30.

de vários modos, mas atribui-se tudo à plenitude de Deus que residia em Cristo — reconciliando consigo todas as coisas, fazendo a paz pelo sangue da cruz, ressuscitando-nos com Cristo, perdoando todos os nossos pecados, cancelando a dívida que existia contra nós, levando-a, pregando-a na cruz, e desarmando os principados e potestades, triunfando sobre eles ou "pela" cruz ou "nele" (Cristo).

Anselmo tinha razão ao dizer que somente o *homem devia* fazer reparação pelos seus pecados, visto que foi ele que pecou. E também tinha igual razão em dizer que somente *Deus podia* fazer a reparação necessária, visto que foi ele quem a exigiu. Jesus Cristo é, pois, o único Salvador, visto que é a única pessoa em quem "devemos" e "podemos" ser unidos, sendo ele mesmo tanto Deus quanto homem. A fraqueza da formulação de Anselmo, provavelmente em virtude de sua formação cultural no feudalismo medieval, é ter ele dado ênfase exagerada à humanidade de Cristo, visto que o homem pecador deve pagar a dívida em que incorreu e reparar o dano que fez. Mas a ênfase do Novo Testamento recai mais sobre a iniciativa de Deus, que "enviou" ou "deu" ou "entregou" seu Filho por nós,[57] e que, portanto, participou dos sofrimentos do seu Filho.

George Buttrick escreveu acerca de um quadro que se encontra numa igreja italiana, embora não o tenha identificado. À primeira vista é como qualquer outra pintura da crucificação. Quando a pessoa o examina mais atentamente, contudo, percebe a diferença, pois "há uma grande e ensombreada Figura atrás da figura de Jesus. O cravo pregado na mão de Jesus atravessa até a mão de Deus. A lança que lhe trespassa o lado chega até Deus."[58]

Começamos mostrando que Deus deve "satisfazer a si mesmo", respondendo às realidades da rebeldia humana de um modo que seja perfeitamente consoante com o seu caráter. Essa necessidade interna é o nosso ponto de partida fixo. Em consequência, seria impossível para nós pecadores permanecer eternamente os únicos objetos de seu santo amor, visto que ele não pode ao mesmo tempo punir-nos e perdoar-nos. Daí a segunda necessidade, a saber, a substituição. A única maneira de o santo amor de Deus ser satisfeito é a sua santidade ser dirigida em juízo sobre o substituto por ele designado, a fim de que o seu amor possa ser dirigido a nós em perdão. O substituto sofre a penalidade para que nós pecadores possamos receber o perdão. Quem, pois, é o substituto? Certamente não é Cristo, se ele for visto como um terceiro partido. Toda noção de substituição penal em que três atores independentes desempenham um

---

[57] Exemplo: Gálatas 4.4; 1João 4.14; João 3.16; Romanos 8.32.

[58] BUTTRICK, George A. **Jesus Came Preaching**, p. 207.

papel — o partido culpado, o juiz punitivo e a vítima inocente — deve ser repudiada com extrema veemência. Não apenas seria injusta em si mesma mas também refletiria uma cristologia deficiente. Pois Cristo não é uma terceira pessoa independente, mas o eterno Filho do Pai, que é um com o Pai em seu ser essencial.

O que vemos, portanto, no drama da cruz não são três atores, mas dois, nós mesmos de um lado e Deus, do outro. Não Deus como ele é em si mesmo (o Pai), mas Deus, entretanto, Deus-feito-homem-em-Cristo (o Filho). Daí a importância das passagens do Novo Testamento que falam da morte de Cristo como a morte do Filho de Deus; por exemplo: "Deus amou o mundo de tal maneira que deu seu Filho unigênito", "Aquele que não poupou a seu próprio Filho", e "fomos reconciliados com Deus mediante a morte do seu Filho".[59] Pois ao dar o seu Filho ele estava dando a si mesmo. Sendo isso verdade, é o próprio Juiz que em santo amor assumiu o papel da vítima inocente, pois na pessoa do seu Filho, e por meio dela, ele mesmo levou a penalidade que ele próprio infligiu. Como disse Dale: "a misteriosa unidade do Pai e do Filho tornou possível que Deus ao mesmo tempo sofresse e infligisse sofrimento penal".[60] Não há injustiça severa nem amor sem princípios nem heresia cristológica nisso; há somente insondável misericórdia. Pois a fim de nos salvar de tal modo que satisfizesse a si mesmo, Deus por meio de Cristo substituiu-se a si mesmo por nós. O amor divino triunfou sobre a ira divina mediante o divino autossacrifício. A cruz foi um ato simultâneo de castigo e anistia, severidade e graça, justiça e misericórdia.

Vistas desse modo, as objeções a uma expiação substitutiva se evaporam. Nada há nem mesmo remotamente imoral aqui, visto que o substituto dos infratores da lei não é outro senão o próprio Legislador. Também não há transação mecânica, visto que o autossacrifício do amor é a mais pessoal de todas as ações. E o que é alcançado por meio da cruz não é uma mera troca externa de posição, pois os que veem nela o amor de Deus, e são unidos a Cristo através do seu Espírito, transformam-se radicalmente em aparência e caráter.

Rejeitamos fortemente, portanto, toda explicação da morte de Cristo que não possui no centro o princípio da "satisfação através da substituição", em verdade, a autossatisfação divina através da autossubstituição divina. A cruz não foi uma troca comercial feita com o diabo, muito menos uma transação que o tenha tapeado e apanhado numa armadilha; nem um equivalente exato, um *quid pro quo* que satisfizesse um código de honra ou um ponto técnico

---

[59] João 3.16; Romanos 8.32 e 5.10.
[60] DALE, R. W. **Atonement**, p. 393.

da lei; nem uma submissão compulsória da parte de Deus a uma autoridade moral acima dele da qual ele, de outra forma, não poderia escapar; nem um castigo de um manso Cristo por um Pai severo e punitivo; nem uma procuração de salvação por um Cristo amoroso de um Pai ruim e relutante; nem uma ação do Pai que deixasse de lado a Cristo como Mediador. Em vez disso, o Pai justo e amoroso humilhou-se, tornando-se em seu Filho unigênito e por meio dele carne, pecado e maldição por nós, a fim de remir-nos sem comprometer o seu próprio caráter. Necessitamos cuidadosamente definir e salvaguardar os termos teológicos "satisfação" e "substituição", mas não podemos, em circunstância alguma, abrir mão deles. O evangelho bíblico da expiação é Deus satisfazendo-se a si mesmo e substituindo-se a si mesmo por nós.

Pode-se dizer, portanto, que o conceito da substituição está no coração tanto do pecado quanto da salvação. Pois a essência do pecado é o homem substituindo-se a si mesmo por Deus, ao passo que a essência da salvação é Deus substituindo-se a si mesmo pelo homem. O homem declara-se contra Deus e coloca-se onde Deus merece estar; Deus sacrifica-se a si mesmo pelo homem e coloca-se onde o homem merece estar. O homem reivindica prerrogativas que pertencem somente a Deus; Deus aceita penalidades que pertencem ao homem somente.

Se a essência da expiação é a substituição, seguem-se pelo menos duas importantes inferências, a primeira teológica e a segunda pessoal. A inferência teológica é que é impossível manter-se a doutrina histórica da cruz sem se manter a doutrina histórica de Jesus Cristo como único Deus-homem e Mediador. Como já vimos, nem Cristo somente como homem nem o Pai somente como Deus podia ser nosso substituto. Somente Deus em Cristo, o unigênito Filho do próprio Deus Pai feito homem, podia tomar o nosso lugar. Na raiz de cada caricatura da cruz jaz uma cristologia distorcida. A pessoa e a obra de Cristo vão juntas. Se ele não é quem os apóstolos dizem que é, então não podia ter feito o que dizem que fez. A encarnação é indispensável à expiação. Em particular, é essencial à afirmação de que o amor, a santidade e a vontade do Pai são idênticos ao amor, santidade e vontade do Filho. Deus estava em Cristo reconciliando consigo o mundo.

Talvez nenhum outro teólogo do século vinte tenha visto essa verdade mais claramente, ou a tenha expressado mais vigorosamente, do que Karl Barth.[61] A cristologia, insistia ele, é a chave da doutrina da reconciliação. E cristologia significa confessar que Jesus Cristo, o Mediador, repetiu ele várias vezes, é "o próprio

---

[61] BARTH, Karl. **Church Dogmatics**, IV.1.

Deus, o próprio homem, e o próprio Deus-homem". Há, pois, "três aspectos cristológicos" ou "três perspectivas" para a compreensão da expiação. O primeiro é que "em Jesus Cristo temos de ver com o próprio Deus. A reconciliação do homem com Deus acontece quando o próprio Deus ativamente intervém". O segundo é que "em Jesus Cristo temos de ver com o verdadeiro homem [...]. É assim que ele se torna o reconciliador entre Deus e o homem". O terceiro é que, embora sendo o próprio Deus e o próprio homem, "Jesus Cristo é um. Ele é o Deus-homem". Somente quando se afirma esse relato bíblico de Jesus Cristo, pode-se compreender a singularidade de seu sacrifício expiador. A iniciativa está "com o próprio Deus eterno, que se deu a si mesmo em seu Filho para ser homem, e, como homem, tomar sobre si mesmo esta paixão humana [...]. É o juiz que nesta paixão toma o lugar daqueles que deviam ser julgados, que nesta paixão permite ser julgado em lugar deles". "A paixão de Jesus Cristo é o juízo de Deus, na qual o próprio Juiz foi julgado".

A segunda inferência é pessoal. A doutrina da substituição afirma não apenas um fato (Deus em Cristo substituiu-se por nós), mas também a sua necessidade (não havia outro meio pelo qual o santo amor de Deus pudesse ser satisfeito e os seres humanos rebeldes pudessem ser salvos). Portanto, enquanto permanecemos perante a cruz, começamos a ganhar uma visão clara tanto de Deus quanto de nós mesmos, especialmente em relação um ao outro. Em vez de infligir sobre nós o juízo que merecíamos, Deus em Cristo o suportou em nosso lugar. A única alternativa é o inferno. É este o "escândalo", a pedra de tropeço, da cruz. Pois nosso coração orgulhoso se rebela contra ela. Não podemos suportar o conhecimento ou a seriedade do nosso pecado ou culpa da nossa dívida total para com a cruz. Certamente, dizemos, deve haver algo mais que possamos fazer, ou pelo menos algo com que possamos contribuir, a fim de fazer reparação? Ainda que não o digamos, com frequência damos a impressão de que preferiríamos sofrer o nosso próprio castigo a ter a humilhação de ver a Deus por meio de Cristo suportá-lo em nosso lugar.

Insistimos em pagar pelo que fizemos. Não podemos suportar a humilhação de reconhecer a nossa bancarrota e permitir que alguém mais pague por nós. A noção de que esse alguém mais possa ser o próprio Deus é demais para nós. Preferiríamos perecer a arrepender-nos, preferiríamos perder-nos a humilhar-nos.

Além do mais, somente o evangelho exige uma auto-humilhação tão abjeta da nossa parte, pois somente ele ensina a substituição divina como o único meio de salvação. Outras religiões ensinam diferentes formas de autossalvação. O hinduísmo, por exemplo, faz da recusa em admitir a pecaminosidade uma virtude. Numa preleção perante o Parlamento de Religiões em Chicago em 1893, o Swami

Vivekananda disse: "O hindu recusa-se a vos chamar pecadores. Vós sois os filhos de Deus; os participantes de bênção imortal, seres santos e perfeitos. Vós, divindades sobre a terra, pecadores? É pecado chamar o homem de pecador. É um libelo sobre a natureza humana." Além do mais, se for preciso admitir que os seres humanos pecam, então o hinduísmo insiste em que podem salvar-se a si mesmos.[62]

Como disse Brunner: "Todas as outras formas de religião — sem mencionar a filosofia — tentam resolver o problema da culpa à parte da intervenção divinal, e, portanto, chegam a uma conclusão *barata*. Nelas o homem é poupado da humilhação final de saber que, em vez dele, o Mediador é quem deve levar o castigo. A esse jugo ele não precisa submeter-se. Ele não é deixado totalmente nu."[63]

Mas não podemos fugir à vergonha de nos apresentarmos nus na presença de Deus. Não adianta tentarmos cobrir-nos como Adão e Eva no jardim. Nossas tentativas de autojustificação são tão inúteis quanto as folhas de figueira do primeiro casal. Temos de reconhecer a nossa nudez, ver o substituto divino usando os nossos trapos imundos em nosso lugar, e permitir que ele nos vista com a sua própria justiça.[64] Ninguém jamais o disse melhor do que Augustos Toplady em seu hino imortal "Rocha Eterna":

> Nada posso, meu Senhor!
> Nada eu tenho a te ofertar!
> Sou tão só um pecador
> Teu amparo a suplicar.
> Rocha eterna, mostra, assim,
> Tua graça e amor por mim!

---

[62] Extraído de **Speeches and Writings**, de Swami Vivekananda, p. 38-39. Cf. p. 125. Veja também **Crises of Belief**, de S. C. Neill, p. 100.

[63] Brunner, Emil. **Mediator**, p. 474.

[64] Cf. Apocalipse 3.17-18.

Terceira Parte

A Realização da Cruz

Capítulo 7

A SALVAÇÃO DOS PECADORES

Movido pela perfeição do seu santo amor, Deus em Cristo substituiu-se por nós, pecadores. É esse o coração da cruz de Cristo. Ele nos leva agora a nos voltarmos do acontecimento para as suas consequências, do que aconteceu na cruz para o que ela alcançou. Por que tomou Deus o nosso lugar e levou o nosso pecado? O que realizou ele com seu autossacrifício e sua autossubstituição?

O Novo Testamento dá três respostas principais a essas perguntas, as quais podemos resumir com as palavras "salvação", "revelação" e "conquista". O que Deus fez em Cristo por meio da cruz é salvar-nos, revelar-se a si mesmo e vencer o mal. Neste capítulo enfocaremos a salvação mediante a cruz.

Seria difícil exagerar a magnitude das mudanças ocorridas como resultado da cruz, tanto em Deus quanto em nós, especialmente nos tratos de Deus conosco e em nosso relacionamento com ele. Verdadeiramente, quando Cristo morreu e ressurgiu dentre os mortos, raiou um novo dia, teve início uma nova era.

Esse novo dia é o "dia da salvação" (2Coríntios 6.2), e as bênções "de tão grande salvação" (Hebreus 2.3) são tão ricamente diversas que não podemos defini-las adequadamente. Seriam necessários muitos quadros para retratá-las. Assim como a igreja de Cristo é apresentada na Escritura como a sua noiva e o seu corpo, como as ovelhas do seu rebanho e os ramos da sua videira, como a sua nova humanidade, sua casa ou família, como templo do Espírito Santo e pilar e fortaleza da verdade, da mesma forma a salvação de Cristo é ilustrada através da vívida imagem de termos como "propiciação", "redenção", "justificação" e "reconciliação temas deste capítulo.

Além do mais, apesar de as imagens da igreja serem visualmente incompatíveis (não podemos perceber o corpo e a noiva de Cristo ao mesmo tempo), contudo, por trás de todas encontra-se a verdade de que Deus está chamando um povo para si mesmo, assim também apesar de as imagens da salvação serem incompatíveis (justificação e redenção conjuram respectivamente mundos diversos da lei e do comércio), contudo, por trás de todas encontra-se a verdade de que Deus em Cristo levou o nosso pecado e morreu a nossa morte a fim de nos libertar do pecado e da morte. Tais imagens são auxílios indispensáveis à compreensão humana dessa doutrina. E o que transmitem, por serem dadas por Deus, é verdadeiro. Entretanto, não devemos deduzir dessa afirmativa que compreender as imagens é esgotar o significado da doutrina. Pois além das imagens da expiação jaz o seu mistério, as profundas maravilhas que, penso eu, haveremos de explorar por toda a eternidade.

Acho que o termo "imagens" da salvação (ou da expiação) é melhor que "teorias" da salvação. Pois teorias em geral são conceitos abstratos e especulativos, ao passo que as imagens bíblicas da obra da expiação de Cristo são quadros concretos, e pertencem aos dados da revelação. Não são explicações alternativas da cruz, que nos proveem uma variação da qual escolhermos, mas complementares, cada uma contribuindo com uma parte vital ao todo. Quanto às imagens, a "propiciação" nos introduz aos rituais de um sacrário, a "redenção" às transações do mercado, a "justificação" aos procedimentos de um tribunal de lei, e a "reconciliação" às experiências de casa ou familiares. Meu argumento é que a "substituição" não é uma "teoria" ou "imagem" que deva ser colocada ao lado das outras, mas, pelo contrário, o fundamento de todas elas, sem o qual perdem a força de convencer. Se Deus em Cristo não tivesse morrido em nosso lugar, não poderia haver propiciação, nem redenção, nem justificação, nem reconciliação. Além do mais, todas as imagens têm início no Antigo Testamento, mas são elaboradas e enriquecidas no Novo, particularmente ao serem diretamente relacionadas a Cristo e à sua cruz.

PROPICIAÇÃO

Os cristãos ocidentais de gerações passadas tinham bastante familiaridade com a linguagem da "propiciação" em relação à morte de Cristo. Pois a Bíblia contém três afirmações explícitas, feitas a ela por Paulo e João:

> Paulo: "[...] Cristo Jesus; a quem Deus propôs, no seu sangue, como propiciação, mediante a fé" (Romanos 3.24,25).
>
> João: "Temos Advogado junto ao Pai, Jesus Cristo, o justo; e ele é a propiciação pelos nossos pecados [...]. Nisto consiste o amor, não em que nós tenhamos amado a Deus, mas que ele nos amou, e enviou o seu Filho como propiciação pelos nossos pecados" (1João 2.1,2; 4.10).

Embora nossos antepassados conhecessem bem esse tipo de linguagem, não quer dizer que se sentiam à vontade em usá-la. "Propiciar" alguém significa apaziguar ou pacificar a sua ira. Será, pois, que Deus se enraivece? Se assim for, podem ofertas ou rituais pacificar a sua ira? Ele aceita subornos? Tais conceitos parecem mais pagãos do que cristãos. É compreensível que animistas primitivos considerassem essencial aplacar a ira dos deuses, espíritos ou ancestrais, mas são noções como essas dignas do Deus dos cristãos? Será que não devíamos crescer e ultrapassá-las?

Em particular, devemos realmente crer que Jesus, mediante a sua morte, propiciou a ira do Pai, induzindo-o a abrir mão dela, e olhar para nós com favor em vez de ira?

Conceitos rudes de ira, sacrifício e propiciação devem, deveras, ser rejeitados. Não têm lugar na religião do Antigo Testamento, muito menos na do Novo. Isso não quer dizer, porém, que não há conceito bíblico dessas coisas. O que a Escritura nos revela é uma doutrina pura (da qual foram expurgadas todas as vulgaridades pagãs) da santa ira de Deus, seu autossacrifício amoroso em Cristo e a sua iniciativa de desviar a sua própria ira. É óbvio que "ira" e "propiciação" (o aplacar a ira) andam juntos. Quando a ira é expurgada de ideias indignas, a propiciação é também purgada. O oposto também é verdadeiro. São aqueles que não podem aceitar nenhum conceito da ira de Deus que repudiam todo o conceito de propiciação. Por exemplo, eis o que diz o professor A. T. Hanson: "Se você pensar na ira como uma atitude de Deus, não poderá evitar uma teoria de propiciação. Mas o Novo Testamento jamais fala da propiciação da ira, porque não a concebe como uma atitude de Deus."[1]

É esse mal-estar para com as doutrinas da ira e da propiciação que tem levado alguns teólogos a reexaminar o vocabulário bíblico. Têm-se concentrado num grupo particular de palavras o qual tem sido traduzido por termos "propiciatórios", a saber o substantivo *hilasmos* (1João 2.2; 4.10), o adjetivo *hilasterios* (Romanos 3.25, onde pode ter sido usado como substantivo) e o verbo *hilaskomai* (Hebreus 2.17; também Lucas 18.13 na passiva, que, talvez devesse ser traduzido por "ser propiciado — ou propício — a mim, pecador"). A pergunta crucial é se o objeto da ação expiatória é Deus ou o homem. Se for o primeiro, então a palavra correta é "propiciação" (pacificação de Deus); se o último, a palavra correta é "expiação" (ocupando-se com o pecado e com a culpa).

O teólogo britânico que liderou essa tentativa de reinterpretação foi C. H. Dodd.[2] Eis o seu comentário de Romanos 3.25: "o significado transmitido [...] é o da expiação, não o da propiciação. A maioria dos tradutores e dos comentaristas está errada".[3] Ele expressa opinião similar com relação a 1João 2.2, a saber, que a

---

[1] Hanson, A. T. **Wrath of the Lamb**, p. 192.

[2] C. H. Dodd contribuiu com um artigo sobre hilaskesthai ao Journal of Theological Studies, que subsequentemente foi publicado em seu livro **Bible and the Greeks**. A mesma tentativa de reinterpretar "propiciação" como "expiação" também é expressa em seus dois comentários do **Novo Testamento Moffatt** sobre Romanos e as Epístolas Joaninas.

[3] Dodd, C. H. **Bible and the Greeks**, p. 94. Veja também seu comentário da carta aos Romanos, p. 54-55.

expressão traduzida por "expiação por nossos pecados" é "ilegítima, aqui como em outros lugares".[4]

O argumento de C. H. Dodd, desenvolvido com sua costumeira erudição, era linguístico. Ele reconhecia que no grego pagão (tanto o clássico como o popular) o sentido normal do verbo *hilaskomai* era "propiciar" ou "aplacar" uma pessoa ofendida, especialmente uma divindade. Mas negou que era esse o seu significado no judaísmo helenístico, como evidenciado pela Septuaginta, ou no Novo Testamento. Ele argumentou que na Septuaginta *kipper* (o verbo hebraico para "expiar") às vezes era traduzido por outras palavras gregas que não *hilaskomai*, que significa "purificar" ou "perdoar"; que quando hilaskomai pode ser traduzido por *kipper* o significado é expiação ou remoção da impureza. Eis como ele resume o assunto: "O judaísmo helenístico, como representado pela Septuaginta, não vê o 'cultas' como um meio de pacificar o desprazer da Divindade, mas como um meio de livrar o homem do pecado."[5] Deveras, na Antiguidade, em geral cria-se que "a realização de rituais prescritos [...] tinha o valor, por assim dizer, de um poderoso desinfetante".[6] Portanto, conclui ele, as ocorrências de *hilaskomai* no grupo de palavras do Novo Testamento deviam ser interpretadas da mesma maneira. Por meio da sua cruz Jesus Cristo expiou o pecado; ele não propiciou a Deus.

A reconstrução do professor Dodd, embora aceita por muitos de seus contemporâneos e sucessores, foi submetida a rigorosa crítica por outros, em particular pelo dr. Leon Morris[7] e pelo dr. Roger Nicole.[8] Ambos mostraram que as conclusões de Dodd repousavam ou em evidência incompleta ou em deduções questionáveis. Por exemplo, a sua avaliação do grupo *hilaskomai* no judaísmo helenístico não faz referência (1) aos livros dos macabeus, embora pertençam à Septuaginta e contenham várias passagens que tratam da "ira do Todo-poderoso" sendo desviada ou (2) aos escritos de Josefo e de Filão, embora neles, como demonstra Friedrich

---

[4] DODD, C. H. **Johannine Epistles**, p. 25.

[5] DODD, C. H. **Bible and the Greeks**, p. 93.

[6] DODD, C. H. **Johannine Epistles**, p. 25-26.

[7] Leon Morris escreveu um artigo sobre *hilaskesthai* no **The Expository Times**, e então expandiu sua tese no livro **Apostolic Preaching**. Ele também desenvolveu e simplificou este livro em **Atonement**.

[8] O artigo do dr. Roger Nicole, intitulado "C. H. Dodd e a doutrina da propiciação" apareceu no **Westminster Theological Journal**, XVII.2 (1955), p. 117-157. Embora seja um estudo independente, ele reconhece alguma dívida a Leon Morris.

Buchsel, prevaleça o significado de "aplacar".[9] Quanto à compreensão do Novo Testamento dessas palavras, F. Buchsel ressalta o que C. H. Dodd passa por cima, que tanto na primeira carta de Clemente (final do primeiro século) como no "Pastor de Hermas" (começo do segundo) *hilaskomai* é claramente usada com referência à propiciação de Deus. Portanto, para que a teoria de Dodd seja correta acerca da Septuaginta e do uso do Novo Testamento, ele teria de manter que "formam um tipo de ilha linguística com poucos precedentes em tempos anteriores, pouca confirmação dos contemporâneos, e nenhum seguidor em anos posteriores!"[10]

Mas temos de declarar que a tese dele é incorreta. Até no próprio cânon do Antigo Testamento há vários exemplos em que *kipper* e *hilaskomai* são usadas com referência à propiciação da ira dos homens (como Jacó pacificando a Esaú com presentes e o sábio apaziguando a ira do rei[11]) ou de Deus (como Arão e Fineias que desviaram dos israelitas a ira divina[12]). Mesmo nas passagens em que a tradução natural é "fazer expiação pelo pecado", o contexto muitas vezes contém menção explícita à ira de Deus, o que implica que o pecado humano pode ser expiado somente pelo desvio dessa ira.[13] Esses exemplos, ressalta Roger Nicole, são coerentes com o "uso predominante no grego clássico e no coiné, em Josefo e Filão, nos escritores patrísticos e nos macabeus".[14] A conclusão de Leon Morris com relação ao Antigo Testamento é que, embora hilaskomai seja "uma palavra complexa", contudo, "o desvio da ira de Deus parece representar um substrato teimoso de significado do qual todos os usos podem ser naturalmente explicados".[15]

O mesmo é verdade quanto às ocorrências no Novo Testamento. A descrição de Jesus como o *hilasmos* em relação aos nossos pecados (1João 2.2; 4.10) podia ser compreendida como significando simplesmente que ele os tenha levado ou os tenha cancelado. Mas também se afirma que ele é nosso "Advogado junto ao Pai" (2.1), o que implica o desprazer daquele perante quem ele apela a nossa causa. Quanto à passagem de Romanos 3, o contexto é determinativo. Quer traduzamos

---

[9] Veja o artigo sobre o grupo de palavras *hilaskomai* de F. Buchsel e J. Hermann no **Theological Dictionary of the New Testament de Kittle**, v. III, p. 300-323.

[10] NICOLE, Roger. "C. H. Dodd..." cit., p. 132.

[11] Gênesis 32.20; Provérbios 16.14.

[12] Números 16.41-50 e 24.11-13. Cf. também Zacarias 7.2; 8.22; Malaquias 1.9.

[13] Exemplo: Êxodo 32.30 (cf. v. 10); Deuteronômio 21.19; 1Samuel 3.14; 26.19.

[14] NICOLE, R. "C. H. Dodd..." cit., p. 134.

[15] MORRIS, L. **Apostolic Preaching**, p. 155.

hilasterion no versículo 25 por "o lugar da propiciação" (isto é, propiciatório, como em Hebreus 9.5), quer por "o meio da propiciação (isto é, um sacrifício propiciatório), o Jesus que é assim descrito é designado por Deus como o remédio para a culpa universal humana sob a sua ira, ira que, para demonstrar, Paulo necessitou de dois capítulos e meio. Como Leon Morris justamente comenta: "A ira tem ocupado um lugar tão importante no principal argumento levantado nesta seção que somos justificados em procurar alguma expressão indicativa de seu cancelamento no processo que traz a salvação".[16] É verdade que em Hebreus 2.17 *hilaskomai* é um verbo transitivo, tendo por objeto "os pecados do povo". Poderia, portanto, ser traduzido por "expiar" ou "fazer expiação". Contudo, esse significado não é indubitável.

Se concedermos que C. H. Dodd tenha perdido o seu argumento linguístico, ou que, pelo menos, não "provou" o seu caso, e que o grupo de palavras *hilaskomai* significa "propiciação" e não "expiação", resta-nos ainda como retratar a ira de Deus e o seu desvio. É fácil caricaturá-las de tal modo que as despeçamos como ridículas. Foi isso o que fez William Neil na seguinte passagem:

> É digno de nota que a escola teológica de "fogo e enxofre" que se deleita em ideias como as que dizem que Cristo foi feito um sacrifício a fim de apaziguar um Deus irado, ou que a cruz foi uma transação legal na qual uma vítima inocente é forçada a pagar a pena dos crimes de outro, uma propiciação de um Deus severo não encontra apoio em Paulo. Estas noções entraram na teologia cristã por meio da mente legalista dos clérigos medievais; não são cristianismo bíblico.[17]

Mas é claro que isso não é nem o Cristianismo da Bíblia em geral, nem o de Paulo em particular. É de duvidar que alguém jamais tenha crido em construção tão grosseira como essa. Pois são noções pagãs da propiciação, recobertas somente por uma capa cristã muito fina. Se quisermos desenvolver uma doutrina da propiciação verdadeiramente bíblica, necessitaremos distingui-la das ideias pagãs em três pontos cruciais, relacionados ao motivo da necessidade da propiciação, quem a fez e o que ela é.

---

[16] Ibid., p. 169. Em sua grande pesquisa, **Cross in the New Testament,** Leon Morris escreve: "Por toda a literatura grega, tanto bíblica quanto secular, hilasmos significa 'propiciação'. Agora não podemos resolver que gostamos mais de outro significado" (p. 349).

[17] NEIL, William. **Apostle Extraordinary,** p. 89-90.

Primeiro, o motivo pelo qual a propiciação é necessária é que o pecado suscita a ira de Deus. Isso não quer dizer (como temem os animistas) que ele é capaz de explodir à mais trivial provocação, muito menos que ele perde as estribeiras por nenhum motivo aparente. Pois nada há de caprichoso ou arbitrário no santo Deus. Nem jamais ele é irascível, malicioso, rancoroso ou vingativo. A ira dele não é misteriosa nem irracional. Jamais é imprevisível, mas sempre previsível por ser provocada pelo mal e pelo mal somente. A ira de Deus, como examinamos com mais detalhes no capítulo 4, é seu antagonismo firme, constante, continuo e descomprometido para com o pecado em todas as suas formas e manifestações. Em resumo, a ira de Deus está mundos à parte da nossa. O que provoca a nossa ira (a vaidade ferida) jamais provoca a dele; o que provoca a ira dele (o mal) raramente provoca a nossa.

Segundo, quem faz a propiciação? Num contexto pagão é sempre seres humanos que procuram desviar a ira divina mediante a realização meticulosa de rituais, ou através da recitação de fórmulas mágicas, ou por meio de oferecimento de sacrifícios (vegetais, animais e até mesmo humanos). Pensam que tais práticas aplaquem a divindade ofendida. Mas o evangelho começa com a afirmação ousada de que nada do que possamos fazer, dizer, oferecer ou até mesmo dar pode compensar os nossos pecados nem afastar a ira divina. Não há possibilidade alguma de bajularmos, subornarmos ou persuadirmos Deus a nos perdoar, pois nada merecemos das suas mãos a não ser o julgamento. Nem, como já vimos, tem Cristo, por meio do seu sacrifício, prevalecido sobre Deus a fim de que ele nos perdoe. Não, foi o próprio Deus que, em sua misericórdia e graça, tomou a iniciativa.

Esse fato já estava claro no Antigo Testamento, pois nele os sacrifícios eram reconhecidos não como obras humanas, mas como dádivas divinas. Eles não tornavam a Deus gracioso; eram providos por um gracioso Deus a fim de que pudesse agir graciosamente para com o seu povo pecaminoso. "Eu vo-lo tenho dado sobre o altar", disse Deus a respeito do sangue do sacrifício, "para fazer expiação pelas vossas almas" (Levítico 17.11). E o Novo Testamento reconhece essa verdade com mais clareza, e não menos os textos principais acerca da propiciação. O próprio Deus "apresentou" ou "propôs" a Jesus Cristo como sacrifício propiciatório (Romanos 3.25). Não é que tenhamos amado a Deus, mas que ele nos amou e enviou o seu Filho como propiciação pelos nossos pecados (1João 4.10).

Não podemos enfatizar demais que o amor de Deus é a fonte, e não a consequência da expiação. Como o expressou P. T. Forsyth: "A expiação não assegurou a graça, mas fluiu dela".[18] Deus não nos ama porque Cristo morreu por nós; Cristo morreu por nós porque Deus nos amou. É a ira de Deus que necessitava ser propiciada, é o amor de Deus que fez a propiciação. Se pudermos dizer que a propiciação "mudou a Deus" ou que por meio dela ele mudou a si mesmo, esclareçamos que a sua mudança não foi da ira para o amor, da inimizade para a graça, visto que o seu caráter é imutável. O que a propiciação mudou foi os seus tratos para conosco. "A distinção que eu peço que vocês observem", escreveu P. T. Forsyth, é "entre uma mudança de sentimento e uma mudança de tratamento [...] o sentimento de Deus para conosco jamais necessitou mudar. Mas o tratamento de Deus com referência a nós, o relacionamento prático de Deus para conosco — esse teve de mudar".[19] Ele nos perdoou e nos recebeu no lar.

Terceiro, qual foi o sacrifício propiciatório? Não foi animal, vegetal nem mineral. Não foi uma coisa, mas uma pessoa. E a pessoa que Deus ofereceu não foi alguém mais, uma pessoa humana ou um anjo, nem mesmo o seu Filho considerado como alguém distinto dele ou exterior a si mesmo. Não, ele ofereceu-se a si mesmo. Ao dar o seu Filho, ele estava dando a si mesmo. Como escreveu repetidamente Karl Barth: "Foi o Filho de Deus, isto é, o próprio Deus". Por exemplo, "o fato de que foi o Filho de Deus, de que foi o próprio Deus, quem tomou o nosso lugar no Gólgota e, por meio desse ato, nos libertou da ira e do juízo divino, revela primeiro a implicação total da ira de Deus e a sua justiça condenadora e punitiva". Repetimos, "porque foi o Filho de Deus, isto é, o próprio Deus, que tomou o nosso lugar na Sexta-Feira da Paixão, para que a substituição fosse eficaz e pudesse assegurar-nos a reconciliação com o Deus justo [...]. Somente Deus, nosso Senhor e Criador, poderia colocar-se como nossa segurança, poderia tomar o nosso lugar, poderia sofrer a morte eterna em nosso lugar como consequência de nossos pecados de tal modo que ela fosse finalmente sofrida e vencida."[20] E tudo isso, esclarece Barth, foi expressão não somente da santidade da justiça divina, mas também das "perfeições do amor divino"; deveras, do "santo amor divino".

Portanto, o próprio Deus está no coração de nossa resposta às três perguntas acerca da propiciação divina. É o próprio Deus que, em ira santa, necessita ser

---

[18] FORSYTH, P. T. **Cruciality of the Cross**, p. 78. Compare com a observação de Calvino: "A obra da expiação tem origem no amor de Deus; portanto ela não o estabeleceu" (**Institutes**, II. XVI.4).

[19] FORSYTH, P. T. **The Work of Christ**, p. 105.

[20] BARTH, Karl. **Church Dogmatics**, v. 2, primeira parte, p. 398 e 403.

propiciado, o próprio Deus que, em santo amor, resolveu fazer a propiciação, e o próprio Deus que, na pessoa do seu Filho, morreu pela propiciação dos nossos pecados. Assim, Deus tomou a sua própria iniciativa amorosa de apaziguar sua própria ira justa levando-a em seu próprio ser no seu próprio Filho ao tomar o nosso lugar e morrer por nós. Não há nenhuma grosseria aqui que evoque o nosso ridículo, apenas a profundeza do santo amor que evoca a nossa adoração.

Ao procurar, assim, defender e reinstituir a doutrina bíblica da propiciação, não temos intenção alguma de negar a doutrina bíblica da expiação. Embora devamos resistir a toda tentativa de substituir a propiciação pela expiação, damos boas-vindas a todas as tentativas que procuram vê-las unidas na salvação. Assim F. Buchsel escreveu que "*hilasmos* [...] é a ação na qual Deus é propiciado e o pecado expiado".[21] O dr. David Wells elaborou sucintamente sobre essa ideia:

> No pensamento paulino o homem é alienado de Deus pelo pecado e Deus é alienado do homem pela ira. É na morte substitutiva de Cristo que o pecado é vencido e a ira desviada, de modo que Deus possa olhar para o homem sem desprazer, e o homem olhar para Deus sem temor. O pecado é expiado, e Deus propiciado.[22]

Redenção

Passaremos agora da "propiciação" para a "redenção". Ao procurarmos compreender a realização da cruz, as imagens mudam do santuário para o mercado, do reino cerimonial para o mercantil, dos rituais religiosos para as transações comerciais. Pois, no que tem de mais básico, "redimir" é comprar ou comprar de volta, quer como uma transação comercial quer como um resgate. Inevitavelmente, pois, a ênfase da imagem redentora se encontra em nosso estado deplorável — deveras, nosso cativeiro — no pecado que tornou necessário um ato de salvação divina. A "propiciação" enfoca a ira de Deus a qual foi aplacada pela cruz; a "redenção" centraliza-se na má situação dos pecadores da qual foram resgatados pela cruz.

E "resgate" é a palavra correta a ser usada. As palavras gregas *lytroo* (geralmente traduzida por "redimir") e *apolytrosis* ("redenção") derivam-se de *lytron* ("um resgate" ou "o preço da soltura"), que era um termo quase técnico no mundo antigo para a compra ou a manumissão de um escravo. Em vista do "uso invariável

---

[21] Buchsel, F. "Hilaskomai", p. 317.

[22] Wells, David F. **Search for Salvation**, p. 29.

de autores seculares", a saber, que esse grupo de palavras se refere a "um processo que envolve a liberação através do pagamento de um preço de resgate",[23] muitas vezes bem custoso, escreveu Leon Morris, não temos liberdade alguma de diluir o seu significado numa liberação vaga e até mesmo barata. Fomos "resgatados" por Cristo, não meramente "redimidos" ou "libertos" por ele. B. B. Warfield tinha razão em ressaltar que estamos "assistindo junto ao leito de morte de uma palavra. É. triste testemunhar a morte de qualquer coisa digna — até mesmo de uma palavra. E palavras dignas realmente morrem, como qualquer outra coisa digna — se não cuidarmos bem delas." Mais triste ainda é "a morte no coração dos homens daquilo que as palavras representam".[24] Ele se referia à perda da sua geração de um senso de gratidão àquele que pagou o nosso resgate.

No Antigo Testamento, a propriedade, os animais, as pessoas e a nação eram todos "redimidos" pelo pagamento de certa quantia. O direito (e mesmo o dever) de fazer o papel do "parente resgatador" e comprar de volta a propriedade que fora alienada, a fim de conservá-la na família ou tribo, é ilustrado no caso de Boaz e no de Jeremias.[25] Quanto aos animais, os machos primogênitos de todo o gado pertenciam por direito a Yavé; os burros e os animais impuros, contudo, podiam ser redimidos (isto é, comprados de volta) pelo dono.[26] No caso dos israelitas, cada um tinha de pagar um "resgate pela sua vida" na época do censo nacional; os filhos primogênitos (os quais desde a Páscoa pertenciam a Deus), e especialmente aqueles que excediam o número dos levitas que os substituíam, tinham de ser redimidos; o dono de um touro notoriamente perigoso que matasse um homem a chifradas, devia ser morto, a menos que remisse a sua vida mediante o pagamento de certa multa; o israelita pobre que foi forçado a se vender à escravidão podia mais tarde redimir a si mesmo ou ser redimido por um parente.[27] Em todos esses casos de "redenção" havia uma intervenção custosa e decisiva.

---

[23] MORRIS, Leon. **Apostolic Preaching**, p. 10. Veja também o capítulo 5, "Redenção", em seu livro **Atonement**, p. 106-131.

[24] Extraído de um artigo de B. B. WARFIELD, sobre a redenção primeiramente publicado em **The Princeton Theological Review** (v. 14, 1916), e reimpresso em seu livro **Person and Work**, p. 345 e 347.

[25] Levítico 25.25-28; Rute 3 e 4; Jeremias 32.6-8. Cf. Levítico 27 para remir a terra que havia sido dedicada ao Senhor mediante um voto especial.

[26] Êxodo 13.13; 34.20; Números 18.14-17.

[27] Êxodo 30.12-16; 13.13; 34.20 e Números 3.40-51; Êxodo 21.28-32; Levítico 25.47-55.

Alguém pagava o preço necessário para libertar a propriedade da hipoteca, os animais do matadouro, e as pessoas da escravidão, até mesmo da morte.

E quanto à nação? Certamente o vocabulário da redenção foi usado para descrever a libertação de Israel tanto da escravidão no Egito[28] quanto do exílio na Babilônia.[29] Mas, nesse caso, visto que o remidor não era um ser humano, mas o próprio Deus, podemos ainda afirmar que "redimir" é "resgatar"? Que preço teve Yavé de pagar a fim de remir o seu povo? B. F. Wescott parece ter sido o primeiro a sugerir a resposta: "a ideia do exercício de uma poderosa força, a ideia de que a 'redenção' custa muito, está presente em todos os lugares".[30] Warfield ampliou esse pensamento: "a ideia de que a redenção do Egito foi o efeito de um grande gasto de poder divino e no sentido de que custou muito, tem proeminência nas alusões que a ela se fazem, e parece constituir a ideia central que se procura transmitir".[31] Pois Deus remiu a Israel "com um braço estendido" e "com mão poderosa".[32] Concluímos que a redenção *sempre* exigiu o pagamento de um preço, e que a redenção de Israel por Yavé não foi exceção. Até aqui, resume Warfield, "o conceito do pagamento de um preço, intrínseco no *lutrousthai* é preservado [...]. Uma redenção sem um preço pago é tão anômala quanto a transação de venda sem a troca de dinheiro".[33]

Ao entrarmos no Novo Testamento e examinarmos seu ensino a respeito da redenção, de imediato atingem-nos duas mudanças. Embora ainda seja inerente o conceito de que aqueles que necessitam de redenção se encontram em má situação e que só podem ser redimidos mediante o pagamento de um preço, contudo agora a má situação é moral em vez de material, e o preço é a morte expiatória do Filho de Deus. Essa parte já se evidencia no famoso dito de resgate de Jesus, o qual, no Novo Testamento, é fundamental à doutrina da redenção: "O próprio Filho do homem não veio para ser servido, mas para servir e dar a sua vida em resgate por muitos" (Marcos 10.45). A linguagem figurada subentende que somos conservados em cativeiro do qual somente o pagamento de um resgate nos pode libertar, e que

---

[28] Exemplo: Êxodo 6.6: Deuteronômio 7.8; 15.15; 2Samuel 7.23.

[29] Exemplo: Isaías 43.1-4; 48.20; 51.11; Jeremias 31.11.

[30] WESTCOTT, B. F. **Epistle to the Hebrews**, p. 298.

[31] WARFIELD, B. B. **Person and Work**, p. 448. Leon Morris apresenta o mesmo ponto em seu **Apostolic Preaching**, p. 14-17 e 1920.

[32] Exemplo: Êxodo 6.6; Deuteronômio 9.26; Neemias 1.10; Salmos 77.15.

[33] WARFIELD, B. B. **Person and Work**, p. 453-454.

o resgate é nada menos que a própria vida do Messias. A nossa vida é confiscada; a dele será sacrificada. F. Buchsel certamente tem razão em dizer que a afirmação "sem dúvida alguma implica substituição". A combinação dos dois adjetivos na expressão grega *antilytron hyper pollon* (literalmente: "um resgate no lugar de e por causa de muitos") deixa essa ideia bem clara. "A morte de Jesus significa que lhe acontece o que teria acontecido a muitos. Daí tomar ele o nosso lugar".[34] Uma expressão paralela (talvez um eco da anterior) ocorre em 1Timóteo 2.5-6: "Cristo Jesus [...]. O qual a si mesmo se deu em resgate por todos".

É instrutivo que Josefo, historiador judaico, ao descrever a visita do general romano Crassus ao templo de Jerusalém em 54-53 a.C., com a intenção de saquear o santuário, tenha usado linguagem semelhante. Um sacerdote chamado Eleazar, que era guardião dos tesouros sagrados, deu-lhe uma grande barra de ouro (no valor de 10.000 sidos) como *lytron anti panton*, cuja tradução é: "um resgate em lugar de tudo". Isto é, a barra de ouro era oferecida como um substituto pelos tesouros do Templo.[35]

Qual é, pois, a difícil situação humana da qual não podemos nos libertar e que torna necessária a nossa redenção? Vimos que no Antigo Testamento o povo era redimido de variadas e sérias situações sociais como dívida, cativeiro, escravidão, exílio e execução. Mas o cativeiro de que Cristo nos libertou é moral. Essa escravidão agora é descrita como nossas "transgressões" ou "pecados" (visto que em dois versículos-chave "redenção" é sinônimo de "perdão dos pecados"[36]), como "a maldição da lei" (a saber, o juízo divino que ela pronuncia sobre os infratores da lei),[37] e como "o vosso fútil procedimento que vossos pais vos legaram".[38] Entretanto, nem mesmo a nossa libertação destes cativeiros completa a nossa redenção. Há mais pela frente. Pois Cristo "a si mesmo se deu por nós, a fim de remir-nos de toda iniquidade",[39] a fim de libertar-nos de todos os danos da Queda. Ainda não experimentamos essa libertação. Assim como o povo de Deus do Antigo Testamento, embora já remidos do exílio do Egito e da Babilônia, ainda aguardavam a promessa de uma redenção mais plena, "esperavam a

---

[34] Büchsel, F. "Hilaskomai", p. 343.
[35] Josephus. **Antiquities**, XIV.07.
[36] Efésios 1.7 e Colossenses 1.14; Cf. Hebreus 9.15.
[37] Gálatas 3.13; 4.5.
[38] 1Pedro 1.18.
[39] Tito 2.14. O substantivo anomia, "ilegalidade".

redenção de Jerusalém",⁴⁰ da mesma forma o povo de Deus do Novo Testamento, embora já remidos da culpa e do juízo, ainda aguardam "o dia da redenção" no qual seremos tornados perfeitos. Nessa esperança está incluída a "redenção dos nossos corpos". Nessa altura toda a criação que geme será libertada de seu cativeiro à corrupção e levada a partilhar da liberdade da glória dos filhos de Deus. Nesse ínterim, o Espírito Santo que em nós habita é o selo, a garantia e as primícias de nossa redenção final.⁴¹ Somente então Cristo nos terá redimido (e ao Universo) de todo pecado, dor, futilidade e corrupção.

Segundo, tendo considerado a difícil situação *da qual* fomos remidos, necessitamos considerar o preço *pelo qual*, fomos remidos. O Novo Testamento jamais leva a imagem a ponto de indicar a quem foi pago o resgate, mas não deixa dúvida nenhuma acerca do preço: foi o próprio Cristo. Para começar, houve o custo da encarnação, da entrada em nossa condição a fim de alcançar-nos. Diz-se-nos que "Deus enviou seu Filho, nascido de mulher, nascido sob a lei, para resgatar os que estavam sob a lei" (Gálatas 4.4,5). Joachim Jeremias indaga se Paulo estava fazendo referência ao "dramático ato de entrar na escravidão a fim de resgatar um escravo", assim como dar o corpo para ser queimado (1Coríntios 13.3) pode referir-se a ser "marcado com a marca do escravo".⁴² Além da encarnação, contudo, estava a expiação. A fim de realizá-la ele deu-se "a si mesmo" (1Timóteo 2.6; Tito 2.14) ou a sua "vida" (sua *psyche*, Marcos 10.45), morrendo sob a maldição da lei para resgatar-nos dela (Gálatas 3.13).

Todavia, ao indicar o grande preço pago por Cristo a fim de nos resgatar, a palavra mais comum que os autores do Novo Testamento usaram não foi nem "ele mesmo" nem sua "vida", mas seu "sangue". Não foi "mediante coisas corruptíveis, como prata ou ouro", escreveu Pedro, "que fostes resgatados [...] mas pelo precioso sangue, como de cordeiro sem defeito e sem mácula, o sangue de Cristo" (1Pedro 1.18,19). O escritor da carta aos Hebreus, imerso como estava nas figuras sacrificiais, ressaltou que Cristo foi vítima e também sacerdote, visto que "pelo seu próprio sangue, entrou no Santo dos Santos".⁴³

Mas o que se quer dizer com "sangue" de Cristo? Todos concordam em que sangue se refere à sua morte, mas em que sentido? Com base na tríplice afirmativa

---

⁴⁰ Lucas 2.38. Cf. 1.68; 24.21.

⁴¹ Lucas 21.28; Efésios 1.14; 4.30; Romanos 8.18-23.

⁴² JEREMIAS. **Central Message**, p. 37-38. Cf. I Clem. IV.

⁴³ Hebreus 9.12. Veja também as referências ao sangue de Cristo em relação com nossa redenção em Romanos 3.24-25 e Efésios 1.7.

de Levítico 17.11-14 de que "a vida da carne está no sangue", ou que "a vida de toda carne é o seu sangue", e na afirmativa ainda mais explícita de Deuteronômio 12.23 de que "o sangue é a vida", certos teólogos britânicos, no final do século passado, desenvolveram uma teoria estranhamente popular de que o sangue de Cristo representa não a sua morte mas a sua vida, que é liberada através da morte e assim posto à nossa disposição. Vincent Taylor, C. H. Dodd e até mesmo P. T. Forsyth estavam entre os que desenvolveram essa ideia. Entretanto, a origem dessa teoria remonta ao *Comentário das Epístolas de João* (1883) de B. F. Wescott, no qual ele escreveu:

> Mediante o transbordar do Sangue a vida que nele estava não foi destruída, embora tivesse sido separada do organismo a que antes havia vivificado [...]. Assim, duas ideias distintas foram incluídas no sacrifício da vítima, a morte pelo derramamento do seu sangue, e a liberação, por assim dizer, do princípio da vida pelo qual ela foi animada, de modo que esta vida foi posta à disposição para outro fim.[44]

O sangue de Cristo foi a sua vida primeiramente dada *por* nós e então dada *a* nós.

Em seu comentário posterior sobre a carta aos Hebreus, Wescott ainda ensinava o mesmo conceito. Sangue é vida "visto como ainda vivo", e "o sangue derramado é energia [...] posta à disposição de outros".[45]

James Denney foi franco em rejeitar essa tese. No seu livro *A morte de Cristo* (1902) ele instou com seus leitores a não adotarem "o estranho capricho que fascinou a Westcott", que, no sangue de Cristo, fazia distinção entre sua morte e a sua vida, entre seu sangue derramado e oferecido e sua vida entregue e liberada pelos homens. "Ouso dizer", continuou ele, "que fantasia mais infundada jamais assombrou e perturbou a interpretação de qualquer parte da Escritura".

Então, em 1948 Alan Stibb publicou seu excelente monógrafo Tyndale, o qual devia ter posto a descansar para sempre esse fantasma. Ele faz um exame completo das ocorrências de "sangue" tanto no Antigo quanto no Novo Testamento, e não encontra dificuldade alguma em demonstrar que é "uma palavra-símbolo da morte". É verdade que o "sangue é a vida da carne". Mas, "isto significa que se separar o sangue da carne, quer seja humano, quer animal, a vida física presente na carne

---

[44] WESTCOTT, B. F. **Epistles of John**. Nota adicional sobre 1João 1.7: "A ideia do sangue de Cristo no Novo Testamento", p. 34ss.

[45] WESTCOTT, B. F. **Epistle to the Hebrews**. Nota adicional sobre Hebreus 9.9, p. 283 e ss.

acabará. O sangue derramado representa, portanto, não a liberação da vida do fardo da carne, mas o término da vida física. É uma testemunha da morte física, não uma evidência da sobrevivência espiritual". "Beber o sangue de Cristo", portanto, descreve "não a participação de sua vida, mas a apropriação dos benefícios da sua vida que foi entregue".[46] O máximo que podemos fazer é concluir com Stibb, citando o artigo de Johannes Behm sobre o "sangue" no dicionário de Kittel: 'O sangue de Cristo' é (como a 'Cruz') apenas outra expressão mais clara para a morte de Cristo no seu sentido da salvação" ou "significação redentora".[47]

A imagem da "redenção" tem uma terceira ênfase. Além da difícil situação da qual somos resgatados, e do seu preço, chama a atenção para a pessoa do redentor que possui direitos de posse sobre sua compra. Assim, atribui-se o senhorio de Jesus sobre a igreja e o cristão ao fato de ele nos ter comprado com o seu próprio sangue. Os presbíteros, por exemplo, são chamados a supervisar conscienciosamente a igreja sob o fundamento de que Deus em Cristo a comprou com o seu próprio sangue (Atos 20.28). Se a igreja valeu o seu sangue, não valerá o nosso trabalho? O privilégio de servi-la se estabelece pela preciosidade do preço pago por sua compra. Parece ser esse o argumento. Repetimos, a comunidade redimida no céu está entoando um novo cântico que celebra a dignidade do Cordeiro: "Digno és de tomar o livro e de abrir-lhe os selos, porque foste morto e com o teu sangue compraste para Deus os que procedem de toda tribo, língua, povo e nação".[48]

A lembrança de que Jesus nos comprou com seu sangue, e que, em consequência, pertencemos a ele, devia motivar-nos como cristãos à santidade, assim como motiva os presbíteros ao ministério fiel e a hoste celestial à adoração. Detectamos uma nota de ultraje na voz de Pedro ao falar de falsos mestres que, por seu procedimento vergonhoso, renegam "o Soberano Senhor que os resgatou" (2Pedro 2.1). Visto que ele os resgatou, pertencem a ele. Portanto, deveriam reconhecê-lo, não o negar. A convocação urgente de Paulo a que "fujamos da

---

[46] STIBBS, Alan M. **Meaning of the Word "Blood" in Scripture**, p. 10, 12, 16 e 30. Leon Morris tem um capítulo intitulado "O Sangue" em seu Apostolic Preaching (p. 108-124), e em seu **Cross in the New Testament** escreve: "os hebreus entendiam sangue geralmente no sentido de morte violenta" (p. 219). F. D. Kidner também critica a tese de Westcott em seu **Sacrifice in the Old Testament**, e afirma que a proibição do uso do sangue na comida "é coerente com a ideia de sua preciosidade, mas não da sua potência" (p. 24).

[47] BEHM, Johannes. "Haima", p. 173.

[48] Apocalipse 5.9; cf. 1.5-6 e 14.3-4.

imoralidade" baseia-se na doutrina do corpo humano e de quem o possui. Por um lado, "acaso não sabeis", pergunta ele incredulamente, "que o vosso corpo é santuário do Espírito Santo que está em voz, o qual tendes da parte de Deus"? Por outro lado, "não sois de vós mesmos. Porque fostes comprados por preço. Agora, pois, glorificai a Deus no vosso corpo".[49] O nosso corpo não só foi criado por Deus e um dia será por ele ressurreto, mas também foi comprado pelo sangue de Cristo e é habitado pelo seu Espírito. Assim, pertence a Deus três vezes: pela criação, pela redenção e pela habitação. Como, pois, visto que ele não nos pertence, podemos usá-lo mal? Em vez disso, devemos honrar com ele a Deus mediante a obediência e o domínio próprio. Comprados por Cristo, não temos o direito de nos tornarmos escravos de mais ninguém ou de nada mais. Outrora fomos escravos do pecado; agora somos escravos de Cristo, e o seu serviço é a verdadeira liberdade.

Justificação

Os dois quadros que até agora consideramos levaram-nos ao recinto do templo (propiciação) e do mercado (redenção). A terceira imagem (justificação) nos levará ao tribunal. Pois justificação é o oposto de condenação (*e.g.* Romanos 5.18; 8.34), e ambos são veredictos de um juiz que pronuncia o acusado culpado ou inocente. Há lógica na ordem em que estamos revisando estas grandes palavras que descrevem a realização da cruz. A propiciação inevitavelmente vem em primeiro lugar, porque enquanto a ira de Deus não for apaziguada (isto é, enquanto seu amor não encontrar um modo de desviar a sua ira), não pode haver salvação alguma para os seres humanos. A seguir, quando estamos prontos para compreender o significado da salvação, começamos negativamente com a redenção, significando nosso resgate do sombrio cativeiro do pecado e da culpa, com o alto preço do sangue de Cristo. Justificação é a sua contraparte positiva. É verdade, alguns eruditos têm negado esse fato. Sanday e Headlam escreveram que a justificação "é simplesmente o perdão, perdão de graça",[50] e mais recentemente J. Jeremias asseverou que "justificação é perdão, nada mais que perdão".[51] Os dois conceitos certamente são complementares, contudo, não idênticos. O perdão redime nossas dívidas e cancela nossa responsabilidade pelo castigo; a justificação nos concede uma posição justa perante Deus.

---

[49] 1Coríntios 6.18-20; cf. 7.23.
[50] SANDAY; HEADLAM. **Romans**, p. 36.
[51] JEREMIAS. **Central Message**, p. 66.

Os reformadores do século dezesseis, a quem Deus iluminou a fim de descobrir o evangelho bíblico da "justificação pela fé", estavam convictos de sua importância central. Lutero a chamou de "artigo principal de toda a doutrina cristã, que de fato faz cristãos".[52] E Cranmer escreveu:

> Esta fé a Escritura Sagrada ensina: esta é a rocha firme e o fundamento da religião cristã: esta doutrina todos os autores velhos e antigos da igreja de Cristo aprovam: esta doutrina avança e ressalta a verdadeira glória de Cristo, e derrota a vanglória do homem: todo aquele que nega isto não deve ser contado como verdadeiro cristão [...] mas como adversário de Cristo [...].[53]

Permita-me acrescentar a afirmativa de alguns evangélicos anglicanos contemporâneos:

> A justificação pela fé parece-nos, como a todos os evangélicos, ser o coração e centro, paradigma e essência, de toda a economia da graça salvadora de Deus. Como Atlas, carrega o mundo aos ombros, todo o conhecimento evangélico do amor de Deus em Cristo para com os pecadores.[54]

Apesar da tremenda importância dessa verdade, têm surgido muitas objeções a ela. Primeiro, há os que guardam forte antipatia para com categorias legais em toda a conversa acerca da salvação, sob o fundamento de que representam a Deus como Juiz e Rei, não como Pai, e, portanto, não podem retratar adequadamente seus tratos pessoais conosco ou nosso relacionamento pessoal com ele. Essa objeção seria sustentável se a justificação fosse a única imagem da salvação. Mas seu sabor jurídico é equilibrado pelas imagens mais pessoais da "reconciliação" e "adoção" (nas quais Deus é Pai, não Juiz), as quais examinaremos a seguir.

Segundo, outros críticos tentam rejeitar a doutrina como idiossincrasia paulina, a qual se originou em sua mente peculiarmente forense. Não devíamos hesitar em abrir mão dessa rejeição, contudo, visto que o que é paulino é apostólico, e, portanto, possui autoridade. De qualquer modo, a afirmativa é falsa. Paulo não inventou o conceito da justificação. Esse conceito remonta a Jesus, que disse que

---

[52] LUTHER, Martin. **Galatians**, p. 143 (sobre Gálatas 2.16). Cf. p. 101 (sobre Gálatas 2.4-5).

[53] Do "Sermon on Salvation" de Cranmer, em **First Book of Homilies**, p. 25-26.

[54] BECKWITH, R. T.; DUFFIELD, G. E.; PACKER, J. I. **Across the Divide**, p. 58.

o publicano e não o fariseu da parábola "desceu justificado para sua casa" (Lucas 18.14). De fato, remonta ao Antigo Testamento, no qual o servo de Deus, justo e sofredor "justificará a muitos", porque "levará as suas iniquidades" (Isaías 53.11).

Terceiro, necessitamos dar uma olhada nas razões pelas quais os católicos romanos rejeitam o ensino dos reformadores a respeito da justificação pela fé. Poderíamos resumir, não injustamente, a doutrina do Concílio de Trento em três cabeçalhos que se referem à natureza da justificação, o que a precede e a ocasiona, e o que a segue.

Primeiro, o Concílio ensinou que a justificação acontece no batismo e inclui tanto o perdão como a renovação. A pessoa batizada é purificada de todos os pecados originais e atuais e é simultaneamente infundida com uma justiça nova e sobrenatural.

Segundo, antes do batismo a graça proveniente de Deus predispõe as pessoas a se "converterem à sua própria justificação livremente, concordando e cooperando com essa graça".

Terceiro, os pecados pós-batismais (se "mortais", que causam a perda da graça) não são incluídos no âmbito da justificação. Têm de ser purgados por meio de contrição, confissão e penitência (também, se restarem alguns na hora da morte, pelo purgatório), de modo que se pode dizer que essas e outras boas obras pós-batismais "merecem" vida eterna.[55]

As igrejas protestantes tinham boa razão para ser profundamente perturbadas por esse ensino. Ao mesmo tempo, nenhum dos lados ouvia cuidadosamente ao outro, e ambos eram marcados pelo espírito acrimonioso e polêmico de sua época. Hoje a questão básica, o caminho da salvação, permanece crucial. Muito se encontra em jogo. Entretanto, o ambiente mudou. Também o espantoso monógrafo de Hans Kung sobre a doutrina da justificação de Karl Barth[56] abriu novas possibilidades de diálogo. Da mesma forma o fez o Segundo Concílio Vaticano no início dos anos sessentas.[57]

---

[55] Veja Concílio de Trento, Sessão VI, e seu Decreto sobre o Pecado Original, sobre Justificação e sobre Penitência.

[56] KUNG, Hans. **Justification** (1957).

[57] Para uma análise protestante compassiva mas crítica do pensamento católico recente veja **Revolution in Rome**, de David F. Wells; **Across the Divide**, de R. T. Beckwith, G. E. Duffield e J. I. Packer; **Justification Today:** Pie Roman Catholic and Anglican Debate, de R. G. England; a contribuição de George Carey intitulada "Justificação pela fé na teologia católica recente" ao **Great Acquittal**; e **Rome and Reformation Today**, de James Atkinson.

O livro de Hans Kung divide-se em duas partes. Com relação à primeira, que expõe "a teologia da justificação de Karl Barth", o próprio Barth escreveu a Hans Kung: "Você reproduziu total e acuradamente as minhas visões como eu próprio as compreendo [...]. Você me fez dizer o que realmente faço e digo e [...] o significado do que digo é o que você apresentou". Com referência à segunda parte, que oferece "uma tentativa de resposta católica", e que em sua conclusão reivindica "um acordo fundamental entre a teologia católica e a protestante, precisamente na teologia da justificação", Barth escreveu: "Se for esse o ensino da igreja católica romana, então devo certamente admitir que minha perspectiva da justificação concorda com o ponto de vista católico romano, se tão somente pelo motivo de que o ensino católico estaria então, de modo admirável, de acordo com o meu!" A seguir ele pergunta como esse acordo "pôde permanecer oculto por tanto tempo e de tantos", e inquire se Hans Kung o descobriu antes, durante ou depois de ler a *Dogmática da Igreja*!

Hans Kung certamente faz afirmativas admiráveis, embora talvez seja uma pena que a sua tese procure demonstrar concordância entre Trento e Barth, em vez de Lutero, por quem ele parece ter menos simpatia. No capítulo 27 ele define a graça segundo a Escritura como "graciosidade", "favor" de Deus ou "amabilidade generosa". "A questão não é *eu ter* graça, mas *ele ser* gracioso". No capítulo 28 ele escreve que a justificação "deve ser definida como uma *declaração de justiça por ordem do tribunal*, e que no Novo Testamento "jamais se encontra ausente a associação com uma situação jurídica". Outra vez, é um "evento judicial", "uma justiça maravilhosamente graciosa e salvadora". Então, no capítulo 31 Hans Kung vigorosamente afirma a verdade da *sola fides* (somente pela fé), e diz que Lutero estava totalmente correto e ortodoxo em acrescentar a palavra "somente" ao texto de Romanos 3.28, visto não ter sido "invenção de Lutero", já que tinha aparecido em várias outras traduções e Trento não pretendia contradizê-lo. De modo que "devemos reconhecer um acordo fundamental", escreve ele, "em relação à fórmula *sola fides* [...]. O homem é justificado por Deus somente à base da fé". Além do mais, "a justificação através da 'fé somente' fala da completa incapacidade e incompetência do homem para qualquer tipo de autojustificação". "Assim, o homem é justificado somente por meio da graça de Deus; o homem nada realiza; não há nenhuma atividade humana. Antes, o homem simplesmente se submete à justificação de Deus; ele não realiza obras; ele crê".

Todavia, o professor Küng não se detém aí. Apesar da sua ênfase na natureza judicial da justificação como declaração divina, ele insiste em que a Palavra de Deus é sempre eficaz, de modo que tudo o que Deus pronuncia vem a existir. Portanto, quando Deus diz "você é justo", "o pecador é justo, real e verdadeiramente, externa e internamente, total e completamente. Seus pecados *são* perdoados, e o homem é justo em seu coração [...]. Em resumo, a *declaração* divina de justiça é [...] ao mesmo tempo o no mesmo ato um *tornar justo*". Justificação é "o ato único que simultaneamente declara justo e toma justo".

Porém há aqui uma perigosa ambiguidade, especialmente na sentença retórica acerca do pecador justificado ser "total e completamente justo". O que implica essa afirmativa?

Se "justo" aqui significa "perdoado, aceito, certo com Deus", então deveras nos tomamos de imediata, total e completamente o que Deus declara que somos; desfrutamos a situação justa a qual ele nos conferiu. Esse é o significado verdadeiro de "justificação".

Se "justo" é usado com a significação de "tornado novo, feito vivo", então, repetimos, a palavra criadora de Deus imediatamente nos torna o que ele declara. Contudo, esse seria um mau uso da palavra "justo", porque o que agora se descreve não é justificação, mas regeneração.

Se "justo" significa "ter caráter justo" ou "ser conformado à imagem de Cristo", então a declaração de Deus não a garante de imediato, mas apenas a inicia. Pois isso não é justificação mas santificação, um processo contínuo e vitalício.

Até mesmo o Excursus II explanatório de Hans Küng, "Justificação e Santificação no Novo Testamento", não expõe de modo claro o que ele quer dizer com Deus "tornar" o pecador "justo". Ele reconhece o problema de que o Novo Testamento usa a linguagem da "santificação" em dois sentidos distintos. Às vezes é quase sinônimo de justificação, pois denota a santidade de nosso *status*, não nosso caráter. Nesse sentido, no mesmo momento de nossa justificação somos feitos "santos", pois fomos "santificados em Cristo Jesus", separados para pertencer ao povo santo de Deus.[58] Outras vezes "santificação" descreve o processo de se crescer na santidade e se tomar à semelhança de Cristo.[59]

Parece que a confusão surge porque Hans Kung não mantém coerentemente essa distinção. Ele se refere à justificação e à santificação como acontecendo junta e simultaneamente ("Deus simultaneamente justifica e santifica") e como sendo juntas capazes de crescimento (Trento falou da "necessidade de [...] crescimento na justificação"). Essa afirmativa, contudo, é enganosa. No debate acerca da

---

[58] Exemplo: Atos 20.32; 1Coríntios 1.2; 6.11; Hebreus 10.29; 13.12.

[59] Exemplo: Romanos 6.19; 2Coríntios 7.1; 1Tessalonicenses 4.3,7; 5.23; Hebreus 12.14.

justificação seria prudente manter a palavra "santificação" no seu sentido distintivo de "crescimento em santidade". Pois então podemos afirmar que a justificação (Deus nos tornar justos através da morte do seu Filho) é instantânea e completa, não admitindo graus, ao passo que a santificação (Deus nos tomando justos através da habitação do seu Espírito), embora iniciada no momento em que somos justificados, é gradual e incompleta por toda vida, à medida que somos transformados à semelhança de Cristo "de glória em glória" (2Coríntios 3.18).

Ao desejar um esclarecimento maior nesse ponto, minha intenção não é diminuir a *tour de force* de Hans Kung. Ao mesmo tempo, já se passou mais de um quarto de século desde a publicação do seu livro, e não se tem consciência de nenhuma proclamação geral na igreja católica romana do evangelho da justificação somente pela graça através da fé somente.

Correndo o risco de excessiva simplificação, pode-se dizer que os evangélicos e os católicos romanos juntos ensinam que Deus pela sua graça é o único Salvador dos pecadores, que a autossalvação é impossível, e que a morte de Jesus Cristo como sacrifício propiciatório é o fundamento último da justificação. Mas precisamente o que é a justificação, como se relaciona a outros aspectos da salvação, como acontece — são estas as áreas de contínuos e ávidos debates.

Os evangélicos sentem a necessidade de pressionar os católicos romanos acerca do pecado, da graça, da fé e das obras. Os católicos romanos sentem-se incomodados quando falamos acerca da "total depravação" (que cada aspecto de nossa humanidade foi distorcido pela Queda), que está por trás de nossa insistência sobre a necessidade de uma salvação radical e de graça não contributiva. Acham que essa é uma perspectiva pessimista da condição humana, envolvendo uma doutrina inadequada da criação. Acrescentam que os seres humanos não perderam o seu livre-arbítrio, e são, portanto, capazes de cooperar com a graça e contribuir para a salvação. Nós, contudo, vemos a necessidade de sublinhar as antíteses do Novo Testamento referentes à salvação. "Porque pela graça sois salvos, mediante a fé; e isto não vem de vós, é dom de Deus; não de obras, para que ninguém se glorie." "Sabendo [...] que o homem não é justificado por obras da lei, e, sim, mediante a fé em Cristo Jesus". De novo, "não por obras de justiça praticadas por nós, mas segundo sua misericórdia, ele nos salvou".[60]

Não podemos evitar a alternativa inflexível que tais textos colocam diante de nós. Não por obras, mas por graça. Não por lei, mas por fé. Não por ações de nossa

---

[60] Efésios 2.8-9; Gálatas 2.16; Tito 3.5.

justiça, mas pela misericórdia dele. Não há aqui nenhuma cooperação entre Deus e os homens, somente uma escolha entre dois modos mutuamente exclusivos, o dele e o nosso. Além do mais, a fé que justifica é enfaticamente não outra obra. Não, dizer "justificação pela fé" não passa de outro modo de dizer "justificação por Cristo". A fé, em si mesma, não tem absolutamente nenhum valor; seu valor está somente em seu objeto. A fé é o olho que olha para Cristo, a mão que o segura, a boca que bebe a água da vida. E quanto mais claramente vemos a adequação absoluta da pessoa divina e humana de Jesus Cristo e sua morte que tira o pecado, tanto mais incongruente parece que alguém pudesse supor que temos algo a oferecer. É por isso que a justificação pela fé somente — e citamos de novo a Cranmer — "avança a verdadeira glória de Cristo e desfaz a vanglória do homem".

Se desejarmos pressionar os católicos romanos nesses pontos, contudo, também necessitamos responder às pressões que fazem a nós. A principal delas poderia ser uma série de perguntas como as seguintes: "Vocês ainda insistem que quando Deus justifica os pecadores ele os *pronuncia* mas não os *torna* justos? que a justificação é uma declaração legal, não uma transformação moral? que a justiça é 'imputada' a nós, mas não 'infundida' em nós, nem mesmo 'transmitida' a nós? que vestimos a justiça de Cristo como um casaco, o que oculta nossa pecaminosidade contínua? que a justificação, embora mude nossa situação, deixa nosso caráter e conduta intactos? que cada cristão justificado, como ensinaram os reformadores, é *simul justus et peccator* (ao mesmo tempo uma pessoa justa e pecadora)? Se assim for, não é a justificação uma ficção legal, até mesmo um gigantesco engano, uma transação falsa externa a nós mesmos, a qual nos deixa sem renovação interna? Não estão vocês reivindicando ser mudados quando, de fato, não o são? Não é a sua doutrina da 'justificação pela fé somente' uma licença finamente disfarçada para continuarem pecando?"

Essas são perguntas penetrantes. De um modo ou de outro, já ouvi a todas. E não há dúvida de que nós, evangélicos, em nosso zelo por enfatizar a liberdade total da salvação, às vezes temos sido incautos em nossa fraseologia, e dado a impressão de que boas obras não são importantes. Mas então, o apóstolo Paulo também podia, evidentemente, ter sido incauto, visto que seus críticos lhe atiraram a mesma acusação, o que o levou a clamar: "Que diremos, pois? permaneceremos no pecado, para que seja a graça mais abundante?" (Romanos 6.1). Sua resposta indignada à sua própria pergunta retórica foi lembrar a seus leitores o batismo deles. Não sabiam que, quando foram batizados em Cristo Jesus, foram batizados na sua morte? Tendo, assim, morrido com ele para o pecado, como poderiam viver nele? (v. 2,3).

O que Paulo estava fazendo com essa resposta era mostrar que a justificação não é a única imagem da salvação. Seria inteiramente errôneo fazer a equação "salvação é igual a justificação". "Salvação" é uma palavra abrangente que possui muitas facetas exemplificadas por quadros diferentes, dos quais a justificação é apenas um. Redenção, como vimos, é outra faceta e dá testemunho de nossa liberdade radical do pecado e também da culpa. Outra é a recriação, de modo que "se alguém está em Cristo, é nova criatura" (2Coríntios 5.17). Ainda outra é a regeneração ou o novo nascimento, que é obra interior do Espírito Santo, que então permanece como uma presença graciosa, transformando o cristão à imagem de Cristo, que é o processo da santificação.

Todos os quadros vão juntos. A regeneração não é um aspecto da justificação, mas ambas são aspectos da salvação, nem uma delas pode ocorrer sem a outra. De fato, a grande afirmação "ele nos salvou" é dividida em seus componentes, que são "o lavar regenerador e renovador do Espírito Santo" por um lado e ser "justificados por graça" por outro (Tito 3.5-7). A obra justificadora do Filho e a obra regeneradora do Espírito não podem ser separadas. É por isso que as boas obras do amor seguem a justificação e o novo nascimento, como evidência necessária deles. Pois a salvação, que jamais é "por obras", é sempre "para obras". Lutero costumava exemplificar a ordem correta dos eventos com uma referência à árvore e ao seu fruto: "A árvore deve vir primeiro, então o fruto. Pois não é a maçã que faz a árvore, mas a árvore que faz a maçã. De modo que primeiro a fé faz a pessoa, que, depois, produz as obras".[61]

Uma vez que mantenhamos que a obra do Filho por nós e a obra do Espírito em nós, isto é, a justificação e a regeneração, são gêmeas inseparáveis, é seguro prosseguirmos insistindo em que a justificação é uma declaração externa e legal de que o pecador foi tornado justo com Deus, perdoado e reinstituído. O uso popular da palavra torna claro esse ponto. Como ressaltou Leon Morris: "quando falamos de justificar uma opinião ou uma ação, não queremos dizer que a mudamos ou a aprovamos. Antes, queremos dizer que lhe garantimos um veredicto, que a vindicamos".[62] Similarmente, quando Lucas disse que todo mundo, ao ouvir o ensino de Jesus, justificava a Deus, o que ele queria dizer era que reconheciam que Deus estava certo (Lucas 7.29).

O vocabulário da justificação e condenação ocorre regularmente no Antigo Testamento. Moisés instruiu os juízes israelitas de que deviam decidir os casos que

---

[61] LUTHER, Martin. **Epistle to the Galatians**, p. 247, sobre Gálatas 3.10.
[62] MORRIS, L. **Cross in the New Testament**, p. 242.

lhe fossem levados, "justificando ao justo e condenando ao culpado" (Deuteronômio 25.1). Todo mundo sabia que Yavé jamais justificaria o ímpio (Êxodo 23.7), e que "o que justifica o perverso e que condena o justo, abomináveis são para o Senhor, tanto um como o outro" (Provérbios 17.15). O profeta Isaías pronunciou um terrível ai contra os magistrados que "por suborno justificam o perverso, e ao justo negam justiça!" (5.23). Condenar o justo e justificar o ímpio seria colocar a administração da justiça de cabeça para baixo. É contra esse ambiente de prática judicial aceita que Paulo deve ter chocado seus leitores romanos, ao escrever que "Deus [...] justifica o ímpio" (Romanos 4.5). Como podia Deus fazer uma coisa dessas? Era um ultraje o divino Juiz praticar o que — nas mesmas palavras gregas — ele havia proibido aos juízes humanos. Além disso, como poderia o Justo declarar justo o ímpio? O próprio pensamento era contrário ao senso comum.

A fim de resumir a defesa de Paulo da justificação divina dos pecadores, selecionarei quatro de suas frases-chave, as quais se relacionam sucessivamente à fonte, ao fundamento, ao meio e aos efeitos da justificação.

Primeiro, a *fonte* de nossa justificação é indicada na expressão *justificado por sua graça* (Romanos 3.24), isto é, por seu favor totalmente imerecido. Visto que é certo não haver nenhum justo, nenhum sequer (Romanos 3.10), é igualmente certo que ninguém pode declarar-se justo à vista de Deus.[63] A autojustificação é uma total impossibilidade (Romanos 3.20). Portanto, é Deus quem justifica (Romanos 8.33); somente ele pode fazê-lo. E ele o faz livremente (Romanos 3.24, *dorean*, "como um presente grátis"), não por causa de quaisquer obras nossas, mas por causa da sua própria graça. Como diz Tom Wright em seu lindo epigrama: "nenhum pecado, nenhuma necessidade de justificação: nenhuma graça, nenhuma possibilidade dela".[64]

Entretanto, graça é uma coisa, justiça é outra. E a justificação tem que ver com a justiça. Dizer que somos "justificados pela graça" fala da fonte da nossa justificação, mas nada diz acerca do justo fundamento para ela, sem o qual Deus contradiria à sua própria justiça.

De modo que outra expressão-chave de Paulo, a qual nos introduz ao *fundamento* da nossa justificação é *justificados por seu sangue* (Romanos 5.9). Justificação não é sinônimo de anistia, que, estritamente falando, é perdão sem princípio,

---

[63] Salmos 143.2. Cf. Salmos 51.4; 130.3; Jó 25.4.
[64] De seu ensaio: *Justification: The Biblical Basis and its Relevance for Contemporary Evangelicalism*, em **Great Acquittal**, p. 16.

perdão que deixa de ver — até mesmo se esquece (*amnestia* é "esquecimento") — o erro e se recusa a levá-lo à justiça. Não, justificação é um ato de justiça, de justiça graciosa. Seu sinônimo é a justiça de Deus (Romanos 1.17; 3.21), a qual, no momento, se poderia explicar como o seu "modo justo de justificar o injusto". O dr. J. I. Packer a define como "a obra graciosa de Deus de conceder aos pecadores culpados uma justificação justificada, inocentando-os no tribunal do céu sem prejuízo à sua justiça como o Juiz deles".[65] Quando Deus justifica os pecadores, ele não está declarando que pessoas ruins são boas, nem dizendo que não são pecadoras, afinal de contas; ele as pronuncia legalmente justas, livres de qualquer responsabilidade à lei quebrada, porque ele próprio em seu Filho levou a penalidade da infração delas da lei. É por isso que Paulo pode unir numa única sentença os conceitos de justificação, redenção e propiciação (Romanos 3.24,25). Os motivos pelos quais somos justificados livremente pela graça de Deus são que Cristo Jesus pagou o preço de resgate e que Deus o apresentou como um sacrifício propiciatório. Em outras palavras, somos justificados pelo seu sangue. Não poderia haver justificação sem expiação.

Terceiro, o *meio* de nossa justificação é indicado na expressão favorita de Paulo *justificados pela fé*.[66] A graça e a fé pertencem indissoluvelmente uma à outra, uma vez que a única função da fé é receber o que a graça livremente oferece. Não somos, pois, justificados "por" nossa fé, mas "pela" graça de Deus e "pelo" sangue de Cristo. A graça de Deus é a fonte e o sangue de Cristo o fundamento de nossa justificação; a fé não passa do meio pelo qual somos unidos a Cristo. Como Richard Hooker disse, com sua costumeira precisão: "Deus realmente justifica o homem que crê, contudo, não por causa da dignidade da sua crença, mas pela dignidade daquele em que crê".[67]

Ainda mais, se a fé é somente o meio, é, contudo, o único meio. Embora a palavra "somente" não ocorra no texto grego de Romanos 3.28, foi o instinto correto de Lutero, como já vimos, e, de fato, é uma tradução correta representar a expressão de Paulo: "Concluímos, pois, que o homem é justificado pela fé somente, independentemente das obras da lei". O motivo de ele ter escrito "pela fé, independentemente das obras da lei" era excluir totalmente as obras da lei, deixando a fé como o único meio de justificação. E Paulo já apresentou seu

---

[65] De seu artigo "Justification" no **New Bible Dictionary**, p. 647.

[66] Exemplo: Romanos 3.28; 5.1; Gálatas 2.16; Filipenses 3.9.

[67] Extraído de "Definition of Justification" de Hooker, sendo o Capítulo XXXIII do seu **Ecclesiastical Polity**, que começou a ser publicado em 1593.

motivo no versículo anterior, a saber, a fim de excluir a jactância. Pois a menos que todas as obras, méritos, cooperação e contribuições humanos sejam duramente excluídos, e a morte de Cristo, que leva o pecado, seja vista em sua glória solitária como o único fundamento de nossa justificação, a jactância não pode ser excluída. Cranmer viu isso claramente: "Este dito, de que somos justificados pela fé somente, livremente e sem as obras, é pronunciado a fim de desfazer todo o mérito de nossas obras, como sendo incapazes de merecer a nossa justificação nas mãos de Deus [...] e com isso, atribuir totalmente o mérito e o merecimento de nossa justificação a Cristo somente e ao derramamento preciosíssimo do seu sangue [...]. E esta forma de falar usamos na humilhação de nós mesmos a Deus, e para dar toda a glória ao nosso Salvador Cristo, que é muito mais digno de recebê-la".[68]

Quarto, quais são os *efeitos* de nossa justificação? Acho que podemos deduzi-los de outra expressão paulina que às vezes é negligenciada, a saber, que somos *justificados em Cristo*.[69] Dizer que somos justificados "mediante Cristo" aponta para a sua morte histórica; dizer que somos justificados "em Cristo" aponta para o relacionamento pessoal com ele, o qual pela fé agora desfrutamos. Esse simples fato torna impossível que pensemos na justificação como uma transação puramente externa; ela não pode ser isolada de nossa união com Cristo e de todos os benefícios que esta nos traz. O primeiro é sermos membros da comunidade messiânica de Jesus. Se estamos em Cristo e, portanto, justificados, também somos filhos de Deus e os verdadeiros descendentes (espirituais) de Abraão. Além do mais, nenhuma barreira racial, social ou sexual pode separar-nos. É esse o tema de Gálatas 3.26-29. Tom Wright certamente tem razão ao dar ênfase à ideia de que "a justificação não é privilégio do individualista, mas a declaração divina de que pertencemos à comunidade da aliança".[70] Segundo, essa nova comunidade, que, a fim de criar, Cristo se deu a si mesmo na cruz, deve ser "ávida em fazer o bem", e os seus membros devem-se devotar às boas obras.[71] De modo que, em última instância, não há conflito entre Paulo e Tiago. Pode ser que usassem o verbo "justificar" em sentidos diferentes. Certamente estavam escrevendo contra heresias diversas. Paulo contra o legalismo autojustificador dos judaizantes, e Tiago contra a ortodoxia morta dos intelectualistas. Contudo, ambos ensinam

---

[68] Do "Sermon on Salvation" de Cranmer, no **First Book of Homilies**, p. 25 e 29.
[69] Gálatas 2.17. Cf. Romanos 8.1; 2Coríntios 5.21; Efésios 1.6.
[70] WRIGHT, Tom. Justification: The Biblical Basis. **Great Acquittal**, p. 36.
[71] Tito 2.14; 3.8.

que uma fé autêntica funciona. Paulo dava ênfase à fé que se manifesta em obras, e Tiago às obras que procedem da fé.[72]

A nova comunidade de Jesus é uma comunidade escatológica que já vive na nova era que ele inaugurou. Pois a justificação é um evento escatológico. Ela traz ao presente o veredicto do juízo final. É por isso que a igreja é uma comunidade de esperança, que aguarda com confiança humilde o futuro. É certo que podemos dizer com Paulo que a lei nos condenou. Mas agora não há condenação para aqueles que estão em Cristo Jesus. Por que não? Porque Deus fez por nós o que a lei não podia fazer. Ao enviar o seu próprio Filho à semelhança de nossa natureza pecaminosa para ser a oferta pelo pecado, ele, na realidade, condenou o nosso pecado no Jesus humano. Somente por ter sido ele condenado podemos ser justificados. O que, pois, temos de temer? "Quem intentará acusação contra os eleitos de Deus? É Deus quem os justifica. Quem os condenará? É Cristo Jesus quem morreu, ou antes, quem ressuscitou, o qual está à direita de Deus, e também intercede por nós." É por isso que, no momento em que somos justificados, nada nos pode separar do amor de Deus que está em Cristo Jesus nosso Senhor.[73]

Reconciliação

A quarta imagem da salvação, que exemplifica a realização da cruz, é a "reconciliação". É provável que, por ser a mais pessoal das quatro, seja também a mais popular. Deixamos para trás o recinto do templo, o mercado e os tribunais. Agora estamos em nossa própria casa com nossa família e amigos. É verdade que há uma luta, a que até podemos chamar de "inimizade", mas reconciliar significa restaurar um relacionamento, renovar uma amizade. De modo que se pressupõe um relacionamento original que, tendo sido quebrado, foi recuperado por Cristo.

Um segundo motivo pelo qual as pessoas se sentem à vontade com essa imagem é que reconciliação é o oposto de alienação, e muitos hoje em dia se dizem "alienados". Os marxistas continuam a falar da alienação econômica dos operários do produto de seu labor. Outros falam de alienação política, uma sensação de impotência em mudar a sociedade. Mas para muitos "alienação" engloba o estado de espírito moderno. Não se sentem à vontade no materialismo, na nulidade e na superficialidade do mundo ocidental. Pelo contrário, sentem-se incompletos e

---

[72] Exemplo: Gálatas 5.6; 1Tessalonicenses 1.3; Tiago 2.14-26.
[73] Romanos 7.7-25; 8.1, 3, 33,34, 39.

desorientados, incapazes de encontrar-se a si mesmos, a sua identidade ou a sua liberdade. Para eles, o falar da reconciliação soa como as boas novas que realmente é.

Todavia, a primeira coisa que se deve dizer acerca do evangelho bíblico da reconciliação é que ele tem início na reconciliação com Deus, e continua com uma comunidade reconciliada em Cristo. Reconciliação não é um termo usado pela Bíblia no sentido de "encontrar paz consigo mesmo", embora ela insista em que somente através da perda de nós mesmos em amor a Deus e ao próximo é que verdadeiramente nos encontramos.

O começo, portanto, é a reconciliação com Deus. É esse o significado de "expiação". Alude também ao evento mediante o qual Deus e os seres humanos, anteriormente alienados um do outro, são tornados "um" de novo. É significativo que em Romanos 5.9-11, uma das quatro grandes passagens sobre a reconciliação no Novo Testamento, ser reconciliado e ser justificado são termos paralelos. "Sendo justificados pelo seu sangue" é balanceado por "quando inimigos, fomos reconciliados com Deus mediante a morte do seu Filho". As duas condições, embora efetuadas pela cruz, não são idênticas. Justificação é nossa posição legal na presença do Juiz no tribunal; reconciliação é nosso relacionamento pessoal com nosso Pai no lar. De fato, o último é sequela e fruto do primeiro. É somente quando somos justificados pela fé que temos paz com Deus (Romanos 5.1), a qual é a reconciliação.

Dois outros termos do Novo Testamento confirmam a ênfase de que reconciliação significa paz com Deus, a saber "adoção" e "acesso". Com referência ao primeiro, foi o próprio Jesus, que sempre se dirigiu intimamente a Deus como "Aba, Pai", quem nos deu a permissão de fazer o mesmo, aproximando-nos dele como "nosso Pai que está no céu". Os apóstolos o ampliaram. João, que atribui o fato de sermos filhos de Deus ao nosso nascimento de Deus, expressa seu sentido de maravilha de que o Pai nos tivesse amado tanto ao ponto de nos chamar, e deveras fazer-nos seus filhos.[74] Paulo, por outro lado, prefere traçar a nossa condição de filhos de Deus à adoção em vez de ao novo nascimento, e enfatiza os privilégios que temos em ser filhos em vez de escravos, e, portanto, herdeiros de Deus também.[75]

"Acesso" a Deus (*prosagoge*) é outra bênção da reconciliação. Parece denotar a comunhão ativa com Deus, especialmente em oração, a qual seus filhos reconciliados desfrutam. Duas vezes Paulo equipara "acesso a Deus" a "paz com Deus", a primeira vez atribuindo-os à nossa justificação em vez de à nossa reconciliação

---

[74] João 1.12-13; 1João 3.1-10.

[75] Exemplo: Romanos 8.14-17; Gálatas 3.26-29; 4.1-7.

(Romanos 5.1-2), e a segunda vez explicando o "acesso" como uma experiência trinitariana, na qual temos acesso ao Pai através do Filho mediante o Espírito (Efésios 2.17-18), e "pelo qual temos ousadia e acesso com confiança" (Efésios 3.12). Pedro usa o verbo cognato, declarando que foi a fim de "conduzir-nos" a Deus (*prosago*) que Cristo morreu por nós de uma vez por todas, o justo pelos injustos (1Pedro 3.18). E o escritor da carta aos Hebreus toma emprestado do ritual do Dia da Expiação a fim de transmitir a proximidade de Deus a qual Cristo tornou possível pelo seu sacrifício e sacerdócio. "Tendo, pois, irmãos, intrepidez para entrar no Santo dos Santos, pelo sangue de Jesus", escreve ele, "aproximemo--nos, com sincero coração, em plena certeza de fé [...]" (Hebreus 10.19-22).

Assim, reconciliação, paz com Deus, adoção em sua família e acesso à sua presença — todos dão testemunho do mesmo relacionamento novo a que Deus nos trouxe.

Todavia, a reconciliação possui um plano horizontal como também um vertical. Pois Deus nos reconciliou uns com os outros em sua nova comunidade, como também a si mesmo. Uma segunda grande passagem do Novo Testamento (Efésios 2.11-22) enfoca esse fato, e, em particular, a cura da separação entre judeus e gentios, de modo que às vezes não está claro a que reconciliação Paulo está-se referindo. Ele lembra a seus leitores cristãos gentios que outrora estavam, por um lado, "separados da comunidade de Israel, e estranhos às alianças da promessa", e por outro, "sem Cristo [...] e sem Deus no mundo" (v. 12). Sim, estavam "distantes" tanto de Deus quanto de Israel, duplamente alienados; "mas agora em Cristo Jesus", prossegue ele, "vós, que antes estáveis longe, fostes aproximados pelo sangue de Cristo" — aproximados de Deus e de Israel (v. 13). De fato, Cristo, que "é a nossa paz", quebrou a barreira que existia entre essas duas metades da raça humana, e "de ambos fez um" (v. 14). Ele "aboliu" os regulamentos da lei que os separava e "criou" em si mesmo "um novo homem, fazendo a paz" dos dois (v. 15). Conhecendo a amargura e o desprezo mútuos que judeus e gentios sentiam uns pelos outros, essa reconciliação foi um milagre da graça e do poder de Deus. O seu resultado foi o surgimento de uma humanidade única, nova e unificada, cujos membros através da cruz foram reconciliados com Deus e uns com os outros. Anteriormente inimigos, tiveram morta a sua hostilidade recíproca. Agora são co-cidadãos do reino de Deus, irmãos e irmãs na família de Deus (v. 19), membros do corpo de Cristo e co-participantes da promessa messiânica (3.6). Essa igualdade completa entre os judeus e os gentios na nova comunidade é o "mistério" que por séculos estivera oculto, mas que agora Deus revelava aos apóstolos, especialmente a Paulo, o apóstolo dos gentios (3.4-6).

Mesmo essa igualdade não completa a reconciliação que Deus realizou por meio de Cristo. Em *Colossenses*, que é a epístola irmã de *Efésios* por causa dos muitos paralelos que ambas contêm, Paulo acrescenta uma dimensão cósmica à obra de Cristo. Quer a grande passagem cristológica (Colossenses 1.15-20) seja um hino cristão primitivo, como acreditam muitos eruditos, quer seja uma composição original paulina, é uma afirmativa sublime da supremacia absoluta de Jesus Cristo na criação e na redenção, do Universo e da igreja. Ao mesmo tempo, é aptamente dirigida aos hereges colossenses que parece terem ensinado a existência de seres angelicais intermediários ("tronos, soberanias, principados, potestades") entre o Criador e a criação material, e podem ter sugerido que Jesus era um deles. Paulo não concordou com tal ideia nem por um instante. Sua ênfase é em "tudo", expressão que ele usa cinco vezes e que em geral significa "cosmo", mas aqui, evidentemente, inclui principados e potestades. Todas as coisas foram criadas por Deus em Cristo, por meio de Cristo e para Cristo (v. 16). Ele é "antes" de todas as coisas no tempo e na hierarquia, e "nele" todas as coisas são sustentadas e integradas (v. 17). Visto que todas as coisas existem em Cristo, por meio dele e para ele, ele é, por direito, o senhor supremo. Além disso, ele é a cabeça do corpo, a igreja, sendo o primogênito dentre os mortos, para que tivesse primazia em todas as coisas (v. 18). E essa segunda esfera da sua supremacia deve-se ao fato de que aprouve a Deus que em Cristo residisse toda a plenitude (v. 19) e realizasse a sua obra de reconciliação por meio dele fazendo paz mediante o sangue derramado na cruz. Dessa vez tudo o que é reconciliado é novamente chamado de "todas as coisas", descritas ainda mais como "coisas, quer sobre a terra, quer nos céus" (v. 20).

Não podemos ter certeza daquilo a que Paulo estava-se referindo. Presumimos que a expressão "todas as coisas" reconciliadas (v. 20) tenha a mesma identidade de "todas as coisas" criadas (v. 16,17). Mas se o que foi criado por meio de Cristo mais tarde necessitava ser reconciliado por intermédio dele, algo deve ter saído errado no entremeio. Como disse Peter O'Brien: "A pressuposição é que a unidade e harmonia do cosmo sofreram um deslocamento considerável, até mesmo uma ruptura, requerendo assim a reconciliação".[76]

Se a referência for à ordem natural, então talvez sua "reconciliação" seja a mesma que a liberdade do "cativeiro da corrupção" (Romanos 8.21), embora esse seja um evento futuro. Se, por outro lado, a referência for a seres cósmicos inteligentes ímpios ou anjos caídos, não há garantia no Novo Testamento que nos leve a esperar

---

[76] O'Brien, Peter T. **Colossians**, p. 53.

que tais foram (ou serão) reconciliados com Deus. Parece mais provável, portanto, que principados e potestades foram "reconciliados" no sentido do capítulo seguinte, a saber, que foram "desarmados" por Cristo, que "publicamente os expôs ao desprezo, triunfando deles na cruz" (Colossenses 2.15). Admitimos que é um uso estranho da palavra "reconciliados", mas, uma vez que Paulo também descreve essa reconciliação como "fazendo a paz" (1.20), talvez F. F. Bruce tenha razão ao dizer que o apóstolo está falando de uma "pacificação" de seres cósmicos "submetendo-se contra suas vontades a um poder que não podem resistir".[77] Nesse caso, pode-se ter em mente a mesma situação que em outro lugar é descrita como cada joelho dobrando-se a Jesus e cada língua confessando o seu senhorio (Filipenses 2.9-11), e todas as coisas sendo colocadas por Deus debaixo dos pés de Cristo até o dia em que serão unidas sob uma única cabeça, a cabeça de Cristo (Efésios 1.10, 22).

Até aqui investigamos os objetos da obra reconciliadora de Deus por meio de Cristo. Ele reconciliou os pecadores a si mesmo, judeus e gentios uns com os outros, e até mesmo os poderes cósmicos no sentido de desarmá-los e pacificá-los. Agora necessitamos considerar como se realizou a reconciliação, e quais são, no grande drama da reconciliação, os papéis respectivos desempenhados por Deus, Cristo e nós. A fim de conseguir luz para essas questões, voltamo-nos para a quarta passagem da reconciliação, 2Coríntios 5.18-21.

> Tudo provém de Deus que nos reconciliou consigo mesmo por meio de Cristo, e nos deu o ministério da reconciliação, a saber, que Deus estava em Cristo, reconciliando consigo o mundo, não imputando aos homens as suas transgressões, e nos confiou a palavra da reconciliação. De sorte que somos embaixadores em nome de Cristo, como se Deus exortasse por nosso intermédio. Em nome de Cristo, pois, rogamos que vos reconcilieis com Deus. Àquele que não conheceu pecado, ele o fez pecado por nós; para que nele fôssemos feitos justiça de Deus.

A primeira verdade dessa passagem deixa claro que *Deus é o autor da reconciliação*. De fato, é essa a ênfase principal da passagem toda. "Tudo (*ta panta*, todas as coisas") provém de Deus". Talvez a referência a "todas as coisas" nos remeta às "coisas novas" da nova criação com a qual o versículo anterior termina. Deus é o Criador; a nova criação provém dele. Seguem-se oito verbos nesses parágrafos

---

[77] SIMPSON, E. K.; BRUCE, F. F. **Ephesians and Colossians**, p. 210. Peter O'Brien segue F. F. Bruce nesta interpretação (**Colossians**, p. 56).

os quais têm a Deus como sujeito. Descrevem a graciosa iniciativa divina — Deus reconciliando, Deus concedendo, Deus apelando, Deus fazendo Cristo pecado por nós. Portanto, não é bíblica a explicação da expiação que tira a iniciativa de Deus e a dá a nós ou a Cristo. A iniciativa certamente não é nossa. Nada temos para oferecer, contribuir, apelar. Na frase memorável de William Temple, "tudo é de Deus; a única coisa minha com a qual contribuo para a minha redenção é o pecado do qual preciso ser redimido". A iniciativa primária tampouco foi de Cristo. Qualquer interpretação da expiação que atribua a iniciativa a Cristo, *de tal modo que a retire do Pai*, não serve. Cristo deveras tomou a iniciativa de vir, mas apenas no sentido em que podia dizer: "Eis aqui estou [...]. Para fazer, ó Deus, a tua vontade" (Hebreus 10.7). A iniciativa do Filho foi em submissão à iniciativa do Pai. Não houve relutância da parte do Pai. Não houve intervenção da parte de Cristo, como um terceiro partido. Não, a reconciliação foi concebida e dada à luz no amor de Deus. "Deus tanto amou o mundo que deu seu Filho unigênito".

Notamos aqui que sempre que o verbo "reconciliar" ocorre no Novo Testamento, Deus é o seu sujeito (ele nos reconciliou consigo) ou, se o verbo estiver na passiva, nós o somos (fomos reconciliados com ele). Deus jamais é o objeto do verbo. Jamais se diz que "Cristo reconciliou o Pai conosco". Formal e linguisticamente é esse o fato. Mas devemos ter cuidado em não construir teologicamente muito sobre ele. Pois se estivéssemos certos em dizer que Deus propiciou a sua própria ira por intermédio de Cristo, certamente poderíamos dizer que ele se reconciliou conosco por meio de Cristo. Se ele necessitava ser propiciado, ele igualmente necessitava ser reconciliado. Em outras palavras, é erro pensar que a barreira entre Deus e nós, a qual exigiu a obra da reconciliação, estava inteiramente do nosso lado, de modo que carecemos ser reconciliados e Deus não. É verdade que éramos inimigos de Deus, hostis a ele em nossos corações.[78] Mas a "inimizade" era de ambos os lados. A parede ou barreira entre Deus e nós era constituída tanto por nossa rebeldia a ele quanto por sua ira sobre nós por causa de nossa rebeldia. Três argumentos apoiam essa contenção.

Primeiro, a *linguagem*. As próprias palavras "inimigo", "inimizade" e "hostilidade" implicam reciprocidade. Por exemplo, em Romanos 11.28 a palavra "inimigos", visto estar em contraste com o tempo passivo "amados", deve ser passiva. Também a "hostilidade" entre Jesus e os gentios de Efésios 2.14 foi recíproca, o que sugere que a outra "hostilidade" (entre Deus e os pecadores) também o

---

[78] Para referências sobre a hostilidade humana para com Deus, veja Romanos 5.10; 8.7; Efésios 2.14, 16; Colossenses 1.21; Tiago 4.4.

foi. De modo que F. Buchsel escreve que não devemos interpretar a inimizade "unilateralmente", como hostilidade apenas "para com" Deus, mas que ela inclui o "permanecer sob a ira de Deus".[79] O segundo argumento relaciona-se com o *contexto*, tanto de cada passagem individual quanto da Bíblia toda. Em todas as grandes passagens sobre a reconciliação, ou nas suas proximidades, faz-se referência à ira de Deus. A mais admirável é Romanos 5, onde "salvos da ira" (v. 9) é imediatamente seguida de "quando inimigos" (v. 10). Então há o contexto bíblico mais amplo. Leon Morris, em particular, o sublinha: "Há, na perspectiva bíblica, uma hostilidade definida da parte de Deus para com tudo o que é ímpio [...]. Assim, muito separado dos detalhes de interpretação de determinadas passagens, há ensino forte e coerente no sentido de que Deus é ativo em sua oposição a tudo o que é ímpio".[80] Terceiro, há a *teologia*. A lógica de Paulo era de que Deus tinha agido objetivamente na reconciliação *antes* que a mensagem de reconciliação fosse proclamada. De modo que a "paz" que os evangelistas pregam (Efésios 2.17) não pode ser que *nossa* inimizade foi vencida (antes pregam para que ela seja), mas que Deus se desviou da *sua* inimizade por causa da cruz de Cristo. Ele se reconciliou a si mesmo conosco; agora devemos ser reconciliados com ele.

Emil Brunner expressou-se com precisão sobre esse assunto:

> A reconciliação pressupõe inimizade entre dois partidos. Dizendo-o mais acuradamente: a reconciliação, a reconciliação genuína, um ato objetivo de reconciliação, pressupõe inimizade de ambos os lados; isto é, que o homem é o inimigo de Deus e que Deus é o inimigo do homem.[81]

Brunner prossegue explicando que a nossa inimizade para com Deus é vista em nossa inquietação, que vai da frivolidade à renúncia aberta e ao ódio de Deus, ao passo que a inimizade dele para conosco é a sua ira. Além do mais, "Deus está presente nessa ira, que é, na realidade, a ira *dele*".

Segundo, se Deus é o autor, *Cristo é o agente da reconciliação*. Os versículos 18 e 19 do capítulo 5 de 2Coríntios tornam essa verdade clara como o cristal. "Deus [...] nos reconciliou consigo mesmo por meio de Cristo" e "Deus estava

---

[79] Do artigo sobre *allasso* e *katallasso* de F. Büchsel, p. 257.

[80] MORRIS, L. **Apostolic Preaching**, p. 196. Veja os capítulos do dr. Morris sobre a reconciliação em seu **Apostolic Preaching**, p. 186-223 e **Atonement**, p. 132-150.

[81] BRUNNER, E. **Mediator**, p. 516.

em Cristo, reconciliando consigo o mundo". Ambas as afirmativas nos dizem que Deus tomou a iniciativa da reconciliação, e que ele o fez em Cristo e por meio dele. Nesse aspecto as sentenças são idênticas. Mas os beneficiários mudam de "nós" para "o mundo", a fim de mostrar o alcance universal da reconciliação, e a preposição muda de "por meio de" para "em", com o propósito de mostrar que Deus não estava operando por meio de Cristo como o seu agente à distância, mas estava, na realidade, presente nele enquanto este realizava a obra.

Temos agora de notar os tempos passados, especialmente o aoristo ("reconciliou", v. 18). Ambos os verbos indicam que Deus estava fazendo, deveras fez, algo em Cristo. Deixemos que James Denney apresente a importância desse fato:

> A obra da reconciliação, no sentido do Novo Testamento, é uma obra que está *terminada*, e que devemos conceber como terminada, *antes de o evangelho ser pregado* [...]. Reconciliação [...] não é algo que está sendo feito; é algo que está feito. Não resta dúvida de que há uma obra de Cristo em processo, mas tem a sua base numa obra terminada de Cristo. É em virtude de algo já consumado na cruz que Cristo é capaz de fazer a nós o apelo, o que ele faz, e conseguir a resposta na qual *recebemos* a reconciliação.[82]

Alguns anos mais tarde P. T. Forsyth expressou, com grande penetração, a mesma verdade:

> "Deus estava em Cristo, reconciliando", na realidade, reconciliando, terminando a obra. Não foi um caso tentativo, preliminar [...]. A reconciliação estava terminada na morte de Cristo. Paulo não pregava uma reconciliação gradual. Ele pregava o que os antigos teólogos costumavam chamar de obra terminada [...]. Ele pregava algo feito uma vez por todas — uma reconciliação que está na base da própria composição da alma, não um convite apenas.[83]

O que, pois, foi que Deus fez ou realizou em Cristo e por meio dele? Paulo dá a essa pergunta duas respostas complementares, uma negativa e uma positiva. De modo negativo, Deus recusou-se a imputar a nós as nossas transgressões (v. 19b). É claro que merecíamos que fossem contadas contra nós. Mas se ele

---

[82] DENNEY, James. **Death of Christ**, p. 85-86. Cf. também p. 128.

[83] FORSYTH, P. T. **Work of Christ**, p. 86.

nos levasse a juízo, morreríamos. "Se observares, Senhor, iniquidades, quem, Senhor, subsistirá?" (Salmos 130.3). De modo que em sua misericórdia Deus recusou-se a levar em conta contra nós o nosso pecado ou exigir que sofrêssemos a penalidade deles. O que, pois, Deus fez com eles? Pois ele não os pode tolerar. Não, a resposta positiva é dada no versículo 21: "Àquele que não conheceu pecado, ele o fez pecado por nós; para que nele fôssemos feitos justiça de Deus." Essa é, certamente, uma das afirmativas mais admiráveis da Bíblia, da qual, contudo, não devemos fugir. James Denney não estava exagerando ao escrever a esse respeito: "Por mais misterioso e horrível que seja esse pensamento, é a chave de todo o Novo Testamento".[84] Por causa de nós Deus, de fato, fez que o Cristo sem pecado fosse pecado com os nossos pecados. O Deus que se recusou a imputar nosso pecado a nós, imputou-o a Cristo em nosso lugar. Deveras, a sua pureza pessoal qualificou-o de maneira singular a levar nosso pecado em nosso lugar.

Além do mais, Cristo tornou-se pecado por nós, a fim de que "nele fôssemos feitos justiça de Deus". Em outras palavras, nossos pecados foram imputados ao Cristo sem pecado, para que nós, pecadores, através da união com ele, pudéssemos receber como presente uma posição de justiça na presença de Deus. Os discípulos cristãos por todos os séculos têm meditado nessa troca entre o Cristo sem pecado e os pecadores, e têm-se maravilhado dela. O primeiro exemplo provavelmente é a *Epístola a Diognetus*, do segundo século, que diz, no capítulo 9: "Ó doce troca! Ó operação inescrutável! Ó benefícios que ultrapassam todas as expectativas! que a impiedade de muitos fosse oculta em apenas Um justo, e que a justiça de Um justificasse a muitos transgressores". Depois, eis o que Lutero escreveu a um monge que se encontrava desesperado por causa dos pecados: "Aprenda a conhecer a Cristo, e ele crucificado. Aprenda a cantar a ele e dizer: 'Senhor Jesus, tu és a minha justiça, e eu o teu pecado. Levaste sobre ti o que era meu; mas depuseste sobre mim o que era teu. Tu te tornaste o que não eras, para que eu pudesse me tornar o que eu não era' ".[85]

Mais ou menos um século mais tarde (em 1585) Richard Hooker, em um sermão sobre Habacuque 1.4, disse:

> Tais somos nós à vista de Deus Pai, como o próprio Filho do próprio Deus. Seja tal fato loucura ou frenesi ou fúria ou o que quer que seja. É a nossa sabedoria e o

---

[84] DENNEY, Jamés. **Death of Christ**, p. 88.
[85] LUTHER. **Letters of Spiritual Counsel**, p. 110.

nosso consolo; não precisamos de nenhum conhecimento no mundo a não ser este: o homem pecou e Deus sofreu; que Deus se fez a si mesmo o pecado dos homens, e que os homens são feitos a justiça de Deus.[86]

Como exemplo tirado deste século permitam-me escolher o epigrama de Emil Brunner: "A justificação significa este milagre: que Cristo toma o nosso lugar e nós tomamos o seu."[87]

Ao reexaminarmos o parágrafo que estamos estudando, é importante notarmos o paradoxo constituído pela primeira e pela última afirmativas. Por um lado, Deus estava em Cristo reconciliando. Por outro, Deus fez Cristo pecado por nós. Como podia Deus estar em Cristo quando ele o fez pecado é o mistério último da expiação. Mas devemos manter tenazmente as duas afirmações, e jamais expô-las de modo que uma contradiga a outra.

Terceiro, se Deus é o autor e Cristo o agente, *nós somos os embaixadores da reconciliação*. No exame dos versículos 18 e 19 até aqui temos visto somente a primeira parte de cada sentença. Mas cada uma se apresenta em duas seções, a primeira afirmando a realização da reconciliação (Deus estava em Cristo reconciliando consigo o mundo) e a segunda o seu anúncio (ele nos entregou o ministério e a mensagem da reconciliação). Além disso, o próprio ministério da reconciliação apresenta-se em dois estádios. Tem início como uma proclamação de que Deus estava em Cristo reconciliando e que ele fez que Cristo fosse feito pecado por nós. Continua com um apelo a que nos reconciliemos "com Deus", isto é, lancemos mão dos termos oferecidos da reconciliação com Deus (*cf.* Mateus 5.24), ou simplesmente a "recebamos" (*cf.* Romanos 5.11).[88]

Devemos manter essas coisas separadas. Deus terminou a obra da reconciliação na cruz; contudo ainda é necessário que os pecadores se arrependam e creiam e assim sejam "reconciliados com Deus". Repito, os pecadores necessitam ser "reconciliados com Deus"; não obstante não devemos nos esquecer de que do lado de Deus a obra da reconciliação já foi feita. Se essas duas coisas devem ser mantidas separadas, elas também devem ser conservadas juntas em toda pregação do evangelho autêntico. Não é suficiente expormos uma doutrina inteiramente ortodoxa da reconciliação sem jamais apelarmos às pessoas a que venham

---

[86] O Sermão sobre Habacuque 1.4, de Hooker, p. 490 ss.
[87] BRUNNER, E. **Mediator**, p. 524.
[88] CRAWFORD, T. J. **Doctrine of Holy Scripture**, p. 75.

a Cristo. Nem tampouco é certo um sermão consistir em um apelo interminável, o qual não tenha sido precedido de uma exposição do evangelho. A regra deve ser "não fazer apelo sem uma proclamação, e não proclamar sem um apelo".

Ao fazermos esse apelo, "somos embaixadores em nome de Cristo" (v. 20). Essa afirmativa foi especialmente verdadeira acerca de Paulo e dos seus companheiros apóstolos. Eram os enviados e representantes pessoais de Jesus Cristo. Todavia, em um sentido secundário é verdadeira para todas as testemunhas cristãs e todos os pregadores, que são os arautos do evangelho: falamos em nome de Cristo e em seu lugar. Então, ao emitirmos o nosso apelo, muitas vezes ouve-se outra voz, pois é "como se Deus exortasse por nosso intermédio". É uma verdade admirável que o mesmo Deus que operou "por meio de Cristo" a fim de alcançar a reconciliação, agora opera "por nosso intermédio" a fim de anunciá-la.

Examinamos quatro das principais imagens neotestamentárias acerca da salvação, tiradas do sacrário, do mercado, do tribunal e do lar. Sua natureza pictórica torna impossível integrá-las facilmente umas nas outras. Os sacrifícios no templo e os veredictos legais, o escravo no mercado e a criança no lar, todos claramente pertencem a mundos diferentes. Não obstante, certos temas emergem das quatro imagens.

Primeiro, cada uma acentua um aspecto diferente de nossa necessidade humana. A propiciação ressalta a ira de Deus sobre nós, a redenção o nosso cativeiro ao pecado, a justificação a nossa culpa, e a reconciliação a nossa inimizade contra Deus e a nossa alienação dele. Essas metáforas não são nada elogiosas. Expõem a magnitude de nossa necessidade.

Segundo, as quatro imagens enfatizam que foi Deus que, em seu amor, tomou a iniciativa salvadora. Foi ele que propiciou a sua própria ira, redimiu-nos de nossa miserável escravidão, declarou-nos justos em sua presença e reconciliou-nos consigo. Importantes textos não deixam dúvida a esse respeito: "Deus [...] nos amou, e enviou o seu Filho como propiciação pelos nossos pecados." "Deus [...] visitou e redimiu o seu povo". "E Deus quem os justifica." "Deus [...] nos reconciliou consigo mesmo por meio de Cristo".[89]

Terceiro, as quatro imagens claramente ensinam que a obra salvadora de Deus foi realizada por meio do derramamento de sangue, isto é, o sacrifício substitutivo de Cristo. Com relação ao sangue de Cristo os textos sagrados são, novamente, inequívocos. "Deus propôs, no seu sangue, como propiciação, mediante a

---

[89] 1João 4.10; Lucas 1.68; Romanos 8.33; 2Coríntios 5.18.

fé". "No qual temos a redenção, pelo seu sangue". "Logo, muito mais agora, sendo justificados pelo seu sangue". "Vós, que antes estáveis longe, fostes aproximados (*isto é*, reconciliados) pelo sangue de Cristo".[90] Visto que o sangue de Cristo é um símbolo da sua vida entregue em morte violenta, está também claro em cada uma das quatro imagens que ele morreu em nosso lugar como nosso substituto. A morte de Jesus foi o sacrifício expiador por causa do qual Deus desviou de nós a sua ira, o preço de resgate pelo qual fomos redimidos, a condenação do inocente para que o culpado fosse justificado, e o sem pecado fosse feito pecado por nós.[91]

De modo que a substituição não é uma "teoria da expiação". Nem tampouco é uma imagem adicional que tenha lugar como uma opção ao lado das outras. É, antes, a essência de cada imagem e o coração da própria expiação. Nenhuma das quatro imagens pode permanecer sem ela. Não estou dizendo, é claro, que a pessoa antes de ser salva precisa compreender, muito menos articular, uma expiação substitutiva. Entretanto, a responsabilidade de mestres, pregadores e outras testemunhas cristãs é procurar graça a fim de expor a substituição com clareza e convicção. Pois quanto mais as pessoas entenderem a glória da substituição divina, tanto mais fácil será para elas confiarem no Substituto.

---

[90] Romanos 3.25; Efésios 1.7; Romanos 5.9; Efésios 2.13 (cf. Colossenses 1.20).
[91] Romanos 3.25; 1Pedro 1.18-19; Romanos 8.3, 33; 2Coríntios 5.21.

Capítulo 8
A Revelação de Deus

Devemos ver a realização da cruz de Cristo tanto em termos de revelação como de salvação. Emprestando termos correntes, podemos dizer que foi um evento "revelatório" e também "salvífico". Pois através do que Deus realizou ali pelo mundo, ele também falou ao mundo. Assim como os seres humanos revelam seu caráter por meio de suas ações, da mesma forma Deus se mostrou a si mesmo a nós por meio da morte do seu Filho. O propósito deste capítulo é investigar de que modo a cruz foi uma palavra como também uma obra, e ouvir a ela com atenção.

A glória de Deus

Segundo o Evangelho de João, Jesus referiu-se à sua morte como uma "glorificação": o evento por meio do qual ele e o Pai seriam supremamente "glorificados" ou manifestados. Essa ideia pode surpreender a muitas pessoas. No Antigo Testamento a glória ou o esplendor de Deus era revelada na natureza e na história, isto é, no Universo criado e na nação redimida. Por outro lado, os céus e a terra estavam cheios da sua glória, incluindo-se (acrescentou Jesus) as flores primaveris da Galileia, cuja glória excedia até mesmo a de Salomão.[1] Por outro lado, Deus mostrou a sua glória libertando a Israel do cativeiro egípcio e do babilônico, e revelando ao povo o seu caráter misericordioso e justo.[2] Assim Deus demonstrou a sua majestade no seu mundo e no seu povo.

Não é de surpreender que quando se inicia o Novo Testamento, a glória seja associada a Jesus Cristo. Como escreveu lorde Ramsey, de Cantuária: "até onde vai a ideia de que *doxa* seja a doutrina do esplendor, Jesus Cristo é esse esplendor".[3]

Segundo os Evangelhos Sinóticos, contudo, embora a glória de Jesus fosse vislumbrada na Transfiguração, a sua manifestação completa não se daria até a "parousia" e reino, época em que então se consumaria.[4]

---

[1] Salmos 19.1; 29.9; Isaías 6.3; Mateus 6.29.

[2] Números 14.22; Salmos 97.2-6; Isaías 35.2; 40.5; Êxodo 33.18-34.7.

[3] RAMSEY, A. M. **Glory of God**, p. 28.

[4] Para a glória da transfiguração veja Lucas 9.32 e 2Pedro 1.16; para a glória da Parousia veja Marcos 13.26, e para a glória do reino final veja Marcos 10.37 e Mateus 25.31.

Seria uma revelação de "poder e glória". O notável acerca da apresentação de João é que, embora a glória de Cristo tivesse sido manifestada poderosamente em seus milagres ou "sinais"⁵, acima de tudo devia ser vista em sua fraqueza presente, na auto-humilhação da encarnação.

"E o Verbo se fez carne, e habitou entre nós, cheio de graça e de verdade, e vimos a sua glória, glória como do unigênito do Pai" (João 1.14). Não devemos perder as alusões do Antigo Testamento. A glória de Deus que sobreparava e enchia o tabernáculo no deserto agora está sendo demonstrada naquele que por um pouco habitou (*eskenosen*, "tabernaculou") entre nós. E Assim como Yavé mostrou a Moisés a sua glória, declarando que o seu nome era tanto misericordioso quanto justo, da mesma forma a glória que vimos em Jesus Cristo foi "cheia de graça e de verdade". Mais importante ainda é a antítese deliberada entre "carne" e "glória" e, portanto, o "*paradoxo* fundamental da glória da humilhação divina".⁶

A auto-humilhação do Filho de Deus, a qual começou na encarnação, culminou na sua morte. Contudo, nessa mesma humilhação ele foi "levantado", não apenas fisicamente elevado à cruz, mas também espiritualmente exaltado perante os olhos do mundo.⁷ Deveras, ele foi "glorificado". A cruz que parecia "vergonha" era, de fato, "glória". Ao passo que nos Evangelhos Sinóticos o sofrimento é o caminho da glória futura,⁸ para João é também a arena em que na realidade ocorre a glorificação.⁹ Em três ocasiões distintas Jesus se referiu à sua morte vindoura como a hora da sua glorificação.

Primeira, em resposta ao pedido de alguns gregos que procuravam vê-lo, Jesus disse: "E chegada a hora de ser glorificado o Filho do homem", e prosseguiu imediatamente a falar da sua morte em termos tanto do grão de trigo que cai ao chão como da glória que o Pai havia de trazer ao seu próprio nome.

Segunda, assim que Judas deixou o cenáculo e entrou na noite, Jesus disse: "Agora foi glorificado o Filho do homem, e Deus foi glorificado nele".

---

⁵ João 2.11; 11.4, 40.

⁶ COGGAN F. Donald. **Glory of God**, p. 52.

⁷ João não usa o verbo "crucificado" até o capítulo 19, onde ocorre dez vezes. Antes disto, ele usa três vezes o termo "levantado", com seu *double entendre* deliberado.

⁸ Lucas 24.26; cf. 1Pedro 4.13; 5.1, 10 e Romanos 8.17,18.

⁹ Escrevo "também" porque claramente João pensa em Cristo ser glorificado de outras maneiras também, exemplo: mediante a obra do Espírito (16.14), na igreja (17.10) e no céu (17.5, 24).

Terceira, ele iniciou a sua grande oração no final da refeição no cenáculo, com as palavras: "Pai, é chegada a hora; glorifica a teu Filho, para que o teu Filho te glorifique a ti".[10]

O notável acerca das três passagens é que, primeiro, cada uma é introduzida por "agora" ou "é chegada a hora", em referência indisputável à cruz; e, segundo, que a glorificação será do Pai e do Filho juntos.

De modo que o Pai e o Filho são revelados pela cruz. Mas o que é que revelam de si mesmos? Certamente a auto-humilhação e a autodoação do amor estão implícitas aqui. Mas e a santidade desse amor, que tornou necessário que o Cordeiro de Deus tirasse o pecado do mundo e que o Bom Pastor desse a sua vida pelas ovelhas, e que fez mais expediente (como Caifás corretamente profetizou) que um homem morresse pelo povo em vez de perecer toda a nação?[11] Essas afirmativas eram parte integral da compreensão que João tinha da morte mediante a qual Pai e Filho seriam glorificados. A glória que se irradia da cruz é a mesma combinação de qualidades divinas que Deus revelou a Moisés como misericórdia e justiça, e a qual vimos no Verbo feito carne como "graça e verdade".[12] Essa é a "bondade" de Deus, a qual Calvino viu demonstrada no "teatro" da cruz:

> Pois na cruz de Cristo, como num esplêndido teatro, a incomparável bondade de Deus é apresentada diante do mundo todo. A glória de Deus brilha deveras em todas as criaturas de cima e de baixo, mas jamais tão viva quanto na cruz [...].
>
> Se alguém apresentar a objeção de que nada poderia ser menos gloriosa do que a morte de Cristo [...] respondo que nessa morte vemos a glória imensurável que está oculta aos ímpios.[13]

Quando passamos de João a Paulo, o conceito de que Deus se revelou na cruz e por meio dela, torna-se ainda mais explícito. O que para João é manifestação da glória de Deus, para Paulo é a demonstração, deveras, a vindicação, do seu caráter de justiça e amor. Pode ser útil, antes de estudarmos os dois textos-chave separadamente, examiná-los lado a lado. Ambos ocorrem na carta aos Romanos:

---

[10] João 12.20-28; 13.30-32; 17.1.
[11] João 1.29; 10.11; 11.49-52 e 18.14.
[12] Êxodo 34.6; João 1.14, 17.
[13] **St John**, de Calvino, p. 68 (sobre João 13.31) e p. 135 (sobre João 17.1).

A quem Deus propôs, no seu sangue, como propiciação, mediante a fé, para manifestar a sua justiça, por ter Deus, na sua tolerância, deixado impunes os pecados anteriormente cometidos; tendo em vista a manifestação da sua justiça no presente, para ele mesmo ser justo e justificador daquele que tem fé em Jesus (3.25,26).

Mas Deus prova o seu próprio amor para conosco, pelo fato de ter Cristo morrido por nós, sendo nós ainda pecadores (5.8).

Os verbos gregos traduzidos por "demonstrar" no capítulo três e "provar" no cinco, apesar de serem diferentes, significam a mesma coisa, e Paulo está declarando que na morte de Cristo, Deus nos deu uma demonstração clara e pública da sua justiça e do seu amor. Já vimos como Deus "satisfez" a sua ira e amor, justiça e misericórdia, dando-se a si mesmo em Cristo para levar o nosso pecado e condenação. Agora vamos ver como, ao satisfazer a esses atributos divinos na cruz, ele os demonstrou e expôs.

A justiça de Deus

Homens e mulheres de sensibilidade moral têm sempre ficado perplexos pela aparente injustiça da providência divina. Esse problema está longe de ser moderno. Desde o tempo de Abraão, que se indignou porque Deus pretendia destruir a Sodoma e Gomorra e no processo matar os justos com os ímpios, e proferiu o grito de angústia: "Não fará justiça o Juiz de toda a terra?" (Gênesis 18.25), os personagens e os autores da Bíblia têm lutado com essa questão. Ela é um dos temas recorrentes da Literatura de Sabedoria e domina o livro de Jó. Por que os ímpios florescem e os inocentes sofrem? Diz-se que "pecado e morte", transgressão humana e juízo divino encontram-se equilibrados, até mesmo unidos inseparavelmente. Por que, então, não vemos com mais frequência pecadores castigados? Pelo contrário, com grande frequência, parecem escapar impunes. Os justos, por outro lado, muitas vezes são acometidos por desastres. Não somente Deus não os protege, mas também não responde às suas orações e até mesmo parece não se importar com o destino deles. De modo que, evidentemente, há uma necessidade de uma "teodicia", uma vindicação da justiça de Deus, uma justificação à humanidade dos modos aparentemente injustos de Deus.

A Bíblia responde a essa necessidade de dois modos complementares. Primeiro, olhando para o juízo final e, segundo (da perspectiva dos cristãos do Novo Testamento), olhando de volta para o juízo decisivo realizado na cruz.

Quanto à primeira perspectiva, era ela a resposta-padrão ao problema no Antigo Testamento, resposta da qual Salmos 73 é um exemplo. Os perversos prosperam. São saudáveis e ricos. Apesar de sua violência, arrogância e soberbo desafio a Deus, saem ilesos. Nenhum raio do céu os abate. O salmista admite que, ao invejar a liberdade deles de pecar e a sua imunidade ao sofrimento, quase se desviou de Deus, pois seus pensamentos eram mais semelhantes aos dos animais selvagens do que aos de um israelita piedoso. Até entrar "no santuário de Deus" ele não conseguiu chegar a nenhuma compreensão satisfatória. Então ele atinou "com o fim deles". Não têm consciência de que o lugar em que se firmam com tanta confiança é por demais escorregadio, e que um dia cairão, assolados pelo justo juízo de Deus.

O Novo Testamento repete várias vezes essa mesma certeza de juízo último, no qual os desequilíbrios da justiça serão corrigidos. Paulo diz aos filósofos atenienses que Deus só não levou em conta a idolatria no passado porque "estabeleceu um dia em que há de julgar o mundo com justiça, por meio de um varão que destinou e acreditou", e adverte seus leitores de Roma a não presumirem das riquezas da "bondade, tolerância e longanimidade" de Deus, as quais lhes estão dando espaço para o arrependimento. Pedro dirige a mesma mensagem aos "escarnecedores", que ridicularizam a noção de um juízo futuro. A razão de esse dia ainda não haver chegado é que Deus, em sua tolerância, está mantendo aberta a porta da oportunidade um pouco mais, "não querendo que nenhum pereça, senão que todos cheguem ao arrependimento".[14]

Se o propósito da primeira parte da "teodicia" bíblica é advertir acerca do juízo final vindouro, a segunda é declarar que esse juízo já se realizou na cruz. É por isso que Deus permitiu, por assim dizer, que os pecados se acumulassem no tempo do Antigo Testamento sem ser punidos (como mereciam) ou perdoados (visto ser "impossível que sangue de touros e de bodes remova pecados"). Mas agora, diz o escritor da carta aos Hebreus, Cristo é o "Mediador de nova aliança a fim de que, intervindo a morte para remissão das transgressões que havia sob a primeira aliança".[15] Em outras palavras, o motivo da inação anterior de Deus em face do pecado não era indiferença moral mas tolerância pessoal até que Cristo viesse e o removesse na cruz. A passagem clássica sobre esse tema é Romanos 3.21-26. Vamos a ela.

---

[14] Atos 17.30,31; Romanos 2.4; 2Pedro 3.3-9.
[15] Hebreus 10.4 e 9.15.

> Mas agora, sem lei, se manifestou a justiça de Deus testemunhada pela lei e pelos profetas; justiça de Deus mediante a fé em Jesus Cristo, para todos [e sobre todos] os que creem; porque não há distinção, pois todos pecaram e carecem da glória de Deus, sendo justificados gratuitamente, por sua graça, mediante a redenção que há em Cristo Jesus; a quem Deus propôs, no seu sangue, como propiciação, mediante a fé, para manifestar a sua justiça, por ter Deus, na sua tolerância, deixado impunes os pecados anteriormente cometidos; tendo em vista a manifestação da sua justiça no tempo presente, para ele mesmo ser justo e justificador daquele que tem fé em Jesus.

Charles Cranfield descreveu esses seis versículos como "centro e coração" da carta aos Romanos. A fim de compreendê-los, teremos de começar pelo menos um breve exame da enigmática frase do versículo 21: "Mas agora, sem lei, se manifestou a justiça de Deus". A construção fraseológica é quase idêntica à de 1.17: ("Visto que a justiça de Deus se revela no evangelho"), com exceção de estarem os verbos respectivamente no passado e no presente.

Qualquer que seja a "justiça de Deus", é claro que sua revelação se encontra no evangelho. Foi revelada no evangelho quando este, pela primeira vez, foi formulado, e continua a ser revelada no evangelho sempre que este é pregado. É certo não ser essa a única revelação que Paulo menciona. Ele já afirmou que o poder e a divindade de Deus são revelados na criação (1.19,20), e que a ira divina é revelada dos céus (1.18) aos ímpios que suprimem a verdade, especialmente na desintegração moral da sociedade. Mas o mesmo Deus que revelou o seu poder na criação e a sua ira na sociedade também revelou a sua justiça no evangelho.

Tem-se debatido interminavelmente o artigo "a" que precede a palavra "justiça". São três as principais explicações apresentadas. Primeira, segundo a tradição medieval, diz-se que era o atributo divino da justiça, como nos versículos 25 e 26 nos quais afirma-se que Deus a manifestou. O problema dessa interpretação é que a justiça divina normalmente se manifesta em juízo (exemplo, Apocalipse 19.11), o que dificilmente seriam as boas novas reveladas no evangelho. Lutero sustentava essa primeira perspectiva e ela quase o levou ao desespero. É claro, se a justiça de Deus pudesse ser vista em certas circunstâncias, manifestando-se em justificação em vez de juízo, a questão seria bem diferente. Mas estou-me adiantando.

Segundo, de acordo com os reformadores, a frase significava uma situação justa que é "de Deus" (caso genitivo) no sentido de que é "de Deus", concedida por ele. A justiça é "sem lei" (v. 21) porque a função da lei é condenar, e não justificar, embora "testemunhada pela lei e pelos profetas", porque é uma doutrina do Antigo Testamento. Visto que todos nós somos injustos (3.10) e não podemos estabelecer nossa própria justiça (3.20; 10.3), a justiça de Deus é um dom gratuito (5.17), ao qual nos devemos submeter (10.3), receber (9.30), ter (Filipenses 3.9) e, assim, até mesmo nos tornar (2Coríntios 5.21). "A justiça de Deus", sendo um dom para os injustos, recebida pela fé em Cristo somente (v. 22), de fato, nada mais é que a justificação.

Terceiro, alguns eruditos recentes têm chamado a atenção para as passagens do Antigo Testamento, especialmente nos salmos e em Isaías, nas quais "a justiça de Deus" e "a salvação de Deus" são sinônimos, e referem-se à iniciativa divina em vir a fim de resgatar o seu povo e vindicá-lo quando oprimido.[16] Nesse caso, a "justiça de Deus" não é nem seu atributo de justiça, nem seu dom da justificação, mas sua atividade dinâmica e salvadora. A principal objeção que se faz a essa interpretação é que Paulo, embora tivesse declarado que a lei e os profetas testificavam da justiça divina, não cita nenhum dos versículos apropriados.

A segunda das três interpretações se encaixa melhor em cada contexto em que a expressão ocorre, e parece quase certamente correta. Por outro lado, pode não ser necessário rejeitar as outras duas. Pois se a justiça de Deus é a posição justa que ele concede àqueles que creem em Cristo, é por meio de sua atividade dinâmica e salvadora que tal dádiva está disponível e é concedida, e a operação é totalmente de acordo com a sua justiça. "A justiça de Deus", então, pode ser definida como "o modo justo de Deus de justificar os injustos"; é a situação justa que ele concede aos pecadores a quem justifica. Além do mais, como vimos no capítulo anterior, o seu ato livre e gracioso de justificar é "mediante a redenção que há em Cristo Jesus" (v. 24), a quem "Deus propôs, no seu sangue, como propiciação" (v. 25). Se Deus em Cristo não tivesse pagado o preço de nosso resgate e propiciado sua própria ira contra o pecado, na cruz, ele não nos poderia ter justificado.

Agora, o motivo pelo qual ele fez isso, a saber, apresentou a Cristo como sacrifício de expiação, foi "demonstrar a sua justiça". Tão importante é esse objetivo divino que o apóstolo o afirma duas vezes com palavras virtualmente idênticas, embora em cada vez ele acrescente uma explicação diferente. Na primeira vez ele olha para o passado e diz que Deus demonstrou sua justiça na cruz por ter Deus "na sua tolerância, deixado impunes os pecados anteriormente cometidos" (v. 25). A segunda vez ele olha da cruz para o presente e para o futuro, e diz que Deus

---

[16] Exemplo: Salmos 71.15; 98.2; Isaías 45.21 ("um Deus justo e Salvador"); 46.13; 51.5,6; 56.1. Veja, por exemplo, **Romanos**, de C. H. Dodd, p. 10-13.

demonstrou (de fato, continua a demonstrar) a sua justiça "no tempo presente, para ele mesmo ser justo e justificador daquele que tem fé em Jesus" (v. 26).

Por causa da sua tolerância passada para com os pecadores, Deus havia criado um problema para si mesmo. Pecado, culpa e juízo deviam estar inexoravelmente ligados em seu mundo moral. Por que, então, ele não havia julgado os pecadores, segundo as suas obras? Era preciso uma "teodicia" para vindicar a sua justiça. Embora em restrição própria ele pudesse ter adiado seu juízo, não poderia permitir que o acúmulo de pecados humanos continuasse indefinidamente, muito menos cancelar de todo o juízo. Se Deus não punisse o pecado justamente, seria "injusto a si mesmo", como o disse Anselmo, ou, nas palavras de James Denney, "não faria justiça a si mesmo", antes, "faria a si mesmo uma injustiça".[17] De fato, ele destruiria tanto a si mesmo quanto a nós. Ele deixaria de ser Deus e nós cessaríamos de ser totalmente humanos. Ele se destruiria contradizendo seu caráter divino de justo Legislador e Juiz, e nos destruiria contradizendo a nossa dignidade humana de pessoas moralmente responsáveis, criadas à sua imagem. É inconcebível que ele fizesse qualquer dessas coisas. Assim, embora em sua tolerância ele, temporariamente, tenha deixado impunes os pecados, agora, em justiça, ele os puniu, condenando-os em Cristo. Ele assim demonstrou sua justiça, executando-a. E o fez publicamente (o que alguns pensam ser a ênfase do verbo "propôs"), a fim de não ser apenas justo mas também ser visto como justo. Por causa da sua aparência passada de injustiça em não punir os pecados, ele deu uma prova presente e visível de justiça, levando ele mesmo o castigo em Cristo.

Agora ninguém pode acusar a Deus de apoiar o mal, e assim, de apresentar indiferença ou injustiça moral. A cruz demonstra com igual viveza tanto a justiça de Deus em julgar o pecado como a sua misericórdia em justificar o pecador. Pois agora, como resultado da morte propiciatória do seu Filho, Deus pode ser "justo e justificador" daqueles que creem nele. Ele é capaz de conceder a posição justa aos injustos sem comprometer sua própria justiça.

Devíamos ver agora mais claramente a relação entre a realização da cruz (exemplificada nas quatro imagens examinadas no capítulo anterior) e a revelação divina. Ao levar ele mesmo em Cristo a terrível penalidade de nossos pecados, Deus não apenas propiciou a sua ira, resgatou-nos da escravidão, justificou-nos a seus olhos e reconciliou-nos consigo mesmo, mas também defendeu e demonstrou a sua própria justiça. Pelo modo como nos justificou, também justificou a si mesmo.

---

[17] ANSELMO. **Cur Deus Homo?**, I.XIII; DENNEY, James. **Death of Christ**, p. 188.

É esse o tema do livro *A Justificação de Deus* de P. T. Forsyth, publicado em 1916 e subtitulado "preleções para tempos de guerra sobre uma teodicia cristã". "Não há teodicia para o mundo", escreveu ele, "exceto numa teologia da cruz. A única teodicia final é que a autojustificação de Deus era fundamental à sua justificação dos homens. Razão alguma do homem pode justificar a Deus num mundo como este. Ele deve justificar-se a si mesmo, e o fez na cruz do seu Filho."[18]

O amor de Deus

Não é somente a justiça de Deus que parece incompatível com as injustiças prevalecentes no mundo, mas também o seu amor. Tragédias pessoais, inundações e terremotos, acidentes que tiram centenas de vidas, fome e pobreza em escala global, a fria vastidão do Universo, a crueldade da natureza, a tirania e a tortura, a doença e a morte, e o cômputo geral da miséria dos séculos — como podem reconciliar esses horrores com um Deus de amor? Por que Deus os permite?

O Cristianismo não oferece respostas fáceis a essas agonizantes questões. Mas oferece, de fato, evidência do amor de Deus, tão histórica e objetiva como a evidência que parece negá-lo, à luz da qual é preciso que vejamos as calamidades do mundo. Essa evidência é a cruz. Permita-me começar com dois versículos tirados da primeira carta de João.

Primeiro, "nisto conhecemos o amor, em que Cristo deu a sua vida por nós" (3.16). A maioria das pessoas não teria dificuldade alguma em nos dizer o que pensa ser o amor. Podem saber que já se escreveram livros com o propósito de distinguir entre diferentes tipos de amor, como o *Ágape e Eros* de Anders Nygren, e *Os Quatro Amores* de C. S. Lewis. Entretanto, diriam que o significado do amor se evidencia por si mesmo. João, porém, discordaria dessas pessoas. Ele ousa dizer que, sem Cristo e sua cruz, o mundo jamais teria conhecido o verdadeiro amor. É claro que todos os seres humanos experimentam certo grau ou qualidade de amor. Mas João está dizendo que apenas um ato de amor puro, não manchado por alguma nuança de segundos motivos, foi praticado na história do mundo, a saber, o amor de Deus que se deu a si mesmo em Cristo na cruz por pecadores que não o mereciam. É por isso que, se estamos procurando uma definição de amor, não devemos ir ao dicionário, mas ao Calvário.

---

[18] Forsyth, P. T. **Justification of God**, p. 124,125. Barth também escreveu que a justificação do homem é a autojustificação de Deus (**Church Dogmatics**, v. 1, p. 559-564).

O segundo versículo de João é ainda mais preciso. "Nisto consiste o amor, não em que nós tenhamos amado a Deus, mas em que ele nos amou, e enviou o seu Filho como propiciação (*hilasmos*) pelos nossos pecados" (4.10). Na passagem do capítulo 3 de Romanos que estamos estudando, Paulo toma a natureza propiciatória da cruz (*hilasterion*) como demonstração da justiça divina; aqui João a vê como a manifestação do amor dele. É ambos. O verdadeiro amor é de Deus, não nosso, e ele o manifestou entre nós (v. 9) enviando seu Filho unigênito ao mundo para que morresse por nós e pudéssemos viver por meio dele. As duas palavras "viver" (v. 9) e "propiciação" (v. 10) traem a extremidade de nossa necessidade. Por sermos pecadores, merecemos morrer sob a justa ira de Deus. Mas Deus enviou o seu único Filho, e ao enviá-lo, ele mesmo veio a fim de morrer a morte e levar a ira em nosso lugar. Foi um ato de puro e imerecido amor.

Aprendemos com João, portanto, que embora neste mundo nossa atenção seja constantemente levada para os problemas do mal e da dor, os quais parecem contradizer o amor de Deus, seria prudente não deixarmos que tais coisas nos desviem da cruz, onde o amor de Deus se manifestou pública e visivelmente. Se a cruz pode ser chamada de "tragédia", foi uma tragédia que ilumina todas as outras.

Paulo também escreve acerca do amor de Deus na primeira metade do capítulo 5 de Romanos. O apóstolo se refere a ele duas vezes, provendo-nos, assim, dois modos complementares de adquirirmos a certeza da sua realidade. O primeiro é que "o amor de Deus é derramado em nossos corações pelo Espírito Santo, que nos foi outorgado" (v. 5). O segundo é que "Deus prova o seu próprio amor para conosco, pelo fato de ter Cristo morrido por nós, sendo nós ainda pecadores" (v. 8). Um dos aspectos mais satisfatórios do evangelho é o modo pelo qual une o objetivo ao subjetivo, o histórico ao experimental, a obra do Filho de Deus à obra do Espírito de Deus. Podemos saber que Deus nos ama, diz Paulo, tanto porque ele provou o seu amor na história através da morte do seu Filho, como porque continuamente o derrama em nossos corações por meio da habitação do Espírito em nós. E embora nos concentremos, como faz Paulo, na demonstração objetiva do amor de Deus na cruz, não nos esqueceremos de que o Espírito Santo confirma esse testemunho histórico por intermédio de seu próprio testemunho interior e pessoal, à medida que inunda os nossos corações com o conhecimento de que somos amados. É algo similar à nossa experiência de o Espírito Santo testificar com o nosso espírito que somos filhos de Deus — um testemunho que ele dá quando, ao orarmos, nos capacita a clamar: "*Abba*, Pai", porque então sabemos que somos os filhos justificados, reconciliados, redimidos e amados de Deus (Romanos 8.15-16).

Por causa da cruz, porém, "Deus prova o seu próprio amor para conosco" (Romanos 5.8). É o seu próprio amor, *sui generis*, pois não há outro amor como o dele. Em que consiste essa demonstração? Possui três partes, que, juntas, constroem um caso convincente.

Primeiro, Deus deu o *seu Filho* por nós. É verdade que no versículo 8 Paulo afirma simplesmente que "Cristo" morreu por nós. O contexto, porém, nos diz quem foi esse Ungido, esse Messias. Pois segundo o versículo 10, a morte de Cristo foi "a morte do seu Filho". Se Deus nos tivesse enviado um homem, como enviou os profetas a Israel, teríamos ficado agradecidos. Se ele tivesse enviado um anjo, como o fez com Maria na anunciação, teríamos o tomado como um grande privilégio. Contudo, em ambos os casos ele nos teria enviado um terceiro partido, visto que homens e anjos são criaturas dele. Mas, ao enviar o seu próprio Filho, eternamente gerado em seu próprio Ser, ele não estava enviando uma criatura, um terceiro partido, mas dando a si mesmo. A lógica desse raciocínio é inescapável. Como poderia o amor do Pai ter sido demonstrado se tivesse enviado alguém mais a nós? Não, uma vez que o amor, em sua essência, é autodoação, então se o amor de Deus foi visto no fato de ter ele doado o seu Filho, ele deve, com isso, ter doado a si mesmo. "Deus amou ao mundo de tal maneira que deu o seu Filho unigênito" (João 3.16). Outra vez, Deus "não poupou a seu próprio Filho, antes, por todos nós o entregou" (Romanos 8.32). P. T. Forsyth, com grande correção, acrescentou o brilho: "ele não poupou a seu próprio Filho, isto é, o seu próprio Ser".[19] É por causa da urgência desse amor autodoador que Paulo acrescentou sua convicção de que juntamente com Cristo Deus nos dará "graciosamente todas as coisas". Todas as dádivas menores estão compreendidas dentro desse "dom inefável" (2Coríntios 9.15).

Segundo, Deus deu o seu Filho a fim de *morrer* por nós. Ainda teria sido maravilhoso se Deus tivesse dado o seu Filho, e, assim, a si mesmo, somente para se tornar carne, viver e dar e servir a nós na terra. A encarnação, porém, não passou do início dessa autodoação. Tendo-se esvaziado a si mesmo de sua glória e assumido a natureza de servo, ele então "a si mesmo se humilhou, tornando-se obediente até à morte, e morte de cruz" (Filipenses 2.7-8). Isso foi dar-se a si mesmo ao extremo último, à tortura da crucificação e ao horror da remoção do pecado e do abandono de Deus. "Cristo morreu por nós". Seu corpo morreu, e, como vimos, sua alma morreu, morreu a morte da separação de Deus. Pecado e morte são inseparáveis, mas, ao passo que geralmente aquele que peca e o que morre são a mesma pessoa, nessa

---

[19] FORSYTH, P. T. **Justification**, p. 154.

ocasião não o foram, visto que fomos *nós* quem pecamos, mas *ele* quem morreu pelos nossos pecados. Isso é amor, santo amor, infligindo a penalidade pelo pecado e levando-a. Fazer-se pecado o Imaculado, morrer o Imortal — não temos meios de imaginar o terror da dor envolvida em tal experiência.

Terceiro, Deus deu o seu Filho a fim de morrer *por nós*, isto é, por pecadores indignos como nós. "Pecadores" é a primeira palavra que Paulo usa para descrever-nos, fracassos que não atingiram o alvo e que, invariavelmente, "carecem da glória de Deus" (Romanos 3.23). A seguir, éramos "ímpios" (Romanos 5.6), pois não havíamos dado a Deus a glória devida a seu nome, e não havia temor de Deus diante de nossos olhos (3.18). O terceiro epíteto descritivo de Paulo é "inimigos" (5.10). Isto é, éramos "inimigos de Deus", pois nos havíamos rebelado contra a sua autoridade, recusado o seu amor e desafiado a sua lei (8.7). A quarta e última palavra é "fraco" (5.6): foi "quando nós ainda éramos fracos" que Cristo morreu por nós. Pois não tínhamos poder para salvar-nos; éramos impotentes. Muito raramente, argumenta Paulo no versículo 7, alguém estaria disposto a morrer por "um justo" (cuja justiça é fria, austera, proibitiva), embora pelo "bom" (cuja bondade é calorosa, amigável e atraente) poderá ser que alguém se anime a morrer. "Mas Deus prova o seu próprio amor para conosco" — seu amor singular — nisto, que ele morreu por pessoas pecadoras, ímpias, rebeldes e fracas como nós.

O valor de um dom de amor é medido tanto pelo que custa a quem dá como pelo grau de merecimento de quem recebe. Um jovem apaixonado, por exemplo, dará à sua amada presentes caros, muitas vezes além de suas posses, como símbolos do seu amor, pois acha que ela os merece, e mais ainda. Jacó serviu sete anos por Raquel pelo amor que lhe tinha. Mas Deus, ao dar o seu Filho, deu-se a si mesmo para morrer por seus inimigos. Ele deu tudo por aqueles que nada dele mereciam. "E essa é a prova de Deus de seu amor para conosco".

Em um de seus livros, Canon William Vanstone tem um capítulo intitulado "A Fenomenologia do Amor". A tese de Vanstone é que todos os seres humanos, até mesmo os que foram privados do amor desde a infância, são capazes de instintivamente discernir o amor autêntico. Então ele sugere que, "se podemos descrever a forma do amor autêntico, dificilmente necessitaremos procurar em outro lugar uma descrição do amor de Deus". Embora essa afirmativa entre em conflito com o que escrevi antes acerca de o amor de Deus definir o nosso, em vez de vice-versa, sei o que ele quer dizer e não desejo fazer-lhe objeção. Ele apresenta uma relação de seis marcas do amor falso, mediante as quais expõe-se a sua falsidade. São elas: a marca da limitação (algo é retirado), a do controle (manipulação das pessoas), e a da distância (permanecemos autossuficientes, ilesos, insofridos). Em contraste, as características do amor autêntico são: dar de si mesmo sem limites, correr riscos sem certeza de êxito, ser vulnerável ao ponto de mágoa.

Aconteceu de eu estar lendo o livro de Vanstone enquanto escrevia este capítulo, e não pude deixar de observar o paralelo (embora não seja exato) entre as suas três marcas do amor autêntico e as três marcas do amor de Deus revelado por Paulo em Romanos 5.8. Eis o resumo final de Canon Vanstone. O amor de Deus é "despendido em autodoação, totalmente despendido, sem resíduo nem reserva, esgotado, gasto". Isto é, ao dar o seu Filho, ele deu-se a si mesmo. A seguir, o amor de Deus é "despendido em esforço precário, até mesmo posicionado à beira do fracasso [...]". Pois ele deu o seu Filho para morrer, correndo o risco de entregar o controle de si mesmo. Terceiro, o amor de Deus é visto "indefeso ante o que ele ama, aguardando no fim a resposta que será sua tragédia ou seu triunfo". Pois ao dar o seu Filho para morrer pelos pecadores, Deus se fez vulnerável à possibilidade de que eles o desprezassem e lhe voltassem as costas.

O professor Jürgen Moltmann vai um pouco mais longe em sua tentativa de explicar como Deus revelou o seu amor na cruz. Ele apanha a notável expressão de Lutero "o Deus crucificado" (a qual o próprio Lutero tomou emprestado da teologia medieval), e, como o reformador, afirma que Deus define-se a si mesmo e que chegamos a conhecê-lo na cruz. A *teologia crucis* de Lutero, portanto, "não é apenas um capítulo da teologia, mas a assinatura-chave de toda a teologia cristã".[20] Teologia alguma é genuinamente cristã se não surgir da cruz e não se focalizar nela. Em particular, por "cruz" o professor Moltmann quer dizer, mais do que tudo, o grito de abandono. Escreve Moltmann que esse grito mostra que Jesus não apenas foi rejeitado pelos judeus como blasfemo, e executado pelos romanos como rebelde, mas, na realidade, também foi condenado e abandonado por seu Pai. Portanto, surge a pergunta: "Quem é o Deus que está na cruz de Cristo e que foi abandonado por Deus?" "Toda a teologia cristã e toda a vida cristã são, basicamente, uma resposta à pergunta que Jesus fez quando morria". É por isso que a teologia deve ser desenvolvida "a uma distância que nos permita ouvir o clamor de morte de Jesus".

O que, pois, compreendemos de Deus quando vimos a Jesus crucificado e ouvimos seu grito de abandono? Certamente vemos sua amorosa disposição

---

[20] MOLTMANN, Jürgen. **Crucified God**, p. 72.

de se identificar com os rejeitados humanos. Pois "o símbolo da cruz na igreja aponta para Deus que foi crucificado não entre duas velas sobre o altar, mas entre dois ladrões no lugar da caveira, local dos rejeitados, fora das portas da cidade". E nessa terrível experiência, que "divide Deus de Deus ao máximo grau de inimizade e distinção", temos de reconhecer que, embora de modos diferentes, tanto o Pai quanto o Filho sofreram o preço de sua entrega. "O Filho sofre morrendo, o Pai sofre a morte do Filho. O sofrimento do Pai é tão importante quanto a morte do Filho. A orfandade do Filho é igualada à desfiliação do Pai". Essa é uma frase encantadora. Confesso que o meu próprio desejo é que o professor Moltmann tivesse dado ênfase mais forte ao fato de que foi com os *espiritualmente* rejeitados, não apenas com os *socialmente* rejeitados, isto é, com os pecadores, não apenas com os criminosos, que Jesus se identificou na cruz. Então Vanstone poderia ter esclarecido a natureza e a causa do terrível abandono de Deus. Entretanto, sua aceitação sincera de que o abandono foi real e se constitui a maior evidência do amor de Deus, é comovedora.

A TEORIA DA "INFLUÊNCIA MORAL"

A cruz permanece como uma demonstração tão evidente do amor que vários teólogos, em eras diferentes da história da igreja, têm tentado encontrar aí o seu valor expiador. Para eles o poder da cruz jaz não em um objetivo qualquer, numa transação que tira o pecado, mas na sua inspiração subjetiva, não em sua eficácia legal (mudar a nossa posição perante Deus) mas em sua influência moral (mudar as nossas atitudes e ações).

O expoente mais famoso dessa perspectiva, ao que se diz, foi o filósofo e teólogo francês Pedro Abelardo (1079-1142). Ele é mais conhecido por seu apaixonado apego a Heloïse (com quem se casou secretamente depois do nascimento do filho deles), o qual teve consequências tão trágicas para ambos. Em sua vida acadêmica pública, contudo, suas cintilantes preleções e debates atraíram grandes auditórios. Contemporâneo mais jovem de Anselmo, Abelardo concordou com este em repudiar a noção de que a morte de Cristo foi o preço do resgate pago ao diabo. Mas ele discordou violentamente do ensino de Anselmo de que a morte de Cristo foi uma satisfação pelo pecado. "Quão cruel e ímpio parece", escreveu ele, "que alguém exigisse o sangue de uma pessoa inocente como preço de algo, ou que, de algum modo, agradasse a Deus que um homem inocente fosse morto — muito menos que Deus pensasse que a morte de seu Filho era tão agradável que, por meio dela, ele devia ser reconciliado com o mundo todo!"[21]

Pelo contrário, Abelardo retratou a Jesus como sendo primariamente nosso Mestre e Exemplo. Embora continuasse a usar frases tradicionais como "redimidos por Cristo", "justificados em seu sangue", e "reconciliados com Deus", ele interpretava a eficácia da morte do Senhor em termos exclusivamente subjetivos. O autossacrifício voluntário do Filho de Deus move-nos a responder em amor gracioso e, assim, leva-nos à contrição e ao arrependimento.

> Redenção é esse maior amor acendido em nós pela paixão de Cristo, um amor que não apenas nos livra do cativeiro do pecado, mas também nos adquire a verdadeira liberdade de filhos, onde o amor em vez do temor torna-se a afeição dominante.[22]

Em apoio à sua tese, Abelardo citou as palavras de Jesus: "perdoados lhe são os seus muitos pecados, porque ela muito amou" (Lucas 7.47). Mas ele compreendeu mal o texto, transformando o amor no fundamento para o perdão em vez do resultado deste. Perdão para ele era, de fato, o resultado da morte de Cristo, mas indiretamente, a saber, que a cruz evoca o nosso amor por Cristo, e quando o amamos, somos perdoados. "Justificação" se tornou para Abelardo uma divina infusão de amor. Como disse Robert Franks, "ele reduziu todo o processo da redenção a um único princípio claro, isto é, a manifestação do amor de Deus a nós em Cristo, a qual desperta um amor responsivo em nós".[23]

---

[21] Comentário de Abelardo sobre Romanos 3.19-26, em **A Scholastic Miscellany**, editado por Eugene Fairweather, p. 283.

[22] Ibid., p. 284. Cf.: ORR, James. **Progress of Dogma**, p. 229,230.

[23] FRANKS, Robert S. **Work of Christ**, p. 146. Depois de ter escrito estes parágrafos, um penetrante artigo do dr. Abster McGRATH, intitulado "The Moral Theory of the Atonement: An Historical and Theological Critique", chamou-me a atenção. Ele afirma que é erro chamar a teoria da "influência moral" de "abelardiana"; que o erro surgiu da análise de uma "porção pequena do *Expositio in Epistolum ad Romanos* como representativa do seu ensino como um todo" (p. 208); que a imitação de Cristo a que ele dava ênfase não era o meio, antes o resultado, de nossa redenção. Entretanto, a passagem em seu comentário à carta aos Romanos é bastante explícita, de modo que não vejo como possamos, com justiça, eliminar esse elemento da perspectiva de Abelardo. De qualquer modo, os dirigentes do Iluminismo alemão certamente ensinaram a teoria da "influência moral", como demonstra o dr. McGrath. E o mesmo fez Hastings Rashdall, a quem logo examinarei.

Pedro Lombardo, que se tornou bispo de Paris em 1159 e podia ser descrito como um dos discípulos de Abelardo, escreveu em seu famoso *Livro das Sentenças*:

> Um penhor tão grande de amor nos tendo sido dado, somos comovidos e acendidos para amar a Deus, que fez coisas tão grandes por nós; e mediante isso somos justificados, isto é, sendo despegados de nossos pecados, somos feitos justos. A morte de Cristo, portanto, nos justifica, ao ponto de por meio dela o amor ser estimulado em nosso coração.[24]

Nos princípios do século doze, então, tinha-se manifestado um debate teológico de imensa importância, debate cujos protagonistas principais foram Anselmo e Abelardo. Anselmo ensinava que a morte de Jesus foi uma satisfação objetiva pelo pecado. Abelardo ensinava que a eficácia da morte de Cristo era grandemente subjetiva na influência moral que exerce em nós. O fundamento mediante o qual Deus perdoa os nossos pecados era, para Anselmo, a morte propiciatória de Cristo; mas para Abelardo, era o nosso próprio amor, penitência e obediência que são em nós despertados ao contemplarmos a morte de Cristo.

É provável que o defensor mais franco da teoria da "influência moral" deste século tenha sido o dr. Hastings Rashdall, cujas Preleções Bampton de 1915 foram publicadas com o título *A Ideia da Expiação na Teologia Cristã*. Ele insistia em que era preciso fazer-se uma escolha entre a compreensão da expiação objetiva de Anselmo e a subjetiva de Abelardo, e que não tinha dúvida alguma de que Abelardo estava com a razão. Pois, segundo Jesus, dizia Rashdall, a única condição para a salvação era o arrependimento: "O homem verdadeiramente penitente que confessa os seus pecados a Deus recebe o perdão instantâneo". "Deus é um Pai amoroso que perdoará o pecado sob a única condição do verdadeiro arrependimento", e a morte de Jesus Cristo "opera, em realidade, ajudando a produzir esse arrependimento". Mais do que isso, "supõe-se que Deus somente possa perdoar tornando o pecador melhor, e, assim, removendo qualquer exigência de castigo". Em outras palavras, é o *nosso* arrependimento e a *nossa* conversão, produzidos em nós ao contemplarmos a cruz, que capacitam Deus a perdoar-nos. A importância da cruz não é ela expressar o amor de Deus no trato com os nossos pecados, mas evocar o nosso amor e, assim, tornar desnecessário qualquer trato divino com pecados. Boas obras de amor, em vez de serem evidências da salvação, tornam-se o fundamento sobre o qual ela é concedida.

---

[24] O livro de Peter LOMBARD, **Book of Sentences**, III, Dist. XIX. 1, apud RASHDALL, p. 371, 438.

Há três motivos pelos quais devemos confiantemente declarar inatingível a "influência moral" ou teoria "exemplarista", pelo menos por aqueles que levam a Escritura a sério. A primeira é que os que sustentam esse ponto de vista tendem eles mesmos a não levá-la a sério. Rashdall rejeitou todo texto incompatível com a sua teoria. Ele declarou que a afirmativa de resgate de Jesus (Marcos 10.45) era um "acréscimo doutrinariamente colorido", e suas palavras eucarísticas acerca do sangue da nova aliança e do perdão dos pecados similarmente secundárias. Em que base? Simplesmente que "nosso Senhor jamais ensinou que a sua morte era necessária para o perdão dos pecados", o que é um notável exemplo do raciocínio circular, assumindo o que deseja provar. Ele é mais sincero quando diz que nossa crença na inspiração bíblica não nos deve impedir de "audazmente rejeitar quaisquer fórmulas que [...] parecem dizer que o pecado não pode ser perdoado sem um sacrifício vicário". Em outras palavras, primeiro construa sua teoria da expiação, então a defenda contra todas as objeções, e não permita que um assunto insignificante como a inspiração impeça o seu caminho. Pelo contrário, simplesmente afirme que a mensagem pura de Jesus foi corrompida pelo cristianismo pré-paulino, baseado em Isaías 53, e que Paulo completou o processo.

Segundo, necessitamos citar contra Abelardo e Rashdall as palavras de Anselmo: "Vós ainda não considerastes a seriedade do pecado". A teoria da "influência moral" oferece um remédio superficial porque faz um diagnóstico superficial. Apela ao homem iluminado porque possui confiança ilimitada na razão e habilidade humanas. É totalmente despida da profunda compreensão bíblica da rebeldia radical do homem contra Deus, da ira de Deus como seu violento antagonismo ao pecado humano, e da necessidade indispensável de uma satisfação pelo pecado que satisfaça ao próprio caráter de justiça e amor de Deus. James Orr disse com razão que a perspectiva de Abelardo sobre a expiação era "defeituosa precisamente no lado em que a de Anselmo era errada",[25] a saber, em sua análise do pecado, da ira e da satisfação.

Terceiro, a teoria da influência moral possui uma falha fatal em sua própria ênfase central. O seu foco é o amor de Cristo, que ao mesmo tempo brilha da cruz e evoca o nosso amor em resposta. Sobre essas duas verdades desejamos dar ênfase igual. Nós também sabemos que foi porque Cristo nos amou que ele se deu a si mesmo por nós.[26] Nós também descobrimos que o seu amor desperta o nosso.

---

[25] James Orr, *Progress of Dogma*, p. 229.
[26] Exemplo: Gálatas 2.20; Efésios 5.2, 25; 1João 3.16.

Nas palavras de João: "Nós amamos porque ele nos amou primeiro" (1João 4.19). Concordamos com o que Denney escreveu: "Não hesito em dizer que o senso da dívida a Cristo é a mais profunda e penetrante de todas as emoções no Novo Testamento."[27] Até aqui, pois, estamos de acordo. A cruz é o epítome do amor de Cristo e a inspiração do nosso. Mas a pergunta que desejamos fazer é: *como* é que a cruz expõe e demonstra o amor de Cristo? O que existe na cruz que revela amor?

O verdadeiro amor tem propósito em sua autodoação; não faz gestos irresponsáveis e aleatórios. Se a pessoa se atirasse do quebra-mar e se afogasse, ou entrasse num edifício em chamas e morresse queimada, e se o seu autossacrifício não tivesse um propósito salvador, ela me convenceria da sua tolice, não do seu amor. Mas se eu me estivesse afogando no mar, ou me encontrasse preso num edifício em chamas, e foi na tentativa de me salvar que a pessoa perdeu a vida, então eu deveras veria amor e não tolice em sua ação. Assim também a morte de Jesus na cruz não pode ser vista como uma demonstração do próprio amor, mas somente se ele deu a sua vida a fim de salvar a nossa. A morte dele deve ser vista como possuindo um objetivo, antes que possa ter um apelo.

Paulo e João viram amor na cruz porque entenderam-na respectivamente como uma morte pelos pecadores (Romanos 5.8) e como uma propiciação pelos pecados (1João 4.10). isto é, a cruz pode ser vista como prova do amor de Deus somente quando é, ao mesmo tempo, vista como prova da sua justiça. Daí a necessidade de conservar essas duas demonstrações juntas em nossa mente, como é a insistência de Berkouwer: "Na cruz de Cristo o amor e a justiça de Deus são *simultaneamente* revelados, de modo que podemos falar do seu amor somente em conexão com a realidade da cruz."[28] Repete ele: "A graça e a justiça de Deus são reveladas somente na substituição real, no sacrifício radical, na inversão de papéis". Da mesma forma, Paulo escreveu em 2Coríntios 5:14-15:

> Pois o amor de Cristo nos constrange (literalmente "agarra-nos" e assim não nos dá oportunidade de escolher), julgando nós isto: um morreu por todos, logo todos morreram. E ele morreu por todos, para que os que vivem não vivam mais para si mesmos, mas para aquele que por eles morreu e ressuscitou.

O constrangimento do amor de Cristo, diz Paulo, descansa numa convicção. E porque estamos convencidos do propósito e custo da cruz, a saber, que devemos

---

[27] DENNEY, James. **Death of Christ**, p. 158.
[28] BERKOUWER, G. C. **Work of Christ**, p. 277,278.

a nossa vida à sua morte, que sentimos o aperto constrangedor do amor sobre nós, o qual não nos deixa alternativa a não ser viver para ele.

R. W. Dale escreveu um dos seus excelentes livros para provar que a morte de Cristo na cruz foi objetiva antes que pudesse ser subjetiva, e que "a menos que o grande sacrifício seja concebido sob formas objetivas, perder-se-á o poder subjetivo". A cruz é a revelação suprema na história do amor de Deus. Mas "a revelação essencialmente consiste em uma redenção em vez de a redenção consistir em uma revelação".[29]

Portanto, não devemos permitir que Anselmo e Abelardo ocupem polos opostos. Em termos gerais, Anselmo tinha razão em entender a cruz como uma satisfação pelo pecado, mas devia ter dado mais ênfase ao amor de Deus. Abelardo tinha razão em ver a cruz como uma manifestação de amor, mas estava errado em negar o que Anselmo afirmava. Anselmo e Abelardo precisam do testemunho positivo um do outro, o primeiro à justiça de Deus e o segundo ao seu amor. Pois foi precisamente ao dar uma satisfação justa ao pecado que aconteceu a manifestação de amor.

Entretanto, mesmo depois de apresentados esses argumentos, os que advogam a teoria da "influência moral" acham que ainda têm um trunfo. É que o próprio Jesus, em pelo menos três de suas parábolas, ensinou o perdão sem a expiação, na base do arrependimento somente. Na parábola do fariseu e do publicano, o último clamou: "Ó Deus, sê propício a mim, pecador!", e imediatamente foi "justificado" (Lucas 18.9-14). Na parábola do servo incompassivo, o rei perdoou-lhe livremente, cancelando a sua dívida sem insistir no pagamento (Mateus 18.23-35). E na parábola do filho pródigo o pai recebeu o jovem no lar e o reinstituiu, ao voltar ele em penitência; não se exigiu nenhum castigo (Lucas 15.11-24). As três parábolas exemplificam a misericórdia perdoadora de Deus, diz-se, e não contêm indícios alguns da necessidade de um sacrifício expiador. Podemos, contudo, apresentar três pontos em resposta.

Primeiro, as parábolas em pauta também não fazem alusão alguma a Cristo. Devemos então deduzir desse fato que não apenas a sua cruz, mas também ele próprio é desnecessário ao nosso perdão? Não. Parábolas não são alegorias; não temos direito algum de esperar uma correspondência exata, ponto por ponto, entre a história e a sua mensagem.

Segundo, cada uma das três parábolas contém dois atores que são deliberadamente contrastados um com o outro — dois adoradores no templo (o fariseu

---

[29] ROBINSON, H. W. **Suffering Human and Divine**.

autojustificado e o publicano auto-humilhado), dois servos na família real (um que foi livremente perdoado pelo seu rei e o outro que recusou perdão ao seu companheiro), e os dois filhos no lar (um injusto mas penitente, o outro justo mas arrogante). As parábolas acentuam, mediante esse contraste, a condição do perdão, não a sua base. Dizem-nos o que devemos fazer, mas nada dizem diretamente a respeito do que Deus fez, por nosso perdão.

Entretanto, em terceiro lugar, os cristãos veem a cruz nas três parábolas, porque a misericórdia perdoadora demonstrada ao publicano humilde, ao servo falido e ao filho pródigo recebeu sua demonstração histórica suprema no amor autodoador de Deus em Cristo, que morreu para que os pecadores fossem perdoados.

Dessas três parábolas é a do filho pródigo que, ao que parece, mais claramente tem ensinado a muitos um "evangelho" de perdão sem a expiação. Foi esse o argumento de Hastings Rashdall em suas preleções Bampton de 1915, já mencionadas. Jesus ensinou, disse ele, que Deus é um Pai amoroso que perdoa a todos os pecadores que se arrependem. É esse o "ensino simples acerca do perdão de Deus apresentado na parábola do filho pródigo", a que a igreja primitiva passou a corromper. Alguns anos mais tarde Douglas White afirmou a mesma tese: "Jesus ensinou [...] que Deus nos ama e anseia a que sejamos reconciliados com ele. Se ele jamais ensinou alguma coisa, foi a liberdade do perdão [...]. Não houve sugestão de penitência ou de castigo; somente amor e perdão. Seu grande exemplo foi o filho pródigo [...]. Segundo esse ensino não há pré-requisito ao perdão de Deus, a não ser o espírito de arrependimento." Foi Paulo quem perverteu essa mensagem simples, tornando a cruz necessária à salvação, usando fraseologia "repugnante", e, assim, "obscurecendo a doutrina de Jesus quanto à liberdade incondicional do perdão de Deus".[30]

O dr. Kenneth Bailey explicou como essa interpretação da parábola é comum no mundo muçulmano:

> O islã afirma que nessa história o rapaz é salvo sem um salvador. O pródigo volta. O pai o perdoa. Não há cruz, nem sofrimento, nem salvador. Se o homem busca o perdão, diz o islã, Deus é misericordioso e perdoará. A encarnação, a cruz, e a ressurreição são todas bem desnecessárias. Se Deus é realmente grande, ele pode

---

[30] WHITE, Douglas. Nature of Punishment, p. 6-9.

perdoar sem essas coisas. A história do filho pródigo é para eles triste prova de que os cristãos perverteram a mensagem do próprio Cristo.[31]

De modo que em seu livro *A Cruz e o Pródigo* o dr. Bailey, que há muitos anos ensina Novo Testamento na Escola de Teologia do Oriente Médio em Beirute, faz novo exame do capítulo 15 de Lucas "através dos olhos dos camponeses da região". Ele explica que toda a vila saberia que o pródigo que voltava se encontrava em desgraça, e que o castigo de alguma espécie era inevitável, ainda que apenas para preservar a honra do pai. Mas o pai leva o sofrimento em vez de infligi-lo. Embora um "homem da sua idade e posição *sempre* ande de modo lento e digno", e embora "ele não tenha corrido *para lugar algum* por motivo algum durante 40 anos", contudo ele "corre" pela estrada como um adolescente a fim de dar as boas-vindas ao filho que volta ao lar. Assim, arriscando a cair no ridículo dos moleques de rua, "ele toma sobre si mesmo a vergonha e humilhação devidas ao pródigo". "Nessa parábola", prossegue Kenneth Bailey, "temos um pai que deixa o conforto e a segurança do lar e se expõe de um modo humilhante na rua da vila. O descer e o sair do seu filho dá indícios da encarnação. O espetáculo humilhante na rua da vila sugere o significado da cruz". Assim "a cruz e a encarnação estão implícitas, ainda que dramaticamente presentes na história", pois "o sofrimento da cruz não foi primariamente a tortura física, mas antes a agonia do amor rejeitado". O essencial à reconciliação do pródigo era uma "demonstração física do amor autoesvaziador no sofrimento [...]. Não é essa a história do modo de Deus agir para como homem no Gólgota?"

Concluímos, portanto, que a cruz foi uma manifestação sem paralelos do amor de Deus; que ele mostrou o seu amor ao levar a nossa penalidade e, portanto, a nossa dor, a fim de ser capaz de perdoar-nos e restaurar-nos, e que a parábola do filho pródigo, longe de contradizer essa verdade, implicitamente a expressa. Acho que T. J. Crawford tinha razão em dizer que antes que possamos ver nos sofrimentos de Cristo qualquer prova do amor do Pai por nós, "algum bem deve advir a nós deles, bem que de outra forma não poderia ser conseguido, ou algum mal deve ser desviado de nós por eles, mal que de outra forma não poderia ser removido ou remediado".[32] Esse "mal que de outra forma não poderia ser evitado" é o horrendo julgamento de Deus, e esse "bem que de outra forma não poderia ser conseguido" é a nossa adoção na sua família. Ao assegurar-nos tão grandes bênçãos a expensas de tão grandes sofrimentos, Deus nos deu uma demonstração sem paralelos do seu amor.

---

[31] BAILEY, Kenneth E. **Cross and the Prodigal**, p. 56.
[32] CRAWFORD, T. J. **Doctrine of Holy Scripture**, p. 335.

A SABEDORIA E O PODER DE DEUS

Terminando Paulo sua magistral exposição do evangelho nos primeiros onze capítulos de Romanos, o modo pelo qual Deus apresentou a Cristo como o sacrifício propiciatório, justifica os pecadores através da fé em Cristo, transforma-os mediante a obra interior do Espírito e está criando a sua nova comunidade à qual os gentios são admitidos nas mesmas condições que os judeus, ele exclama em extasiada doxologia: "Ó profundidade da riqueza, tanto da sabedoria, como do conhecimento de Deus! Quão insondáveis são os seus juízos e quão inescrutáveis os seus caminhos! [...] Porque dele e por meio dele e para ele são todas as coisas. A ele, pois, a glória eternamente. Amém" (11.33-36). Antes o apóstolo vê a morte expiatória de Cristo como uma demonstração da justiça e do amor de Deus; agora é vencido por um sentimento da sabedoria de Deus — a sabedoria de projetar um plano de salvação tão custoso que ao mesmo tempo preenche as nossas necessidades e satisfaz ao seu próprio caráter.

A cruz como a sabedoria e poder de Deus é o tema principal de 1Coríntios 1.17—2.5, especialmente em contraste com a sabedoria e o poder do mundo. É a menção que Paulo faz do "evangelho" que dá partida à sua meditação, pois ele imediatamente sabe que precisa tomar uma decisão quanto ao seu conteúdo. A escolha é entre "palavras de sabedoria humana" e "a cruz de Cristo". Se ele optasse pela sabedoria humana, a cruz seria "esvaziada", desnudada, deveras destruída (1.17). De modo que escolhe a "mensagem da cruz", a qual ele sabe ser loucura para os que estão perecendo, mas ao mesmo tempo é o poder de Deus aos que estão sendo salvos (1.18). Sabedoria impotente ou poder louco: foi (e ainda é) uma escolha decisiva. A combinação que não é opção é a sabedoria do mundo mais o poder de Deus.

O motivo pelo qual Paulo opta pelo poder contra a sabedoria, o poder de Deus contra a sabedoria do mundo, é que Deus no Antigo Testamento já declarou a sua intenção de destruir a sabedoria do sábio e frustrar a inteligência dos entendidos (1.19). De modo que, se Deus já se pôs contra eles, onde se encontram os sábios, os entendidos e os filósofos deste século? Deus já não decidiu contra eles tornando a sua sabedoria em loucura (1.20)? Eis como ele o fez. Em sua sabedoria Deus primeiro decretou que o mundo, por meio de sua própria sabedoria, não o conheceria, e então se agradou em salvar os que creem por meio da loucura do evangelho revelado e pregado (1.21). De forma que se torna claro novamente que o poder (o poder salvador) não está na sabedoria do mundo mas na loucura de Deus, a saber, o evangelho do Cristo crucificado.

Pode-se ver esse principio em operação na evangelização dos judeus e gregos, pois ambos os grupos determinam condições sobre as quais o evangelho lhes seria aceitável. "Tanto os judeus pedem sinais, como os gregos buscam sabedoria" (1.22). Em outras palavras, insistem em que a mensagem deve autenticar-se para eles respectivamente mediante o poder e a sabedoria. Em contraste total com suas exigências, contudo, "pregamos a Cristo crucificado" (1.23), que nem mesmo chega perto de conformar-se com os critérios deles. Pelo contrário, os judeus acham a cruz um "escândalo" e os gentios "loucura", pois ela os ofende em vez de impressioná-los, ao passo que para os que são chamados por Deus, quer judeus, quer gregos, é o oposto exato. Embora crucificado em fraqueza, Cristo é o poder de Deus, e embora aparentemente tolo, é a sabedoria de Deus (1.24). Pois o que os homens veem como loucura de Deus é mais sábio do que a sabedoria deles, e o que veem como a fraqueza de Deus é mais forte do que a força deles (1.25). Em resumo, os valores divinos e os humanos discordam completamente um do outro. E a cruz, que como meio de salvação parece o auge da impotência e estultícia, na realidade é a maior manifestação da sabedoria e do poder de Deus.

Paulo coroa o seu argumento com duas ilustrações, a primeira tirada da experiência da chamada e conversão dos coríntios (1.26-31), e a segunda de sua própria experiência de evangelização. Quanto a eles, segundo os padrões humanos, não muitos eram sábios ou poderosos. De fato, Deus deliberadamente escolheu o que o mundo considera como pessoas tolas e fracas, a fim de envergonhar as sábias e fortes; escolheu até as humildes, as desprezadas e as que não são, para anular as que são. O seu objetivo nisso era excluir a vanglória humana. A vanglória estava totalmente fora de lugar, porque fora Deus quem os tinha unido a Cristo, e Cristo que se havia tornado a sabedoria deles (revelando-lhes Deus) e o poder deles (trazendo-lhes justificação, santidade e a promessa da redenção final). Portanto, como dizem as Escrituras, se alguém se gloriar, glorie-se não em si mesmo, nem nos outros, mas no Senhor somente.

Quanto a Paulo, o evangelista, ao chegar a Corinto, não fora com mensagem de sabedoria humana. Nem tinha ele ido em sua própria força. Pelo contrário, havia levado a mensagem louca e revelada da cruz, confiando somente no poder do Espírito Santo para confirmar a palavra. Todo o seu propósito em ir a eles em tal loucura e fraqueza era que a sua fé descansasse firmemente no poder de Deus, não na sabedoria dos homens.

O que temos ouvido por meio de toda essa passagem são variações do tema da sabedoria e do poder de Deus, sua sabedoria através da loucura humana e o seu poder através da fraqueza humana. O evangelho da cruz jamais será uma mensagem popular porque humilha o orgulho de nosso intelecto e caráter. Contudo, Cristo crucificado é tanto a sabedoria de Deus (1.24) como a nossa (1.30). Pois a cruz é o modo pelo qual Deus satisfaz ao seu amor e justiça na salvação dos pecadores. Portanto, ela também manifesta o seu poder, "o poder de Deus para a salvação de todo aquele que crê" (Romanos 1.16).

De sorte que quando olhamos para a cruz, vemos a justiça, o amor, a sabedoria e o poder de Deus. Não é fácil determinar qual desses aspectos é mais brilhantemente revelado, se a justiça de Deus ao julgar o pecado, se o amor de Deus ao levar o castigo em nosso lugar, se a sabedoria de Deus em combinar com perfeição as duas coisas, ou se o poder de Deus em salvar aqueles que creem. Pois a cruz é, de igual forma, um ato, e portanto uma demonstração da justiça, do amor e da sabedoria de Deus. A cruz nos assegura que esse Deus é a realidade dentro, por trás e além do Universo.

Capítulo 9
A Conquista do Mal

É impossível que alguém leia o Novo Testamento sem se impressionar com o ambiente de confiança alegre que o penetra, o qual se destaca contra a religião um tanto insípida que muitas vezes passa por Cristianismo hoje. Não havia derrotismo nos cristãos primitivos; antes, falavam de vitória. Por exemplo: "Graças a Deus que nos dá a vitória...". Novamente: "Em todas estas coisas, porém, somos mais que vencedores...". Uma vez mais: "Deus... nos conduz em triunfo...". E cada uma das cartas de Cristo às sete igrejas da Ásia termina com uma promessa especial "ao vencedor".[1]

Vitória, conquista triunfo — era esse o vocabulário dos primeiros seguidores do Senhor ressurreto. Pois se falavam de vitória, sabiam que a deviam ao Jesus vitorioso. Afirmaram tal fato nos textos que eu de forma truncada citei até agora. O que Paulo, na realidade, escreveu foi: "Deus nos dá a vitória *por intermédio de nosso Senhor Jesus Cristo*", "somos mais que vencedores *por meio daquele que nos amou*", e: "Deus que *em Cristo* nos conduz em triunfo". É ele quem "venceu", "triunfou", e além do mais o fez "pela cruz".[2]

É claro, qualquer observador contemporâneo de Cristo que o viu morrer, teria ouvido com incredulidade e espanto a reivindicação de que o Crucificado saiu Vencedor. Não havia ele sido rejeitado pela sua própria nação, traído, negado e abandonado por seus próprios discípulos, e executado por autoridade do procurador romano? Olhe para ele, pregado na cruz, despido de toda liberdade e movimento, pregado com pregos ou amarrado com cordas, ou ambos, preso e impotente. Parece derrota total. Se houver vitória, é a do orgulho, prejuízo, inveja, ódio, covardia e brutalidade. Contudo, o cristão afirma que a realidade é o oposto das aparências. O que parece (e deveras foi) a derrota do bem pelo mal, também é, e mais certamente, a derrota do mal pelo bem. Vencido, ele estava vencendo. Esmagado pelo poder inflexível de Roma, ele mesmo estava esmagando a cabeça da serpente (Gênesis 3.15). A vítima era o vencedor, e a cruz ainda é o trono do qual ele governa o mundo.

Eis mais um motivo na realização da cruz de Cristo. Além da salvação dos pecadores (como indicado pelas quatro imagens que examinamos no capitulo 7) e a revelação de Deus (especialmente de seu santo amor, como visto no capítulo anterior), a cruz garantiu a conquista do mal.

---

[1] 1Coríntios 15.57; Romanos 8.37; 2Coríntios 2.14; Apocalipse 2—3.

[2] Apocalipse 3.21; 5.5; 12.11; Colossenses 2.15.

Gustav Aulen e *Christus Victor*

Foi Gustav Aulen, um teólogo sueco que, através do seu influente livro *Christus Victor*, trouxe à lembrança da igreja essa verdade negligenciada. O título original do livro em sueco significa algo como "O Conceito Cristão da Expiação", mas *Christus Victor* capta melhor a sua ênfase. A tese dele, num estudo mais histórico que apologético, é que a reconstrução tradicional de duas teorias principais é errônea, a saber, a visão "objetiva" ou "legal" (a morte de Cristo reconciliando o Pai), relacionada com Anselmo, e a perspectiva "subjetiva" ou "moral" (a morte de Cristo inspirando-nos e transformando-nos), associada com Abelardo. Pois há um terceiro ponto de vista ao qual Aulen denomina "dramático" e "clássico" ao mesmo tempo. É "dramático" porque concebe a expiação como um drama cósmico no qual Deus em Cristo luta com os poderes do mal e ganha a vitória. É "clássico" porque, diz ele, foi a "ideia dominante da Expiação nos primeiros mil anos da história cristã".

De modo que Aulen se esforçou por demonstrar que esse conceito da expiação como uma vitória sobre o pecado, a morte e o diabo era a visão dominante do Novo Testamento; que era mantido pelos pais gregos, desde Irineu, no final do segundo século, a João de Damasco, no início do oitavo, e é, portanto, sustentado pelas igrejas ortodoxas orientais hoje; que a maioria dos pais ocidentais também cria nele (embora com frequência lado a lado com o ponto de vista "objetivo"), incluindo-se Ambrósia e Agostinho, e os papas Leão, o Grande, e Gregório, o Grande; que se perdeu no escolasticismo medieval; que foi recuperado por Lutero; mas que subsequentemente o escolasticismo protestante o perdeu de novo e voltou à noção anselmiana da satisfação.

Aulen, portanto, é muito crítico da doutrina da "satisfação" desposada por Anselmo, a qual ele chama de "latina" e "jurídica". Ele se desfaz dela, com um pouco de desprezo, dizendo que é "na realidade um desvio na história do dogma cristão". Porém, a crítica que ele faz de Anselmo não é totalmente justa. Ele sublinha corretamente a verdade de que no conceito "clássico" a "obra da expiação é vista como realizada pelo próprio Deus", que "ele mesmo é o agente efetivo na obra redentora, do começo até o fim", e que, de fato, "a expiação é, acima de tudo, um movimento de Deus para o homem, não primariamente um movimento do homem para Deus". Mas ele comete injustiça ao dizer que o conceito de Anselmo da morte de Cristo contradiz isso, a saber, como "uma oferta feita a Deus por Cristo como homem", "como se fosse de baixo", ou "uma obra humana de satisfação realizada por Cristo". Pois, como vimos no capítulo 5, Anselmo enfatizou claramente que, embora o homem *deva* fazer satisfação pelo pecado, ele *não pode* a fazer, pois são seus os pecados pelos quais se deve fazer a satisfação. Deveras, somente o próprio Deus pode, e portanto, a faz, por meio de Cristo. A despeito do que Aulen escreveu, o ensino de Anselmo é que, através da obra do singular Deus-homem Cristo Jesus, não é somente o homem quem fez a satisfação; foi o próprio Deus que tanto satisfez como foi satisfeito.

Entretanto, Gustav Aulen tinha razão ao chamar a atenção da igreja para a cruz como vitória, e mostrar que por sua morte Jesus nos salvou não somente do pecado e da culpa, mas também da morte e do diabo, de fato, também de todos os poderes maus. A tese dele também foi importante num século despedaçado por duas guerras mundiais e uma cultura europeia consciente de forças demoníacas. Ele também tinha razão em ressaltar que "a nota de triunfo", que "soa como o toque da trombeta através do ensino da igreja primitiva", em grande parte estava ausente da lógica fria do *Cur Deus Homo?* de Anselmo. Lutero, por outro lado, tocou essa nota novamente. Seus hinos e catecismos reverberam com a alegria de que Deus nos resgatou daquele "monstro" ou "tirano", o diabo, que antes nos mantinha no cativeiro do pecado, da lei, da maldição e da morte.

Outra crítica justa da tese de Aulen é que ele fez um contraste por demais pronunciado entre os motivos da "satisfação" e da "vitória", como se fossem alternativas mutuamente incompatíveis. Mas o Novo Testamento não nos obriga a escolher entre eles, pois inclui a ambos. Assim, Deus tomou a iniciativa e ganhou a vitória por meio de Cristo, mas um dos tiranos dos quais ele nos libertou foi a própria culpa, a qual, segundo Anselmo, ele morreu a fim de expiar. John Eadie, um comentarista escocês do século dezenove, fez uma tentativa admirável para combinar os dois conceitos:

> Nossa redenção é uma obra ao mesmo tempo de preço e de poder — de expiação e de conquista. Na cruz fez-se a compra, e na cruz ganhou-se a vitória. O sangue que apaga a sentença que havia contra nós foi aí derramado, e a morte que era o golpe de morte do reino de Satanás foi aí suportada.[3]

De fato, as três maiores explicações da morte de Cristo contêm verdade bíblica e podem, em certo grau, ser harmonizadas, especialmente se observarmos que a

---

[3] Apud CRAWFORD, T. J. **Doctrine of Holy Scripture**, p. 127; extraído do comentário sobre Colossenses, de John EADIE (p. 174).

diferença principal entre elas é que dirigem a obra de Deus em Cristo a uma pessoa diferente. No conceito "objetivo" Deus satisfaz-se a si mesmo, no "subjetivo" ele nos inspira, e no "clássico" ele vence o diabo. Assim, Jesus Cristo é, sucessivamente, o Salvador, o Mestre e o Vencedor, porque nós mesmos somos culpados, apáticos e cativos. P. T. Forsyth chamou a atenção para esse fato no último capítulo do seu livro *A Obra de Cristo*, ao qual ele intitulou "O Cordão Tríplice". Ele se refere aos aspectos "satisfacionário", "regenerado?' e "triunfante" da obra de Cristo, e sugere que estão entrelaçados em 1Coríntios 1.30, onde Cristo é feito "justificação, santificação e redenção" por nós. E embora "algumas almas... gravitem para a grande Libertação, algumas para a grande Expiação, e algumas para a grande Regeneração", contudo, todas são partes da realização total do Salvador, "a destruição do mal, a satisfação de Deus, e a santificação dos homens".

Enquanto nos concentramos agora no tema da "conquista", pode ser útil olharmos primeiro para a vitória histórica de Cristo na cruz, e então para a vitória do seu povo, a qual a vitória dele tornou possível.

A VITÓRIA DE CRISTO

O que o Novo Testamento afirma, de modo franco, é que na cruz Jesus desarmou o diabo e triunfou sobre ele, e sobre todos os "principados e poderes" que estão ao seu comando. Os ouvintes do evangelho do primeiro século não teriam tido nenhuma dificuldade em aceitar essa verdade, pois "talvez seja difícil para o homem moderno conceber quão cheio de feitiçaria era o mundo a que Cristo veio".[4] Ainda hoje em muitos países o povo vive com pavor de espíritos maus. E no Ocidente supostamente sofisticado tem-se desenvolvido uma fascinação nova e alarmante pelo ocultismo, a qual é duplamente documentada por Michael Green em seu livro *Creio na Queda de Satã*. E, contudo, ao mesmo tempo muitos ridicularizam como um anacronismo a crença contínua num diabo pessoal, que possua espíritos maus sob seu controle. A afirmativa dogmática de Rudolf Bultmann é bem conhecida: "é impossível usarmos a luz elétrica e o rádio, e servir-nos das modernas descobertas médicas e cirúrgicas, e, ao mesmo tempo, crermos no mundo de demônios e espíritos do Novo Testamento".[5] Michael Green resume a anomalia da coexistência da curiosidade com a incredulidade

---

[4] TURNER, H. E. W. **Patristic Doctrine**, p. 47.

[5] BOLTMANN, Rudolf. **Kerygma and Myth**, p. 4,5.

sugerindo que duas atitudes opostas seriam igualmente agradáveis ao diabo: "A primeira é de preocupação excessiva com o príncipe do mal. A segunda é de excessivo ceticismo acerca da sua própria existência". Michael Green prossegue a dar sete razões pelas quais ele crê na existência desse ser imensamente poderoso, mau e astucioso chamado Satanás ou diabo. Relacionam-se com a filosofia, com a teologia, com o ambiente, com a experiência, com o ocultismo, com a Escritura e, acima de tudo, com Jesus. É um caso válido; nada tenho que lhe acrescentar.

Mas como é que Deus, por meio de Cristo, ganhou a vitória sobre o Maligno? Embora a derrota decisiva de Satanás se tenha dado na cruz, a Escritura representa o desenvolvimento da conquista em seis etapas.

A primeira é a *predição da conquista*. A primeira predição foi dada pelo próprio Deus no Jardim do Éden como parte de seu juízo sobre a serpente: "Porei inimizade entre ti e a mulher, entre a tua descendência e o seu descendente. Este te ferirá a cabeça, e tu lhe ferirás o calcanhar" (Gênesis 3.15). Identificamos o descendente da mulher como o Messias, por meio de quem o reino justo de Deus será estabelecido e o reino do mal erradicado. Sendo assim, todos os textos do Antigo Testamento que declaram o reino atual de Deus (exemplo: "Tua, Senhor, é a grandeza, o poder... teu, Senhor, é o reino...") ou o seu reino futuro sobre as nações mediante o Messias (exemplo: "Maravilhoso, Conselheiro, Deus Forte, Pai da Eternidade, Príncipe da Paz") podem ser compreendidos como profecias do esmagamento final de Satanás.[6]

A segunda etapa foi *o início da conquista* no ministério de Jesus. Reconhecendo-o como seu futuro conquistador, Satanás fez muitas tentativas diferentes para se livrar dele. Por exemplo, através do assassínio das crianças de Belém, ordenado por Herodes, por meio das tentações no deserto com o objetivo de evitar o caminho da cruz, por intermédio da resolução do populacho em forçá-lo a um reinado político-militar, através da contradição de Pedro acerca da necessidade da cruz ("Para trás de mim, Satanás!"), e mediante a traição de Judas em quem Satanás na realidade havia "entrado".[7]

Porém Jesus estava decidido a cumprir o que dele estava escrito. Ele anunciou que por seu intermédio o reino de Deus tinha chegado àquela geração, e que as suas obras de poder eram evidência visível desse reino. Vemos o reino dele avançando e o de Satanás retrocedendo, à medida que demônios são expulsos,

---

[6] 1Crônicas 29.11; Isaías 9.6,7.

[7] Apocalipse 12.1ss.; Mateus 2.1-18; 4.1-11; João 6.15; Mateus 16.23; João 13.27.

enfermidades são curadas e a própria natureza desorganizada reconhece o seu Senhor.[8] Além do mais, Jesus enviou os seus discípulos, como seus representantes, a pregar e a curar, e quando voltaram, emocionados porque os demônios se lhes haviam submetido em nome do Mestre, ele respondeu que tinha visto a "Satanás caindo do céu como um relâmpago".

Aqui, contudo, está sua afirmativa mais admirável acerca desse tema: "Quando o valente, bem armado, guarda a sua própria casa, ficam em segurança todos os seus bens. Sobrevindo, porém, um mais valente do que ele, vence-o, tira-lhe a armadura em que confiava e lhe divide os despojos". Não é difícil reconhecer o valente como um quadro do diabo, o "mais valente do que ele" como Jesus Cristo, e o dividir dos despojos (ou, em Marcos, o saque da sua casa) como a libertação dos seus escravos.[9]

Contudo, o "vencer" e o "amarrar" ao valente não aconteceram até a terceira e decisiva etapa, *a realização da conquista*, na cruz. Três vezes, segundo João, Jesus referiu-se ao diabo como "o príncipe deste mundo", acrescentando que ele estava prestes a "vir" (isto é, lançar sua última ofensiva), mas que seria "expulso" e "julgado".[10] Evidentemente ele estava antecipando que por ocasião da sua morte realizar-se-ia o concurso final no qual os poderes das trevas seriam desbaratados. Seria através da sua morte que ele destruiria "aquele que tem o poder da morte, a saber, o diabo", e, assim, libertaria os cativos (Hebreus 2.14-15).

Talvez a passagem mais importante do Novo Testamento que apresenta a vitória de Cristo seja Colossenses 2.13-15.

> E a vós outros, que estáveis mortos pelas vossas transgressões, e pela incircuncisão da vossa carne, vos deu vida juntamente com ele, perdoando todos os nossos delitos; tendo cancelado o escrito de dívida, que era contra nós e que constava de ordenanças, o qual nos era prejudicial, removeu-o inteiramente, encravando-o na cruz; e, despojando os principados e as potestades, publicamente os expôs ao desprezo, triunfando deles na cruz.

Aqui Paulo une dois aspectos diferentes da obra salvadora da cruz de Cristo, a saber, o perdão dos nossos pecados e a subversão cósmica dos principados

---

[8] Exemplo: Marcos 1.24 (demônios); Mateus 4.23 (doenças) e Marcos 4.39 (natureza).

[9] Lucas 10.18; 11.21,22; Marcos 3.27.

[10] João 12.31; 14.30; 16.11.

e potestades.[11] Ele exemplifica a libertação e a graciosidade do perdão divino (*charizomai*) usando o antigo costume do cancelamento de dívidas. "O escrito de dívida, que era contra nós e que constava de ordenanças" dificilmente poderia ser uma referência à própria lei, pois Paulo a via como santa, justa e boa (Romanos 7.12). Pelo contrário, deve referir-se à lei quebrada que, por isso mesmo, "era contra nós" com o seu juízo. A palavra que Paulo usa como "escrito de dívida", *cheirographon*, era "um documento escrito à mão, especificamente um certificado de dívida", ou "uma confissão assinada de dívida, a qual permanecia como testemunha perpétua contra nós".[12] O apóstolo, então, com a finalidade de descrever como Deus desfez a nossa dívida, emprega três verbos. Ele "cancelou" o escrito de dívida, "removendo-o inteiramente", e, a seguir, "encravando-o na cruz". J. Jeremias acha que a alusão é ao *titulus*, o tablete afixado acima da cabeça da pessoa crucificada no qual se escreviam os seus crimes, e que no *titulus* de Jesus eram os nossos pecados que estavam inscritos, não os dele.[13] De qualquer modo, Deus nos livra da falência somente por meio do pagamento de nossas dívidas na cruz de Cristo. Mais do que isso. Ele "não apenas cancelou a dívida, mas também destruiu o documento no qual ela estava registrada".[14]

---

[11] Desde a época da Segunda Guerra Mundial, e em particular desde a publicação do livro de Hendrik Berkhof intitulado Christ and the Powers e do Principalities and Powers, de G. B. Caird, têm havido debates calorosos acerca da identidade dos "poderes e potestades" de Paulo. Antes parece que todos concordavam em que ele se referia a agências espirituais pessoais, tanto angélicas quanto demoníacas. Mas, não apenas porque archai (regentes) e exaustai (autoridades) são usados por ele com relação aos poderes políticos, tem-se sugerido que o próprio Paulo havia começado a "desmitologizar" o conceito de anjos e demônios, e que ele os vê antes como estruturas da existência e poder terreno, especialmente o estado, mas também a tradição, convenção, lei, economia e até mesmo a religião. Embora esta tentativa de reconstrução seja popular entre alguns grupos evangélicos (como também entre alguns grupos liberais), permanece não convincente. O acréscimo de "nos reinos celestiais" nas passagens de Efésios, e a antítese a "carne e sangue" em Efésios 6.10, para não mencionar a extensão mundial da influência dos poderes, parece-me encaixar-se no conceito de seres sobrenaturais com maior facilidade, embora, é claro, tais seres possam usar e realmente usam as estruturas e também os indivíduos como meios do seu ministério. Para estudo mais profundo veja minha discussão em **Efésios**, p. 267-275; Green, E. M. B. **Satan's Downfall**, p. 84ss., e especialmente a discussão completa intitulada **Principalities and Powers**, de P. T. O'Brien, p. 110-150.

[12] Bruce, F. F. **Colossians**, p. 238.

[13] Jeremias, J. **Central Message**, p. 37.

[14] O'Brien, Peter. **Colossians**, p. 133. Cf. p. 124.

Paulo agora passa do perdão de nosso pecado à conquista dos poderes malignos, e usa três verbos gráficos para retratar a derrota deles. O primeiro podia significar que Deus em Cristo os "desnudou" de si mesmo como roupa imunda, porque o estavam apertando, e, portanto, desfez-se deles. Ou, melhor, pode significar que ele os "desnudou" ou das suas armas ou da sua "dignidade e poder",[15] dessa forma degradando-os. Segundo, ele "publicamente os expôs ao desprezo", exibindo-os como os "poderes impotentes"[16] que são, e assim, terceiro, "triunfando deles na cruz", o que provavelmente seja referência à procissão de cativos que celebrava a vitória. Assim, a cruz, comenta Handley Moule, foi "de um ponto de vista o seu cadafalso, e de outro, a sua carruagem imperial".[17] Alexandre Maclaren sugere um quadro unificado de Cristo como "o vencedor despindo os seus inimigos de armas, ornamentos e vestes, então exibindo-os como seus cativos, e a seguir arrastando-os nas rodas de seu carro triunfal".[18]

Tudo isso são imagens vividas, mas o que realmente significa? Devemos visualizar uma batalha cósmica real, na qual os poderes das trevas cercaram e atacaram a Cristo na cruz, e na qual ele os desarmou, desacreditou e derrotou? Se tivesse sido invisível, como certamente teria de ser, como foi que Cristo os expôs publicamente? Parece que devemos pensar na vitória dele, embora real e objetiva, em outros termos.

Primeiro, certamente é significativo que Paulo compare o que Cristo fez ao *cheirographon* (cancelamento e remoção) com o que ele fez aos principados e potestades (desarmando-os e os vencendo). O título ele pregou na cruz; os poderes ele derrotou por meio da cruz. Não parece necessário insistir em que este último seja mais literal do que o primeiro. O ponto importante é que ambos aconteceram juntos. Não foi o pagamento das nossas dívidas o modo pelo qual Cristo subverteu os poderes? Liberando-nos destas, ele nos libertou daqueles.

Segundo, ele venceu o diabo mediante a resistência total a suas tentações. Tentado a evitar a cruz, Jesus perseverou no caminho da obediência, e tornou-se "obediente até à morte, e morte de cruz" (Filipenses 2.8). A sua obediência foi

---

[15] O'BRIEN, Peter. **Colossians**, p. 127.

[16] Ibid., p. 129.

[17] MOULE, H. C. G. **Colossians Studies**, p. 159. Foi como "se a cruz", escreveu Calvino, "que era cheia de vergonha, houvesse sido transformada numa carruagem triunfal!" (**Institutes**, II.XVI.6).

[18] MACLAREN, Alexander. **Colossians and Philemon**, p. 222.

indispensável à sua obra salvadora. "Porque, como pela desobediência de um só homem muitos se tornaram pecadores, assim também por meio da obediência de um só muitos se tornarão justos" (Romanos 5.19). Se ele tivesse desobedecido, desviando-se um pouquinho que fosse do caminho da vontade de Deus, o diabo teria ganho um ponto e frustrado o plano da salvação. Mas Jesus obedeceu, e o diabo foi derrotado. Provocado pelos insultos e pelas torturas a que foi submetido, Jesus absolutamente se recusou a retaliar. Mediante o seu amor autodoador, ele venceu "o mal com o bem" (Romanos 12.21). Novamente, quando os poderes combinados de Roma e de Jerusalém se dispuseram contra ele, ele poderia ter enfrentado poder com poder. Pois Pilatos não tinha autoridade última sobre ele; mais de doze legiões de anjos teriam se apressado ao seu resgate, caso ele as tivesse convocado; ele poderia ter descido da cruz, como, escarnecendo, desafiaram-no a fazer.[19] Mas ele se recusou recorrer ao poder mundano. Ele foi crucificado em fraqueza, embora a fraqueza de Deus fosse mais forte do que a força do homem. Assim, ele se recusou a desobedecer a Deus, ou a odiar os seus inimigos, ou a imitar o uso que o mundo faz do poder. Mediante sua obediência, amor e mansidão, ele ganhou uma grande vitória moral sobre os poderes do mal. Ele permaneceu livre, incontaminado, descomprometido. O diabo não pôde prendê-lo, e teve de admitir derrota.[20] Como disse F. F. Bruce: "Enquanto ele estava ali suspenso, amarrado de pés e mãos ao madeiro em aparente fraqueza, eles imaginaram que o tinham à sua mercê, e lançaram-se sobre ele com intenção hostil [...]. Mas ele lutou com eles e os venceu".[21]

De modo que a vitória de Cristo, predita imediatamente depois da Queda e iniciada durante o seu ministério público, foi decisivamente ganha na cruz.

Quarto, a ressurreição foi *a confirmação e o anúncio da conquista*. Não devemos ver a cruz como derrota, e a ressurreição como vitória. Antes, a cruz foi a vitória ganha, e a ressurreição a vitória endossada, proclamada e demonstrada. "Não era possível fosse ele retido" pela morte, pois ela já havia sido derrotada. Os principados e os poderes do mal, que haviam sido privados de suas armas e sua dignidade na cruz, agora, como consequência da derrota, foram colocados sob os pés de Cristo e feitos sujeitos a ele.[22]

---

[19] João 19.11; Mateus 26.53; Marcos 15.30.
[20] 2Coríntios 13.4; 1Coríntios 1.25; João 14.30.
[21] Bruce, F. F. **Colossians**, p. 239.
[22] Atos 2.24; Efésios 1.20-23; 1Pedro 3.22.

Quinto, *a extensão da conquista* à medida que a igreja sai para executar a sua missão no poder do Espírito, pregar a Cristo crucificado como Senhor, e convocar o povo a se arrepender e crer nele. Em toda conversão genuína há um voltar-se não apenas do pecado para Cristo, mas também "das trevas para a luz", "do poder de Satanás para Deus", e dos ídolos para servir o "Deus vivo e verdadeiro"; há também um resgate do domínio das trevas para o reino do Filho a quem Deus ama.[23] De modo que a conversão de cada cristão envolve um encontro com o poder que obriga o diabo a descontrair o controle da vida de alguém e demonstra o poder superior de Cristo. Sendo assim, pode bem ser correto interpretar o "amarrar" do dragão por mil anos como coincidente com o "amarrar" do valente realizado na cruz. Pois o resultado da amarração de Satanás é que ele é impedido de enganar "as nações até", afirmação que parece referir-se à evangelização das nações a qual começou depois da grande vitória da cruz e sua sequela imediata da Páscoa e Pentecoste.[24]

Sexto, estamos olhando com expectativa *a consumação da conquista* na Parousia. O intervalo entre os dois adventos deve ser preenchido com a missão da igreja. O Ungido do Senhor já está reinando, mas também está aguardando até que seus inimigos sejam postos como estrado dos seus pés. Nesse dia todo joelho se dobrará em sua presença e toda língua confessará que ele é Senhor. O diabo será jogado no lago do fogo, onde a morte e o inferno o seguirão. Pois a morte é o último inimigo a ser destruído. Então, quando todo o domínio, autoridade e poder do mal tiver sido destruído, o Filho entregará o reino ao Pai, e ele será tudo em todos.[25]

Contudo, será correto atribuir a vitória de Cristo à sua morte? Não foi ela alcançada por meio de sua ressurreição? Não foi ressurgindo dentre os mortos que ele venceu a morte? De fato, não descansa toda a ênfase deste livro demasiadamente na cruz, e insuficientemente na ressurreição? Não vão juntos os dois

---

[23] Atos 26.18; 1Tessalonicenses 1.9; Colossenses 1.13. Entre os animistas, hoje geralmente chamados de "religionistas tradicionais", que vivem com medo dos espíritos, o conceito de um "encontro de poder" com Jesus Cristo é particularmente importante. "O voltar-se de um povo a fim de servir ao Deus verdadeiro e vivo é normalmente uma resposta a alguma demonstração evidente e convincente do poder de Cristo sobre os poderes espirituais (experimental), em vez de um assentimento mental às verdades acerca de Jesus Cristo (cognitivo)" (Christian Witness to Traditional Religionists of Asia and Oceania. **Lausanne Occasional Paper**, n. 16, p. 10). Veja também os Lausanne Occasional Papers que se relacionam com o testemunho cristão entre povos similares na América Latina e no Caribe (n. 17) e na África (n. 18).

[24] Apocalipse 20.1-3; Mateus 18.18-20.

[25] Salmos 110.1; Filipenses 2.9-11; Apocalipse 20.10, 14; 1Coríntios 15.24-28.

eventos, como Michael Green argumentou poderosamente no seu livro recente intitulado *A cruz vazia de Jesus*? É essencial que tratemos dessas questões.

Para começar, está fora de qualquer dúvida que a morte e a ressurreição de Jesus vão juntas no Novo Testamento e que raramente se menciona uma sem a outra. O próprio Jesus, em três predições sucessivas da sua paixão, registradas por Marcos, cada vez acrescentou que ressurgiria depois de três dias.[26] Segundo João, ele também disse que daria a sua vida e que a tornaria a tomar.[27] Além do mais, aconteceu como ele disse que aconteceria: Eu sou "aquele que vive; estive morto, mas eis que estou vivo pelos séculos dos séculos" (Apocalipse 1.18). A seguir, é igualmente claro que os apóstolos falaram das duas juntas. O *kerygma* apostólico mais primitivo segundo Pedro era que Jesus fora entregue "pelo determinado desígnio e presciência de Deus, vós o matastes... porém, Deus ressuscitou", enquanto Paulo afirma como o evangelho original e universal que "Cristo morreu pelos nossos pecados [...] foi sepultado, e ressuscitou... apareceu".[28] E as cartas de Paulo estão cheias de frases como "cremos que Jesus morreu e ressurgiu" e "os que vivem devem [...] viver [...] para aquele que por eles morreu e que ressurgiu".[29] Além do mais, reconheceu-se desde o início que os dois sacramentos do evangelho davam testemunho a ambas, visto que no batismo o candidato morre simbolicamente e ressurge com Cristo, enquanto na Ceia do Senhor é o Senhor ressurreto que se torna conhecido a nós através dos mesmos emblemas que falam da sua morte.[30] De modo que esse fato não está em discussão — ou não devia estar. Seria uma pregação sobremaneira desequilibrada a que proclamasse a cruz sem a ressurreição (como acho que Anselmo o fez) ou a ressurreição sem a cruz (como o fazem os que apresentam a Jesus como Senhor vivo em vez de um Salvador expiador). Portanto, é saudável manter um elo indissolúvel entre elas.

Entretanto, precisamos ter certeza da natureza do relacionamento da morte e da ressurreição de Jesus, e cuidado em não atribuir eficácia salvadora igualmente a ambas. Michael Green evita essa armadilha, pois fortemente afirma que "a cruz de Jesus é o próprio centro do evangelho".[31] De fato o é. Quando examinamos as

---

[26] Marcos 8.31; 9.31; 10.34.
[27] João 10.17,18; cf. 2.19.
[28] Atos 2.23,24; 1Coríntios 15.1-8.
[29] 1Tessalonicenses 4.14; 2Coríntios 5.15.
[30] Romanos 6.1-4; Lucas 24.30-35.
[31] GREEN, E. M. B. **Empty Cross**, p. 11.

quatro imagens da salvação no capítulo 7, tornou-se aparente que é "pelo sangue de Jesus" que a ira de Deus contra o pecado foi propiciada, e que pelo mesmo sangue de Jesus fomos resgatados, justificados e reconciliados. Pois foi por meio da morte dele, e não mediante a sua ressurreição, que nosso pecado foi desfeito. Até mesmo no *kerygma* apostólico mais primitivo já citado Paulo escreve que Cristo morreu pelo nosso pecado. Em lugar algum do Novo Testamento está escrito que Cristo ressurgiu pelo nosso pecado. Mas não foi por meio de sua ressurreição que Cristo venceu a morte? Não, foi por meio da sua morte que ele destruiu aquele que tem o poder da morte (Hebreus 2.14).

É claro que a ressurreição foi essencial à confirmação da eficácia da morte de Cristo, como a sua encarnação o fora à preparação para a possibilidade dela. Porém devemos insistir em que a obra de levar os pecados terminou na cruz, que a vitória sobre o diabo, o pecado e a morte foi ganha aí, e que o que a ressurreição fez foi vindicar a Jesus a quem os homens rejeitaram, declarar com poder que ele é o Filho de Deus, e publicamente confirmar que sua morte expiatória fora eficaz para o perdão dos pecados. Se ele não se tivesse levantado dentre os mortos, nossa fé e nossa pregação seriam fúteis, visto que a pessoa e obra de Cristo não teriam recebido o endosso divino.[32] É essa a implicação de Romanos 4.25, que, à primeira vista, parece ensinar que a ressurreição de Cristo é o meio de nossa justificação: "O qual foi entregue por causa das nossas transgressões, e ressuscitou por causa da nossa justificação." Charles Cranfield explica: "O que nossos pecados exigiam era, em primeiro lugar, a morte expiatória de Cristo, e, contudo, se a morte dele não tivesse sido acompanhada da ressurreição, não teria sido o ato poderoso de Deus para a nossa justificação".[33] Além disso, por causa da ressurreição é um Cristo vivo que nos concede a salvação que ele ganhou para nós na cruz, que nos capacita mediante o seu Espírito não somente a partilhar do mérito da sua morte mas também a viver no poder da sua ressurreição, e que nos promete que no último dia nossos corpos também ressurgirão.

James Denney expressa a relação entre a morte de Jesus e a ressurreição da seguinte maneira:

> Não pode haver salvação do pecado a menos que haja um Salvador vivo: isto explica a ênfase dada pelo apóstolo (isto é, Paulo) à ressurreição. Mas Aquele que vive pode ser Salvador somente porque morreu: isto explica a ênfase dada na cruz. O cristão

---

[32] Exemplo: Atos 2.24; 5.31; Romanos 1.4; 1Coríntios 15.12ss.
[33] CRANFIELD, C. E. B. **Romans**, v. I, p. 252.

crê num Senhor vivo, ou não poderia crer de modo nenhum; mas crê num Senhor vivo que morreu uma morte expiatória, pois nenhum outro pode segurar a fé que uma alma tem sob a condenação do pecado.[34]

Resumindo, diremos que o evangelho contém tanto a morte quanto a ressurreição de Jesus, visto que sua morte nada teria realizado se ele não tivesse ressurgido dentre os mortos. Contudo, o evangelho enfatiza a cruz, visto que foi aí que se realizou a vitória. A ressurreição não alcançou nossa libertação do pecado e da morte, mas nos deu certeza de ambos. É por causa da ressurreição que "nossa fé e esperança" estão "em Deus" (1Pedro 1.21).

Entrando na vitória de Cristo

Para os cristãos, como também para Cristo, a vida significa conflito. Para os cristãos, assim como para Cristo ela também devia significar vitória. Devemos ser vitoriosos como Cristo foi vitorioso. Não escreveu João aos jovens das igrejas que ele supervisionava porque tinham vencido o maligno? Jesus não fez um paralelo deliberado entre ele mesmo e nós nesse aspecto, prometendo ao vencedor o direito de partilhar o seu trono, assim como ele tinha vencido e partilhava o trono do Pai?[35]

Contudo, o paralelo o é apenas parcialmente. Seria inteiramente impossível que nós, por nós mesmos, lutássemos e derrotássemos o diabo: faltam-nos tanto a habilidade como a força para fazê-lo. Também seria desnecessário fazermos a tentativa, porque Cristo já a fez. A vitória dos cristãos, portanto, consiste em entrarem na vitória de Cristo e desfrutarem os seus benefícios. Podemos agradecer a Deus que ele nos dá a vitória por meio de Jesus Cristo, nosso Senhor. Sabemos que Jesus, tendo sido ressuscitado dentre os mortos, agora está assentado à direita do Pai nos reinos celestiais. Mas Deus nos "deu vida juntamente com Cristo [...] e juntamente com ele nos ressuscitou e nos fez assentar nos lugares celestiais". Por outras palavras, mediante o poder gracioso de Deus nós, os que partilhamos da ressurreição de Cristo, partilhamos também de seu trono. Se Deus colocou todas as coisas sob os pés de Cristo, elas devem estar sob os nossos também, se estivermos nele. Tomando emprestada a própria metáfora usada por Jesus, agora que o valente foi desarmado e amarrado, o tempo está maduro para que invadamos o seu palácio e saqueemos seus bens.[36]

---

[34] DENNEY, James. **Death of Christ**, p. 73.
[35] 1João 2.13; Apocalipse 3.21.
[36] 1Coríntios 15.57; Efésios 1.20-23; 2.4-6; Marcos 3.27.

Entretanto, não é tão simples quanto parece. Porque embora o diabo tenha sido derrotado, ele ainda não admitiu a derrota. Embora já tenha sido derrubado, ele ainda não foi eliminado. Na realidade, ele continua a exercer grande poder. É esse o motivo da tensão que sentimos tanto em nossa teologia quanto em nossa experiência. Por um lado estamos vivos, assentados e reinando com Cristo, como acabamos de ver, estando até mesmo os principados e os poderes do mal colocados por Deus sob os seus (e, portanto, nossos) pés; por outro lado, somos prevenidos (também em Efésios) que esses mesmos poderes espirituais se colocaram em oposição a nós, de modo que não temos esperança alguma de enfrentá-los a menos que sejamos fortes na força do Senhor e estejamos vestidos com a sua armadura.[37] Eis o mesmo paradoxo em linguagem diferente. Por um lado, recebemos a certeza de que, tendo nascidos de Deus, Cristo nos mantém a salvo e o "maligno não lhe toca"; por outro, recebemos a admoestação de vigiar porque o mesmo diabo "anda em derredor, como leão que ruge procurando alguém para devorar".[38]

Muitos cristãos escolhem uma dessas posições, ou oscilam precariamente entre elas. Alguns são triunfalistas, que veem somente a vitória decisiva de Jesus Cristo e não percebem as admoestações apostólicas contra os poderes das trevas. Outros são derrotistas, que veem somente a temível malícia do diabo e não percebem a vitória que Cristo já ganhou sobre ele. A tensão faz parte do dilema cristão do "já" e do "ainda não". O reino de Deus já foi inaugurado e está avançando; mas ainda não foi consumado. A nova era (o mundo vindouro) já chegou, de modo que temos provado "os poderes do mundo vindouro"; mas a era antiga ainda não passou completamente. Já somos filhos de Deus, e não mais escravos; mas ainda não entramos na "liberdade da glória dos filhos de Deus".[39] A ênfase exagerada no "já" conduz ao triunfalismo, à reivindicação de perfeição — moral (falta de pecado) ou física (saúde completa) — que pertence somente ao reino consumado, o "ainda não". A ênfase exagerada no "ainda não" leva ao derrotismo, uma aquiescência à continuação do mal, incompatível com o "já" da vitória de Cristo.

Outro modo de ver essa tensão é considerar as implicações do verbo *katargeo*, que, embora muitas vezes traduzido como "destruir", na realidade fica aquém dessa acepção. Antes, significa "tornar ineficaz ou inativo", e é usado com referência ao solo estéril e às árvores improdutivas. Quando esse verbo é aplicado ao diabo, à nossa natureza caída e à saúde,[40] portanto, sabemos que não foram

---

[37] Efésios 1.20-23; 6.10-17.
[38] 1João 5.18; 1Pedro 5.8.
[39] Hebreus 6.5; 1João 2.8; Romanos 8.21.
[40] Hebreus 2.14 (o diabo); Romanos 6.6 (a "carne" ou natureza decaída); 2Timóteo 1.10 (morte).

completamente "destruídas". Pois o diabo ainda está muito ativo, nossa natureza caída continua a afirmar-se, e a morte continuará a levar-nos até a volta de Cristo. Não é, pois, que tenham cessado de existir, mas que seu poder foi quebrado. Não foram abolidos, mas foram derrubados.

João faz a importante afirmação de que "o motivo pelo qual o Filho de Deus se manifestou foi para 'desfazer' as obras do diabo" (1João 3.8, literalmente). Ele veio para confrontar e derrotar o diabo, e assim desfazer o dano que este havia causado. Quais são as "obras do diabo", os efeitos da sua atividade nefasta? Por exemplo, Lutero tinha prazer em apresentar uma sequência delas em seu comentário da carta aos *Gálatas*. Em certo lugar ele escreve que "a lei, o pecado, a morte, o diabo e o inferno" constituem "todos os males e as misérias da humanidade", e em outro que "o pecado, a morte e a maldição" são "os tiranos invisíveis poderosos" dos quais somente Cristo pode libertar-nos. Anders Nygren, em seu famoso comentário de *Romanos*, sugere que os capítulos 5 a 8 descrevem a vida da pessoa que foi justificada pela fé: "O capítulo 5 diz que significa ser livre da ira. O capítulo 6 diz que é ser livre do *pecado*. O capítulo 7 diz livre da *lei*. E o capítulo 8 diz que somos livres da *morte*". Minha preocupação é que essas listas omitem qualquer referência à "carne" (nossa natureza caída) e ao "mundo" (a sociedade sem Deus), que são familiares pelo menos ao povo da igreja no trio "o mundo, a carne e o diabo". De modo que as "quatro obras do diabo" das quais Cristo nos liberta, nas quais, no meu entender, os escritores do Novo Testamento parecem concentrar-se, são a lei, a carne, o mundo e a morte.

Primeiro, por meio de Cristo já não estamos *sob a tirania da lei*. Muitos se surpreendem que a lei, dádiva de Deus a seu povo, em si mesma "santa, justa e boa", jamais pudesse tornar-se um tirano que nos escraviza. Mas é exatamente esse o ensino de Paulo. "Mas antes que viesse a fé, estávamos sob a tutela da lei, e nela encerrados, para essa fé que de futuro haveria de revelar-se." O motivo é que a lei condena a nossa desobediência, levando-nos, assim, à sua "maldição" ou juízo. Mas Cristo já nos resgatou da maldição da lei fazendo-se ele próprio maldição por nós. É nesse sentido que "Cristo é o fim da lei" e já não estamos "sob" ela.[41] Não quer dizer, de modo nenhum, que agora já não existem absolutos morais a não ser o amor, como ensinavam os advogados da "nova moralidade" nos anos 60, ou que agora já não temos obrigação de obedecer à lei de Deus, como ensinam outros antinomianos. Não, desde que a tirania da lei é a sua maldição, é desta que somos libertados por Cristo, de modo que já não estamos "sob" ela. A lei já não nos escraviza por meio da sua condenação. Os *cheirographon* de que tratamos anteriormente foram expurgados. Os primeiros

---

[41] Gálatas 3.23 e 13; Romanos 6.14; 10.4; Gálatas 5.18.

quatro versículos do capítulo 8 de Romanos se entrelaçam. Dizem que para aqueles que estão em Cristo "já nenhuma condenação há" (v. 1), pois Deus já condenou os nossos pecados em Jesus Cristo (v. 3), e o fez a fim de que "o preceito da lei se cumprisse em nós" (v. 4). De modo que a mesma cruz de Cristo, que nos livra da condenação da lei, obriga-nos à obediência da lei.

Segundo, por meio de Cristo já não estamos sob *a tirania da carne*. O que Paulo quer dizer com "carne" (*sarx*) é nossa natureza caída ou humanidade não redimida, tudo o que somos por nascimento, herança e criação antes de Cristo nos renovar. Visto que nossa "carne" é o nosso "eu" em Adão, sua característica é o egocentrismo. Paulo apresenta um catálogo de algumas das obras mais horrorosas da carne, entre elas a imoralidade sexual, a idolatria, o ocultismo, o ódio, o ciúme e a ira, a ambição egoísta e as dissensões, e a bebedice. Levando esse tipo de vida, éramos "escravos de toda sorte de paixões e prazeres". Como disse o próprio Jesus: "Todo o que comete pecado é escravo do pecado". Imediatamente, porém, ele acrescentou: "Se, pois, o Filho vos libertar, verdadeiramente sereis livres." E a liberdade da nossa natureza caída e de seu egoísmo vem através da cruz: "Sabendo isto, que foi crucificado com ele o nosso velho homem, para que o corpo do pecado seja destruído, e não sirvamos o pecado como escravos".[42] Cristo, por meio da sua cruz, ganhou a vitória sobre a carne e também sobre a lei.

Terceiro, por meio de Cristo já não estamos sob *a tirania do mundo*. Se a carne é o ponto de apoio que o diabo tem dentro de nós, o mundo é o meio pelo qual ele exerce pressão de fora sobre nós. Pois o "mundo" nesse contexto significa a sociedade humana sem Deus, cuja hostilidade para com a igreja é expressa ora mediante ridículo e perseguição declarados, ora por meio de subversão sutil, a infiltração de seus valores e padrões. João declara sem rodeios que o amor do mundo e o amor do Pai são mutuamente incompatíveis. Pois com mundanismo ele quer dizer "a concupiscência da carne, a concupiscência dos olhos e a soberba da vida". Na primeira expressão, "a concupiscência da carne" é tradução de *sarx*. "Carne" e "mundo" estão inevitavelmente ligados pois o "mundo" é a comunidade dos não redimidos, cuja perspectiva é ditada por sua natureza não redimida. Juntando-se as três expressões, parece que as características do mundo as quais João enfatiza são seus desejos egoístas, seus juízos superficiais (os olhos vendo somente a aparência superficial das coisas) e seu arrogante materialismo. Jesus, porém, fez a seguinte reivindicação: -Eu venci o mundo." Ele rejeitou por completo seus valores distorcidos e manteve imaculada sua própria perspectiva divina. João, a seguir, acrescenta que por meio de Cristo nós

---

[42] Gálatas 5.19-21; Tito 3.3; João 8.34-36; Romanos 6.6.

também podemos ser vencedores: "porque tudo o que é nascido de Deus vence o mundo; e esta é a vitória que vence o mundo, a nossa fé. Quem é o que vence o mundo senão aquele que crê ser Jesus o Filho de Deus?"[43]

É quando cremos em Jesus Cristo que nossos valores mudam. Já não nos conformamos aos valores do mundo, mas, peio contrário, descobrimos que estamos sendo transformados pela renovação de nossa mente que compreende e aprova a vontade de Deus. E nada tem mais poder para nos afastar do mundanismo do que a cruz de Cristo. É mediante a cruz que o mundo foi crucificado para nós e nós para o mundo,[44] de modo que estamos libertos da sua tirania.

Quarto, por meio de Cristo já não estamos sob *a tirania da morte*. Diz-se às vezes que, ao passo que nossos antepassados da era vitoriana tivessem um fascínio mórbido pela morte, e jamais falassem de sexo, a geração atual está obcecada com o sexo, enquanto a morte é a coisa que não se pode mencionar. O medo da morte é praticamente universal. Atribui-se ao duque de Wellington a seguinte expressão: "o homem que se gaba de não ter medo da morte deve ser covarde ou mentiroso". E o dr. Samuel Johnson acrescentou que "homem racional algum pode morrer sem uma incômoda apreensão".[45] Mas Jesus Cristo é capaz de libertar até mesmo aqueles que "pelo pavor da morte, estavam sujeitos à escravidão por toda a vida". Isto porque por meio da sua morte ele "destruiu" (ou privou do poder) "aquele que tem o poder da morte, a saber, o diabo" (Hebreus 2.14).

Jesus Cristo não apenas destronou o diabo mas também destruiu o pecado. De fato, foi ao destruir o pecado que ele destruiu a morte. Pois o pecado é o "aguilhão" da morte, a razão principal pela qual a morte é dolorosa e venenosa. É o pecado que acarreta a morte, e que, depois da morte, traz o juízo. Daí procede o pavor que temos dela. Mas Cristo morreu pelos nossos pecados e os desfez. Com grande desdém, portanto, Paulo compara a morte a um escorpião cujo aguilhão foi retirado, e a um conquistador militar cujo poder foi quebrado. Agora que fomos perdoados, a morte já não nos pode causar danos. De modo que o apóstolo dama desafiadoramente: "Onde está, ó morte, a tua vitória? onde está, ó morte, o teu aguilhão?" É claro que não há resposta. De modo que ele clama novamente, desta vez em triunfo: "Graças a Deus que nos dá a vitória por intermédio de nosso Senhor Jesus Cristo" (1Coríntios 15.55-57).

---

[43] 1João 2.15,16; João 16.33; 1João 5.4,5.

[44] Romanos 12.1,2; Gálatas 6.14.

[45] **Life of Johnson**, de Boswell, v. II, p. 212.

Portanto, qual deve ser a atitude do cristão para com a morte? Ela ainda é um inimigo, desnaturado, desagradável e indigno — de fato "o último inimigo a ser destruído". Contudo, é um inimigo derrotado. Visto que Cristo tirou nosso pecado, a morte perdeu o seu poder de causar-nos dano e, portanto, de nos apavorar. Jesus resumiu essa ideia em uma de suas maiores afirmações: "Eu sou a ressurreição e a vida. Quem crê em mim, ainda que morra, viverá; e todo o que vive e crê em mim, não morrerá, eternamente".[46] Isto é, Jesus é a ressurreição dos cristãos que morrem, e a vida dos cristãos que vivem. Sua promessa aos primeiros é: "vocês viverão", significando que não apenas sobreviverão, mas que também serão ressuscitados. Sua promessa aos últimos é: "vocês jamais morrerão", significando que não apenas escaparão da morte, mas também que a morte provará ser um episódio trivial, uma transição à plenitude de vida.

A convicção do cristão de que Cristo "destruiu a morte" (2Timóteo 1.10) tem levado alguns cristãos a deduzirem que ele também destruiu as doenças, e que da cruz devemos reivindicar tanto a cura como o perdão. Uma exposição popular desse tópico é o livro do escritor canadense T. J. McGrossan, intitulado *A Cura Física e a Expiação*, escrito em 1930, e que recentemente foi reeditado por Kenneth E. Hagin, da igreja pentecostal Rhema. McGrossan apresenta o seu caso nos seguintes termos: "Todos os cristãos deviam esperar que Deus curasse os seus corpos hoje, porque Cristo morreu para expiar as nossas doenças e também os nossos pecados". Ele baseia o seu argumento no versículo 4 de Isaías 53, versículo que ele traduz da seguinte maneira: "certamente ele levou as nossas enfermidades e carregou as nossas dores". Ele enfatiza, em particular, que o primeiro verbo hebraico (*nasa'*) significa "suportar" no sentido de "sofrer o castigo por alguma coisa". Visto que esse verbo também aparece em Isaías 53.12 ("ele levou o pecado de muitos"), "o ensino claro... é que Cristo levou as nossas enfermidades do mesmo modo que levou os nossos pecados".

Essa interpretação, porém, apresenta três dificuldades. Primeira, *nasa'* é usado em vários contextos do Antigo Testamento, incluindo-se o levar a arca e outros móveis do tabernáculo, o levar a armadura, armas e crianças. Ocorre em Isaías 52.11 com referência aos que "levais os utensílios do Senhor". De modo que o verbo, em si mesmo, não significa levar o castigo". Somos obrigados a traduzi-lo dessa forma somente quando tem o pecado como objeto. Que Cristo tenha "levado" as nossas enfermidades pode significar algo totalmente diferente (e de fato significa).

---

[46] 1Coríntios 15.26; João 11.25,26.

Segundo, o conceito apresentado por McGrossan não faz sentido. "Levando a penalidade do pecado" é facilmente inteligível, visto que a penalidade do pecado humano é a morte e Cristo morreu a nossa morte em nosso lugar. Mas qual é a penalidade da enfermidade? Ela não tem penalidade. A doença pode ser em si mesma uma penalidade do pecado, mas não é em si mesma um delito que atraia penalidade. Assim, falar que Cristo "expiou" as nossas enfermidades é misturar categorias; não é uma noção inteligente.

Terceiro, Mateus (o evangelista que mais se preocupou com o cumprimento da Escritura do Antigo Testamento) aplica Isaías 53.4 não à morte expiatória mas ao ministério de cura de Jesus. Foi com o fim de cumprir o que fora dito mediante o profeta Isaías, escreve ele, que Jesus "curou todos os enfermos". De modo que não temos liberdade de reaplicar o texto à cruz. É verdade que Pedro cita o versículo seguinte "pelas suas pisaduras fomos sarados", mas os contextos tanto de Isaías quanto de Pedro tornam claro que a "cura" que tinham em mente é a salvação do pecado.[47]

Portanto, não devemos afirmar que Cristo morreu pelas nossas enfermidades e pelos nossos pecados, que "há cura na expiação", ou que a saúde está tão prontamente disponível a todos quanto o perdão.

Entretanto, isso não significa que nossos corpos não sejam afetados pela morte e ressurreição de Jesus. Certamente devemos levar a sério estas afirmativas de Paulo acerca do corpo:

> Levando sempre no corpo o morrer de Jesus para que também a sua vida se manifeste em nosso corpo. Porque nós, que vivemos, somos sempre entregues à morte por causa de Jesus, para que também a vida de Jesus se manifeste em nossa carne mortal (2Coríntios 4.10-11).

O apóstolo refere-se à enfermidade e à mortalidade de nossos corpos humanos, especialmente (no caso dele) com relação à perseguição física. É, diz ele, como experimentar em nossos corpos o morrer de Jesus, e o propósito desse experimentar é que a vida de Jesus possa ser revelada em nossos corpos. Não parece que ele se esteja referindo à ressurreição do seu corpo, pois trata disso mais tarde. Nem tampouco suas palavras são esgotadas na sobrevivência dos assaltos físicos que ele sofreu, nos quais foi abatido, mas não destruído (v. 9). Não, ele parece estar dizendo

---

[47] Mateus 8.16,17; Isaías 53.5; 1Pedro 2.24.

que agora em nossos corpos mortais (cujo fim é a morte) está sendo revelada (repetida duas vezes) a própria "vida" de Jesus (também repetida duas vezes). Ainda quando nos sentimos cansados, doentes e esmagados, experimentamos um vigor e uma vitalidade que são a vida do Jesus ressurreto dentro de nós. Paulo exprime o mesmo pensamento no versículo 16: "Mesmo que o nosso homem exterior se corrompa, contudo o nosso homem interior se renova de dia em dia."

Que a vida de Jesus deve ser revelada constantemente em nossos corpos; que Deus colocou processos terapêuticos maravilhosos no corpo humano os quais lutam com a doença e restauram a saúde; que toda cura é cura divina; que Deus pode curar e às vezes cura miraculosamente (sem meios, instantânea e permanentemente) — essas coisas devemos alegre e confiantemente afirmar. Mas esperar que os doentes sejam curados e os mortos ressuscitados tão regularmente quanto esperamos que os pecadores sejam perdoados, é ressaltar o "já" a expensas do "ainda não", pois é antecipar a ressurreição. Só então nossos corpos serão inteiramente livres da doença e da morte.

Agora devemos voltar aos quatro tiranos sobre os quais Cristo ganhou a vitória e dos quais, em consequência, ele nos liberta. As quatro tiranias caracterizam a antiga "era" inaugurada por Adão. Nela, a lei escraviza, a carne domina, o mundo engana e a morte reina. A nova "era", porém, inaugurada por Cristo, é caracterizada pela graça e não pela lei, pelo Espírito e não pela carne, pela vontade de Deus e não pelas modas do mundo, pela vida abundante e não pela morte. É essa a vitória de Cristo na qual ele permite que entremos.

O livro do Apocalipse

Livro algum do Novo Testamento traz testemunho mais claro ou mais forte da vitória de Cristo do que o do Apocalipse de João. Mais da metade das ocorrências do grupo de palavras de "vitória" (*nikao*, vencer e *nike*, vitória) são encontradas neste livro. H. B. Swete escreveu que desde o começo até o fim o Apocalipse é um *sursum corda*, porque conclama seus leitores a levantar os corações abatidos, a tomar ânimo e perseverar até o final. Michael Green sugeriu que o cântico da liberdade intitulado "Nós Venceremos" poderia ter sido escrito como a "melodia titular do Novo Testamento".[48] Seus acordes triunfais certamente ecoam por todo o livro das revelações.

No mundo antigo acreditava-se que toda vitória no campo de batalha era ganha por deuses em vez de por meros mortais: "somente o deus vence, é vencido

---

[48] GREEN, E. M. B. **Satan's Downfall**, p. 220.

e vencível".⁴⁹ Daí a popularidade da deusa *Nike*, que com frequência era retratada em monumentos, e em cuja honra foi construído o gracioso e pequeno templo da entrada do Partenon. Às vezes fico a pensar se foi em contraste consciente com *Nike* que o Apocalipse chama a Jesus de *ho Nikon*, "o Vencedor", e que seu título também é transferido para os cristãos que vencem.⁵⁰

Escrito com toda a certeza durante o reinado do imperador Domiciano (81-96 A.D.), o pano de fundo do Apocalipse é o crescimento da perseguição da igreja (agora sistemático em vez de espasmódico) e a prática da adoração ao imperador, cuja recusa por parte dos cristãos muitas vezes dava início a novos estouros de perseguição. O que o Apocalipse faz, de acordo com o seu gênero literário, é erguer a cortina que oculta o mundo invisível da realidade espiritual e mostrar o que se está passando nos bastidores. O conflito entre a igreja e o mundo é visto como não mais que uma expressão no palco público do concurso invisível entre Cristo e Satanás, o Cordeiro e o dragão. Essa secular batalha é apresentada em uma série de visões dramáticas que têm sido diversamente interpretadas como representações do desenvolvimento histórico da época (a escola "preterista"), através dos séculos seguintes (a "historicista") ou como um prelúdio ao Fim (a "futurista"). Entretanto, nenhuma delas satisfaz por completo. Visto que o juízo final e a vitória são dramatizados várias vezes, as visões não podem representar eventos sucessivos numa sequência contínua. Parece mais provável, portanto, que as cenas se sobrepõem; que a visão recapitula várias vezes toda a história do mundo entre a primeira vinda de Cristo (a vitória ganha) e a segunda (a vitória concedida); e que a ênfase é sobre o conflito entre o Cordeiro e o dragão que já teve várias manifestações históricas, e terá mais antes do Fim.

O livro tem início com referências a Jesus Cristo como o "primogênito dos mortos", o "soberano dos reis da terra" (1.5), "o primeiro e o último", "aquele que vive" (1.17,18), e com uma magnífica visão — dele com o fim de justificar esses títulos como o Senhor ressurreto, assunto, glorificado e reinante. A seguir vêm as cartas às sete igrejas da província romana da Ásia, cada uma das quais termina com uma promessa apropriada ao "vencedor". O foco então muda do Cristo que patrulha as suas igrejas sobre a terra para o Cristo que partilha o trono de Deus no céu. Durante quatro capítulos (4—7) o trono ocupa o centro, e tudo o mais é descrito em relação a ele. Jesus Cristo é retratado como Leão e como Cordeiro

---

[49] Artigo de O. Bauernfeind sobre o grupo de palavras *nikao*.

[50] Quanto a *ho nikon* veja Apocalipse 2.7, 11, 17, 26; 3.5, 12, 21 (duas vezes); 6.2; 21.7.

(uma combinação de imagens que pode indicar que o seu poder provém do seu autossacrifício). Ele é visto "no meio do trono e dos quatro seres viventes e entre os anciãos, de pé". O motivo pelo qual somente ele é digno de abrir o livro escrito por dentro e por forra (o livro da história e destino) é que ele "venceu" (5.5). E a natureza da sua vitória é que foi morto e com o seu sangue comprou para Deus gente de todas as nações (5.9). Somos levados a compreender que os sombrios eventos que seguem a quebra dos selos e o toque das trombetas (guerra, fome, praga, martírio, terremoto e desastres ecológicos) estão, contudo, sob o controle do Cordeiro, que já está reinando e cujo reino perfeito logo será consumado (11.15-18).

Meu objetivo, entretanto, é chegar à visão do capítulo 12, a qual, de alguns modos, parece ser o centro do livro. João viu uma mulher grávida, vestida com o sol, tendo a lua debaixo dos pés, uma coroa de doze estrelas na cabeça e que estava prestes a dar à luz um Filho cujo destino era "reger todas as nações" (v. 5). Ele é, evidentemente, o Messias, e ela a igreja do Antigo Testamento de quem o Messias procedeu. Um dragão vermelho, enorme e grotesco, identificado no versículo 9 como "a antiga serpente, que se chama diabo e Satanás", estava na frente da mulher, pronto para "lhe devorar o filho quando nascesse". Mas o filho "foi arrebatado para Deus até ao seu trono", e a mulher fugiu para o deserto, onde Deus lhe havia preparado lugar (vv. 5,6).

Seguiu-se a guerra no céu, na qual "o dragão e seus anjos" foram derrotados. Assim como Cristo havia sido arrebatado da terra para o céu, o dragão agora foi atirado do céu à terra. A vitória certamente deve referir-se à cruz, visto que foi "por causa do sangue do Cordeiro" (v. 11) que o povo de Cristo venceu o dragão. Nenhuma outra arma poderia ser adequada, pois o dragão está "cheio de grande cólera, sabendo que pouco tempo lhe resta" (v. 12).

É essa, portanto, a situação. O diabo foi derrotado e destronado. Todavia, longe de esses acontecimentos darem paradeiro às atividades dele, a fúria que ele sente no conhecimento de sua destruição que se aproxima, leva-o a redobrá-las. A vitória sobre ele já foi ganha, mas o conflito doloroso com ele continua. E nesse conflito ele confia em três aliados que agora aparecem (na visão de João) disfarçados em dois monstros horrorosos e uma prostituta lasciva e pomposa. Toma-se evidente que os três são símbolos do império romano, embora em aspectos diferentes, a saber, Roma, a perseguidora, Roma, a enganadora, e Roma, a sedutora.

O primeiro monstro, que João vê emergindo do mar, possui sete cabeças e dez chifres, como o dragão, e o dragão dá-lhe o seu poder, trono e soberania para que toda a terra o siga. Não é necessário entrar em detalhes de interpretação (por exemplo, que cabeças e que chifres representam quais imperadores). O que é de primeira importância é que a besta profere arrogâncias e blasfêmias contra Deus (13.5), recebe poder para pelejar "contra os santos" e até mesmo (temporariamente) os vencer, e é adorada por todos, menos pelos seguidores do Cordeiro (v. 8). É esse o poder absoluto do estado romano. Mas o cumprimento da profecia não se completou no império romano. Em todo estado violento, que se opõe a Cristo, oprime a igreja e exige a homenagem inquestionável dos cidadãos, a horrível besta que emerge do mar de novo levanta suas cabeças horrorosas e seus chifres agressivos.

O segundo monstro emerge "da terra" (v. 11). Ele é, evidentemente, capanga do primeiro, visto que exerce a sua autoridade e promove a sua adoração, e, a fim de fazê-lo, realiza sinais miraculosos. Se é a característica da primeira besta perseguir, é a característica da segunda enganar (v. 14). As pessoas são forçadas a adorar a imagem da primeira besta (uma referência óbvia ao culto do imperador) e a usar a marca da besta, sem a qual serão incapazes de comerciar. Essa segunda besta mais tarde é chamada de "falso profeta" (19.20). Embora nessa geração ele tenha simbolizado os promotores do culto do imperador, em nossos dias ele representa toda religião e ideologia falsas, as quais desviam a adoração para qualquer objeto que não seja o Deus vivo e verdadeiro.

O terceiro aliado do dragão só é apresentado depois de alguns capítulos, durante os quais a vitória final do Cordeiro é confiantemente predita e celebrada várias vezes.[51] Esse aliado recebe o nome de "grande meretriz" (17.1). Uma vez mais sem dúvida ela representa Roma, pois refere-se a ela como "Babilônia, a grande" (14.8 e 17.5), "a grande cidade que domina sobre os reis da terra" (17.18), e uma cidade situada sobre "sete montes" (v. 9). Desta vez, porém, ela simboliza a corrupção moral de Roma. Ela está assentada numa besta escarlate (um dos reis sobre os quais repousa sua autoridade), está adornada de púrpura e escarlate, ouro, pedras preciosas e pérolas, e segura na mão um cálice de ouro "transbordante de abominações e com as imundícias da sua prostituição" (v. 4). O seu poder sedutor é tal que se diz que os habitantes da terra se embebedaram com o "vinho da sua devassidão" (v. 2). Quer essa devassidão seja a imoralidade sexual, quer a idolatria espiritual, não foi sua única ofensa. Lemos mais tarde de sua "luxúria" (18.3) que resultou de seu comércio internacional, incluindo-se o tráfico de escravos (vv. 11-13), "pecados" e "crimes" não especificados (v. 5), e sua

---

[51] Exemplo: Apocalipse 14.1-5; 15.1-4; 16.4-7.

exaltada arrogância (v. 7). Seus reis farão guerra contra o Cordeiro, "e o Cordeiro os vencerá", porque "é o Senhor dos senhores e o Rei dos reis" (17.14).

E nos capítulos 18 e 19 a queda de "Babilônia, a grande" não somente é descrita com detalhes gráficos, mas também vindicada como inevitável e justa. Vislumbra-se a Jesus, o Vencedor, num cavalo branco, à medida que "julga e peleja com justiça" (19.11-16). Então, nos últimos três capítulos descrevem-se a destruição final e a morte de Satanás, o novo céu e a nova terra, e a Nova Jerusalém, onde não haverá lágrimas, morte, dor ou noite, quando Deus estabelecer o seu reino perfeito.

O diabo não mudou as suas estratégias. Embora o império romano tenha passado há muito, outras estruturas de perseguição, engano e corrupção têm-se erguido no seu lugar. Em alguns países hindus e muçulmanos hoje, em desafio à Declaração de Direitos Humanos das Nações Unidas, propagar o evangelho e professar a conversão são ofensas puníveis com a prisão e até mesmo a morte. Na maioria dos países marxistas colocam-se severas restrições no ensino dos jovens e em todas as atividades religiosas realizadas fora de edifícios especialmente registrados. Onde quer que predomine uma cultura não cristã, as oportunidades de educação mais elevada e prospectos de promoção tendem a ser limitados, e os direitos de cidadania são negados. Quanto à "besta que emerge da terra" ou "falso profeta", ela está ativa por meio de outras religiões, novas seitas e ideologias seculares. Michael Green apresenta em dois capítulos do seu livro *Creio na Queda de Satanás* informações bem documentadas acerca da "fascinação do ocultismo" e da "religião falsa". Concordo com ele em que essas ainda são duas das "armas mais poderosas da armadura de Satanás". Quanto à "grande meretriz", o assalto sobre a moralidade cristã (isto é, bíblica) tradicional tem penetrado as defesas da própria igreja. Na questão da santidade da vida humana (a saber, com referência ao aborto e experimentos com embriões) a igreja tende a tomar uma posição ambígua. Não há testemunho unido contra a imoralidade de armas indiscriminadas. O divórcio é cada vez mais tolerado, até entre líderes cristãos. Estilos sexuais de vida que não a monogamia heterossexual estrita nem sempre são condenados. E continuamos a desfrutar, no Ocidente, um nível de afluência que é insensível à luta de milhões de destituídos.

A mensagem do Apocalipse é que Jesus Cristo derrotou a Satanás e um dia o destruirá por completo. É à luz dessas certezas que devemos confrontar sua contínua atividade maliciosa, quer seja física (por meio da perseguição), quer seja intelectual (através do engano) ou moral (mediante a corrupção). Como, pois, podemos entrar na vitória de Cristo e prevalecer contra o poder do diabo? Como podemos ser contados entre os "vencedores"? Como podemos esperar derrubar o inimigo, não apenas em nossas próprias vidas mas também no mundo que ele usurpou?

Primeiro, recebemos a ordem de *resistir ao diabo*. "Resisti-lhe firmes na fé". Novamente, "resisti ao diabo, e ele fugirá de vós".[52] Não devemos ter medo dele. Grande parte da sua demonstração de poder é blefe, visto que foi derrotado na cruz, e necessitamos da coragem de enfrentá-lo. Vestidos com a armadura de Deus, podemos ficar firmes contra ele (Efésios 6.10-17). Não devemos fugir dele, mas, pelo contrário, resistir-lhe de modo que ele fuja de nós. Contudo, nossa voz fraca não possui autoridade suficiente para afugentá-lo. Não podemos dizer, em nosso próprio nome, como Jesus podia: "Vai-te Satanás". Mas podemos fazê-lo no nome de Jesus. Temos de reivindicar a vitória da cruz. "No nome de Jesus Cristo, do *Christus Victor*, que te derrotou na cruz, vai-te, Satanás". Funciona. Ele conhece o seu vencedor. Ele foge da sua presença.

Segundo, temos a ordem de *proclamar a Jesus Cristo*. A pregação da cruz ainda é o poder de Deus. É através da proclamação do Cristo crucificado e ressurreto que converteremos as pessoas "das trevas para a luz e da potestade de Satanás para Deus" (Atos 26.18), e, assim, o reino de Satanás baterá em retirada ante a aproximação do reino de Deus. Nenhuma outra mensagem é defendida e honrada pelo Espírito Santo da mesma maneira.

Portanto, tanto em nossa vida como na missão da igreja, é somente a cruz de Cristo, pela qual Satanás foi derrotado, que pode prevalecer contra ele. É ainda verdade hoje que eles o "venceram por causa do sangue do Cordeiro e por causa da palavra do testemunho que deram, e, mesmo em face da morte, não amaram a própria vida" (Apocalipse 12.11), O testemunho descomprometido de Cristo é essencial. Também o é a disposição de darmos nossas próprias vidas por causa dele, se necessário. Mas indispensável a ambos é o conteúdo de nossa fé e mensagem, a saber, a vitória objetiva e decisiva do Cordeiro sobre todos os poderes das trevas, a qual ele ganhou ao derramar o seu sangue na cruz.

---

[52] 1Pedro 5.8,9; Tiago 4.7.

Quarta Parte

VIVENDO SOB A CRUZ

Capítulo 10
A COMUNIDADE DE CELEBRAÇÃO

Talvez o leitor até aqui tenha achado esta apresentação da cruz de Cristo por demais individualista. Se isso aconteceu, esta seção deve recuperar o equilíbrio. Pois o mesmo Novo Testamento, que contém o rasgo de individualismo de Paulo que diz: "Estou crucificado com Cristo... vivo pela fé no Filho de Deus, que me amou e a si mesmo se entregou por mim", também insiste em que Jesus Cristo "a si mesmo se deu por nós, a fim de remir-nos de toda a iniquidade, e purificar para si mesmo um povo exclusivamente seu, zeloso de boas obras".[1] Assim, o mesmo propósito da sua autodoação na cruz não foi só salvar indivíduos isoladamente, perpetuando a sua solidão, mas também criar uma nova comunidade cujos membros pertencessem a ele, amassem uns aos outros e zelosamente servissem ao mundo. Essa comunidade de Cristo não seria nada mais do que uma unidade renovada e reunida, da qual ele, como segundo Adão, seria o cabeça. Ela incluiria judeus e gentios em termos iguais. De fato, englobaria representantes de todas as nações. Cristo morreu em solidão abjeta, rejeitado por sua própria nação e desertado por seus discípulos; mas, levantado na cruz ele atrairia a todos os homens a si mesmo. E do dia de Pentecoste em diante tem sido claro que a conversão a Cristo significa também conversão à comunidade de Cristo, à medida que as pessoas se voltam de si mesmas para ele, e desta "geração corrupta" à sociedade alternativa que ele está unindo em torno de si. Essas duas transferências — de fidelidade pessoal e participação social — não podem ser separadas.[2]

O Novo Testamento devota bastante espaço à retratação dessa nova sociedade redimida — suas crenças e valores, seus padrões, deveres e destino. O tema desta seção é a comunidade de Cristo como a comunidade da cruz. Tendo sido trazida à existência mediante a cruz, ela continua a viver pela cruz e debaixo dela. Nossa perspectiva e nosso comportamento agora são governados pela cruz. Todos os nossos relacionamentos foram radicalmente transformados por ela. A cruz não é apenas um distintivo que nos identifica, e um pendão sob o qual

---

[1] Gálatas 2.20; Tito 2.14; Atos 2.40,41.

[2] Efésios 2.15; Romanos 5.12-19; Efésios 3.6; Apocalipse 7.9; João 12.32 (cf. 11.52); Atos 2.40-47.

marchamos; é também a bússola que nos dá direção num mundo desorientado. Em particular, a cruz revoluciona nossa atitude para com Deus, para conosco mesmo, para com as pessoas tanto dentro quanto fora da comunidade cristã, e para com os graves problemas da violência e do sofrimento. Dedicaremos um capítulo a cada um desses quatro relacionamentos.

Um relacionamento novo com Deus

As quatro imagens da salvação, que investigamos no capítulo 7 dão testemunho de nosso novo relacionamento com Deus. Agora que ele agiu em seu amor desviando a sua ira, fomos justificados por ele, redimidos por ele e reconciliados nele. E a nossa reconciliação inclui os conceitos de "acesso" e "proximidade", os quais são aspectos do nosso conhecimento dinâmico de Deus ou "vida eterna" (João 17.3). Esse relacionamento íntimo com Deus, que substituiu a alienação antiga e dolorosa, possui várias características.

Primeiro, é marcado pela *ousadia*. A palavra que os apóstolos gostavam de usar com referência à ousadia é *parresia*, que significa "abertura, franqueza, simplicidade de discurso", tanto em nosso testemunho ao mundo quanto em nossas orações a Deus. Por meio de Cristo agora somos capazes de "nos aproximarmos de Deus com liberdade (*parresia*) e confiança". Por causa do sumo sacerdócio de Cristo temos *parresia* de chegar ao trono da graça de Deus, e temos *parresia* pelo sangue de Cristo para entrar no Santo dos Santos da própria presença de Deus.[3] Essa liberdade de acesso e essa franqueza de aproximação a Deus em oração não entram em choque com a humildade, pois são devidas inteiramente ao mérito de Cristo, e não ao nosso. O seu sangue purificou nossa consciência (de um modo impossível nos dias do Antigo Testamento), e Deus prometeu jamais se lembrar dos nossos pecados. De modo que agora olhamos para o futuro com segurança, não com temor. Sentimos o poder da lógica de Paulo. Visto que quando éramos inimigos de Deus fomos tanto justificados quanto reconciliados através da morte de Cristo, tanto mais tendo sido justificados e reconciliados, seremos salvos da ira de Deus no último dia. Agora que estamos "em Cristo", temos confiança "em todas as coisas" de que Deus está operando o nosso bem, e que nada nos pode separar do seu amor.[4]

---

[3] Efésios 3.12; Hebreus 4.16; 10.19.
[4] Hebreus 9.14; 8.12 e 10.17 (cf. Jeremias 31.34); Romanos 5.9,10; 8.28, 38,39.

A segunda característica de nosso novo relacionamento com Deus é o *amor*. Deveras, amamos porque ele nos amou primeiro. Antes tínhamos medo dele. Mas agora o amor expulsou o temor. Amor gera amor. O amor de Deus em Cristo, o qual, em certo sentido nos libertou, em outro nos aprisiona, porque não nos deixa alternativa a não ser vivermos o restante de nossa vida para ele, em culto de adoração e gratidão.[5]

A *alegria* é a terceira marca dos que foram redimidos pela cruz. Quando os exilados de Babilônia retornaram a Jerusalém, a sua "boca se encheu de riso" e a sua "língua de júbilo". A antiga alienação e humilhação se haviam acabado; Deus os havia resgatado e restaurado. Compararam o seu júbilo aos folguedos da ceifa: "Os que com lágrimas semeiam, com júbilo ceifarão. Quem sai andando e chorando enquanto semeia, voltará com júbilo, trazendo os seus feixes". Quanto mais devíamos nós nos regozijarmos no Senhor, que nos redimiu de uma escravidão muito mais opressiva! Os cristãos primitivos mal se podiam conter: tomavam as refeições juntos "com alegria e singeleza de coração".[6]

Todavia, não devemos pensar que a ousadia, o amor e a alegria sejam experiências inteiramente privadas; devem distinguir o nosso culto público. O breve tempo que passamos juntos no dia do Senhor, longe de ser divorciado do restante de nossa vida, deve dar-lhe perspectiva. Humildemente (como pecadores), contudo audazmente (como pecadores perdoados), entramos na presença de Deus, respondendo à sua iniciativa amorosa com um amor nosso, e não somente adorando-o com instrumentos musicais mas também articulando nossa alegria mediante cânticos de louvor. W. M. Clow tinha razão em chamar a atenção para o cântico como um aspecto singular do culto cristão, e ao motivo dele:

> Não há perdão neste mundo, ou no vindouro, a não ser através da cruz de Cristo. "Por meio deste homem vos é pregado o perdão dos pecados". As religiões do paganismo raramente conheciam a palavra [...]. As grandes crenças dos budistas e dos maometanos não dão lugar nem à necessidade nem à graça da reconciliação. Provar esse fato é a coisa mais simples. O júbilo jaz nos hinos do culto cristão. O templo budista jamais ressoa com o clamor do louvor. Os adoradores maometanos jamais cantam. Suas orações são,

---

[5] 1João 4.18,19; 2Coríntios 5.14,15.
[6] Salmos 126; Atos 2.46 (*agalliasis* significa "exultação").

no que tiverem de mais elevado, orações de submissão e pedido. Raramente atingem a nota mais alegre da ação de graças. Jamais se jubilam com os cânticos dos perdoados.[7]

Em contraste, sempre que o povo cristão se reúne é impossível fazer que parem de cantar. A comunidade cristã é uma comunidade de celebração.

Paulo exprime nosso senso comum de jubilosa alegria mencionando a mais bem conhecida festa judaica: "Cristo, nosso Cordeiro pascal, foi imolado. Por isso celebremos a festa [...]" (1Coríntios 5.7-8). Estritamente falando, a "páscoa" era a refeição comunal feita na noite do décimo quinto dia de nisã, imediatamente depois de matar os cordeiros pascais naquela tarde (14 de nisã), embora tivesse vindo a ser aplicada também a toda a semana de festa dos pães asmos que a seguia. O fundamento do regozijo do povo era sua redenção custosa do Egito. Mais custoso ainda foi o sacrifício redentor de Jesus Cristo na cruz. Foi porque ele, nosso Cordeiro Pascal, foi morto, e porque pelo derramamento do precioso sangue da sua vida fomos libertos, que se nos exorta a celebrar a festa. De fato, toda a vida da comunidade cristã devia ser concebida como um festival em que com amor, alegria e ousadia celebremos o que Deus fez por nós por meio de Cristo. Nessa celebração descobrimos que estamos participando da adoração do céu, de modo que nos unimos "aos anjos e arcanjos, e a toda a companhia do céu" ao dar glória a Deus. E, sendo a adoração a Deus, em essência, o reconhecimento de sua dignidade, unimo-nos ao coro celestial entoando a dignidade divina tanto como Criador como Redentor:

> Tu és digno, Senhor e Deus nosso, de receber a glória, a honra e o poder, porque todas as coisas tu criaste, sim, por causa da tua vontade vieram a existir e foram criadas (Apocalipse 4.11).
> Digno é o Cordeiro, que foi morto, de receber o poder, e riqueza, e sabedoria, e força, e honra, e glória, e louvor (Apocalipse 5.12).

É surpreendente que as referências de Paulo ao Cordeiro Pascal e à festa da páscoa venham no meio de um capítulo extremamente solene, no qual foi preciso

---

[7] CLOW, W. M. **Cross in Christian Experience**, p. 278. Se nos objetassem, dizendo que no Alcorão Alá é regularmente apresentado como o "Compassivo, o Misericordioso" e às vezes "o Perdoador" (exemplo: *Sura* 40), responderíamos que, entretanto, seu perdão deve ser ganhado e jamais é concedido como uma dádiva aos que não o merecem. Daí, a ausência no culto muçulmano da nota de celebração jubilosa.

que ele repreendesse os coríntios por causa da sua lassidão moral. Um dos membros da igreja de Corinto está envolvido num relacionamento incestuoso. Contudo, eles não dão mostra de pesar humilde ou arrependimento. Ele os instrui a excomungar o ofensor, e adverte-os do perigo de que o pecado se espalhe na comunidade se não tomarem medidas decisivas com o fim de erradicá-lo. "Não sabeis que um pouco de fermento leveda a massa toda?" pergunta ele (1Coríntios 5.6). É essa alusão ao fermento que lhe traz à memória a páscoa e a festa dos pães asmos. Como cristãos eles deviam "celebrar a festa", mas deviam fazê-lo "não com o velho fermento, nem com o fermento da maldade e da malícia; e, sim, com os asmos da sinceridade e da verdade" (v. 8). Pois a festa cristã é radicalmente diferente dos festivais pagãos, os quais geralmente eram acompanhados de frenesi e muitas vezes se degeneravam em orgias de bebedices e imoralidades. O distintivo da celebração cristã deve ser a santidade, pois o propósito último de Cristo mediante a cruz é "apresentar-nos perante ele santos, inculpáveis e irrepreensíveis" (Colossenses 1.22).

O sacrifício de Cristo e o nosso

Embora a vida cristã seja uma festa contínua, a Ceia do Senhor é, em particular, o equivalente cristão da páscoa. Portanto, ela se encontra no centro da vida de celebração da igreja. Foi instituída por Jesus na época da páscoa, deveras, durante a própria refeição pascal, e ele deliberadamente substituiu a recitação cerimonial que dizia: "Este é o pão da aflição que nossos pais comeram" por: "Este é o meu corpo dado por vós [...]. Este é o meu sangue derramado por vós [...]". O pão e o vinho da festa cristã nos obrigam a olhar de volta para a cruz de Cristo, e lembramo-nos com gratidão do que ali ele sofreu e realizou.

As igrejas protestantes tradicionalmente têm-se referido ao batismo e à ceia do Senhor como "sacramentos do evangelho" (pois dramatizam as verdades centrais das boas novas) ou "sacramentos da graça" (pois apresentam de modo visível a graciosa iniciativa salvadora). Ambas as expressões são corretas. O movimento primário que os sacramentos do evangelho envolvem é de Deus para o homem, não do homem para Deus. A aplicação da água no batismo representa a purificação do pecado e o derramamento do Espírito (se ministrado por aspersão) ou o partilhar da morte e ressurreição de Cristo (se feito por imersão) ou ambos. Não nos batizamos a nós mesmos. Submetemo-nos ao batismo, e a ação que nos é feita simboliza a obra salvadora de Cristo. Na ceia do Senhor, de igual modo, a essência do drama consiste em tomar, abençoar, quebrar e distribuir o pão, e o tomar, abençoar, servir e distribuir o vinho. Não administramos (ou não devíamos administrar) os elementos a nós mesmos. Eles nos são dados; nós os recebemos. E, assim como comemos o pão e bebemos o vinho fisicamente, da mesma forma espiritualmente pela fé nos alimentamos do Cristo crucificado em nossos corações. Assim, em ambos os sacramentos somos mais ou menos passivos, recipientes e não doadores, beneficiários e não benfeitores.

Ao mesmo tempo, o batismo é tido como uma ocasião apropriada para a confissão da fé, e a ceia do Senhor para o oferecimento de ações de graça. Daí, o uso cada vez mais popular do termo "eucaristia" (*eucharistia*, "ação de graças") para a ceia do Senhor. E, uma vez que "sacrifício" é sinônimo de "oferta", não é de surpreender que se tenha inventado a expressão "sacrifício eucarístico". Mas será ela legítima? Quais são as suas implicações?

Para começar, todos nós devíamos poder concordar com cinco modos pelos quais o que fazemos na ceia do Senhor está relacionado com o autossacrifício de Cristo na cruz.

Primeiro, *lembramo-nos* do seu sacrifício "fazei isto em memória de mim", disse ele (1Corintios 11.24-25). Deveras, as ações prescritas com o pão e com o vinho tornam a memória vívida e dramática.

Segundo, *participamos* dos seus benefícios. O propósito do culto ultrapassa a "comemoração" e chega à "comunhão" (*koinonia*): "Porventura o cálice da bênção que abençoamos, não é a comunhão do sangue de Cristo? O pão que partimos, não é a comunhão do corpo de Cristo?" (1Corintios 10.16). Por esse motivo a eucaristia é corretamente chamada de "Santa Comunhão" (visto que por meio dela podemos participar de Cristo) e "ceia do Senhor" (visto que por meio dela podemos alimentar-nos de Cristo).

Terceiro, *proclamamos* seu sacrifício: "Porque todas as vezes que comerdes este pão e beberdes o cálice, anunciais a morte do Senhor, até que ele venha" (1Coríntios 11.26). Embora a morte de Jesus tenha-se realizado muitos séculos atrás, a proclamação dela continua hoje. Contudo, a Ceia é uma provisão temporária. Olha para a vinda do Senhor como também para a sua morte. Não é apenas uma festa do Cristo crucificado, mas também um antegozo de seu banquete celestial. Assim, ela cobre todo o período entre suas duas vindas.

Quarto, *atribuímos nossa unidade* ao seu sacrifício. Pois jamais participamos da ceia do Senhor sozinhos, na privatividade de nosso próprio lar. Não, nós nos "reunimos" (1Coríntios 11.20) a fim de celebrá-la. E reconhecemos que é a nossa porção comum nos benefícios do sacrifício de Cristo que nos uniu:

"Porque nós, embora muitos, somos unicamente um pão, um só corpo; porque todos participamos do único pão" (1Coríntios 10.17).

Quinto, *damos graças* por seu sacrifício, e, como prova de nossa ação de graças oferecemo-nos a nós mesmos, nossa alma e corpo como "sacrifício vivo" ao seu serviço (Romanos 12.1).

De modo que sempre que celebramos a ceia do Senhor, lembramos e participamos do seu sacrifício como o fundamento de nossa unidade, proclamamos e reconhecemos esse sacrifício, e respondemos a ele em grata adoração. A pergunta que permanece, entretanto, é se há um relacionamento ainda mais íntimo entre o sacrifício que Cristo ofereceu na cruz e o sacrifício de ação de graças que oferecemos na eucaristia, entre o seu sacrifício de "morte" e os nossos sacrifícios de "vida". É esse ponto que tem dividido a cristandade desde o século dezesseis, e é um tópico de ansioso debate ecumênico hoje. Não podemos falar da igreja como uma "comunidade de celebração" sem nos aprofundar mais na natureza da celebração eucarística.

Já no imediato período pós-apostólico os Pais da igreja primitiva começaram a usar a linguagem sacrificial com relação à ceia do Senhor. Viam nela o cumprimento de Malaquias 1.11: "Em todo lugar lhe é queimado incenso e trazidas ofertas puras; porque o meu nome é grande entre as nações, diz o Senhor dos Exércitos".[8] Mas o pão e o vinho não consagrados como "ofertas puras" eram símbolos da criação, pelos quais o povo agradecia. Os autores antigos também viam as orações e os louvores do povo, esmolas aos pobres, como uma oferta a Deus. Foi só depois de Cipriano, bispo de Cartago, nos meados do século terceiro, que a própria ceia do Senhor foi chamada de um verdadeiro sacrifício, no qual sacerdotes, cujo papel sacrificial dizia-se equiparar-se aos dos sacerdotes do Antigo Testamento, ofereciam a Deus a paixão do Senhor. Desde esse começo a doutrina da eucaristia do catolicismo medieval desenvolveu-se, a saber, que o sacerdote cristão oferecia Cristo, realmente presente sob as formas de pão e vinho, como sacrifício propiciatório a Deus pelos pecados dos vivos e dos mortos. E foi contra essa ideia que os Reformadores vigorosamente protestaram.

Embora o ensino eucarístico de Lutero e de Calvino se divergisse, todos os Reformadores estavam unidos em rejeitar o sacrifício da missa, e se preocupa-

---

[8] Malaquias 1.11 é citado no *Didache* XIV. 1; foi também usado por Ireneu, Tertuliano, Jerônimo e Eusébio. Veja a análise de referências patrísticas ao "sacrifício" em *Review of the Doctrine of the Eucharist*, de Daniel Waterland, p. 347-388. Veja também o ensaio de Michael Green "Eucharistic Sacrifice", especialmente as p. 71-78.

vam em fazer uma distinção clara entre a cruz e o sacramento, entre o sacrifício de Cristo oferecido por nós e nossos sacrifícios oferecidos por meio dele. Cranmer expressou as diferenças com grande clareza:

> Um tipo de sacrifício há, que é chamado de sacrifício propiciatório ou misericordioso, isto é, um sacrifício tal que pacifica a ira e a indignação de Deus, e obtém misericórdia e perdão para os nossos pecados [...]. E embora no Antigo Testamento houvesse certos sacrifícios com esse nome, contudo há apenas um desses sacrifícios pelos quais nossos pecados são perdoados, e a misericórdia e o favor de Deus obtidos, o qual é a morte do Filho de Deus, nosso Senhor Jesus Cristo; nem jamais houve outro sacrifício propiciatório em qualquer tempo, nem jamais haverá. É esta a honra e a glória desse nosso Sumo Sacerdote, no qual ele não admite nem parceiro nem sucessor [...].
>
> Outro tipo de sacrifício há que, embora não nos reconcilie com Deus, é feito por aqueles que são reconciliados por Cristo, a fim de testificar de nossos deveres para com Deus e mostrar-nos agradecidos a ele. Esses, portanto, são chamados sacrifícios de louvor, adoração e ação de graças.
>
> O primeiro tipo de sacrifício Cristo ofereceu a Deus por nós; o segundo tipo nós mesmos oferecemos a Deus por Cristo.[9]

Tendo feito essa vital distinção, Cranmer estava decidido a ser coerente em sua aplicação. O ministro ordenado ainda podia ser chamado de "sacerdote", mas toda referência ao "altar" foi eliminada do Livro da Oração Comum e substituída por "mesa", "santa mesa", "mesa do Senhor" ou "mesa da comunhão". Pois Cranmer viu claramente que o culto de comunhão é uma ceia servida por um ministro de uma mesa, não um sacrifício oferecido por um sacerdote sobre um altar. A forma final do seu culto de comunhão exibe a mesma determinação, pois a oferta de gratidão do povo foi tirada da Oração de Consagração (onde se encontrava em seu primeiro culto de comunhão, substituindo a oferta do próprio Cristo na missa medieval) e judiciosamente colocada depois do recebimento do pão e do vinho como uma "oração de oblação". Dessa forma, além de qualquer possibilidade de compreensão errônea, o sacrifício do povo era visto como sua oferta de louvor em gratidão responsiva pelo sacrifício de Cristo, cujos benefícios haviam recebido pela fé.

A Escritura apoia a doutrina de Cranmer, tanto em salvaguardar a singularidade do sacrifício de Cristo como em definir o nosso sacrifício como expressão

---

[9] CRANMER. **On the Lord's Supper**, p. 235.

de ações de graça, não como obtenção do favor de Deus. A finalidade singular do sacrifício de Cristo na cruz é indicada pelo advérbio *hapax* ou *ephapax* (que significam "de uma vez por todas"), aplicado a ela cinco vezes na carta aos Hebreus. Por exemplo, "não tem necessidade, como os sumos sacerdotes, de oferecer todos os dias sacrifícios, primeiro por seus próprios pecados, depois pelos do povo: porque fez isto uma vez por todas, quando a si mesmo se ofereceu". Novamente, "agora, porém, ao se cumprirem os tempos, se manifestou uma vez por todas, para aniquilar pelo sacrifício de si mesmo o pecado".[10] É por isso que, diferente dos sacerdotes do Antigo Testamento que se punham de pé para realizar os seus deveres, repetidamente oferecendo os mesmos sacrifícios, Jesus Cristo, tendo feito "para sempre, um único sacrifício pelos pecados", sentou-se à destra de Deus, descansando da sua obra terminada (Hebreus 10.11,12).

Embora a sua obra de expiação tenha sido realizada, o seu ministério no céu ainda prossegue. Este não é "oferecer" seu sacrifício a Deus, visto que a oferta foi feita de uma vez por todas na cruz; nem "apresentá-lo" ao Pai, pleiteando a sua aceitação, visto que esta foi publicamente demonstrada pela ressurreição; antes, "interceder" pelos pecadores tendo-a por base, como nosso advogado. É nisso que consiste o seu "sacerdócio permanente", pois a intercessão tanto quanto o sacrifício, foi um ministério sacerdotal: vivendo para sempre interceder por nós.[11]

A singularidade do sacrifício de Cristo não significa, pois, que não temos sacrifícios a oferecer, mas somente que a natureza deles e o seu propósito são diferentes. Não são materiais, mas espirituais, e seu objetivo não é propiciatório, mas eucarístico, a expressão de uma gratidão responsiva. É esse o segundo apoio bíblico da posição de Cranmer. O Novo Testamento descreve a igreja como uma comunidade sacerdotal, um "sacerdócio santo" e um "sacerdócio real", do qual todos os filhos de Deus partilham igualmente como sacerdotes.[12] É esse o famoso "sacerdócio dos cristãos", ao qual os Reformadores deram grande ênfase. Em consequência desse sacerdócio universal, o Novo Testamento jamais aplica a palavra "sacerdote" (*hiereus*) ao ministro ordenado, visto que ele partilha do oferecimento da oferta do povo, mas não possui oferta distintiva que seja diferente da deles.

Que sacrifícios espirituais, portanto, o povo de Deus como "sacerdócio santo" oferece a ele? A Escritura menciona oito. Primeiro, devemos apresentar-lhe

---

[10] Hebreus 7.27; 9.26; Cf. Hebreus 9.12, 28; 10.10; e também Romanos 6.10 e 1Pedro 3.18.

[11] Hebreus 7.23-25; 1João 2.1,2.

[12] 1Pedro 2.5, 9; Apocalipse 1.6.

os nossos corpos como sacrifício, como sacrifício vivo. Isso parece uma oferta material, mas é chamado de nosso culto espiritual (Romanos 12.1), presumivelmente porque agrada a Deus somente se expressar a adoração que procede do coração. Segundo, oferecemos a Deus o nosso louvor, adoração e ações de graça, "fruto de lábios que confessam o seu nome".[13] Nosso terceiro sacrifício é a oração, a qual se diz que sobe a Deus como fragrante incenso, e nosso quarto sacrifício um "coração compungido e contrito", o qual Deus aceita e jamais despreza.[14] Quinto, a fé é chamada de "sacrifício e culto". Também o são, em sexto lugar, as nossas dádivas e boas obras, sacrifícios dos quais Deus se agrada.[15] O sétimo sacrifício é nossa vida derramada como uma libação no culto de Deus, até à morte, enquanto o oitavo é a oferta especial do evangelista cuja pregação do evangelho é chamada de "dever sacerdotal" porque ele é capaz de apresentar os seus convertidos como "uma oferta agradável a Deus".[16]

Esses oito são, nas palavras de Daniel Waterland, "sacrifícios verdadeiros e evangélicos", porque pertencem ao evangelho e não à lei, e são respostas agradecidas à graça de Deus em Cristo.[17] São espirituais e também "intrínsecos", sendo "pensamentos bons, palavras boas ou modos bons, todos eles procedem do coração".[18] E, continua ele, a eucaristia pode ser chamada de "sacrifício" somente porque é uma ocasião tanto para se lembrar do sacrifício de Cristo como para fazer uma oferta responsiva e abrangente do nosso.

A CONTRARREFORMA CATÓLICA

A Reforma Protestante, incluindo-se suas distinções entre o sacrifício de Cristo e o nosso, foi condenada pela Igreja Católica Romana no Concílio de Trento (1545-1564). A Sessão XXII (1562) teve como assunto central o sacrifício da missa:

> Visto que neste divino sacrifício que é celebrado na missa está contido e imolado de modo não sangrento o mesmo Cristo que uma vez ofereceu-se a si mesmo de modo

---

[13] Hebreus 13.15; Cf. Salmos 50.14, 23; 69.30,31; 116.17.
[14] Apocalipse 5.8; 8.3,4; cf. Malaquias 1.11; Salmos 51.17; cf. Oseias 14.12.
[15] Filipenses 2.17; 4.18; Hebreus 13.16; cf. Atos 10.4.
[16] Filipenses 2.17; 2Timóteo 4.6; Romanos 15.16.
[17] WATERLAND, Daniel. **Review of the Doctrine of the Eucharist**, p. 344,345.
[18] Ibid., p. 601.

sangrento no altar da cruz, o santo concílio ensina que este é verdadeiramente propiciatório [...]. Pois, apaziguado por este sacrifício, o Senhor concede a graça e o dom da penitência, e perdoa até mesmo o mais grave dos crimes e pecados. Pois a vítima é a mesma, a mesma agora oferecida pelo ministério dos sacerdotes, a qual então se ofereceu na cruz, sendo diferente apenas o modo da oferta.[19]

Se alguém disser que na missa o sacrifício real e verdadeiro não é oferecido a Deus [...] seja anátema. (Cânon 1)

Se alguém disser que mediante as palavras *Fazei isto em memória de mim* Cristo não instituiu os apóstolos como sacerdotes, ou não ordenou que eles e outros sacerdotes ofereçam o próprio corpo e sangue dele, seja anátema. (Cânon 2)

Se alguém disser que o sacrifício da missa é somente de louvor e ação de graças; ou que é mera comemoração do sacrifício consumado na cruz, mas não propiciatório, seja anátema. (Cânon 3)

Os Cânones do Concilio de Trento permanecem em vigor como parte do ensino oficial da Igreja Católica Romana. A sua substância foi confirmada na primeira metade deste século, por exemplo, em duas encíclicas papais. Pio XI em *Ad Catholici Sacerdotii* (1935) descreveu a missa como sendo em si mesma "um sacrifício genuíno [...] que possui eficácia genuína". Além do mais, "a grandeza inefável do sacerdote humano se apresenta em todo o seu esplendor", porque ele "tem poder sobre o próprio corpo de Jesus Cristo". Primeiro ele "o toma presente nos altares" e a seguir "no nome do próprio Cristo ele o oferece como uma vítima infinitamente agradável à Majestade Divina" (pp. 8-9). Em *Mediator Dei* (1947) Pio XII afirmou que o sacrifício da eucaristia "representa", "restabelece", "renova" e "demonstra" o sacrifício da cruz. Ao mesmo tempo ele o descreveu como sendo em si mesmo "verdadeira e adequadamente a oferta de um sacrifício" (parágrafo 72), e disse que "em nossos altares ele (Cristo) se oferece diariamente para a nossa redenção" (parágrafo 77). Acrescentou que a missa "de modo nenhum derroga a dignidade do sacrifício da cruz", visto que é "um lembrete para nós de que não há salvação a não ser na cruz de nosso Senhor Jesus Cristo" (parágrafo 83). Mas, a despeito dessa reivindicação, chamar a eucaristia no mesmo parágrafo

---

[19] SCHROEDER, H. J. (Ed.). **Canons and Decrees**, Sessão XXII, capítulo 2.

de "imolação diária" de Cristo inevitavelmente denigre a finalidade histórica e a suficiência eterna da cruz.

Há três elementos especialmente ofensivos nessas afirmativas do Concílio de Trento e subsequentes encíclicas papais, os quais devem ser esclarecidos. As implicações são de que o sacrifício da missa, sendo uma imolação diária não sangrenta de Cristo, (1) é distinto do sacrifício "sangrento" na cruz, e suplementar a ele, (2) é feito por sacerdotes humanos e (3) é "verdadeiramente propiciatório". Em contraste, os Reformadores insistiam, como devemos nós fazer, em que o sacrifício de Cristo (1) foi feito de uma vez por todas na cruz (de modo que não pode ser restabelecido nem suplementado de nenhum modo), (2) foi feito por ele mesmo (de modo que ser humano algum pode fazê-lo nem partilhar da sua execução), e (3) foi uma satisfação perfeita pelo pecado (de modo que toda menção de sacrifícios propiciatórios adicionais lhe é gravemente derrogatória).

Entretanto, em tempos mais recentes, teólogos da tradição católica, juntamente com alguns eruditos de outras tradições, têm proposto uma variedade de posições mais moderadas. Ao mesmo tempo que desejam reter um conceito de sacrifício eucarístico que ligue o nosso sacrifício ao de Cristo, eles têm simultaneamente negado que o sacrifício singular dele pudesse de qualquer modo ser repetido ou suplementado, ou que possamos oferecer Cristo, ou que a eucaristia seja propiciatória. Alguns concordam com as três negações.

Embora um pouco fora da sequência cronológica, parece apropriado começar com o Segundo Concilio Vaticano (1962-1965). Por um lado, os bispos citaram e endossaram as descobertas do Concílio de Trento feitas 400 anos antes, por exemplo de que Cristo "está presente no sacrifício da missa [...] o mesmo agora oferecendo, através do ministério dos sacerdotes, aquele que anteriormente se ofereceu na cruz".[20] Aparecem também afirmativas grosseiras, como quando se diz aos sacerdotes que instruam os fiéis a "oferecerem a Deus Pai a vítima divina no sacrifício da missa".[21] Por outro lado, há duas ênfases novas, primeiro que a eucaristia não é uma repetição mas uma perpetuação da cruz, e segundo, que a oferta eucarística é feita não por sacerdotes mas por Cristo e todo o seu povo juntos. Por exemplo, diz-se que Cristo "instituiu o sacrifício eucarístico [...] a fim de perpetuar o sacrifício da cruz por todos os séculos até que ele volte novamente".[22]

---

[20] **Constitution on the Sacred Liturgy**, I. 1.7.

[21] **Decree on the Ministry and Life of Priests**, II. 5.

[22] **Constitution on the Sacred Liturgy**, II. 47.

Então afirma-se que o papel dos sacerdotes, desta forma "agindo na pessoa de Cristo unem a oferta dos fiéis ao sacrifício do seu Cabeça. Até a vinda do Senhor [...] representam novamente e novamente aplicam no sacrifício da missa o sacrifício único do Novo Testamento, a saber, o sacrifício de Cristo oferecendo-se a si mesmo uma vez por todas a seu Pai como uma vítima sem defeitos".[23]

Percebe-se nessas afirmativas, tanto no que dizem como no que deixam de dizer, a luta para se afastar das grosserias de Trento. Contudo, as duas ênfases novas ainda são inaceitáveis, pois a oferta da cruz não pode ser "perpetuada", nem pode a nossa oferta ser "unida" à de Cristo. A "Afirmativa-Acordo Sobre a Eucaristia", produzida pelo Comitê Internacional Anglicano-Católico Romano, parece se afastar ainda mais de Trento. Os membros do comitê não apenas rejeitam chamar a eucaristia de "propiciatória", mas também fortemente insistem na finalidade absoluta da cruz. "A morte de Cristo na cruz [...]. foi o único sacrifício perfeito e suficiente para os pecados do mundo. Não pode haver repetição nem acréscimo ao que então foi realizado de uma vez por todas por Cristo. Toda tentativa de expressar um nexo entre o sacrifício de Cristo e a eucaristia não deve obscurecer esse fato fundamental da fé cristã".[24]

A CRUZ E A EUCARISTIA

Que nexo, há, pois, entre a cruz e a eucaristia? Sugestões recentes têm enfatizado duas ideias principais, a saber, o ministério eterno e celestial de Jesus e a união da igreja com ele como o seu corpo.

De acordo com a primeira, o sacrifício de Cristo é "prolongado" (ou "perpetuado", conforme no Vaticano II), de modo que ele é concebido como oferecendo-se a si mesmo continuamente ao Pai. Dom Gregório Dez, por exemplo, desenvolveu esse conceito em *A Forma da Liturgia*. Ele rejeitou a noção de que a morte de Jesus foi "o momento do seu sacrifício". Pelo contrário, argumentou ele: "o seu sacrifício foi algo que começou com a sua humanidade e que tem sua continuação eterna no céu".

---

[23] **Dogmatic Constitution on the Church**, 28.

[24] **Final Report**, do Comitê Internacional Anglicano-Católico Romano, p. 13. Veja também o exame e a crítica evangélica intitulada **Evangelical Anglicans and the ARCIC Final Report**, emitido em favor do Concílio Evangélico da Igreja da Inglaterra.

R. J. Coates explicou a importância que essa ideia tem para os que a advogam, a saber, que a igreja, de algum modo, partilha da auto-oferta contínua de Cristo, ao passo que, é claro, "a igreja não pode oferecer a Cristo num altar terreno, se ele não se oferecer a si mesmo num altar celestial".[25]

O Novo Testamento, porém, não representa a Cristo como oferecendo-se eternamente ao Pai. É certo que Pai, Filho e Espírito Santo dão-se a si mesmos uns aos outros eternamente em amor, mas essa doação é recíproca, e, de qualquer modo, muito diferente do sacrifício específico e histórico de Cristo pelo pecado. É também verdade que a encarnação envolveu sacrifício, visto que ao se tornar carne, o Filho "esvaziou-se" a si mesmo e "se humilhou" (Filipenses 2.7,8), e por todo o seu ministério público Jesus demonstrou que tinha vindo não para ser servido mas para servir.

Todavia, segundo o ensino de Jesus e o dos seus apóstolos, o clímax da sua encarnação e ministério foi sua autodoação na cruz em resgate por muitos (Marcos 10.45). É a esse ato histórico, que envolve a morte de Cristo por nossos pecados, que a Escritura chama de sacrifício para tirar os pecados e que foi terminado de uma vez por todas. Ele não apenas não pode ser repetido, como também não pode ser estendido nem prolongado. "Está terminado", clamou ele. É por isso que Cristo não tem seu altar no céu, mas somente o seu trono. Nele ele se assenta, reinando, terminada sua obra expiatória, e intercede por nós na base do que foi feito e acabado. Richard Coates tinha razão em instar que mantenhamos "a eminência solitária do sacrifício do Calvário".[26]

É esse o tema do negligenciado monógrafo de Alan Stibbs *A Obra Acabada de Cristo* (1954). Ele cita o argumento de Michael Ramsey de que, visto que Cristo é para sempre sacerdote, e "sacerdócio significa oferta", portanto em Cristo "há para sempre o espírito de autodoação que o sacrifício do calvário revelou de modo singular em nosso mundo de pecado e morte". Similarmente, Donald Baillie afirmou que a ação divina de tirar os pecados não se confinou a um momento no tempo, mas que há "uma expiação eterna no próprio ser e vida de Deus", da qual a cruz foi a parte encarnada. Contra tais conceitos Alan Stibbs mostra que a auto-oferta de Cristo para a nossa salvação "é inegavelmente representada na Escritura como exclusivamente terrena e histórica, o propósito da encarnação, operado na carne e sangue, no tempo e no espaço, sob Pôncio Pilatos", e que "mediante esse acontecimento de uma vez por todas a obra expiadora pretendida foi completamente

---

[25] COATES, R. J. Doctrine of Eucharistic Sacrifice, p. 135.

[26] Ibid., p. 143.

realizada". Todavia, não poderia Cristo estar continuamente oferecendo no céu o sacrifício que ele fez de uma ver por todas na terra? Deveras, não seria necessário afirmar isso, visto que ele é chamado em Hebreus de "sacerdote para sempre"? Não. Sacerdócio eterno não significa sacrifício eterno. Stibbs prossegue fazendo uma útil analogia entre o sacerdócio e a maternidade:

> Admitimos que o ato de sofrimento foi necessário para constituir a Cristo sacerdote [...] assim como o ato de dar à luz é necessário para fazer que a mulher seja mãe. Mas essa verdade não significa, no caso da maternidade, que, daí para frente, aos que a procuram como "mãe", que ela esteja sempre dando à luz. Seu ato de dar à luz filhos é para eles não apenas uma obra indispensável, mas também terminada. O que agora desfrutam são os ministérios complementares da maternidade, que estão além do ato de dar à luz. Similarmente com o sacerdócio de Cristo, sua oferta propiciatória não somente é uma obra indispensável mas é também uma obra terminada [...] (Agora, entretanto) como acontece na maternidade, além de tais descargas da função fundamental do sacerdócio jazem outros ministérios complementares do trono da graça, os quais o sacerdote cumpre para o benefício de seu povo já reconciliado (em particular, sua intercessão celestial).

A segunda ênfase do que tenho denominado posições mais "moderadas" relaciona-se com o ensino totalmente bíblico de que a igreja é o corpo de Cristo, vivendo em união com a sua cabeça. Mas essa doutrina bíblica chegou a ser desenvolvida de um modo não bíblico, a saber, que o corpo de Cristo se oferece a Cristo na sua cabeça e por meio dela. Essa noção tem tido aceitação geral. Gabriel Hebert deu, em 1951, uma popular exposição dela, a qual influenciou os bispos anglicanos que se reuniram em 1958 na Conferência de Lambeth:

> O sacrifício eucarístico, essa controvérsia no centro da tempestade, em nossos dias está encontrando uma expressão verdadeiramente evangélica do lado "católico", quando se insiste que ação sacrificial não é um tipo de imolação de Cristo, nem um sacrifício adicional ao seu sacrifício único, mas uma participação dele. O verdadeiro celebrador é Cristo, o Sumo Sacerdote, e o povo cristão está reunido como membros do seu corpo a fim de apresentar diante de Deus o seu sacrifício, e serem eles mesmos oferecidos em sacrifício através da união com ele.[27]

---

[27] HERBERT, G. In: EDWALL, P.; HAYMAN, E.; MAXWELL, W. D. (Ed.). **Ways of Worship**. Apud **Lambeth Conference Papers**, em 1958, Segunda Parte, p. 84,85.

Ao endossar essa noção, os bispos de Lambeth acrescentaram sua própria afirmativa, de que "nós mesmos, reunidos no corpo místico de Cristo, somos o sacrifício que oferecemos. Cristo conosco nos oferece em si mesmo a Deus".[28] William Temple antes havia escrito algo quase idêntico: "Cristo em nós nos apresenta com ele ao Pai; nós nele nos entregamos para sermos apresentados dessa maneira".[29]

O importante acerca dessas últimas afirmativas é não admitirem que o sacrifício de Cristo é repetido ou que nós o ofereçamos. Pelo contrário, é Cristo, a cabeça, que oferece o seu corpo consigo mesmo ao Pai. A "Afirmativa-Acordo Sobre a Eucaristia" do Comitê Anglicano-Católico Romano diz algo parecido, a saber, que na eucaristia "entramos no movimento da autodoação de Cristo", ou somos apanhados nele pelo próprio Cristo. O professor Rowan Williams, teólogo anglo-católico contemporâneo largamente respeitado, expressou sua perspectiva de que isso, a saber, "o sermos oferecidos em Cristo e por meio dele", é "o fato básico da eucaristia".[30]

Outras reconstruções sugeridas tentam misturar não o nosso sacrifício, mas a nossa obediência ou a nossa intercessão com as de Cristo. O professor C. F. D. Moule, por exemplo, ao ressaltar a *koinonia* pela qual estamos "em Cristo", unidos com ele, escreveu que "as duas obediências — a de Cristo e a nossa, a de Cristo na nossa e a nossa na de Cristo — são oferecidas juntas a Deus".[31] *Batismo, eucaristia e ministério*, por outro lado, o assim chamado "Texto de Lima" (1982), que é fruto de cinquenta anos de discussão ecumênica e reivindica "significante convergência teológica", focaliza a intercessão em vez da obediência. Embora declare que os eventos de Cristo (exemplo: nascimento, morte e ressurreição) "são singulares e não podem ser repetidos nem prolongados", contudo, afirma que "na ação de graças e na intercessão a igreja é unida com o Filho, seu grande sumo sacerdote intercessor",[32] e que "Cristo une os fiéis consigo mesmo e inclui as orações deles dentro da sua própria intercessão, para que os fiéis sejam transfigurados e as suas orações aceitas".

Pode-se perguntar a que objetamos em tais afirmativas? Elas deliberadamente evitam os três "elementos nocivos" dos documentos católicos romanos

---

[28] Lambeth 1958, Segunda Parte, p. 84.

[29] TEMPLE, William. **Christus Veritas**, p. 242.

[30] WILLIAMS, Rowan. In: BUCHANAN, Colhi (Ed.). **Essays on Eucharistic Sacrifice**, p. 34.

[31] MOULE, C. F. D. **Sacrifice of Christ**, p. 52.

[32] **Baptism, Eucharist and Ministry**, II. 8. Veja também **Evangelical Anglicans and the Lima Text**, uma análise e crítica, esboçada por Tony Price a pedido do Concílio Evangélico da Igreja da Inglaterra.

tradicionais que mencionei antes. Uma vez que se estabeleça firmemente que o autossacrifício de Cristo não é repetível, que a eucaristia não é propiciatória, e que nossas ofertas não são meritórias, devemos ainda conservar separados o Calvário e a eucaristia? Afinal, o Novo Testamento nos chama de sacerdotes e nos convoca a oferecer a Deus nossos oito "sacrifícios espirituais". Ele também coloca o amor autodoador de Cristo e a obediência perante nós como modelo ao qual devemos aspirar. Assim, o que podia ser melhor ou mais saudável do que permitir que a nossa auto-oferta seja incluída na dele? Será que a perfeição dele não compensaria a nossa imperfeição? Mais do que isso, como disse o Concílio Vaticano II, não seria "o sacrifício espiritual dos fiéis" então "tornado perfeito em união com o de Cristo?".[33] Não é isso apropriado e razoável? Não seria pertinácia pervertida objetar?

Entretanto, penso haver objeções reais e graves. A primeira é que, de fato, os autores do Novo Testamento jamais expressaram o conceito de que a nossa oferta fosse unida à de Cristo. O que realmente fazem é exortar-nos a dar-nos a nós mesmos (como sacrifício) em obediência amorosa a Deus de três modos. Primeiro, "como" Cristo: "andai em amor como também Cristo vos amou, e se entregou a si mesmo por nós, como oferta e sacrifício a Deus em aroma suave" (Efésios 5.2). A auto-oferta de Cristo deve ser o modelo da nossa.

Segundo, os sacrifícios espirituais que oferecemos a Deus devem ser oferecidos "através" de Cristo (1Pedro 2.5), nosso Salvador e Mediador. Visto que todos estão manchados com a centralização do ego, é somente por meio dele que se tornam aceitáveis.

Terceiro, devemos dar a nós mesmos em sacrifício "por" ou "para" Cristo, constrangidos por seu amor a viver somente para ele a nova vida extraída da morte que ele nos deu (2Coríntios 5.14-15). Assim, devemos oferecer-nos a nós mesmos "como" Cristo, "através" dele e "para" ele. São essas as preposições que o Novo Testamento usa; ele jamais sugere que nossas ofertas possam ser feitas "em" Cristo ou "com" ele. E se fosse importante ver nossa auto-oferta identificada com a de Cristo, é estranho que o Novo Testamento jamais o mencione. É certo que "em Cristo" somos justificados, perdoados, adotados e feitos nova criatura, mas jamais se diz que adoramos a Deus "em" Cristo, em união com ele, unindo os nossos louvores aos dele.

Mesmo quando nos unirmos ao exército celestial em adoração, e nossa auto-oferta for, finalmente, isenta de toda imperfeição — ainda assim não se diz que o nosso louvor estará unido ao de Cristo. Não, ele permanecerá o objeto de

---

[33] **Decree on the Ministry and Life of Priests**, I. 2.

nossa adoração; ele não se transformará em nosso companheiro de culto, nem o seremos dele (veja Apocalipse 4—7).

Minha segunda objeção é, certamente, o motivo pelo qual o Novo Testamento evita descrever nossa adoração como sendo oferecida "em Cristo" e "com" ele. É que as auto-ofertas do Redentor e dos redimidos são qualitativamente diferentes umas das outras e que seria anomalia gritante tentar misturá-las. Necessitamos voltar à distinção que Cranmer faz entre os dois tipos de sacrifício, "propiciatório" (que expia o pecado) e — embora ele não tenha usado a palavra — "eucarístico" (que expressa louvor e homenagem). É vital lembrarmos que o sacrifício de Cristo foi ambas as coisas, ao passo que os nossos são apenas "eucarísticos". A morte de Jesus foi não somente um exemplo perfeito do amor autodoador, como ressaltou Abelardo, na qual ele se deu ao Pai em obediência à sua vontade, mas também se deu a si mesmo como resgate por nós, morrendo a nossa morte em nosso lugar. Portanto, ele morreu tanto como nosso substituto, livrando-nos assim do que de outra forma teríamos de experimentar, quanto como nosso representante ou exemplo, mostrando-nos assim o que nós mesmos também devíamos fazer. Se a cruz fosse apenas a última coisa, poderia ter sido possível associar a nossa auto-oferta mais intimamente com a dele, apesar da diferença, da mesma forma que ele chamou a Deus de "Pai" e nos permitiu que fizéssemos o mesmo. A cruz, porém, foi primeiro e acima de tudo um sacrifício propiciatório, e nesse sentido absolutamente singular. Precisamos de maior clareza para desembaraçar os dois significados da cruz, de modo que possamos ver a singularidade do que Daniel Waterland com frequência chamou de "o grande sacrifício da cruz"[34] e "o tremendo e alto sacrifício do Cristo Deus-Homem". Então concluiremos que não apenas é anômalo, mas também realmente impossível, associar os nossos sacrifícios com o dele, ou até mesmo pensar em pedir que ele una os nossos ao seu. O único relacionamento correto entre os dois será que o nosso expresse nossa gratidão humilde e reverente pelo dele.

Examinaremos agora uma importante crítica a essa ênfase evangélica. Quando pensamos em nossa conversão, diz-se, os nossos sacrifícios na realidade têm a aparência de respostas penitentes e indignas à cruz. Mas a situação não muda quando vamos a Cristo e recebemos as boas-vindas ao lar? Não temos então algo a oferecer, o qual pode ser apanhado na oferta de Cristo? Essa é uma mensagem que o professor Rowan Williams tem apresentado. Ele deseja recuperar a "ideia de que

---

[34] WATERLAND, Daniel. **Review of the Doctrine of the Eucharist**, p. 343.

o efeito do sacrifício de Cristo é precisamente tornar-nos seres 'litúrgicos', capazes de oferecer a nós mesmos, nossos louvores e nossas dádivas simbólicas a um Deus que sabemos nos receberá em Cristo".[35] Novamente, "o efeito da oferta de Cristo é tornar-nos capazes de oferecer, de fazer-nos dignos de ficarmos de pé e servirmos como sacerdotes". É então necessário que a liturgia seja de tal modo construída que nos lance no papel de incrédulos não convertidos, e recapitule a nossa salvação? Será que ela não podia antes ver-nos como já estando em Cristo, já filhos de Deus, e então unir a nossa ação de graças ao nosso Pai com a auto-oferta de Cristo na cruz?

Essas questões possuem o seu apelo. Apresentam uma mensagem substantiva. Entretanto, penso que devem ser respondidas negativamente. Pois as nossas ofertas ainda estão manchadas com o pecado e devem ser apresentadas "por meio de" Cristo, em vez de nele e com ele. Além do mais, o seu sacrifício não apenas possui uma qualidade muito mais elevada do que o nosso; ele difere também do nosso em caráter. Não é correto, portanto, misturar os dois. Nem tampouco é seguro. O orgulho de nossos corações está tão profundamente arraigado e é tão sutilmente insidioso que seria fácil nutrirmos a ideia de que temos algo que oferecer a Deus. Não que Rowan Williams pense dessa forma. Ele diz claramente que nada temos a oferecer antes que o tenhamos recebido. Sendo assim, e levando em consideração nossa faminta vaidade humana, não devia essa verdade ser declarada explicitamente na Ceia do Senhor? Concordo com Roger Beckwith e com Colin Buchanan, ambos citados por Rowan Williams, quando dizem que "todo progresso na vida cristã depende de uma recapitulação dos termos originais da nossa aceitação com Deus". A liturgia deve lembrar-nos destes, e não permitir que nos esqueçamos daqueles.

Michael Green, em preparação para o Congresso Anglicano Evangélico Nacional em Keele, escreveu:

> Jamais deixamos para trás o fato de que ainda somos pecadores, totalmente dependentes a cada dia da graça de Deus aos que não a merecem. Não vimos para oferecer; em primeiro lugar vimos para receber. A própria natureza da ceia declara isso. Somos famintos, e vimos para nos alimentar. Somos os que não merecem, recebidos livremente à Mesa do Senhor.[36]

---

[35] WILLIAMS, Rowan. **Eucharistic Sacrifice**, p. 27.

[36] E. M. B. GREEN, extraído do capítulo intitulado O Sacrifício de Cristo e o Nosso, o qual relaciona a Santa Comunhão com a Cruz, em **Guidelines**, p. 116.

O que se pode dizer como conclusão dessa discussão do "sacrifício eucarístico", acerca do relacionamento entre o sacrifício de Cristo e o nosso? Penso que devemos insistir em que suas diferenças são por demais amplas para que eles sejam associados. Cristo morreu por nós enquanto ainda éramos pecadores e inimigos. O seu amor autodoador evoca e inspira o nosso. De modo que o nosso sempre é secundário e em resposta ao dele. Tentar uni-los é confundir o primário com o secundário, a fonte com o regato, a iniciativa com a resposta, a graça com a fé. Um zelo adequado pela singularidade do sacrifício de Cristo pelo pecado fará que evitemos qualquer formulação que possa diminuí-lo.

Volto ao ponto em que iniciei o capítulo. A comunidade cristã é uma comunidade da cruz, pois foi trazida à existência pela cruz, e o foco da sua adoração é o Cordeiro que foi morto, e que agora é glorificado. De modo que a comunidade da cruz é uma comunidade de celebração, unia comunidade eucarística, incessantemente oferecendo a Deus por meio de Cristo o sacrifício de louvor e ações de graça. A vida cristã é um intérmino festival. E o festival que conservamos, agora que o nosso Cordeiro Pascal foi sacrificado por nós, é uma celebração alegre do seu sacrifício, junto com um banquete espiritual dele. Nessa festa de celebração somos todos participantes. Mas do que participamos? Não da oferta do sacrifício de Cristo, nem mesmo do movimento dela, mas apenas dos benefícios que ela alcançou. Por causa desse custoso sacrifício, e por causa das preciosas bênçãos que ele adquiriu para nós, jamais cessaremos, até mesmo na eternidade, de honrar e adorar ao Cordeiro.

Capítulo 11
Autocompreensão e Autodoação

A cruz revoluciona a nossa atitude para com nós mesmos e também para com Deus. De modo que a comunidade da cruz, além de ser uma comunidade de celebração, é também uma comunidade de autocompreensão. Embora isso possa parecer uma reversão ao individualismo, não deve ser assim, visto que a autocompreensão tem o propósito de autodoação. Como pode alguém dar o que não sabe que possui? Daí ser essencial a busca da identidade própria.

Quem somos, pois? Como devemos pensar de nós mesmos? Que atitude devemos adotar para com nós mesmos? Essas são questões que não podem receber respostas satisfatórias sem referência à cruz.

Uma autoestima baixa é comparativamente comum hoje. Muitos possuem sentimentos de inferioridade aleijantes. Às vezes a origem desses sentimentos encontra-se numa infância destituída, às vezes numa tragédia mais recente de ser indesejado ou desamado. As pressões de uma sociedade competitiva pioram as coisas. E outras influências modernas tornam-nas ainda piores. Onde quer que as pessoas sejam política ou economicamente oprimidas, sentem-se diminuídas. O preconceito racial e sexual, e o trauma de ser declarado "redundante", podem determinar a autoconfiança de qualquer pessoa. A tecnologia rebaixa as pessoas, como disse certa vez Arnold Toynbee, a "números de série marcados num cartão, com o objetivo de viajar pelas vísceras de um computador. Nesse ínterim, etólogos, como Desmond Morris, dizem-nos que não passamos de animais, e behavioristas, como B. F. Skinner, que não passamos de máquinas, programadas para produzir respostas automáticas a estímulos externos. Não é de admirar que muitos hoje sentem-se como se fossem nulidades sem valor.

Em reação exagerada a esse conjunto de influências, e caminhando na direção oposta encontra-se o movimento popular do "potencial humano". "Sejam vocês mesmos, expressem-se, cumpram-se a si mesmos!", grita o movimento, e enfatiza "o poder do pensamento positivo", juntamente com a necessidade do "pensamento da possibilidade" e "atitudes mentais positivas". Com o louvável desejo de construir a autoestima, o movimento dá a impressão de que nosso potencial de desenvolvimento é praticamente ilimitado. Surgiu toda uma literatura em torno desse conceito, a qual foi descrita e documentada pelo dr. Paul Vitz em seu livro *A Psicologia Como Religião: A Seita da Autoadoração*. Escreve ele: "A psicologia transformou-se em religião, em particular uma forma de humanismo secular baseado na adoração do eu". Ele começa analisando "os quatro teoristas do eu mais importantes", a saber, Erich Fromm, Carl Rogers, Abraham Maslow e Roilo May, todos os quais, com diferentes voltas e torneios, ensinam a bondade intrínseca da natureza humana, e a consequente necessidade de autorrespeito incondicional, autoconscientização e autoatualização.

Essas teorias do eu têm sido popularizadas por meio da "análise transacional" ("Eu Estou Ok; Você Está Ok") e dos Seminários de Treinamento de Erhard, aos quais o dr. Vitz corretamente chama de "autodeificação espantosamente literal". Ele também cita um anúncio na revista *Psychology Today* como exemplo do "jargão autista": "Eu amo a mim. Eu não sou convencido. Eu sou apenas um bom amigo de mim mesmo. E eu gosto de fazer tudo aquilo que me faz sentir bem [...]".

Infelizmente, muitos cristãos parecem ter se permitido serem sugados para esse movimento, sob a falsa impressão de que o mandamento de Moisés, endossado por Jesus, de que amemos a nosso próximo como a nós mesmos é um mandamento tanto para que amemos a nós mesmos como ao nosso próximo. Mas na realidade não o é. Podemos deduzir três argumentos.

Primeiro, e gramaticalmente, Jesus não disse: "o primeiro mandamento é amar o Senhor teu Deus, o segundo é amar o teu próximo, e o terceiro é amar a ti mesmo". Ele falou apenas do primeiro grande mandamento e do segundo que era semelhante a esse. O acréscimo de "como a ti mesmo" provê um guia tosco, fácil e prático do amor ao próximo, porque "ninguém jamais odiou a sua própria carne" (Efésios 5.29). Nesse aspecto é como a Regra de Ouro: "Tudo quanto, pois, quereis que os homens vos façam, assim fazei-o vós também a eles" (Mateus 7.12). A maioria de nós ama a si mesmos. De modo que sabemos como gostaríamos de ser tratados, e isso nos dirá como tratar os outros. O amor próprio é um fato que deve ser reconhecido e uma regra que deve ser usada, não uma virtude a ser elogiada.

Segundo, e linguisticamente, o verbo é *agapao*, e o amor *agape* significa autossacrifício no serviço de outros. Portanto, não pode ser autodirigido. O conceito de sacrificar-nos a nós mesmos a fim de servir a nós mesmos é tolice.

Terceiro, e teologicamente, o autoamor é a compreensão bíblica do pecado. Pecador é o ser curvado em direção de si mesmo (no dizer de Lutero). Um dos sinais dos últimos dias é que os homens serão antes amigos "dos prazeres que amigos de Deus" (2Timóteo 3.1-5). O seu amor será desviado de Deus e do próximo para si mesmos.

Como, pois, devemos ver a nós mesmos? Como podemos renunciar aos dois extremos do auto-ódio e do autoamor, e não desprezar nem deleitar-nos em nós mesmos? Como podemos evitar uma autoavaliação baixa demais ou alta demais, e em vez disso obedecer à admoestação de Paulo: "digo a cada um dentre vós que não pense de si mesmo, além do que convém, antes, pense com moderação" (Romanos 12.3)? A cruz de Cristo supre a resposta, pois ela nos convoca tanto para a autonegação como para a autoafirmação. Mas, antes que estejamos na posição de examinar essas exortações complementares, ela nos diz que já somos novas criaturas porque morremos e ressurgimos com Cristo.

É nesse aspecto que a morte de Jesus deve ser corretamente chamada de "representativa" como também "substitutiva". O "substituto" é aquele que age no lugar de outro de tal modo que torne desnecessária a ação desse outro. O "representante" é aquele que age em favor de outro, de tal modo que envolva esse outro em sua ação.

Assim, a pessoa que, em tempos passados servia ao exército (por dinheiro) em vez da que fora convocada era um "substituto". Também o é o jogador de futebol que joga no lugar de outro que sofreu um ferimento. O recruta convocado e o jogador ferido agora estão inativos; foram substituídos.

O agente, porém, que serve como "representante" de sua firma, recebe a autoridade para agir em nome da firma. Ele não fala em lugar da firma, mas por ela. A firma se responsabiliza pelo que ele diz e faz.

Da mesma forma, como nosso substituto, Cristo fez por nós o que não podíamos fazer por nós mesmos: levou o nosso pecado e o nosso juízo. Mas, como nosso representante ele fez o que nós, estando unidos a ele, também fizemos: nós morremos e ressurgimos com ele.

A mais extensa exposição de Paulo desse extraordinário mas maravilhoso tema aparece no começo do capítulo 6 de Romanos.[37] Veio como resultado da sugestão maligna de que, tendo em vista que quando o pecado aumentou, a graça aumentou ainda mais, poderíamos muito bem continuar pecando para que a graça aumentasse ainda mais (5.20-6.1). Paulo, indignadamente repudia a ideia pela simples razão de que morremos para o pecado e, portanto, já não podemos viver nele (6.2). Quando foi que ocorreu essa morte? Em nosso batismo: "Ignorais que todos os que fomos batizados em Cristo Jesus, fomos batizados na sua morte? Fomos, pois, sepultados com ele na morte pelo batismo; para que, como Cristo foi ressuscitado dentre os mortos pela glória do Pai, assim também andemos nós em novidade de vida" (6.3,4). De modo que o batismo dramatiza visivelmente a nossa participação na morte e ressurreição de Jesus. É por isso que se pode dizer que morremos para o pecado, para que não mais andássemos nele.

---

[37] Romanos 6.1-14; cf. Gálatas 2.20; Colossenses 2.20 e 3.1-14; 2Coríntios 5.14,15.

A peça que falta no quebra-cabeça é que a morte de Cristo (da qual partilhamos pela fé interiormente e pelo batismo externamente) foi uma morte para o pecado: "Pois, quanto a ter morrido, de uma vez para sempre morreu para o pecado; mas, quanto a viver, vive para Deus" (v. 10). Há apenas um sentido no qual pode-se dizer que Jesus "morreu para o pecado", e esse é que ele levou a sua penalidade, visto que o "salário do pecado é a morte" (v. 23). Tendo pagado o salário do pecado (ou levado a sua penalidade) ao morrer, ele ressurgiu para uma nova vida. Assim também nós, em união com ele. Nós também morremos para o pecado, não no sentido de que pagamos pessoalmente a sua penalidade (Cristo fez isso em nosso lugar, em vez de nós), mas no sentido de que partilhamos do benefício da sua morte. Visto que a penalidade do pecado já foi levada, e a sua dívida, paga, estamos livres do horrível fardo da culpa e condenação. E ressurgimos com Cristo para uma nova vida, tendo deixado para trás de nós solucionada a questão do pecado.

Como, pois, poderíamos continuar vivendo no pecado para o qual morremos? Não é impossível, pois ainda temos de tomar precauções a fim de não permitir que o pecado reine em nós (vv. 12-14). Mas é inconcebível, por ser incompatível com o fato de nossa morte e ressurreição com Jesus. Foram a morte e a ressurreição que nos separaram de nossa velha vida; como jamais poderíamos pensar em voltar a ela? É por isso que temos de considerar-nos "mortos para o pecado, mas vivos para Deus" (v. 11). Morrer para o pecado não significa fingir que morremos para o pecado e ressurgimos para Deus, quando sabemos muito bem que não o fizemos. Pelo contrário, sabemos que, em união com Cristo, partilhamos a sua morte e ressurreição, e assim nós mesmos morremos para o pecado e ressurgimos para Deus; devemos, portanto, lembrar-nos constantemente desse fato e levar uma vida coerente com ele. William Tyndale expressou-o com termos caracteristicamente vívidos no final do seu prólogo ao livro sobre *Romanos*:

> Agora, leitor, vá, e de acordo com a ordem do escrito' de Paulo, faça o mesmo [...]. Lembre-se de que Cristo fez essa expiação para que você não irasse a Deus novamente; nem ele morreu para os seus pecados para que você ainda vivesse neles; nem o purificou para que você retornasse, como o porco, ao seu antigo lamaçal; mas para que você pudesse ser uma nova criatura, e vivesse uma nova vida segundo a vontade de Deus, e não da carne.[38]

---

[38] TYNDALE, William. **Doctrinal Treatises**, p. 510.

Barth compreendeu a natureza radical desse ensino e aludiu a ele em sua seção sobre a justificação. "A sentença que foi executada como o julgamento divino na morte de Jesus é que [...]. Eu sou o homem de pecado, e que este homem de pecado e, portanto, eu mesmo, estou pregado na cruz e crucificado (no poder do sacrifício e obediência de Jesus Cristo em meu lugar), que eu, portanto, estou destruído e substituído [...]". Este é o lado negativo da justificação. Mas "no mesmo julgamento em que Deus nos acusa e nos condena como pecadores, e nos entrega à morte, ele nos perdoa e nos coloca numa nova vida na presença dele e com ele". Essas duas coisas vão juntas, "nossa morte real e nossa vida real além da morte", a destruição pela morte e a substituição pela ressurreição, o "Não" e o "Sim" de Deus à mesma pessoa.[39]

Se aceitarmos esse fato fundamental acerca de todos os que estão em Cristo, a saber, que morremos e ressurgimos com ele, de modo que nossa vida antiga de pecado, culpa e vergonha foi terminada e teve início uma vida inteiramente nova de santidade, perdão e liberdade, qual deve ser nossa atitude para com nosso novo eu? Visto que o nosso novo eu, embora redimido, ainda está caído, será necessária uma atitude dupla, a saber, de autonegação e de autoafirmação, ambas iluminadas pela cruz.

A AUTONEGAÇÃO

Primeiro, o chamado à autonegação. O convite de Jesus é claro: "Se alguém quer vir após mim, a si mesmo se negue, tome a sua cruz e siga-me" (Marcos 8.34). Jesus acaba de predizer os seus sofrimentos e morte pela primeira vez. "Era necessário" que lhe acontecesse, diz ele (v. 31). Mas agora ele expressa implicitamente um "deve" aos seus seguidores também. Ele deve ir à cruz; eles devem tomar a sua cruz e segui-lo. Deveras, devem fazê-lo "diariamente". E, como a contra-parte negativa, se alguém não toma a sua cruz e não o segue, não é digno dele e não pode ser seu discípulo.[40] Dessa maneira, pode-se dizer, todo cristão é tanto um Simão de Cirene quanto um Barrabás. Como Barrabás, escapamos da cruz, pois Cristo morreu em nosso lugar. Como Simão de Cirene, carregamos a cruz, pois ele nos chama a tomá-la e segui-lo (Marcos 15.21).

Os romanos haviam feito da cruz uma vista comum em todas as suas províncias colonizadas, e a Palestina não era exceção. Todo rebelde condenado à

---

[39] BARTH, K. **Church Dogmatics**, IV. 1, p. 515,516, 543.
[40] Lucas 9.23; Mateus 10.38; Lucas 14.27.

crucificação era forçado a levar a sua cruz, ou pelo menos o *patibulum* (o braço da cruz), para o local da execução. Plutarco escreveu que "todo criminoso condenado à morte carrega nas costas a sua própria cruz".[41] De modo que João escreveu acerca de Jesus "carregando a sua cruz, saiu para o lugar chamado Calvário" (João 19.17). Tomar a cruz, portanto, e seguir a Jesus, é "colocar-se na posição de um condenado a caminho da execução".[42] Pois se estamos seguindo a Jesus com uma cruz nos ombros, há somente um lugar para o qual nos dirigirmos: o local da crucificação. Como disse Bonhoeffer: "Quando Cristo chama uma pessoa, ele a chama para vir e morrer".[43] Nossa "cruz", portanto, não é um marido irritadiço ou uma mulher rancorosa. É, antes, o símbolo da morte do eu.

Embora Jesus possa ter tido a possibilidade de martírio em mente, a natureza universal de seu chamado ("se alguém [...]") sugere uma aplicação mais ampla. Certamente é a autonegação que, mediante essa imagem vívida, Jesus está descrevendo. Negar a nós mesmos é comportar-nos para com nós mesmos como Pedro o fez para com Jesus quando o negou três vezes. O verbo é o mesmo (*aparneamai*). Ele o deserdou, repudiou, voltou-lhe as costas. A autonegação não é negar a nós mesmos certos luxos como bombons, bolos, cigarro e coquetéis (embora possa incluir essas coisas); é, em verdade, negar ou deserdar os nossos próprios seres, renunciando a nosso suposto direito de seguir o nosso próprio caminho. "Negar-se a si mesmo é [...] voltar-se da idolatria da centralidade do eu".[44]

Paulo deve estar-se referindo à mesma coisa quando escreveu que os que pertencem a Cristo "crucificaram a carne, com as suas paixões e concupiscências" (Gaiatas 5.24). Quadro algum poderia ser mais gráfico do que esse: pegar um martelo e pregos a fim de pregar nossa natureza caída e escorregadia na cruz, matando-a assim. A palavra tradicional para esse ato é "mortificação"; é a determinação contínua mediante o poder do Espírito Santo de mortificar "os feitos da carne", para que por meio dessa morte possamos viver em comunhão com Deus.[45]

De fato, Paulo escreve em suas cartas acerca de três diferentes tipos de morte e ressurreição, as quais são parte integrante de nossa experiência cristã. Levanta-se muita confusão quando falhamos em diferençá-las. A primeira

---

[41] Apud Martin HEGEL em **Crucifixion**, p. 77.

[42] SWETE, H. B. **St Mark**, p. 172.

[43] BONHOEFFER, Dietrich. **Cost of Discipleship**, p. 79.

[44] CRANFIELD, C. E. B. **Mark**, p. 281.

[45] Romanos 8.13; Cf. Colossenses 3.5; 1Pedro 2.24.

(que já examinamos) é a morte para o pecado e a subsequente vida para Deus, a qual acontece a todos os cristãos mediante a virtude de nossa união com Cristo em sua morte e ressurreição. Por meio dela partilhamos dos benefícios tanto da morte de Cristo (seu perdão) quanto da sua ressurreição (seu poder). Esse tipo de morte é inerente à nossa conversão/batismo.

A segunda é a morte para o eu, a qual recebe vários nomes, como tomar a cruz, ou negar, crucificar ou mortificar a nós mesmos. Como resultado, vivemos uma vida de comunhão com Deus. Essa morte não é algo que aconteceu a nós, e que agora se nos ordena que "consideremos" ou que recapitulemos dele, mas algo que nós mesmos deliberadamente devemos fazer, embora mediante o poder do Espírito, mortificando nossa antiga natureza. Deveras, todos os cristãos o fizeram, no sentido de que é um aspecto essencial de nosso arrependimento original e contínuo, e não podemos ser discípulos de Cristo sem ela. Mas temos de manter essa atitude, isto é, tomar a nossa cruz diariamente.

O terceiro tipo de morte e ressurreição é o que mencionei no capítulo 9. É o carregar em nosso corpo o morrer de Jesus, para que a vida dele seja revelada em nosso corpo (2Coríntios 4.9,10). Claramente, a arena dessa morte são os nossos corpos. Refere-se à enfermidade, à perseguição e à mortalidade deles. É nesse aspecto que Paulo podia dizer tanto "morro diariamente" (1Coríntios 15.30,31) quanto "enfrentamos a morte todo o dia" (Romanos 8,36). Pois é uma fragilidade física contínua. Mas então a "ressurreição", a vitalidade interior ou a renovação da vida de Jesus dentro de nós, também é contínua (2Coríntios 4,16).

Para resumir, a primeira morte é *legal*; é uma morte ao pecado mediante a união com Cristo em sua morte ao pecado (levando a sua penalidade), e a ressurreição resultante com ele leva à nova vida de liberdade a qual os pecadores justificados desfrutam. A segunda morte é *moral*; é uma morte para o ego à medida que mortificamos a antiga natureza e os seus ímpios desejos, e a ressurreição que se segue leva a uma nova vida de justiça em comunhão com Deus. A terceira morte é *física*; é uma morte para a segurança, um "ser entregue à morte por amor de Jesus", e a ressurreição correspondente é o poder de Cristo o qual ele aperfeiçoa em nossa fraqueza. A morte legal foi uma "morte para o pecado de uma vez por todas", mas as mortes moral e física são experiências diárias — até mesmo contínuas — para o discípulo cristão.

Fico a imaginar a reação dos leitores até aqui, especialmente quanto à ênfase que dou ao morrer para o ego, ou, antes, mortificá-lo, crucificando-o! Espero que você se tenha sentido incomodado. Expressei uma atitude para com o ego tão negativa que pode parecer que me pus ao lado dos burocratas e tecnocratas, dos etólogos e dos behavioristas, em diminuir o valor dos seres humanos. Não é que o que escrevi seja errado (pois foi Jesus quem ordenou que tomássemos a nossa cruz e o seguíssemos até à morte), mas esse é apenas um lado da verdade. Implica que nosso ser é totalmente mau, e que, por causa dessa maldade, deve ser completamente repudiado, de fato, "crucificado".

Afirmação própria

Mas não devemos deixar de lado outra posição bíblica. Ao lado do chamado explícito de Jesus à autonegação encontra-se o seu chamado implícito à autoafirmação (o que não é, de modo nenhum, a mesma coisa que amor próprio). Ninguém que lê os Evangelhos como um todo pode ter a impressão de que Jesus possui uma atitude negativa para com os seres humanos, nem que a tivesse estimulado nos outros. Acontece justamente o oposto.

Considere, primeiro, o *ensino* de Jesus acerca das pessoas. É verdade que ele chamou a atenção para o mal e para as coisas feias que procedem do coração humano (Marcos 7.21-23). Entretanto, ele também falou do "valor" dos seres humanos aos olhos de Deus. São muito mais valiosos do que pássaros ou animais, disse ele.[46] Qual era o fundamento desse juízo de valores? Deve ter sido a doutrina da criação, a qual Jesus tirou do Antigo Testamento, a saber, que os seres humanos são a coroa da atividade criadora de Deus, e que ele criou o homem à sua própria imagem. É a imagem divina em nós que nos dá o nosso valor distintivo. Em seu excelente livro *Um Cristão Olha Para Si Mesmo*, o dr. Anthony Hoekema cita um jovem negro norte-americano que, rebelando-se contra os sentimentos de inferioridade nele inculcados pelos brancos, pregou uma faixa na parede do seu quarto, a qual dizia: "Eu sou eu e sou bom, porque Deus não produz lixo".

Segundo, temos de considerar a *atitude* de Jesus para com as pessoas. Ele não desprezou a ninguém e a ninguém rejeitou. Pelo contrário, fez tudo o que podia para honrar àqueles a quem o mundo desonrava, e aceitar àqueles a quem o mundo abandonava. Ele foi cortês com as mulheres em público. Convidou os pequenos que fossem a ele. Ele proferiu palavras de esperança aos samaritanos e aos gentios. Ele permitiu que leprosos se aproximassem e que uma meretriz o ungisse e lhe beijasse os pés. Ele fez amizade com os rejeitados da sociedade, e ministrou aos pobres e

---

[46] Mateus 6.26; 12.12.

aos famintos. Em todo esse diversificado ministério brilha o respeito compassivo que ele tinha para com os seres humanos. Ele reconheceu o valor dos homens e os amou, e, amando-os, aumentou-lhes ainda mais o valor.

Terceiro, e em particular, devemos lembrar-nos da *missão e morte* de Jesus pelos seres humanos. Ele tinha vindo para servir, não para ser servido, dissera ele, e para dar a sua vida em resgate por muitos. Nada indica mais claramente o grande valor que Jesus atribuía às pessoas do que a sua determinação de sofrer e morrer por elas. Ele era o Bom Pastor que foi ao deserto, enfrentando a dureza e arriscando-se ao perigo, a fim de procurar e salvar uma única ovelha perdida. De fato, ele deu a sua vida pelas ovelhas. Somente quando olhamos para a cruz é que vemos o verdadeiro valor dos seres humanos. Como se expressou William Temple: "O meu valor é o que valho para Deus; e esse é grande e maravilhoso, pois Cristo morreu por mim".[47]

Até aqui temos visto que a cruz de Cristo é tanto uma prova do valor do ser humano quanto um quadro de como negá-lo ou crucificá-lo. Como podemos resolver esse paradoxo bíblico? Como é possível valorizar a nós mesmos e negar a nós mesmos ao mesmo tempo?

Essa questão surge porque discutimos e desenvolvemos atitudes alternativas para com nós mesmos antes de termos definido o "ego" sobre o qual estamos falando. Nosso "ego" não é uma entidade simples totalmente boa nem totalmente má, e, portanto, para ser totalmente avaliada ou totalmente negada. Pelo contrário, nosso "ego" é uma entidade complexa constituída de bem e mal, glória e vergonha, que por causa disso requer que desenvolvamos atitudes mais sutis para com nós mesmos.

O que somos (nosso ego ou identidade pessoal) é, em parte, resultado da criação (a imagem de Deus) e, em parte, resultado da Queda (a imagem estragada). O ego que devemos negar, rejeitar e crucificar é o caído, tudo o que dentro de nós for incompatível com Jesus Cristo (daí os seus mandamentos: "negue-se a si mesmo" e então "siga-me"). O ego que devemos afirmar e valorizar é o criado, tudo o que em nós for compatível com Jesus Cristo (daí a sua afirmativa de que se perdermos a nossa vida mediante a negação própria a encontraremos). A verdadeira autonegação (a negação de nosso ego falso e caído) não é a estrada para a autodestruição, mas o caminho da autodescoberta.

Assim, pois, devemos afirmar tudo o que somos mediante a criação: nossa racionalidade, nosso senso de obrigação moral, nossa sexualidade (quer masculina quer feminina), nossa vida familiar, nossos dons de apreciação estética e

---

[47] TEMPLE, William. **Citizen and Churchman**, p. 74.

criatividade artística, nossa mordomia dos frutos da terra, nossa fome de amor e experiência de comunidade, nossa consciência da majestade transcendental divina, e nosso impulso inato de nos prostrar e adorar a Deus. Tudo isso (e muito mais) faz parte de nossa humanidade criada. É verdade que essa natureza foi manchada e distorcida pelo pecado. Contudo, Cristo veio para redimi-la, não para destruí-la. De modo que devemos, grata e positivamente, afirmá-la.

Entretanto, devemos negar ou repudiar tudo o que somos mediante a Queda: nossa irracionalidade, nossa perversidade moral, nosso obscurecimento das distinções sexuais e nossa falta de domínio próprio sexual, nosso egoísmo que deturpa a vida familiar, nossa fascinação pelo feio, nossa recusa indolente em desenvolver os dons de Deus, nossa poluição e o dano que causamos ao ambiente, nossas tendências antissociais que inibem a verdadeira comunidade, nossa autonomia orgulhosa, e nossa recusa idólatra em adorar ao Deus vivo e verdadeiro. Tudo isso (e muito mais) faz parte de nossa humanidade decaída. Cristo veio não a fim de redimi-la, mas para destruí-la. De modo que devemos negá-la ou repudiá-la.

Até aqui tenho deliberadamente simplificado o contraste entre a nossa criação e a nossa decadência. Agora é necessário que modifiquemos o quadro, deveras o enriqueçamos, de duas maneiras. Ambos os enriquecimentos são devidos à introdução da redenção de Cristo no cenário humano. Os cristãos já não podem pensar em si mesmos somente como "criados e caídos", mas, pelo contrário, como "criados, caídos e redimidos". E a injeção desse novo elemento nos dá mais o que afirmar e mais o que negar.

Primeiro, temos mais o que afirmar. Pois não somente fomos criados à imagem de Deus, mas também recriados nela. A graciosa obra de Deus em nós, a qual é de vários modos retratada no Novo Testamento como "regeneração", "ressurreição", "redenção" etc., é, em sua essência, uma recriação. O nosso novo ser foi "criado para ser como Deus em verdadeira justiça e santidade", e "está sendo renovado em conhecimento à imagem do seu Criador". De fato, cada pessoa que está em Cristo "agora é uma nova criatura".[48] Isso significa que nossa mente, nosso caráter e nossos relacionamentos estão sendo renovados. Somos filhos de Deus, discípulos de Cristo e santuário do Espírito Santo. Pertencemos à nova comunidade que é a família de Deus. O Espírito Santo nos enriquece com os seus frutos e dons. E somos herdeiros de Deus, antecipando com confiança a glória que um dia será revelada. Tornar-se cristão é uma experiência transformadora,

---

[48] Efésios 4.24; Colossenses 3.10; 2Coríntios 5.17.

a qual, ao nos transformar, transforma também nossa autoimagem. Agora temos muito mais a afirmar, não por vanglória mas por gratidão.

Pergunta o dr. Hoekema como podemos declarar "sem valor" o que Jesus disse possuir grande valor? Não possui valor ser filho de Deus, membro de Cristo e herdeiro do reino do céu? Assim, pois, uma parte vital de nossa afirmação própria, a qual, na realidade, é uma afirmação da graça de Deus nosso Criador e Redentor, é o que nos tornamos em Cristo. "A base última da nossa imagem própria positiva deve ser a aceitação de Deus de nós em Cristo".

Segundo, os cristãos têm mais a negar como também mais a afirmar. Até aqui incluí somente nossa decadência no que ela precisa ser negada. As vezes, contudo, Deus nos chama para que neguemos a nós mesmos em coisas que, embora em si mesmas não sejam erradas, nem possam ser atribuídas à queda, entretanto impedem que façamos a sua vontade particular. É por isso que Jesus, cuja humanidade foi perfeita e não caída, ainda teve de negar-se a si mesmo. Diz-nos a Escritura que "não julgou como usurpação o ser igual a Deus", isto é, desfrutar egoisticamente dessa igualdade (Filipenses 2.6). A igualdade já lhe pertencia. Ele não se tornou igual a Deus como reclamaram seus críticos (João 5.18); ele era eternamente igual à Deus, de modo que ele e seu Pai eram "um" (João 10.30). Contudo, ele não se apegou aos privilégios de sua situação, pelo contrário, ele se esvaziou da sua glória. Mas o motivo pelo qual ele a colocou de lado não é que lhe pertencesse por direito, mas que não a podia reter e ao mesmo tempo cumprir o seu destino de ser o Messias de Deus e o Mediador. Ele foi à cruz em negação própria, é claro, não por que tivesse feito alguma coisa que merecesse a morte, mas porque era essa a vontade do Pai para ele segundo a Escritura, e se tinha entregado voluntariamente para fazer essa vontade. Durante toda a sua vida ele resistiu à tentação de evitar a cruz. Nas palavras sucintas de Max Warren: "Todo o viver de Cristo foi um morrer".[49] Ele se negou a si mesmo a fim de se dar a si mesmo por nós.

O mesmo princípio é aplicável aos seguidores de Cristo. "Tende a mesma mente", escreveu Paulo. Pois ele conhecia o chamado à autonegação em sua própria experiência apostólica. Ele possuía direitos legítimos, por exemplo, de se casar e receber ajuda financeira, os quais deliberadamente rejeitou porque cria ser essa a vontade de Deus para ele. Ele também escreveu que cristãos maduros devem estar dispostos a renunciar aos seus direitos e limitar as suas liberdades a fim de não fazer que irmãos imaturos pequem. Ainda hoje alguns cristãos são chamados a abrir

---

[49] WARREN, M. A. C. **Interpreting the Cross**, p. 81.

mão da vida de casados, da segurança de um bom emprego, de uma promoção profissional ou de um lar confortável, não porque essas coisas em si mesmas sejam erradas, mas por serem incompatíveis com um chamado particular de Deus para irem ao além-mar ou viverem nas áreas mais pobres da cidade ou se identificarem mais intimamente com os destituídos e os famintos do mundo.

Há, portanto, uma grande necessidade de discernimento em nossa autocompreensão. Quem sou eu? O que é o meu "ego"? A resposta é que eu sou Jekyll e Hyde, um ser confuso, possuindo tanto dignidade porque sou criado e fui recriado à imagem divina, quanto depravação porque ainda possuo uma natureza decaída e rebelde. Sou ao mesmo tempo nobre e ignóbil, lindo e feio, bom e mau, direito e retorcido, imagem e filho de Deus, e, contudo, às vezes concedo homenagem ao diabo de cujas garras Cristo me resgatou. O meu ser verdadeiro é o que sou mediante a criação, o que Cristo veio a fim de redimir, e pelo chamado. Meu ser falso é o que sou mediante a Queda, o que Cristo veio a fim de destruir.

Somente quando discernirmos a nós mesmos, saberemos que atitude adotar para com os nossos egos. Devemos ser verdadeiros para com nosso ser verdadeiro e falsos para com nosso ser falso. Devemos ser corajosos em afirmar o que somos mediante a criação, redenção e chamado, e impiedosos em rejeitar tudo o que somos pela Queda.

Além do mais, a cruz de Cristo nos ensina as duas atitudes. Por um lado, a cruz é a medida dada por Deus do valor de nosso ser verdadeiro, visto Cristo ter-nos amado e morrido por nós. Por outro lado, é o modelo dado por Deus para a negação de nosso ego falso, visto que devemos pregá-lo na cruz, mortificando-o. Ou, de modo mais simples, diante da cruz vemos simultaneamente o nosso valor e a nossa indignidade, já que percebemos tanto a grandeza do amor e da morte de Cristo quanto a grandeza de nosso pecado que lhe causou a morte.

Amor autossacrificial

Nem a negação própria (o repúdio de nossos pecados) nem a afirmação própria (a apreciação dos dons de Deus) é um beco sem saída de absorção própria. Pelo contrário, as duas coisas são meios de autossacrifício. A compreensão própria devia levar à doação própria. A comunidade da cruz é, em essência, uma comunidade do amor autodoador, expresso na adoração a Deus (o qual foi o nosso tema do capítulo anterior) e no serviço aos outros (que é o nosso tema do final deste capítulo). É para isso que a cruz coerente e insistentemente nos chama.

O contraste entre os padrões da cruz e os do mundo, em lugar algum é apresentado mais dramaticamente do que no pedido de Tiago e João e da resposta que Jesus lhes deu.

> "Então se aproximaram dele Tiago e João, filhos de Zebedeu, dizendo-lhe: Mestre, queremos que nos conceda o que te vamos pedir.
>
> E ele lhes perguntou: Que quereis que vos faça? Responderam-lhe: Permita-nos que na tua glória nos assentemos um à tua direita e o outro à tua esquerda.
>
> Mas Jesus lhes disse: Não sabeis o que pedis. Podeis vós beber o cálice que eu bebo, ou receber o batismo com que eu sou batizado?
>
> Disseram-lhe: Podemos.
>
> Tornou-lhes Jesus: Bebereis o cálice que eu bebo e recebereis o batismo com que eu sou batizado; quanto, porém, a assentar-se à minha direita ou à minha esquerda, não me compete concedê-lo; porque é para aqueles a quem está preparado.
>
> Ouvindo isto, indignavam-se os dez contra Tiago e João. Mas Jesus, chamando-os para junto de si, disse-lhes: Sabeis que os que são considerados governadores dos povos têm-nos sob o seu domínio, e sobre os seus maiorais exercem autoridade. Mas entre vós não é assim; pelo contrário, quem quiser tornar-se grande entre vós, será esse o que vos sirva; e quem quiser ser o primeiro entre vós, será servo de todos. Pois o próprio Filho do homem não veio para ser servido, mas para servir e dar a sua vida em resgate por muitos" (Marcos 10.35-45).

O versículo 35 ("Queremos que nos conceda o que te vamos pedir") e o versículo 45 ("o próprio Filho do homem não veio para ser servido, mas para servir [...] e dar"), um introduzindo e o outro concluindo essa história, retratam os filhos de Zebedeu e o Filho do homem em irreconciliável desacordo. Falam línguas diferentes, respiram espíritos diferentes e exprimem ambições diferentes. Tiago e João desejam sentar-se em tronos de poder e glória; Jesus sabe que deve ser pendurado numa cruz em fraqueza e vergonha. A antítese é total.

Houve, primeiro, a escolha *entre a ambição egoísta e o sacrifício*. A afirmativa dos irmãos: "queremos que nos concedas o que te vamos pedir certamente se qualifica como a pior e mais obviamente centrada oração no ego que jamais foi feita. Parece que eles tinham pensado que haveria uma corrida ímpia pelos lugares mais honrosos do reino; de modo que acharam prudente fazer uma reserva adiantada. O seu pedido de assentar-se com Jesus não passava de um "brilhante espelho da vaidade humana".⁵⁰ Foi o oposto exato da verdadeira oração, cujo propósito jamais é dobrar a vontade de Deus à nossa, mas sempre dobrar a nossa vontade à dele. Contudo, o mundo (e até mesmo a igreja) está cheio de Tiagos e Joões, procurando posição, famintos de honra e prestígio, medindo a vida pela realização, eternamente sonhando com o êxito. Ambicionam agressivamente o sucesso para si mesmos.

Essa mentalidade é incompatível com o caminho da cruz. "O próprio Filho do homem não veio para ser servido, mas para servir, e dar [...]". Ele renunciou ao poder e glória do céu e se humilhou, tornando-se um escravo. Ele deu a si mesmo sem reservas e sem temor às seções desprezadas e negligenciadas da comunidade. A obsessão dele era a glória de Deus e o bem dos seres humanos que levam a sua imagem. A fim de prover essas coisas, ele estava disposto a suportar até mesmo a vergonha da cruz. Agora ele nos chama para segui-lo, não a fim de procurar grandes coisas para nós mesmos, mas, pelo contrário, buscar primeiro o reino de Deus e a sua justiça.⁵¹

A segunda escolha foi *entre o poder e o serviço*. Parece claro que Tiago e João queriam tanto poder como honra. Ao pedir para se assentar cada um ao lado de Jesus em sua glória, podemos estar certos de que não estavam sonhando com assentos no chão, com almofadas nem com cadeiras, mas com tronos. Cada um deles se via assentado num trono. Sabemos que procediam de uma família rica, porque Zebedeu, pai deles, tinha empregados no seu negócio de pesca no lago. Talvez sentissem falta dos seus servos, mas estavam dispostos a perder por algum tempo esse luxo, se, no final, fossem compensados com tronos. O mundo ama o poder. "Sabeis que os que são considerados governadores dos povos, têm-nos sob seu domínio" (v. 42). Estava ele pensando em Roma, cujos imperadores mandavam cunhar moedas representando sua cabeça e com uma inscrição que dizia: "Aquele que merece a adoração"? Ou estava pensando nos Herodes que, embora não passassem de reis títeres, reinavam como tiranos? O desejo de poder é endêmico à nossa queda.

É também totalmente incompatível com o caminho da cruz, que significa serviço. A afirmativa de Jesus de que "o próprio Filho do homem não veio para ser servido, mas para servir" foi admiravelmente original. Pois o Filho do homem na visão de Daniel recebeu o poder de modo que todas as nações o servissem (7.13,14). Jesus reivindicou o título, mas mudou o papel. Ele não tinha vindo para ser servido, antes, para ser "o servo do Senhor" dos Cânticos do Servo. Ele fundiu os dois retratos. Ele foi tanto o glorioso Filho do homem quanto o servo sofredor; entraria na

---

⁵⁰ CALVINO. **Commentary on a Harmony of the Evangelists**, v. II, p. 417.
⁵¹ Jeremias 45.5; Mateus 6.33.

glória apenas através do sofrimento. Novamente, ele nos chama para segui-lo. No mundo secular, os que governam continuam a forçar sua vontade, a manipular, a explorar e a tiranizar. "Mas entre vós não é assim" (v. 43), disse Jesus enfaticamente. A sua nova comunidade deve ser organizada sob um princípio diferente e de acordo com um modelo diferente — serviço humilde e não poder opressivo. Liderança e senhorio são conceitos distintos. O símbolo de uma liderança autenticamente cristã não é a veste de púrpura de um imperador, mas o avental batido de um escravo; não um trono de marfim e ouro, mas uma bacia de água para a lavagem dos pés.

A terceira escolha foi, e ainda é, *entre o conforto e o sofrimento*. Ao pedirem tronos na glória, Tiago e João desejavam segurança confortável além de honra e poder. Seguindo a Jesus, haviam-se tornado viajantes, até mesmo vagabundos. Será que sentiam falta de seu agradável lar? Quando Jesus respondeu à sua pergunta com outra, se eles podiam partilhar do seu cálice e do seu batismo como também do seu trono, a reação fácil deles foi dizer: "Podemos" (vv. 38,39). Mas certamente não compreendiam. Estavam sonhando acordado com o cálice de vinho do banquete messiânico, o qual era precedido de banhos luxuosos dos quais Herodes tanto gostava. Jesus, porém, se referia aos seus sofrimentos. De fato, eles partilhariam do seu cálice e batismo, disse ele, sem mais explicação. Tiago deveria perder a cabeça nas mãos de Herodes Antipas e João haveria de sofrer um solitário exílio.

O espírito de Tiago e de João permanece, especialmente naqueles que nasceram em lares ricos. É verdade que muitos, por causa da inflação e do desemprego, têm experimentado uma nova insegurança. Contudo, ainda consideramos a segurança como nosso direito de nascença e temos como lema prudente "a segurança em primeiro lugar". Onde está o espírito de aventura, o senso de desinteresseira solidariedade com os menos privilegiados? Onde estão os cristãos dispostos a colocar o serviço acima da segurança, a compaixão acima do conforto, a dureza acima da vida fácil? Milhares de tarefas cristãs pioneiras, que desafiam a nossa complacência e demandam risco, aguardam para serem feitas.

A insistência na segurança é incompatível com o caminho da cruz. Que aventuras ousadas foram a encarnação e a expiação! Que quebra de convenções e decoro ter o Deus Todo-poderoso renunciado a seus privilégios a fim de se vestir de carne e levar o pecado do homem! Jesus não tinha segurança nenhuma a não ser em seu Pai. De modo que seguir a Jesus é sempre aceitar pelo menos certa medida de incerteza, perigo e rejeição por amor a ele.

Assim Tiago e João cobiçaram honra, poder e segurança confortável, ao passo que toda a carreira de Jesus foi marcada pelo sacrifício, pelo serviço e pelo sofrimento. Marcos, que cada vez mais é reconhecido como um evangelista teólogo e também historiador, espreme o pedido de Tiago e João entre duas referências explícitas à cruz. É a glória de Cristo que mostra a ambição egoísta deles como a coisa andrajosa e imunda que era. Ela também ressalta a escolha, e confronta a comunidade cristã em cada geração, entre o caminho da multidão e o da cruz.

Esferas de serviço

Compreendendo-se que a comunidade de Cristo é uma comunidade da cruz, e, portanto, será marcada pelo sacrifício, serviço e sofrimento, como isso se resolverá nas três esferas do lar, da igreja e do mundo?

A vida em um lar cristão, a qual deve, em todo o caso, ser caracterizada pelo amor humano natural, deve ser ainda enriquecida com o amor divino sobrenatural, isto é, o amor da cruz. Ele deve marcar todos os relacionamentos familiares cristãos, entre marido e mulher, pais e filhos, irmãos e irmãs. Pois devemos nos sujeitar "uns aos outros no temor de Cristo" (Efésios 5.21), o Cristo cujo amor humilde e submisso o levou até à cruz. Contudo, os maridos é que são especialmente ressaltados. "Maridos, amai vossas mulheres, como também Cristo amou a igreja, e a si mesmo se entregou por ela, para que a santificasse [...] para a apresentar a si mesmo igreja gloriosa [...]" (vv. 25-27).

Essa passagem de Efésios é comumente vista como difícil para as esposas, porque devem reconhecer a "chefia" que Deus deu aos maridos e submeter-se a eles. Mas, argumenta-se que a qualidade de amor autodoador exigido dos maridos é ainda mais difícil. Pois devem amar suas mulheres com o mesmo amor que Cristo tem por sua noiva, a igreja. Esse é o amor do calvário. É ao mesmo tempo autossacrificial (ele "a si mesmo se entregou por ela", v. 25) e construtivo ("para que a santificasse" e fizesse gloriosa, atingindo todo o seu potencial, vv. 26,27). É também protetor e cuidador: "os maridos devem amar as suas mulheres como a seus próprios corpos", pois "ninguém jamais odiou a sua própria carne, antes a alimenta e dela cuida, como também Cristo o faz com a igreja" (vv. 28,29). Os lares cristãos em geral, e os casamentos cristãos, em particular, seriam mais estáveis e mais satisfatórios se fossem marcados pela cruz.

Voltamo-nos agora do lar para a igreja, e começamos com os pastores. Vimos, num capítulo anterior, que há lugar para autoridade e disciplina na comunidade de Jesus. Entretanto, o apóstolo não deu ênfase a essas coisas, mas ao novo estilo de liderança que ele introduziu, cuja distinção são a humildade e o serviço. O próprio

Paulo sentia a tensão. Como apóstolo, ele recebera de Cristo um grau especial de autoridade. Ele poderia ter ido à igreja coríntia recalcitrante com um chicote, e estava pronto a punir todo ato de desobediência, se o tivesse de fazer. Porém ele não queria ser duro no uso da sua autoridade, a qual o Senhor Jesus lhe dera a fim de edificar os cristãos, não os destruir. Ele preferia muito mais ir como um pai em visita a seus filhos queridos. Era a tensão entre a morte e a ressurreição de Jesus, entre a fraqueza e o poder. Ele poderia exercer o poder, visto que Cristo vive pelo poder de Deus. Mas, uma vez que ele foi crucificado em fraqueza, é a mansidão e a gentileza de Cristo que Paulo deseja demonstrar.[52] Se os pastores cristãos se apegassem mais intimamente ao Cristo crucificado em fraqueza, e estivessem preparados para aceitar as humilhações que essa fraqueza acarreta, em vez de insistirem na execução do poder, haveria muito menos discórdia e muito mais harmonia na igreja.

Entretanto a cruz deve caracterizar todos os nossos relacionamentos na comunidade de Cristo, e não apenas o relacionamento entre os pastores e o povo. Devemos amar uns aos outros, insiste João em sua primeira epístola, tanto porque Deus é amor, como porque ele demonstrou seu amor enviando o seu Filho para morrer por nós. E esse amor sempre se expressa em altruísmo. Não devemos fazer nada por ambição egoísta ou convencimento vão, mas devemos, em humildade, considerar os outros como melhores do que nós mesmos. Positivamente, cada um de nós deve olhar não para os seus próprios interesses, mas para os interesses dos outros. Por quê? Por que essa renúncia à ambição egoísta e esse cultivo do interesse altruísta pelos outros? Porque foi essa a atitude de Cristo, que, tanto renunciou a seus próprios direitos como se humilhou a fim de servir aos outros. De fato, a cruz adoça todos os nossos relacionamentos na igreja. Somente temos de lembrar-nos de que o nosso companheiro cristão é um "irmão" por quem Cristo morreu, e jamais desprezaremos o seu verdadeiro bem-estar, e sempre procuraremos servi-lo. Pecar contra ele seria pecar contra Cristo.[53]

Se a cruz deve marcar a nossa vida cristã no lar e na igreja, essa verdade devia ser ainda mais real no mundo. A igreja tem a tendência de se preocupar demais com seus próprios assuntos, obcecando-se com coisas triviais, enquanto o mundo necessitado espera lá fora. Assim, o Filho nos envia ao mundo, como o Pai o enviara ao mundo. A missão ergue-se do nascimento, morte e ressurreição de Jesus. O seu nascimento, mediante o qual ele se identificou a si mesmo com a

---

[52] 1Coríntios 4.21; 2Coríntios 10.6-18; 13.10; 1Coríntios 4.13,14; 2Coríntios 13.10 e 10.1.

[53] 1João 4.7-12; Filipenses 2.3,4; 1Coríntios 8.11-13.

nossa humanidade, nos chama para uma identificação similar e custosa com os outros. Sua morte nos lembra que o sofrimento é a chave do crescimento da igreja, visto ser a semente que morre a que multiplica. E a sua ressurreição lhe deu o senhorio universal que o capacitou tanto para reivindicar que toda a autoridade agora é sua como para enviar a sua igreja a fim de fazer discípulos das nações.[54]

Em teoria conhecemos muito bem o princípio paradoxal de que o sofrimento é o caminho da glória, a morte o caminho da vida e a fraqueza o segredo do poder. Foi assim para Jesus e ainda o é para os seus seguidores hoje. Relutamos em aplicar o princípio à missão, como a Bíblia o faz. Na imagem obscura do servo sofredor de Isaías, o sofrimento devia ser a condição do seu êxito em levar luz e justiça às nações. Como escreveu Douglas Webster: "missão, cedo ou tarde, leva à paixão. Nas categorias bíblicas [...] o servo deve sofrer [...]. Cada forma de missão leva à mesma forma de cruz. A própria missão é cruciforme. Só podemos entender a missão em termos da cruz [...]".[55]

Essa visão bíblica do serviço sofredor tem sido grandemente eclipsada em nossos dias pelo "evangelho da prosperidade" não bíblico (o qual garante êxito pessoal) e pelas noções triunfalistas de missão (as quais empregam metáforas militares que não se encaixam bem na imagem humilde do servo sofredor). Em contraste, Paulo ousou escrever aos coríntios: "de modo que em nós opera a morte; mas em vós, a vida" (2Coríntios 4.12). A cruz jaz no próprio coração da missão. Para o missionário transcultural ela pode significar sacrifícios individuais e familiares custosos, renúncia da segurança financeira e promoção profissional, solidariedade com os pobres e necessitados, arrependimento do orgulho e preconceito de suposta superioridade cultural, e modéstia (e às vezes frustração) de servir debaixo da liderança nacional. Cada uma dessas coisas pode ser um tipo de morte, mas é uma morte que traz vida a outros.

Em toda evangelização há também uma ponte cultural a ser atravessada. Esta se torna óbvia quando o povo cristão vai como mensageiro do evangelho de um país ou de um continente a outro. Mas mesmo permanecendo em sua própria terra, os cristãos e os não cristãos muitas vezes estão largamente separados uns dos outros por causa de subculturas sociais, estilos de vida, valores diferentes, crenças e padrões morais. Somente a encarnação pode cobrir essas divisões, pois encarnar significa entrar no mundo das outras pessoas, no mundo do seu pensamento e no

---

[54] João 17.18; 20.21; 12.24; Mateus 28.18-20.
[55] WEBSTER, Douglas. **Yes to a Mission**, p. 101,102.

mundo de sua alienação, solidão e dor. Além do mais, a encarnação leva à cruz. Jesus primeiro tomou a nossa carne, e a seguir levou o nosso pecado. Em comparação com essa profundeza de penetração em nosso mundo a fim de nos alcançar, nossas pequenas tentativas de atingir as pessoas parecem amadoras e superficiais. A cruz nos chama para um tipo de evangelização muito mais radical e custoso do que a maioria das igrejas tem começado a examinar, muito menos a experimentar.

A cruz também nos chama para a ação social, porque nos convoca a imitarmos a Cristo:

> Nisto conhecemos o amor, em que Cristo deu a sua vida por nós; e devemos dar a nossa vida pelos irmãos. Ora, aquele que possui recursos deste mundo e vir a seu irmão padecer necessidade e fechar-lhe o seu coração, como pode permanecer nele o amor de Deus? Filhinhos, não amemos de palavra, nem de língua, mas de fato e de verdade (1João 3.16-18).

De acordo com o ensino de João na passagem acima, o amor é, em essência, autodoação. E uma vez que nosso bem mais valioso é nossa vida, o maior amor é visto em dá-la pelos outros. Assim como a essência do ódio é o assassínio (como aconteceu com Caim), da mesma forma a essência do amor é o autossacrifício (como aconteceu com Cristo). Assassínio é a retirada da vida de outra pessoa; autossacrifício é dar a sua própria vida. Deus faz mais, contudo, que nos apresentar um excelente espetáculo do seu amor na cruz; ele coloca o seu amor em nosso íntimo. Com o amor de Deus, tanto revelado em nós, quanto habitando em nós, temos o incentivo duplo e inescapável de dar-nos a nós mesmos aos outros em amor. Além do mais, João torna claro que dar a nossa vida pelos outros, embora seja a forma de autodoação suprema, não é a sua única expressão. Se algum de nós tem algo e vê outra pessoa que dele necessita e falha em relacionar o que tem ao que vê em termos de ação prática, essa pessoa não pode dizer que possui o amor de Deus. Assim, o amor alimenta os famintos, abriga os desamparados, ajuda os destituídos, oferece companhia aos solitários, conforta os tristes, contanto sempre que essas dádivas sejam prova da doação do ser. Pois é possível doar alimento, dinheiro, tempo e energia e, contudo, de algum modo, reter-se a si mesmo. Mas Cristo deu-se a si mesmo. Embora rico, ele se tornou pobre, a fim de nos fazer ricos. Conhecemos a graça de Cristo, escreve Paulo, e devemos imitá-la. A generosidade é indispensável aos seguidores de Cristo. Houve uma quase que extravagância acerca do amor de Cristo na cruz; ela desafia a frialdade calculista do nosso amor.

Contudo, como temos repetidamente notado por todo este livro, a cruz é uma revelação da justiça divina como também do seu amor. É por isso que a comunidade da cruz devia se interessar pela justiça social como também pela filantropia amorosa. Jamais é suficiente ter pena das vítimas da injustiça, se nada fizermos a fim de mudar a situação injusta. Os bons samaritanos serão necessários para socorrer os que são assaltados e atacados; contudo, seria ainda muito melhor que limpássemos de assaltantes a estrada que desce de Jerusalém para Jericó. A filantropia cristã em termos de alívio e ajuda é necessária, mas o desenvolvimento a longo prazo é melhor, e não podemos fugir de nossa responsabilidade política de partilhar da mudança de estruturas que inibem o desenvolvimento.

Os cristãos não podem ver com equanimidade as injustiças que estragam o mundo de Deus e rebaixam as suas criaturas. A injustiça deve ferir o Deus cuja justiça se expôs de modo tão brilhante na cruz; deve ferir também o povo de Deus. As injustiças contemporâneas se apresentam sob muitas formas. São internacionais (invasão e anexação de territórios estrangeiros), políticas (subjugação de minorias), legais (castigo de cidadãos não julgados e não sentenciados), raciais (discriminação humilhante à base de raça ou de cor), econômicas (tolerância de desigualdade abjeta norte-sul e os traumas do desemprego e da pobreza), sexuais (opressão das mulheres), educacionais (negação de oportunidade igual para todos) ou religiosas (fracasso em levar o evangelho a todas as nações).

O amor e a justiça unem-se para se oporem a todas essas situações. Se amarmos as pessoas, teremos interesse por conseguir os seus direitos básicos de seres humanos, o que também é a preocupação da justiça. A comunidade da cruz que verdadeiramente absorveu a sua mensagem, sempre será motivada a agir mediante as exigências da justiça e do amor.

Como exemplo da maneira pela qual a comunidade cristã pode ser grandemente incentivada pela cruz, gostaria de mencionar os Irmãos Morávios, sociedade fundada pelo conde Nikolaus von Zinzendorf (1700-1760). Em 1722 ele acolheu alguns refugiados cristãos pietistas oriundos da Morávia e da Boêmia em sua propriedade na Saxônia, onde os ajudou a formar uma comunidade cristã com o nome de "Herrnhut".

A ênfase dos morávios era sobre o Cristianismo como religião da cruz e do coração. Definiam o cristão como alguém que tem "uma amizade inseparável com o Cordeiro, o Cordeiro que foi morto";[56] o brasão deles traz a inscrição em latim que diz: "Nosso Cordeiro venceu; sigamo-lo", e o emblema dos seus barcos era de um cordeiro com uma bandeira num campo cor de sangue. Eles se interessavam profundamente pela unidade cristã e criam que o Cordeiro seria o seu

---

[56] Lewis, A. J. **Zinzendorf**, p. 107.

fundamento, visto que todos os que "se apegam a Jesus como o Cordeiro de Deus" são um. De fato, o próprio Zinzendorf declarou que "o Cordeiro que foi morto" era desde o princípio o fundamento sobre o qual a sua igreja fora construída.

Primeiro, certamente eram uma comunidade de celebração. Eram grandes cantores, e o enfoque de sua adoração em Herrnhut era o Cristo crucificado.

Não resta dúvida de que se preocupavam demais com as chagas e com o sangue de Jesus. Ao mesmo tempo, jamais se esqueciam da ressurreição. Às vezes eram chamados de "o povo da páscoa", porque era o Cordeiro ressurreto a quem eles adoravam.

Quanto à autocompreensão, seu tipo especial de pietismo parece tê-los capacitado a enfrentar a si mesmos. A ênfase que davam à cruz levou-os à humildade e penitência genuínas. Mas também lhes deu uma forte segurança da salvação e uma tranquila confiança em Deus. "Somos o povo feliz do Salvador", disse Zinzendorf. Foi, deveras, o seu júbilo e coragem, quando se encontraram face a face com a morte enquanto seu navio soçobrava em meio a uma tempestade no oceano Atlântico, o fator que levou João Wesley à convicção do pecado e se tornou um importante elo na cadeia que o conduziu à conversão.

Mas os morávios são mais bem conhecidos como um movimento missionário. Quando ainda em idade escolar, Zinzendorf fundou a "Ordem do Grão da Mostarda", e jamais perdeu o seu zelo missionário. Repito, foi a cruz que o estimulou e a seus seguidores a essa expressão de amor autodoador. Entre os anos de 1732 e 1736 fundaram-se missões morávias no Caribe, na Groenlândia, em Laplândia, na América do Norte e na América do Sul, e na África do Sul, enquanto que mais tarde deram início ao trabalho missionário em Labrador, entre os aborígines australianos e na fronteira do Tibete. Os pagãos sabem que há um Deus, ensinava Zinzendorf, mas necessitam conhecer o Salvador que morreu por eles. "Conte-lhes acerca do Cordeiro de Deus", instava ele, "até que você já não lhes possa contar nada mais".

Essa ênfase saudável à cruz surgiu grandemente de sua própria experiência de conversão. Enviado com a idade de 19 anos para visitar as capitais da Europa, a fim de completar sua educação formal, certo dia ele se achou na galeria de arte de Düsseldorf. De pé, em frente do quadro *Ecce Homo* de Domenico, o qual retrata a Cristo usando a coroa de espinhos, e cuja inscrição lê-se: "Tudo isto fiz por ti; que faze tu por mim?" Zinzendorf recebeu profunda convicção e desafio. "Nessa mesma hora", escreve A. J. Lewis, "o jovem Conde pediu que o Cristo crucificado o levasse à 'comunhão dos seus sofrimentos' e abrisse uma vida de serviço para ele". Ele jamais renegou esse compromisso. Ele e a sua comunidade tinham interesse apaixonado pela "entronização do Cordeiro de Deus".

Capítulo 12

AMANDO A NOSSOS INIMIGOS

"Viver sob a cruz" significa que todos os aspectos da vida da comunidade cristã são moldados e coloridos por ela. A cruz não somente invoca a nossa adoração (de modo que desfrutamos uma celebração contínua e eucarística), e nos capacita a desenvolver uma auto-estima equilibrada (de modo que aprendemos tanto a compreender a nós mesmos como a dar de nós mesmos), mas ela também dirige a nossa conduta em relação com os outros, incluindo-se os nossos inimigos. Devemos ser "imitadores de Deus, como filhos amados", e andar "em amor, como também Cristo" nos amou "e se entregou a si mesmo por nós" (Efésios 5.1,2). Mais do que isso, devemos exibir em nossos relacionamentos a combinação de amor e justiça que caracterizou a sabedoria de Deus na cruz.

A RECONCILIAÇÃO E A DISCIPLINA

Mas, como, na prática, devemos combinar amor e justiça, misericórdia e severidade, e assim andarmos no caminho da cruz, com frequência é difícil saber e mais difícil ainda fazer. Tomemos a "reconciliação" ou o "fazer a paz" como exemplo. Os cristãos são chamados para ser "pacificadores" (Mateus 5.9) e buscar a paz e empenhar-se por alcançá-la (1Pedro 3.11). Ao mesmo tempo, reconhece-se que o fazer a paz jamais pode ser uma atividade unicamente unilateral. A instrução: "Tende paz com todos os homens" é qualificada com duas condições "se possível", e "quanto depender de vós" (Romanos 12.18). O que devemos fazer, pois, quando é impossível viver em paz com alguém porque essa pessoa não está disposta a viver em paz conosco? O lugar onde devemos começar a nossa resposta é na bem-aventurança já citada. Pois aí, ao dizer que os pacificadores são "bem-aventurados", Jesus acrescentou que "serão chamados filhos de Deus".[1] Ele deve ter querido dizer que o fazer a paz é uma atividade tão caracteristicamente divina que, aqueles que nela se empenham, por meio dela revelam sua identidade e demonstram sua autenticidade como filhos de Deus.

Porém, se quisermos que o nosso fazer a paz seja modelado segundo o de nosso Pai celestial, concluiremos imediatamente que é algo bem diferente de apaziguamento. Pois a paz que Deus concede, jamais é uma paz barata, mas sempre custosa. Ele é, de fato, o pacificador preeminente do mundo, mas quando

---

[1] Mateus 5.9; cf. 5.48 e Lucas 6.36.

decidiu reconciliar-se conosco, seus "inimigos", que havíamos rebelado contra ele, "fez a paz" através do sangue da cruz de Cristo (Colossenses 1.20). A reconciliação dele conosco, de nós com ele mesmo, e de judeus, gentios e outros grupos hostis uns com os outros, custou-lhe nada menos do que a dolorosa vergonha da cruz. Não temos o direito de esperar, portanto, que nosso empenho na obra da reconciliação não nos custe nada, quer nossa participação na disputa seja como o partido ofensor ou como o ofendido, quer como um terceiro partido ansioso a que inimigos voltem a ser amigos novamente.

Que forma pode tomar esse custo? Com frequência, começará com o ouvir paciente e doloroso a ambos os lados, a tensão do testemunhar amarguras e recriminações, a luta por compreender cada posição, e o esforço de entender as incompreensões que causaram a ruptura da comunicação. O ouvir honesto pode revelar faltas não suspeitadas, as quais, por sua vez, precisarão ser admitidas, sem lançar mão de subterfúgios para preservar as aparências. Se a culpa for nossa, haverá a humilhação do pedido de desculpas, a humilhação mais profunda de fazer restituição onde for possível, e a humilhação mais profunda de todas que é confessar que as feridas que causamos levarão tempo para sarar e não podem ser facilmente esquecidas. Se, por outro lado, não fomos nós quem causamos o mal, então talvez tenhamos de suportar o embaraço de reprovar ou repreender a outra pessoa, arriscando, assim, perder a sua amizade. Embora os seguidores de Jesus jamais tenham o direito de recusar perdão, muito menos fazer vingança, não nos é permitido baratear o perdão, oferecendo-o prematuramente onde não houver arrependimento. "Se teu irmão pecar contra ti", disse Jesus, "repreende-o", e só então "se ele se arrepender, perdoa-lhe" (Lucas 17.3).

O incentivo à pacificação é o amor, mas ele se degenera em apaziguamento sempre que a justiça é ignorada. Perdoar e pedir perdão são dois exercícios custosos. Toda pacificação cristã autêntica exibe o amor e a justiça — e, portanto, a dor — da cruz.

Voltando-nos dos relacionamentos sociais em geral para a vida familiar em particular, os pais cristãos hão de querer que sua atitude para com os filhos seja marcada pela cruz. O amor é a atmosfera indispensável na qual os filhos crescem para a maturidade emocional. Contudo, esse não é o amor mole e sem princípios, que estraga as crianças, mas o "amor santo" que procura o seu bem-estar maior, não importando o custo. Deveras, visto que o próprio conceito de paternidade humana provém da eterna paternidade divina (Efésios 3.14,15), os pais cristãos hão de naturalmente modelar o seu amor no de Deus. Consequentemente, o verdadeiro amor paterno não elimina a disciplina, visto que "o Senhor corrige a quem ama". De fato, é quando Deus nos corrige que ele nos trata como filhos. A falta de correção da parte de Deus poderia mostrar que somos seus filhos ilegítimos e não seus filhos autênticos (Hebreus 12.5-8).

O amor genuíno também se enraivece, sendo hostil a tudo o que, nos filhos, se opõe ao seu bem maior. A justiça sem a misericórdia é por demais severa, e a misericórdia sem a justiça é por demais leniente. Além do mais, os filhos sabem disso automaticamente. Possuem um sentido inato de ambas as coisas. Se fizeram algo que sabem ser errado, também sabem que merecem a punição, e tanto desejam quanto esperam recebê-la. Sabem também de imediato se o castigo está sendo oferecido sem amor ou contrariamente à justiça. Os dois clamores mais pungentes de um filho são: "Ninguém me ama" e: "Não é justo". O sentido de amor e justiça dos filhos vem de Deus, que os fez à sua imagem, e que se revelou como amor santo na cruz.

O princípio que se aplica à família, aplica-se também à família da igreja. Ambos os tipos de família precisam de disciplina, e pela mesma razão. Entretanto, hoje é rara a disciplina na igreja, e onde ela é exercida, muitas vezes é inabilmente administrada. As igrejas têm a tendência de oscilar entre a severidade extrema, que excomunga os membros pelas ofensas mais triviais, e a frouxidão extrema, que jamais nem mesmo admoesta os ofensores. O Novo Testamento, porém, oferece instruções claras acerca da disciplina, por um lado sua necessidade por causa da santidade da igreja, e por outro, seu propósito construtivo, a saber, se possível, ganhar e restaurar o membro ofensor.

O próprio Jesus tornou bem claro que o objetivo da disciplina não era humilhar, muito menos alienar a pessoa envolvida; antes, ganhá-la de novo. Ele determinou um procedimento que se desenvolveria por meio de fases. A primeira fase é uma confrontação pessoal com o ofensor, "entre ti e ele só", durante a qual, se ele o ouvir, será ganho. Se ele se recusar a ouvir, na segunda fase devem-se levar várias outras pessoas a fim de estabelecer a repreensão. Se ele ainda se recusar a ouvir, deve-se levar o caso à igreja, para que ele possa ter uma terceira oportunidade de se arrepender. Se ele ainda obstinadamente se recusar a ouvir, somente então deve ser excomungado (Mateus 18.15-17).

O ensino de Paulo era parecido com o de Jesus. O membro da igreja apanhado em pecado deve ser restaurado em espírito de brandura e humildade; isso seria um exemplo de levar os fardos uns dos outros e assim cumprir a lei do amor de Cristo (Gálatas 6.1,2). Mesmo a entrega a Satanás, mediante a qual presumivelmente Paulo se referia à excomunhão de um flagrante ofensor, tinha um propósito positivo, a fim de "não mais blasfemarem" (1Timóteo 1.20), ou pelo menos a fim de que "o espírito seja salvo no dia do Senhor" (1Coríntios 5.5). Assim toda ação disciplinar deve exibir o amor e a justiça da cruz.

Mais desconcertante do que esses exemplos extraídos da vida de indivíduos, da família e da igreja é a administração da justiça pelo estado. Pode a revelação de Deus na cruz ser aplicada também a esta área? Mais particularmente, pode o estado usar força, ou seria ela incompatível com a cruz? É claro que a cruz em si foi um ato conspícuo de violência pelas autoridades, envolvendo uma violação flagrante da justiça e uma execução brutal. Contudo, foi igualmente um ato conspícuo de não violência da parte de Jesus, que se permitiu ser injustamente condenado, torturado e executado sem resistir, muito menos retaliar. Além do mais, o Novo Testamento apresenta o comportamento dele como o modelo do nosso: "Se, entretanto, quando praticais o bem, sois igualmente afligidos e o suportais com paciência, isto é grato a Deus. Porquanto para isto mesmo fostes chamados, pois que também Cristo sofreu em vosso lugar, deixando-vos exemplo para seguirdes os seus passos" (1Pedro 2.20,21). Entretanto, esse texto provoca muitas questões. Será que a cruz nos submete a uma aceitação não violenta de toda violência? Invalida ela o processo de justiça criminal e a assim chamada "guerra fria"? Proíbe a cruz o uso de todo tipo de força, de modo que os postos de soldado, policial, magistrado ou carcereiro seriam incompatíveis com o cristão?

Atitudes cristãs para com o mal

A melhor maneira de procurar respostas a essas perguntas é examinar com todo o cuidado os capítulos doze e treze da carta de Paulo aos Romanos. São parte do apelo que o apóstolo faz para que seus leitores cristãos reajam corretamente às "misericórdias de Deus". Durante onze capítulos ele revelou a misericórdia de Deus tanto em entregar o seu Filho para morrer por nós como em nos conceder a plena salvação que ele, desse modo, obteve para nós. Qual deve ser a nossa resposta à misericórdia divina? Devemos (1) apresentar os nossos corpos a Deus por sacrifício vivo, e com mentes renovadas discernir e fazer a sua vontade (12.1,2); (2) pensar de *nós mesmos* com juízo sóbrio, nem vangloriando-nos de *nós mesmos*, nem desprezando-nos a nós mesmos (v. 3); (3) amar *uns aos outros*, usando nossos dons a fim de servir uns aos outros, e viver em harmonia e humildade (vv. 4-13, 15,16); e (4) devemos abençoar os que nos perseguem e fazer o bem a nossos *inimigos* (vv. 14, 17-21). Por outras palavras, quando as misericórdias de Deus nos apanham, todos os nossos relacionamentos são radicalmente transformados: obedecemos a Deus, compreendemos a nós mesmos, amamos uns aos outros e servimos a nossos inimigos.

É pelo quarto relacionamento apresentado acima que nos interessamos agora. A oposição dos incrédulos está subentendida. A pedra de tropeço da cruz (que oferece salvação como um dom livre e não merecido), o amor e a pureza de Jesus (que envergonham o egoísmo humano), os mandamentos prioritários de amar a Deus e ao próximo (que não deixam lugar para o amor próprio) e o chamado a tomar a nossa cruz (que é por demais ameaçador) — essas coisas despertam oposição a nós porque despertam oposição ao Senhor e ao seu evangelho. É esse, pois, o pano de fundo de nosso estudo do capítulo 12 de Romanos. Há pessoas que nos "perseguem" (v. 14), que nos fazem "mal" (v. 17), que até podem ser descritas como nossos "inimigos" (v. 20). Qual deve ser nossa reação para com nossos perseguidores e nossos inimigos? O que requerem de nós as misericórdias de Deus? Como deve a cruz, em que a misericórdia de Deus brilha no seu apogeu, influenciar a nossa conduta? De especial instrução, no seguinte trecho de Romanos 12 e 13, são as quatro referências que Paulo faz ao bem e ao mal:

> O amor seja sem hipocrisia. Detestai o mal, apegando-vos ao bem [...]. Abençoai aos que vos perseguem, abençoai, e não amaldiçoeis. Alegrai-vos com os que se alegram, e chorai com os que choram. Tende o mesmo sentimento uns para com os outros; em lugar de serdes orgulhosos, condescendei com o que é humilde; não sejais sábios aos vossos próprios olhos. Não torneis a ninguém mal por mal; esforçai-vos por fazer o bem perante todos os homens; se possível, quanto depender de vós, tende paz com todos os homens; não vos vingueis a vós mesmos, amados, mas dai lugar à ira; porque está escrito: A mim me pertence a vingança; eu retribuirei, diz o Senhor. Pelo contrário, se o teu inimigo tiver fome, dá-lhe de comer; se tiver sede, dá-lhe de beber; porque, fazendo isto, amontoarás brasas vivas sobre a sua cabeça. Não te deixes vencer do mal, mas vence o mal com o bem.
>
> Todo homem esteja sujeito às autoridades superiores; porque não há autoridade que não proceda de Deus; e as autoridades que existem foram por ele instituídas. De modo que aquele que se opõe à autoridade, resiste à ordenação de Deus; e os que resistem trarão sobre si mesmos condenação. Porque os magistrados não são para temor quando se faz o bem, e, sim, quando se faz o mal. Queres tu não temer a autoridade? Faze o bem, e terás louvor dela; visto que a autoridade é ministro de Deus para teu bem. Entretanto, se fizeres o mal, teme; porque não é sem motivo que ela traz a espada; pois é ministro de Deus, vingador, para castigar o que pratica o mal.

É necessário que lhe estejais sujeitos, não somente por causa do temor da punição, mas também por dever de consciência. Por esse motivo também pagais tributos: porque são ministros de Deus, atendendo constantemente a este serviço. Pagai a todos o que lhes é devido: a quem tributo, tributo; a quem imposto, imposto; a quem respeito, respeito; a quem honra, honra (Romanos 12.9, 14—13.7).

Essa passagem tem a aparência de uma meditação autoconsciente sobre o tema do bem e do mal. Eis as quatro alusões do apóstolo a eles:

Detestai o mal, apegando-vos ao bem (12.9).

Não torneis a ninguém mal por mal; esforçai-vos por fazer o bem perante todos os homens (12.17).

Não te deixes vencer do mal, mas vence o mal com o bem (12.21).

A autoridade é ministro de Deus para teu bem [...]. É ministro de Deus, vingador, para castigar o que pratica o mal (13.4).

Esses versículos em particular definem qual deve ser nossa atitude para com o mal.

Primeiro, *devemos odiar o mal*. "O amor seja sem hipocrisia. Detestai o mal, apegando-vos ao bem" (12.9). Essa justaposição do amor e do ódio parece imprópria. Normalmente vemos essas duas coisas como mutuamente exclusivas. O amor expulsa o ódio, e o ódio expulsa o amor. A verdade, porém, não é assim tão simples. Sempre que o amor é "sem hipocrisia", é moralmente discernidor. Jamais finge que o mal seja qualquer outra coisa, nem o justifica. O comprometimento com o mal é incompatível com o amor. O amor busca o bem maior dos outros e, portanto, odeia o mal que o estraga. Deus odeia o mal porque seu amor é santo; nós também devemos odiá-lo.

Segundo, *não devemos tornar a ninguém mal por mal*. "Não torneis a ninguém mal por mal [...] não vos vingueis a vós mesmos, amados" (12.17, 19). O povo de Deus está totalmente proibido de fazer vingança e retaliação. Pois tornar o mal por mal é acrescentar um mal a outro. E se odiamos o mal, como podemos acrescentar a ele? Ouvimos aqui um eco claro do Sermão do Monte: "Não resistais ao perverso", Jesus dissera. Isto é, como esclarece o contexto, "não vos vingueis a vós mesmos". E, na cruz, Jesus exemplificou com perfeição o seu próprio ensino, pois "quando ultrajado, não revidava com ultraje, quando maltratado não fazia ameaças" (1Pedro 2.23). Pelo contrário, devemos "fazer o bem"

(12.17) e "viver em paz com todos os homens" (12.18). Isto é, o bem, não mal, e a paz, não a violência, devem caracterizar a nossa vida.

Terceiro, *devemos vencer o mal*. Uma coisa é odiar o mal e outra recusar-se a revidá-lo; melhor ainda é vencê-lo ou derrotá-lo. "Não te deixes vencer do mal, mas vence o mal com o bem" (12.21). Paulo indicou nos versículos anteriores o modo de se fazer isso, dando eco a mais palavras do Sermão do Monte. Jesus havia dito: "Amai os vossos inimigos, fazei o bem aos que vos odeiam; bendizei aos que vos maldizem, orai pelos que vos caluniam".[2] Agora Paulo escreve: "Abençoai aos que vos perseguem" (12.14), e "se o teu inimigo tiver fome, dá-lhe de comer" (12.20).

Devemos desejar o bem às pessoas, abençoando-as, e fazer o bem às pessoas, servindo-as. Na nova comunidade de Jesus as maldições devem ser substituídas pelas bênçãos, a malícia pela oração, e a vingança pelo serviço. De fato, a oração extirpa a malícia do coração; os lábios que abençoam não podem, ao mesmo tempo, amaldiçoar; a mão que está ocupada no serviço fica restringida de fazer vingança. "Amontoar brasas vivas sobre a cabeça" do inimigo parece um ato inamistoso, incompatível com o amor por ele. Mas é uma figura de linguagem que significa causar um profundo sentimento de vergonha — não a fim de ferir ou humilhar, mas a fim de levá-lo ao arrependimento, e assim, "vencer o mal com o bem".

A tragédia do pagar o mal com o mal é que, ao fazê-lo, acrescentamos mal ao mal e assim, *aumentamos* a quantidade de mal no mundo. Isso ocasiona o que Martinho Lutero chamou de "a reação em cadeia do mal", à medida que o ódio multiplica o ódio e a violência multiplica a violência "numa espiral descendente de destruição".[3] A glória de amar e servir a nossos inimigos, entretanto, é que, ao fazê-lo, *diminuímos* a quantidade de mal no mundo. O exemplo supremo disso é a cruz. A disposição de Cristo de levar o escárnio dos homens e a ira de Deus trouxe salvação a milhões. A cruz é a única alquimia que transforma o mal em bem.

Quarto, *o mal deve ser punido*. Se considerássemos apenas as três primeiras atitudes para com o mal, seríamos culpados de grave seletividade bíblica e, portanto, de desequilíbrio. Pois Paulo prossegue a escrever acerca do castigo do mal pelo estado. Todos aqueles que leem com cuidado esses capítulos percebem o contraste — até mesmo uma aparente contradição — que contêm. O apóstolo diz-nos que não devemos vingar-nos a nós mesmos e que a vingança pertence a Deus (12.19). Novamente, dizem-nos que não devemos tornar a ninguém mal por mal e que

---

[2] Lucas 6.27,28; cf. Mateus 5.44.
[3] KING, Martin Luther. **Strength to Love**, p. 51.

Deus retribuirá (12.17, 19). Assim, primeiro se nos proíbem a vingança e a retribuição, e a seguir são atribuídas a Deus. Não é isso intolerável? Não. O motivo por que essas coisas nos são proibidas não é que o mal não mereça ser castigado (ele merece, e deve ser punido), mas que a prerrogativa de castigo é de Deus e não nossa.

Assim, como Deus castiga o mal? De que modo ele expressa a sua ira contra os malfeitores? A resposta que de imediato me vem à mente é "no juízo final", e isso é verdade. Os impenitentes estão acumulando ira contra si mesmos "para o dia da ira e da revelação do justo juízo de Deus" (Romanos 2.5). Mas temos de esperar até esse dia? Não há outro modo pelo qual a ira de Deus se revela agora?

Há, de acordo com Paulo. O primeiro modo encontra-se na deterioração progressiva de uma sociedade ímpia, mediante o qual Deus "entrega" à depravação descontrolada de mente e conduta aqueles que deliberadamente sufocam o conhecimento que têm de Deus e da bondade (Romanos 1.18-32). Esse é um resultado da ira divina. O segundo é mediante os processos judiciais do estado, visto que a autoridade é "ministro de Deus, vingador, para castigar o que pratica o mal" (Romanos 13.4). Nesse sentido, escreve o dr. Cranfield, o estado é "uma manifestação parcial, antecipada e provisional da ira de Deus contra o pecado".[4]

É importante observar que Paulo usa os mesmos termos no final do capítulo 12 de Romanos e no início do 13. As palavras "ira" (*orge*) e "vingança/castigo" (*ekdikesis* e *ekdikos*) ocorrem em ambas as passagens. Embora sejam proibidas ao povo de Deus em geral, são designadas aos "ministros" de Deus em particular, a saber, os oficiais do estado. Muitos cristãos encontram grande dificuldade no que percebem aqui ser uma "dualidade" ética.[5] Gostaria de tentar esclarecer essa questão.

Primeiro, Paulo não está comparando *duas entidades*, a igreja e o estado, como na doutrina bem conhecida de Lutero acerca dos dois reinos, o reino da destra de Deus (a igreja), que possui uma responsabilidade espiritual exercida mediante o poder do evangelho, e o reino da sua esquerda (o estado) que possui uma responsabilidade política ou temporal exercida mediante o poder da espada. Jean Lasserre denomina esse ponto de "doutrina tradicional" (pois Calvino também a sustentava, embora a tenha expressado com termos diferentes), e o resume da seguinte maneira:

---

[4] CRANFIELD, C. E. B. Comentário. **Romans**, v. II, p. 666.

[5] Esta "dualidade" pode-se encontrar, por exemplo, em **War and the Gospel**, de Jean Lasserre, p. 23ss., 128ss. e 180ss.; em **Peace in Our Times?**, de David Atkinson, p. 102-107 e 154-157; no debate entre Ronald Sider e Oliver O'Donovan, publicado como **Peace and War**, p. 7-11 e 15; e no meu livro **Message of the Sermon on the Mount**, p. 103-124.

> Deus encarregou a igreja com o dever de pregar o evangelho, e o estado como dever de assegurar a ordem política; o cristão é tanto membro da igreja como cidadão do país; na primeira condição, ele deve obedecer a Deus, conformando-se à ética do evangelho [...] na última condição, ele deve obedecer a Deus, conformando-se à ética política da qual o juiz é o estado[...].[6]

É verdade que Deus concede à igreja e ao estado responsabilidades diferentes, ainda que seja necessário acentuar que elas se sobrepõem, não são dirigidas por éticas diversas e ambas estão sob o senhorio de Cristo. Mas na realidade não é essa a questão dos capítulos 12 e 13 de Romanos.

Segundo, Paulo não está fazendo diferença entre *duas esferas* de atividade cristã, a privada e a pública, de modo que (para dizê-lo de uma maneira um pouco rude) devemos amar nossos inimigos em particular e odiá-los em público. O conceito de um padrão duplo de moralidade, privado e público, deve ser rejeitado com firmeza; há apenas uma moralidade cristã.

Terceiro, o que Paulo faz é distinguir entre *dois papéis*, o pessoal e o oficial. Os cristãos são sempre cristãos (na igreja e no estado, em público e em particular), sob a mesma autoridade moral de Cristo, mas recebem papéis diferentes (no lar, no trabalho e na comunidade) os quais tornam apropriadas diferentes ações. Por exemplo, o cristão no papel de policial pode usar a força para prender um criminoso, o que, no papel de um simples cidadão ele não pode fazer; ele pode, como juiz, condenar um preso que foi achado culpado, ao passo que Jesus disse a seus discípulos: "Não julgueis, para que não sejais julgados"; ele pode, como carrasco (assumindo que a pena capital possa ser justificada em algumas circunstâncias) matar um condenado, embora lhe seja proibido assassinar. (A pena capital e a proibição do assassínio vão juntas na lei mosaica.) Isso não quer dizer que prender, julgar e executar sejam intrinsecamente errados (o que estabeleceria moralidades diferentes para a vida pública e a vida privada), mas que são reações certas ao comportamento criminoso, as quais, contudo, Deus confiou a oficiais particulares do estado.

Essa é, pois, a distinção que Paulo faz nos capítulo 12 e 13 de Romanos entre a não retribuição do mal e o seu castigo. As proibições do final do capítulo 12 não significam que o mal deve ser deixado sem punição até o dia do juízo, mas que o castigo deve ser administrado pelo estado (como o agente da ira de Deus) e que não é apropriado que os cidadãos comuns tomem a lei em suas próprias mãos.

É essa distinção que os pacifistas cristãos acham difícil aceitar. Têm a tendência de descansar o seu caso no ensino e exemplo de Jesus da não retaliação,

---

[6] LASSERRE, Jean. **War and the Gospel**, p. 132.

presumindo que a retaliação é errada em si mesma. Mas a retaliação não é errada, visto que o mal merece ser punido, deve ser punido e, de fato, será punido. O próprio Jesus disse que "o Filho do homem... retribuirá a cada um conforme as suas obras" (Mateus 16.27), onde o verbo é semelhante ao de Romanos 12.19.

Essa verdade aparece até mesmo no relato que Pedro faz da própria não retaliação de Jesus. "Quando ultrajado, não revidava com ultraje, quando maltratado não fazia ameaças, mas entregava-se àquele que julga retamente" (1Pedro 2.23). Na linguagem de Paulo, ele deixou o revide para a ira de Deus. De modo que, mesmo quando Jesus estava orando pelo perdão dos seus executores, e até mesmo quando se entregava em santo amor pela nossa salvação, a necessidade de julgamento divino sobre o mal não se encontrava ausente da sua mente. Deveras, ele próprio estava vencendo o mal nesse preciso momento, pois levava o seu justo castigo sobre si mesmo.

A AUTORIDADE DO ESTADO

Chegamos agora a outra questão perturbadora na procura em relacionar a cruz ao problema do mal, a saber, como os cristãos deviam ver o estado e a sua autoridade. Um estudo cuidadoso do capítulo 13 de Romanos devia ajudar-nos evitar os extremos de divinizá-lo (considerá-lo sempre certo) ou demonizá-lo (considerá-lo sempre errado). A atitude cristã para com o estado deve ser, pelo contrário, a de respeito crítico. Permita-me tentar resumir o ensino de Paulo aqui acerca da autoridade do estado sob quatro pontos, relacionando-os à sua *origem*, *propósito* pelo qual foi dada, *meio* pelo qual deve ser exercida e *reconhecimento* que deve receber. Em cada um desses casos, a autoridade do estado tem limites.

Primeiro, a *origem* de sua autoridade é Deus. "Todo homem esteja sujeito às autoridades superiores; porque não há autoridade que não proceda de Deus" (v. 1a). "As autoridades que existem foram por ele instituídas" (v. 1b). "De modo que aquele que se opõe à autoridade, resiste à ordenação de Deus" (v. 2). Essa perspectiva já era clara no Antigo Testamento.[7] Contudo, não devemos pensar nas funções do estado somente em termos de "autoridade", mas também de "ministério". Pois "a autoridade" (que parece ser uma referência genérica que pode incluir qualquer oficial, desde o policial ao juiz) "é ministro de Deus para teu bem" (v. 4a). Ele o repete, "pois é ministro de Deus, vingador, para castigar o que pratica o mal" (v. 4b). Ele repete ainda uma vez que o motivo pelo qual devemos pagar impostos é que as autoridades são "ministros de Deus, atentando constantemente a este serviço" (v. 6).

---

[7] Exemplo: Jeremias 27.5,6; Daniel 2.21; 4.17, 25, 32; 5.21; 7.27.

Confesso que acho extremamente impressionante Paulo escrever acerca da "autoridade" e do "ministério" do estado; que três vezes ele afirma que a autoridade do estado é a autoridade de Deus; que três vezes ele descreve o estado e seus ministros como ministros de Deus, usando duas palavras (*diakonos* e *leitourgos*) que em outro lugar aplicou a seu próprio ministério de apóstolo e evangelista, e até mesmo ao ministério de Cristo.[8] Não acho que há uma maneira de escaparmos a essa verdade, por exemplo mediante a interpretação do parágrafo como uma aquiescência de má vontade às realidades do poder político. Não. A despeito dos defeitos do governo romano, dos quais ele tinha conhecimento pessoal, Paulo enfaticamente declarou que a autoridade e o ministério desse governo pertencia a Deus. É a origem divina da autoridade do estado que torna a submissão cristã uma questão de "consciência" (v. 5).

Entretanto, o fato de que a autoridade do estado foi delegada por Deus, e portanto, não ser intrínseca, mas derivada, significa que jamais deve ser absolutista. A adoração pertence a Deus somente, e a seu Cristo, que é o Senhor de todo poder e autoridade (Efésios 1.21,22) e o "soberano dos reis da terra" (Apocalipse 1.5; cf. 19.16). O estado deve ser respeitado como instituição divina, mas prestar-lhe fidelidade irrestrita e absoluta seria idolatria. Os cristãos primitivos recusaram-se a chamar César de "senhor"; esse título pertencia a Jesus somente.

Segundo, o *propósito* pelo qual Deus deu autoridade ao estado é recompensar (e assim promover) o bem e punir (e assim restringir) o mal. Por outro lado, pois, o estado "louva" (dá sua aprovação) àqueles que fazem o bem (v. 3) — mediante as honrarias que concede a seus cidadãos preeminentes — e existe para "teu bem" (v. 4). Essa frase não é explicada, mas certamente cobre todos os benefícios sociais do bom governo, na preservação da paz, na manutenção da lei e da ordem, na proteção dos direitos humanos, na promoção da justiça e no cuidado dos necessitados.

Por outro lado, o estado, como ministro de Deus e agente da sua ira, pune os malfeitores (v. 4), levando-os à justiça. Os estados modernos têm a tendência de serem melhores no primeiro caso que no último. Suas estruturas para o cumprimento das leis são mais sofisticadas do que as que se destinam ao estímulo positivo da boa cidadania mediante recompensas pelo serviço público e filantropia. Entretanto, os castigos e as recompensas vão juntos. O apóstolo Pedro também os relaciona quando, talvez fazendo eco ao capítulo 13 de Romanos, e certamente escrevendo depois que os cristãos tinham começado a sofrer perseguição em Roma, afirma a mesma origem divina, e propósito construtivo do estado como

---

[8] Exemplos de *diakonos* aplicado a Cristo: Romanos 15.8; a Paulo: 2Coríntios 6.4. *Leitourgos* é aplicado a Cristo em Hebreus 8.2 e a Paulo em Romanos 15.16.

"[autoridades] enviadas por ele, tanto para castigo dos malfeitores, como para louvor dos que praticam o bem" (1Pedro 2.14).

Entretanto, a função dupla do estado requer um alto grau de discernimento. Somente o bem deve ser recompensado, somente o mal punido. Não há aqui permissão para uma distribuição arbitrária de favores nem penalidades. Particularmente com referência ao cumprimento da lei. Em tempo de paz os inocentes devem ser protegidos, e em tempo de guerra os não combatentes devem ter a garantia da imunidade. A ação da policia é ação discriminada, e a Bíblia coerentemente expressa seu horror para com o derramamento do sangue inocente. O mesmo princípio de discriminação é um aspecto essencial da teoria da "guerra justa". E por isso que esse texto torna ilegal todo uso de armas indiscriminadas (atômicas, biológicas e químicas) e todo uso indiscriminado de armas convencionais (por exemplo, o bombardeio até o ponto de saturação de cidades civis) usos profundamente ofensivos à consciência cristã.

Terceiro, o *meio* pelo qual a autoridade do estado é exercida deve ser tão controlado quanto os seus propósitos são discriminados. A fim de proteger o inocente e punir o culpado, é claramente necessário que às vezes deve-se usar a coerção. Autoridade subentende poder, embora tenhamos de fazer distinção entre violência (o uso de poder sem controle e sem princípios) e força (seu uso com controle e princípios para prender malfeitores, mantê-los sob custódia, levá-los à justiça e, se condenados e sentenciados, obrigá-los a levar o castigo).

A autoridade do estado pode estender-se até à tomada judicial da vida. Pois a maioria dos comentaristas interpretam a "espada" que o estado traz (v. 4) como símbolo não apenas da autoridade geral que tem de punir, mas também como sua autoridade específica de ou infligir a penalidade capital ou declarar guerra, ou fazer ambas as coisas.[9] Lutero e Calvino argumentaram que era legítimo extrapolar nesse parágrafo a fim de incluir a "guerra justa", visto que os "malfeitores" a que o estado tem autoridade de punir podem ser agressores que o ameaçam de fora, como também criminosos que o ameaçam de dentro.

Há, claramente, diferenças óbvias entre sentenciar e punir um criminoso, por um lado, e declarar e travar guerra contra um agressor, por outro. Em particular, no combate não há nem juiz nem tribunal. Ao declarar guerra, o estado está agindo como juiz em sua própria causa, visto que ainda não existe nenhum corpo independente que arbitre as disputas internacionais. E os procedimentos

---

[9] *Machaira*, a "espada" do estado nesta passagem, pode também ser traduzida por "adaga" ou "faca", mas o Novo Testamento emprega-a várias vezes como símbolo da morte por execução ou na guerra (e.g. Mateus 10.34; Lucas 21.24; Atos 12.2; Romanos 8.35; Hebreus 11.37).

fixos e a atmosfera fria e impassível do tribunal não possuem paralelos no campo de batalha. Entretanto, como demonstrou o professor Oliver O'Donovan, o desenvolvimento da teoria da guerra justa "representou uma tentativa sistemática para interpretar os atos de guerra por analogia aos atos do governo civil",[10] e assim, procura vê-los como pertencentes ao "contexto da administração da justiça" e como sujeitos aos "padrões restritivos da justiça executiva".[11] De fato, quanto mais um conflito pode ser representado em termos da procura da justiça, tanto mais forte será o caso feito por sua legitimidade.

O uso que o estado faz da força, sendo estritamente limitado ao propósito particular para o qual foi dada, deve, com igual severidade, ser limitado a indivíduos particulares, isto é, levar criminosos à justiça. Não se pode encontrar desculpa alguma no capítulo 13 de Romanos para as medidas repressivas do estado policial. Em todas as nações civilizadas, tanto a polícia como o exército possuem instruções para usar "a mínima força necessária" — suficiente apenas para realizar a sua tarefa. Durante a guerra a força tem de ser controlada como também discriminada. A consciência cristã é proteção contra a espantosa capacidade de morticínio dos arsenais nucleares atuais.

Quarto, estabelece-se o devido *reconhecimento* à autoridade do estado. Os cidadãos devem estar "sujeitos" às autoridades governamentais porque foi Deus quem as instituiu (v. 1). Em consequência, os que se "opõem" a elas estão resistindo a Deus, e trazem o castigo sobre si mesmos (v.2). Contudo, é necessário que o cristão se submeta não somente a fim de evitar o castigo mas também para manter uma boa consciência (v. 5). O que, pois, está incluído em nossa submissão? Certamente devemos cumprir as leis (1Pedro 2.13) e pagar os impostos (v. 6). Também devemos orar pelos governantes (1Timóteo 2.1,2).

Exemplo, impostos e oração são três modos de estimular o estado a cumprir suas responsabilidades dadas por Deus. O irmos mais longe e sugerirmos que a "submissão" devida incluirá a cooperação, e até mesmo a participação no trabalho do estado, possivelmente dependerá de ser nossa eclesiologia luterana, reformada ou anabatista. Falando por mim mesmo, visto que a autoridade e o ministério do estado pertence a Deus, não vejo motivo para evitar, e toda razão para partilhar do seu serviço determinado por Deus.

Entretanto, deve haver limites à nossa submissão. Embora (em teoria, segundo o propósito de Deus), "os magistrados não são para temor quando se faz o bem" (v. 3), Paulo sabia que um procurador romano havia condenado Jesus à morte, e ele

---

[10] O'Donovan, Oliver. **Pursuit of a Christian View of War**, p. 13.

[11] Ibid., p. 14.

próprio de vez em quando tinha sido vítima da injustiça romana. Portanto, o que devem fazer os cristãos se o estado usar mal sua autoridade dada por Deus, perverter seu ministério dado por Deus e começar a promover o mal e punir o bem? O que se deve fazer se o estado cessar de ser ministro de Deus e tornar-se ministro de Satanás, perseguir a igreja em vez de protegê-la, e exercer uma autoridade malévola derivada não de Deus, mas do dragão (Apocalipse 13)? Então o quê?

Respondemos que ainda nesse caso os cristãos devem respeitar um estado ímpio, assim como os filhos devem respeitar a pais maus, mas não se requer deles uma submissão mansa. O apóstolo não estimula o regime totalitário. É nosso dever criticar e protestar, agitar e demonstrar, e até mesmo (em situações extremas) resistir ao ponto de quebrar a lei por meio da desobediência. A desobediência civil é, de fato, um conceito bíblico honrado particularmente por Daniel e seus amigos no Antigo Testamento e pelos apóstolos Pedro e João no Novo.[12] O princípio é claro. Visto que a autoridade do estado lhe foi dada por Deus, devemos sujeitar-nos até o ponto em que obedecer ao estado seria desobedecer a Deus. Nesse ponto, se o estado ordenar o que Deus proíbe, ou proibir o que Deus ordena, desobedecemos ao estado a fim de obedecer a Deus. Como os apóstolos disseram ao Sinédrio: "Antes importa obedecer a Deus do que aos homens".[13]

Se, em circunstâncias extremas, a desobediência é permissível, será a rebeldia também permissível? É certo que a tradição cristã da "guerra justa" às vezes se tem estendido ao ponto de incluir a "revolução justa". Mas as mesmas rigorosas condições destinadas à guerra aplicam-se à revolta armada. Estas se relacionam com justiça (a necessidade de derrubar uma tirania manifestadamente ímpia), restrição (último recurso apenas, tendo sido esgotadas todas as outras opções), discriminação e controle (no uso da força), proporção (o sofrimento causado deve ser menor do que o que está sendo suportado), e confiança (uma expectativa razoável de êxito). Uma aplicação conscienciosa desses princípios fará que o drástico passo da rebelião seja muito raro.

Permita-me resumir os aspectos e limitações correspondentes da autoridade do estado. Visto ter sido a sua autoridade delegada por Deus, devemos respeitá-lo mas não adorá-lo. Visto que o propósito de sua autoridade é punir o mal e promover o bem, não tem desculpa alguma para exercer o governo arbitrário. A fim de cumprir esse propósito, ele pode usar a coerção, mas somente a mínima força

---

[12] Como exemplos de desobediência civil veja Êxodo 1.15-21; Daniel 3.118 e 6.1-14; Atos 4.13-20.

[13] Atos 5.29; cf. 4.19.

necessária, não a violência indiscriminada. Devemos respeitar o estado e seus oficiais, dando-lhes uma submissão discernidora, não uma subserviência inquestionada.

Vencendo o mal com o bem

Tendo passado, em nosso estudo dos capítulos 12 e 13 de Romanos, do ódio ao mal, através da não retaliação e da conquista do mal, ao seu castigo, resta-nos o problema de harmonização. Vimos que o mal deve e não deve ser recompensado, dependendo de quem for o agente. Mas como pode o mal ser ao mesmo tempo "vencido" (12.21) e "punido" (13.4)? Essa é uma questão mais difícil e vai ao coração do debate entre os pacifistas cristãos e os teoristas da guerra justa. A mente cristã vai de uma vez à cruz de Cristo, porque lá essas duas coisas foram reconciliadas. Deus venceu o nosso mal justificando-nos somente porque ele primeiro o condenou em Cristo, e remindo-nos somente porque ele primeiro pagou o preço do resgate. Ele não venceu o mal mediante a recusa de puni-lo, mas aceitando ele mesmo o castigo. Na cruz o mal humano foi punido e vencido, e tanto a misericórdia como a justiça de Deus foram satisfeitas.

Como, pois, podem essas duas coisas ser reconciliadas em nossas atitudes para com o mal hoje? À luz da cruz de Cristo, os cristãos não podem aceitar nenhuma atitude para com o mal que se desvie do seu castigo numa tentativa de vencê-lo, ou o pune sem procurar vencê-lo. Certamente o estado, como agente da ira de Deus, deve dar testemunho da sua justiça, castigando os malfeitores. Mas o povo cristão também deseja dar testemunho da sua misericórdia. Dizer que os indivíduos são dirigidos pelo amor e os estados pela justiça, é uma simplificação exagerada. Pois o amor individual não deve ser indiferente à justiça, nem deve a administração da justiça pelo estado desprezar esse amor pelo próximo que é o cumprimento da lei. Além do mais, o estado, em sua busca da justiça, não está sob a obrigação de exigir a penalidade máxima permitida por lei. O próprio Deus que estabeleceu o princípio de "vida por vida" protegeu a vida do primeiro assassino (Gênesis 4.15). Circunstâncias extenuantes ajudarão a temperar a justiça com a misericórdia. O retributivo (punir o malfeitor) e o reformativo (reabilitá--lo) vão lado a lado, pois então o mal é simultaneamente punido e vencido.

É consideravelmente mais difícil imaginar tal reconciliação no tempo de guerra, quando são nações e não indivíduos que estão envolvidas. Mas pelo menos os cristãos devem lutar com o dilema e tentar não polarizá-lo. Os teoristas da "guerra justa" tendem a se concentrar na necessidade de resistir ao mal e puni-lo, e desprezar o outro mandamento bíblico de vencê-lo. Os pacifistas, por outro lado, tendem a se concentrar na necessidade de vencer o mal com o bem, e se esquecem de que segundo a Escritura o mal merece ser punido. Podem essas duas ênfases bíblicas ser reconciliadas? Os cristãos pelo menos acentuarão a necessidade de olhar além da derrota e da rendição do inimigo nacional ao seu arrependimento e reabilitação. A assim chamada "política do perdão", recentemente desenvolvida por Haddon Willmer,[14] é relevante neste ponto. David Atkinson resume essa ênfase muito bem:

> O perdão é um conceito dinâmico de mudança. Recusa-se a ser apanhado num determinismo fatalístico. Reconhece a realidade do mal, do erro e da injustiça, mas procura reagir ao erro de modo que seja criador de novas possibilidades. O perdão assinala uma aproximação ao erro em termos, não de paz a qualquer preço, nem de uma intenção destrutiva de desfazer-se do malfeitor, mas de uma disposição em procurar remodelar o futuro à luz do erro, do modo mais criativo possível.[15]

Na cruz, ao mesmo tempo exigindo e levando a penalidade do pecado, e assim, simultaneamente punindo e vencendo o mal, Deus demonstrou o seu santo amor; o santo amor da cruz deve caracterizar nossa resposta aos malfeitores hoje.

---

[14] WILLMER, Haddon. **Third Way**, maio, 1979.
[15] ATKINSON, David. **Peace in Our Time?**, p. 167.

Capítulo 13
SOFRIMENTO E GLÓRIA

O fato do sofrimento indubitavelmente tem sido o maior desafio à fé cristã em todas as gerações. Sua distribuição e grau parecem ser inteiramente ao acaso e, portanto, injustos. Os espíritos sensíveis perguntam se o sofrimento pode, de algum modo, reconciliar-se com a justiça e o amor de Deus.

No dia primeiro de novembro de 1755 Lisboa foi devastada por um terremoto. Sendo o Dia de Todos os Santos, as igrejas estavam cheias, e trinta foram destruídas. Dentro de seis minutos 15.000 pessoas tinham morrido e outras 15.000 estavam morrendo. Um dos muitos que foram atordoados pelas notícias foi o filósofo francês Voltaire. Durante meses ele aludiu ao terremoto em suas cartas em termos de apaixonado horror. Como podia alguém agora acreditar na bondade e onipotência de Deus? Ele ridicularizou as linhas de Alexandre Pope em seu *Ensaio Acerca do Homem*, que havia sido escrito numa vila segura e confortável de Twickenham: "E, a despeito do orgulho, a despeito da razão errante, Uma verdade é clara: O que quer que for, é certo".

Voltaire sempre se tinha rebelado contra essa filosofia do Otimismo. Poderia Pope repetir os seus versos, se tivesse se encontrado em Lisboa? A Voltaire pareciam ilógicas (interpretando o mal como bem), irreverentes (atribuindo o mal à Providência) e injuriosas (inculcando resignação em vez de ação construtiva). Ele expressou o seu protesto pela primeira vez em *Poema Acerca do Desastre de Lisboa*, que pergunta por que, se Deus é livre, justo e bom, sofremos sob o seu governo. É o antigo enigma de que Deus ou não é bom ou não é todo-poderoso. Ou ele deseja dar fim ao sofrimento mas não pode fazê-lo, ou ele poderia mas não quer. Qualquer que seja o caso, como podemos adorá-lo como Deus? O segundo protesto de Voltaire foi escrever seu romance satírico *Candide*, a história de um jovem engenhoso, cujo mestre, o dr. Pangloss, um professor de Otimismo, continua a assegurá-lo de que "tudo acontece para o melhor no melhor de todos os mundos possíveis", em desafio às suas sucessivas calamidades. Quando naufragam perto de Lisboa, Candide quase morre no terremoto, e Pangloss é enforcado pela Inquisição. Escreve Voltaire: "Candide, aterrorizado, sem fala, sangrando, palpitando, disse a si mesmo: Se este é o melhor de todos os mundos possíveis, como será o resto?".[1]

---

[1] Veja **Life of Voltaire**, de S. G. TALLENTYRE, v. II, p. 2527 e **Voltaire**, de Colonel Hamley, p. 168-177.

Todavia, o problema do sofrimento está longe de ser de interesse somente dos filósofos. Ele vem de encontro a quase todos nós na área pessoal; poucos passam pela vida inteiramente ilesos. Pode ser uma privação de infância que resultou numa desordem emocional para a vida toda, ou uma deficiência congênita da mente ou do corpo. Ou, de súbito e sem aviso, somos atacados por uma enfermidade dolorosa, somos despedidos do emprego, caímos na pobreza ou sofremos a morte de uma pessoa querida. Ou então, sem querer, ficamos sozinhos novamente, um relacionamento de amor se desfaz, o casamento se quebra e chegam o divórcio, a depressão e a solidão.

O sofrimento vem de muitas formas desagradáveis, e às vezes não só fazemos a Deus as nossas perguntas agonizantes: "Por quê?" e "Por que eu?" mas até mesmo, como Já, nos encolerizamos contra ele, acusando-o de injustiça e indiferença. Não conheço um líder cristão mais sincero em confessar sua ira do que Joseph Barker, que foi ministro do Templo da Cidade de 1874 até sua morte em 1902. Ele diz em sua autobiografia que até à idade de 68 anos jamais teve uma dúvida acerca da religião. Então sua esposa faleceu, e sua fé entrou em colapso. "Naquela hora negra", escreveu ele, "quase me tornei um ateu. Pois Deus havia colocado os pés sobre as minhas orações e tratado as minhas petições com desprezo. Se eu tivesse visto um cão em agonias como as minhas, eu teria tido pena e ajudado a besta; contudo, Deus cuspiu sobre mim e lançou-me fora como uma ofensa — fora na desolação do deserto e na noite negra e sem estrelas".[2]

É preciso dizer imediatamente que a Bíblia não supre solução completa ao problema do mal, quer seja mal "natural", quer "moral", isto é, quer na forma de sofrimento quer de pecado. Consequentemente, embora faça referência ao pecado e ao sofrimento praticamente em todas as suas páginas, seu interesse não é explicar a origem destes, mas ajudar-nos a vencê-los.

Meu objetivo neste capítulo é explorar a relação que possa existir entre a cruz de Cristo e os nossos sofrimentos. De modo que não apresentarei outros argumentos padrões acerca do sofrimento, incluídos nos livros textos, mas os mencionarei apenas como introdução.

Primeiro, segundo a Bíblia, o sofrimento é uma intromissão alheia ao bom mundo de Deus, e não terá parte em seu novo Universo. É uma investida violenta e destrutiva de Satanás contra o Criador. O livro de Jó esclarece esse ponto. Também o fazem a descrição de Jesus de uma mulher enferma como estando "presa" por Satanás, o seu repreender as doenças como repreendia os demônios, a referência de Paulo a seu "espinho na carne" como "mensageiro de Satanás", e o retrato que

---

[2] Apud Tizard, Leslie J. **Preaching**, p. 28.

Pedro fez do ministério de Jesus como "curando a todos os oprimidos do diabo".[3] Assim, não importa o que se possa dizer mais tarde acerca do "bem" que Deus pode tirar do sofrimento, não devemos nos esquecer de que é bem extraído do mal.

Segundo, com frequência o sofrimento é devido ao pecado. É claro que originalmente a doença e a morte entraram no mundo através do pecado. Mas agora estou pensando no pecado atual. Às vezes o sofrimento vem por causa do pecado de outros, como acontece quando as crianças sofrem nas mãos de pais desamorosos ou irresponsáveis, os pobres e os famintos sofrem pela injustiça econômica, os refugiados sofrem por causa das crueldades da guerra, e os que morrem nas estradas por causa de motoristas embriagados.

Outras vezes o sofrimento pode ser a consequência de nosso próprio pecado (o uso indevido de nossa liberdade) e até mesmo sua penalidade. Não devemos fazer vista grossa às passagens bíblicas que atribuem a enfermidade ao castigo de Deus.[4] Ao mesmo tempo devemos repudiar firmemente a horrível doutrina hindu do *carma*, que atribui todo sofrimento a ações erradas nesta ou numa existência anterior, e a doutrina dos assim chamados consoladores de Jó, quase tão horrível quanto aquela. Apresentaram sua ortodoxia convencional de que todo sofrimento pessoal é devido ao pecado pessoal, e um dos principais propósitos do livro de Jó é contradizer essa noção popular mas errônea. Jesus também rejeitou-a categoricamente.[5]

Terceiro, o sofrimento é devido à nossa sensibilidade humana à dor. O infortúnio é agravado pela dor (física ou emocional) que sentimos. Mas os sensores da dor do sistema nervoso central emitem valiosos sinais de aviso, necessários à sobrevivência pessoal e social. Talvez a melhor ilustração dessa verdade seja a descoberta do dr. Paul Brand no Hospital Evangélico Velore, no Sul da Índia, de que o mal de Hansen (lepra) entorpece as extremidades do corpo, de modo que as úlceras e infecções que se desenvolvem sejam problemas secundários, devidos à perda de sensibilidade. Se vamos proteger-nos a nós mesmos, é necessário que as reações nervosas *doam*. "Graças a Deus por inventar a dor!", escreveu Philip Yancey. "Não acho que ele poderia ter feito um trabalho melhor. É linda."[6]

Quarto, o sofrimento é devido ao tipo de ambiente em que Deus nos colocou. Embora a maior parte do sofrimento humano seja causada pelo pecado

---

[3] Lucas 13.16 e 4.35, 39; 2Coríntios 12.7; Atos 10.38.
[4] Exemplo: Deuteronômio 28.15ss.; 2Reis 5.27; Salmos 32.3-5; 38.1-8; Lucas 1.20; João 5.14; 1Coríntios 11.30.
[5] Exemplo: Lucas 13.1-15; João 9.1-3.
[6] YANCEY, Philip. **Where is God when it hurts?** [**Onde está Deus quando chega a dor?**, Vida], p. 23.

humano (C. S. Lewis calculou que chega a quatro quintos, e Hugh Silvester dezenove vinte avos, isto é, 95%[7]), os desastres naturais como inundações, tufões, terremotos e secas não o são. É verdade que se pode argumentar que Deus não pretendia que as "áreas inóspitas" da Terra fossem habitadas, muito menos ampliadas pela irresponsabilidade ecológica.[8] Entretanto, grande quantidade de gente continua vivendo onde nasceram e não têm possibilidade de mudar. O que se pode dizer, então, acerca das assim chamadas leis" naturais que na tempestade e no vendaval implacavelmente esmagam pessoas inocentes?

C. S. Lewis foi ao ponto de dizer que "nem mesmo a Onipotência poderia criar uma sociedade de almas livres sem ao mesmo tempo criar uma Natureza relativamente independente e 'inexorável' ".[9] "O de que precisamos para a sociedade humana", prosseguiu Lewis, "é exatamente o que temos — algo neutro", estável e possuindo "uma natureza própria fixa", como a arena na qual podemos agir livremente uns para com os outros e para com ele.[10] Se vivêssemos em um mundo no qual Deus impedisse que o mal acontecesse, como o Super-homem dos filmes de Alexander Salkind, a atividade livre e responsável seria impossível.

Sempre tem havido aqueles que insistem em que o sofrimento é sem sentido, e que não podemos detectar absolutamente nenhum propósito nele. No mundo antigo encontravam-se nesse grupo os estoicos (que ensinavam a necessidade de submissão corajosa às leis inexoráveis da natureza) e os epicureus (que ensinavam que o melhor escape do mundo imprevisível era a indulgência no prazer). E no mundo moderno, os existencialistas seculares acreditam que tudo, inclusive a vida, o sofrimento e a morte, é sem sentido e, portanto, absurdo.

Mas os cristãos não podem seguir por esse beco sem saída. Pois Jesus mencionou o sofrimento como sendo tanto para a "glória de Deus", para que o Filho fosse glorificado por meio dele, como "para que se manifestem nele as obras de Deus".[11] Essa afirmação de alguma maneira (ainda a ser explorada) parece significar que Deus está operando a revelação da sua glória no sofrimento e por meio dele, como fez (embora de modo diferente) por meio do de Cristo. Qual é, pois, o relacionamento entre o sofrimento de Cristo e o nosso? Como é que a cruz nos fala em nossa

---

[7] Lewis, C. S. **Problem of Pain [O problema do sofrimento, Vida]**, p. 77; Silvester, Hugh. **Arguing with God**, p. 32.

[8] Silvester, Hugh. **Arguing with God**, p. 80.

[9] Lewis, C. S. **Problem of Pain [O problema do sofrimento, Vida]**, p. 17.

[10] Ibid., p. 19

[11] João 11.4 e 9.3.

dor? Desejo sugerir, com base nas Escrituras, seis possíveis respostas a essas questões, as quais parecem passar gradativamente do mais simples ao mais sublime.

Perseverança paciente

Primeiro, a cruz de Cristo é um *estímulo à perseverança paciente*. Embora tenhamos de reconhecer o sofrimento como mal e, portanto, resistir a ele, contudo chega a época em que ele tem de ser aceito realisticamente. É então que o exemplo de Jesus, o qual o Novo Testamento coloca diante de nós para que o imitemos, transforma-se em inspiração. Pedro conduziu a mente dos seus leitores ao sofrimento, especialmente se fossem escravos cristãos com donos severos, durante a perseguição de Nero. Não lhes seria de nenhum crédito em particular o serem chicoteados por causa de algum malefício e o aguentarem com paciência. Mas se, por fazerem o bem, suportassem o sofrimento, essa atitude seria agradável a Deus. Por quê? Porque o sofrimento não merecido faz parte do chamado cristão, visto que o próprio Cristo havia sofrido por eles, deixando-lhes o exemplo para que seguissem em seus passos. Embora sem pecado, ele foi insultado, mas jamais retaliou (1Pedro 2.18-23).

Jesus deu o exemplo de perseverança bem como de não retaliação, o qual nos devia incentivar a perseverar na carreira cristã. Necessitamos olhar firmemente para Jesus, pois ele "suportou a cruz, não fazendo caso da ignomínia". Portanto: "Considerai, pois, atentamente, aquele que suportou tamanha oposição dos pecadores contra si mesmo, para que não vos fatigueis, desmaiando em vossas almas" (Hebreus 12.1-3).

Embora esses dois exemplos se relacionem especificamente à oposição ou perseguição, parece legítimo dar-lhes uma aplicação mais ampla. Cristãos de todas as gerações, ao contemplarem os sofrimentos de Cristo, os quais culminaram na cruz, têm obtido a inspiração para suportar com paciência a dor não merecida, sem reclamar nem revidar. É verdade que ele não teve de suportar muitos tipos de sofrimento. Contudo, seus sofrimentos foram notavelmente representativos. Tomemos Joni Eareckson como exemplo. Em 1967, uma adolescente linda e atlética, sofreu terrível acidente de mergulho na baia de Chesapeake, o qual a deixou quadriplégica. Ela conta a sua história com tocante honestidade, inclusive suas épocas de amargura, ira, rebeldia e desespero, e como, gradativamente, através do amor de familiares e amigos, ela chegou a confiar na soberania de Deus e construir uma nova vida de pintura com a boca e conferências públicas sob a bênção de Deus. Certa noite, mais ou menos três anos depois do acidente de Joni, Cindy, uma de suas amigas mais chegadas, assentada ao lado da cama de Joni, falou-lhe de Jesus, dizendo: "Ora, ele também ficou paralisado". Não lhe havia ocorrido antes que na cruz Jesus sofreu dor parecida com a dela, ficando incapaz de se mover, praticamente paralisado. Ela achou esse pensamento profundamente confortador.[12]

Santidade madura

Segundo, a cruz de Cristo é o *caminho da santidade madura*. Por mais extraordinário que possa parecer, podemos acrescentar: "foi para ele e o é para nós". É necessário que consideremos as implicações de dois versículos um tanto negligenciados da carta aos Hebreus:

> Porque convinha que aquele, por cuja causa e por quem todas as coisas existem, conduzindo muitos filhos à glória, aperfeiçoasse por meio de sofrimentos o Autor da salvação deles (2.10).
>
> Embora sendo Filho, aprendeu a obediência pelas coisas que sofreu e, tendo sido aperfeiçoado, tornou-se o Autor da salvação eterna para todos os que lhe obedecem (5.8,9; cf. 7.28).

Os dois versículos falam de um processo no qual Jesus foi "aperfeiçoado", e os dois atribuem o processo de aperfeiçoamento ao seu "sofrimento". Não, é claro, que ele jamais tivesse sido imperfeito no sentido de haver cometido erros, pois Hebreus sublinha a sua pureza.[13] Antes, foi que ele necessitava de mais experiência e oportunidades a fim de se tornar *teleios*, "maduro". Em particular, ele "aprendeu a obediência pelas coisas que sofreu". Ele jamais foi desobediente. Mas seus sofrimentos foram o campo de teste no qual a sua obediência se tornou adulta.

Se o sofrimento foi o meio pelo qual o Cristo sem pecado se tornou maduro, tanto mais nós necessitamos dele em nossa pecaminosidade. É interessante que Tiago usa a mesma linguagem de "perfeição" ou "maturidade" com relação aos cristãos. Assim como o sofrimento conduziu Cristo à maturidade através da obediência, da mesma forma ele nos leva à maturidade por meio da perseverança.

> Meus irmãos, tendo por motivo de toda a alegria o passardes por várias provações, sabendo que a provação da vossa fé, uma vez confirmada, produz perseverança.

---

[12] Joni Eareckson com Joe Musser, **Joni**, p. 96. Veja também seu segundo livro **Um Passo Mais**, no qual ela escreve mais acerca da soberania de Deus e de seu propósito eterno.

[13] Exemplo: Hebreus 4.15; 7.26.

Ora, a perseverança deve ter ação completa, para que sejais perfeitos e íntegros, em nada deficientes (Tiago 1.2-4; cf. Romanos 5.3-5).

As Escrituras desenvolvem três imagens gráficas a fim de exemplificar como Deus usa o sofrimento com relação ao seu propósito de nos tornar santos, em outras palavras, semelhantes a Cristo. São a do pai que corrige os filhos, do trabalhador em metal que refina a prata e o ouro, e do lavrador que poda a sua vinha. Podemos ver o quadro do pai e dos filhos já em Deuteronômio, onde Moisés diz: "Sabe, pois, no teu coração que, como um homem disciplina a seu filho, assim te disciplina o Senhor teu Deus." A metáfora aparece novamente no livro de Provérbios, onde acentua-se que a disciplina do pai é uma expressão do seu amor pelos filhos, e os versículos de Provérbios são citados na carta aos Hebreus e ecoados na mensagem de Jesus à igreja laodicense.[14]

A passagem de Hebreus é a mais longa. Ensina que a disciplina paterna distingue os filhos verdadeiros dos ilegítimos; que Deus nos disciplina apenas para o nosso bem, a saber, "a fim de sermos participantes da sua santidade"; que no momento a disciplina é dolorosa, desagradável, mas que mais tarde ela "produz fruto pacífico aos que têm sido por ela exercitados, fruto de justiça", deveras, não para todos (pois alguns se rebelam contra a disciplina), mas para aqueles que se submetem a ela e, assim, são "por ela exercitados".

O segundo quadro de Deus como o de refinador de prata e ouro ocorre três vezes no Antigo Testamento, onde se torna claro que o lugar do refinamento de Israel foi na "fornalha da aflição", e Pedro o aplica à provação de nossa fé cristã em "várias provações". O processo é doloroso, mas por meio dele nossa fé (cujo valor é "muito mais precioso do que o ouro") terá a prova de que é genuína e resultará na glória de Jesus Cristo.[15]

O terceiro quadro o próprio Jesus desenvolveu em sua alegoria da videira, na qual a frutificação dos ramos (quase certamente um símbolo do caráter cristão) dependerá não somente de estarem na videira, mas também em serem podados pelo viticultor. A poda é processo drástico, que muitas vezes parece cruel, à medida que a videira é recortada e deixada quase desnuda. Mas quando voltam a primavera e o verão, há muito fruto.[16]

As três metáforas descrevem um processo negativo, a disciplina da criança, a refinação do metal e a poda da videira. Mas as três também sublinham o resultado

---

[14] Deuteronômio 8.5; Provérbios 3.11,12; Hebreus 12.5-11; Apocalipse 3.19.
[15] Salmos 66.10; Isaías 48.10; Zacarias 13.9 1Pedro 1.6,7.
[16] João 15.1-8. Cf. Isaías 5.1-7, especialmente o v. 7, e Gálatas 5.22,23, como evidência de que o "fruto" significa retidão e caráter semelhante ao de Cristo.

positivo — o bem-estar da criança, a pureza do metal e a frutificação da videira. Não devemos hesitar em dizer, portanto, que Deus pretende que o sofrimento seja um "meio da graça". Muitos dos seus filhos podem repetir a afirmação do Salmista: "Antes de ser afligido andava errado, mas agora guardo a tua palavra" (Salmos 119.67). Pois se o amor de Deus é amor santo, como o é, então se interessa não apenas em agir em santidade (como na cruz de Cristo), mas também em promover a santidade (no povo de Deus). Como já vimos, o sofrimento favorece a perseverança e purifica a fé. Ele também desenvolve a humildade, como na ocasião em que o espinho na carne de Paulo teve o propósito de impedir que ele se tornasse orgulhoso. E aprofunda a visão, como através do amor não correspondido de Oseias por Gômer foram-lhe reveladas a fidelidade e a paciência do amor de Yavé por Israel.[17]

Tampouco devíamos deixar de perceber os benefícios que podem advir à vida de outras pessoas, como o altruísmo heroico dos que cuidam dos enfermos, dos senis e dos deficientes, e o surgimento espontâneo da generosidade para com os povos famintos da África.

A igreja Católica Romana tradicionalmente tem falado de "sofrimento redentor". Seu ensino oficial é que, mesmo depois que a culpa de nossos malefícios é perdoada, seu castigo ainda deve ser completado aqui nesta vida ou no purgatório (que é "a igreja sofrendo"). Assim, o perdão não cancela a penitência, pois o castigo deve ser acrescentado ao perdão. As melhores penitências, além do mais, não são as designadas pela igreja mas as enviadas pelo próprio Deus —a saber, "cruzes, enfermidades, dores" — as quais propiciam o nosso pecado. Há, na verdade, "dois motivos para o sofrimento pelo pecado: primeiro, expiação a Deus, e segundo, reformulação de nossa alma." Pois o sofrimento subjuga nossos apetites corporais, purifica-nos e restaura-nos.[18]

Esse tipo de ensino, que parece tanto subestimar a perfeição com a qual Deus, mediante Cristo, nos redimiu e nos perdoou, como atribuir eficácia expiadora a nossos sofrimentos, é muito ofensivo à mente e consciência protestante. Alguns católicos romanos, porém, usam a expressão "sofrimento redentor", simplesmente para indicar que a aflição, embora a alguns torne amargos, a outros transforma.

É nesse sentido que Mary Craig escreve do "poder redentor do sofrimento". Ela descreve como dois de seus quatro filhos nasceram com severas deficiências, Paulo, seu segundo filho, com a síndrome incapacitadora e desfiguradora

---

[17] 2Coríntios 12.7-10 e Oseias 1-3.
[18] SMITH, George D. (Ed.). **Teaching of the Catholic Church**, p. 1141-1146.

de Hohler, e Nicholas, seu quarto filho, com a síndrome de Down. Ela conta a história de sua luta espiritual sem autopiedade ou melodrama. No capítulo final do seu livro, apropriadamente intitulado *Bênçãos*, ela medita no significado do sofrimento, e é então que introduz a palavra "redentor". "Em face da evidência", escreve ela, "não creio que o sofrimento seja, em última análise, absurdo ou sem sentido", embora "seja frequentemente difícil continuar a convencer a nós mesmos" desse fato. A princípio reagimos com incredulidade, ira e desespero. Contudo, "o valor do sofrimento não está na dor que acarreta [...], mas no que o sofredor faz com ele [...]. É no pesar que descobrimos as coisas que são realmente importantes; é no pesar que descobrimos a nós mesmos".

Visto que Jesus é o único Redentor, e o Novo Testamento jamais usa a linguagem da redenção acerca de nada que fazemos, seremos sábios em não falar de "sofrimento redentor". "Sofrimento criativo", uma expressão popularizada pelo dr. Paul Tournier em seu livro mais recente, seria melhor, desde que não se imagine que o sofrimento na realidade crie alguma coisa. Mas ele certamente estimula a "criatividade", e é essa a mensagem. Tournier começa referindo-se a um artigo escrito pelo dr. Pierre Rentchnick, de Geneva, em 1975, intitulado "Órfãos Dirigem o Mundo". Tendo como base a vida dos políticos mais influentes do mundo, ele fez a espantosa descoberta de que quase 300 deles foram órfãos, de Alexandre, o Grande, e Júlio César a Carlos V, e de Luís XIV a George Washington, Napoleão e (menos felizmente) Lenin, Hitler, Stalin e Castro. Essa ocorrência naturalmente chamou a atenção do dr. Tournier, visto que havia muito estivera promovendo a importância que tem no desenvolvimento da criança o papel harmonioso do pai e da mãe — exatamente o que os políticos mais influentes não tiveram! O dr. Rentchnick desenvolveu a teoria de que a "insegurança criada pela privação emocional deve ter despertado nessas crianças uma excepcional força de poder." O mesmo era evidentemente verdadeiro quanto a dirigentes religiosos, visto que, por exemplo, Moisés, Buda, Confúcio e Maomé também foram órfãos.[19]

O professor e psicólogo André Haynal, que tem estudado essa teoria, sugere que a "privação" de qualquer espécie (não apenas o ser órfão) jaz por trás da "criatividade" (termo que ele prefere a "força de poder"). Finalmente, o dr. Tournier confirma a teoria com sua experiência clínica. Durante cinquenta anos seus pacientes confiaram a ele suas dores e conflitos. "Tenho-os visto mudar por intermédio do sofrimento", diz ele. Não que o sofrimento (que é um mal) seja a causa

---

[19] TOURNIER, Paul. **Creative Suffering**, p. 1-5.

do crescimento; mas é sua *oportunidade*)." Por que, pois, alguns crescem através da deficiência, enquanto outros não? Sua reação depende, acredita ele, "mais da ajuda que recebem de outros do que da sua disposição hereditária", e, em particular, depende do amor. "Privações sem o auxílio do amor significam catástrofe", ao passo que "o fator decisivo em levar a privação a produzir fruto é o amor".

Portanto, não é tanto o sofrimento que amadurece as pessoas, mas a maneira pela qual elas reagem a ele. "Embora o sofrimento em si mesmo possa não ser criativo, muito raramente somos criativos sem o sofrimento [...]. Pode-se dizer também que não é o sofrimento que faz a pessoa crescer, mas que a pessoa não cresce sem o sofrimento."

Combinam-se assim o ensino bíblico e a experiência pessoal, com o propósito de ensinar que o sofrimento é o caminho para a santidade ou maturidade. Sempre há um algo indefinido acerca das pessoas que sofreram. Possuem certa fragrância que falta nas outras. Exibem a mansidão e a ternura de Cristo. Uma das afirmativas mais admiráveis que Pedro faz em sua primeira carta é que "aquele que sofreu na carne deixou o pecado" (4.1). A aflição física, ele parece estar dizendo, na realidade tem o efeito de fazer que paremos de pecar. Sendo assim, às vezes indago se o teste real de nossa fome por santidade não é a disposição em experimentar o sofrimento, em qualquer grau, se tão somente por meio dele Deus nos tornar santos.

O SERVIÇO SOFREDOR

Terceiro, a cruz de Cristo é o *símbolo do serviço sofredor*. Conhecemos os quatro ou cinco "Cânticos do Servo" de Isaías, os quais, em conjunto, formam o retrato do "servo sofredor do Senhor",[20] e começamos no capítulo anterior a examinar o elo entre sofrimento e serviço. De caráter manso e conduta gentil (não clamará nem gritará), e amável em suas lides com os outros (não esmagará a cana quebrada nem apagará a torcida que fumega), contudo ele foi chamado por Yavé desde antes de nascer, cheio com o Espírito e receptivo à sua Palavra, com a finalidade de trazer Israel de volta para ele e ser uma lâmpada para as nações. Nessa tarefa ele persevera, mostrando intrepidez no rosto, embora suas costas sejam chicoteadas, sua barba arrancada, seu rosto cuspido, ele próprio seja levado como um cordeiro para o matadouro e morre, levando os pecados de muitos. Entretanto, como resultado de sua morte, muitos serão justificados e os gentios, espargidos com sua bênção.

---

[20] Isaías 42.1-4; talvez 44.1-5; 49.1-6; 50.4-9; 52.12-53.12.

O aspecto particularmente admirável desse quadro é que sofrimento e serviço, paixão e missão caminham juntos. Vemo-lo claramente em Jesus, que é o servo sofredor por excelência, mas necessitamos lembrar-nos de que a missão do servo de levar luz aos gentios também é cumprida pela igreja (Atos 13.47). Para a igreja, portanto, como para o Salvador, sofrimento e serviço vão lado a lado.

Mais do que isso. Não é apenas que sofrimento e serviço caminham juntos, mas que o sofrimento é indispensável ao serviço frutífero ou eficaz. É essa a mensagem inescapável das palavras de Jesus:

> "É chegada a hora de ser glorificado o Filho do homem. Em verdade, em verdade vos digo: Se o grão de trigo, caindo na terra, não morrer, fica ele só; mas se morrer, produz muito fruto. Quem ama a sua vida, perde-a; mas aquele que odeia a sua vida neste mundo, preservá-la-á para a vida eterna. Se alguém me serve, siga-me, e onde eu estou, ali estará também o meu servo. E se alguém me servir, o Pai o honrará [...]".
> "E eu, quando for levantado da terra, atrairei todos a mim mesmo. Isto dizia, significando de que gênero de morte estava para morrer" (João 12.23-26; 32,33).

É difícil aceitar a lição da ceifa. A morte é mais do que um caminho para a vida; é o segredo da frutificação. A menos que caia no solo e morra, o grão de trigo permanece como uma única semente. Permanece vivo, mas sozinho; mas se morrer, multiplicará. Antes de tudo Jesus estava-se referindo a si mesmo. Alguns gregos desejavam vê-lo? Ele estava prestes a ser "glorificado" na morte. Logo ele seria levantado na sua cruz a fim de atrair a si mesmo todas as pessoas. Durante seu ministério terreno ele se restringiu grandemente às ovelhas perdidas da casa de Israel, mas depois da sua morte e ressurreição, ele teria uma autoridade universal e um apelo universal.

Mas Jesus não estava falando somente de si mesmo. Ele estava proferindo um princípio geral, e prosseguiu a aplicá-lo aos discípulos que devem segui-lo e, como ele, perder suas vidas (vv. 25,26) — não necessariamente através do martírio, mas pelo menos no serviço autodoador e sofredor. Para nós, como para ele, a semente deve morrer a fim de multiplicar-se.

Paulo é o exemplo mais notável desse princípio. Examinemos estes textos tirados de três cartas diferentes:

> Por esta causa eu, Paulo, o prisioneiro de Cristo Jesus, por amor de vós, gentios [...] vos peço que não desfaleçais nas minhas tribulações por vós, pois nisso está a vossa glória (Efésios 3.1,13).

Agora me regozijo nos meus sofrimentos por vós; e preencho o que resta das aflições de Cristo, na minha carne, a favor do seu corpo, que é a igreja (Colossenses 1.24).

Segundo o meu evangelho; pelo qual estou sofrendo... . Por esta razão, tudo suporto por causa dos eleitos, para que também eles obtenham a salvação que está em Cristo Jesus com eterna glória (2Timóteo 2.8-10).

Paulo afirma nas três passagens que suporta os seus sofrimentos "por amor de vós, gentios", "a favor do seu corpo, que é a igreja" ou "por causa dos eleitos". Visto que o faz por eles, crê que obterão algum benefício dos sofrimentos dele. Que benefício será esse? Na passagem aos colossenses ele diz que seus sofrimentos preenchem o que resta das aflições de Cristo. Podemos ter certeza de que Paulo não está atribuindo eficácia expiadora a seus sofrimentos, em parte porque sabia que a obra expiadora de Cristo fora concluída na cruz, e em parte porque usa a palavra especial "aflições" (*thlipseis*) que denota suas perseguições. São estas que não estavam terminadas, pois ele continuou a ser perseguido na sua igreja. Que benefício, pois, Paulo pensava que os seus sofrimentos trariam ao povo? Dois dos três textos ligam as palavras "sofrimentos" e "glória". "Meus sofrimentos [...] está a vossa glória", diz ele aos efésios. De novo, "salvação [...] com eterna glória", serão obtidas pelos eleitos por causa dos sofrimentos que Paulo está suportando (2Timóteo 2.8-10).

Parece um absurdo. Será que Paulo realmente pensa que seus sofrimentos obterão a salvação e a glória deles? Sim, ele pensa. Não diretamente, contudo, como se seus sofrimentos possuíssem eficácia salvadora como os de Cristo, mas indiretamente porque estava sofrendo pelo evangelho que eles deviam ouvir e aceitar a fim de serem salvos. Uma vez mais, o sofrimento e o serviço iam juntos, e os sofrimentos do apóstolo eram um elo indispensável na cadeia da salvação deles.

Raramente se ensina hoje o lugar do sofrimento no serviço e o da paixão na missão. Mas o maior segredo da eficácia evangelística ou missionária é a disposição de sofrer e morrer. Pode ser uma morte à popularidade (mediante a pregação fiel de um evangelho bíblico não popular), ou ao orgulho (por meio de métodos modestos de acordo com o Espírito Santo), ou ao preconceito racial ou nacional (mediante a identificação com outra cultura), ou ao conforto material (adotando um modo de vida mais simples). Mas o servo, se quiser levar luz às nações, deve sofrer, e a semente, a fim de se multiplicar, deve morrer.

A ESPERANÇA DA GLÓRIA

Quarto, a cruz de Cristo é a *esperança da glória final*. Jesus olhava firmemente além da sua morte para a sua ressurreição, além dos seus sofrimentos para a sua glória e, deveras, foi sustentado em suas tribulações pela "alegria que lhe estava proposta" (Hebreus 12.2). É igualmente claro que ele esperava que seus seguidores partilhassem essa perspectiva. A inevitabilidade do sofrimento é tema regular em seu ensino e no dos apóstolos. Se o mundo o odiou e perseguiu, odiaria e perseguiria também os seus discípulos. O sofrimento era, de fato, uma "dádiva" de Deus a todo o seu povo, e uma parte do seu chamado. Portanto, não deviam surpreender-se com ele, como se alguma coisa estranha lhes estivesse acontecendo. Era algo que podiam esperar. Nada é mais direto do que a afirmação de Paulo de que "todos quantos querem viver piedosamente em Cristo Jesus serão perseguidos".[21]

Além do mais, ao sofrer *como* estavam sofrendo *com* Cristo, eram mais do que espectadores dos seus sofrimentos agora, mais do que testemunhas, mais até mesmo do que imitadores; eram, na realidade, participantes dos seus sofrimentos, partilhando o seu "cálice" e o seu "batismo".[22] Assim, como partilham dos seus sofrimentos, também partilhariam da sua glória. A inevitabilidade do sofrimento devia ser vista não somente como devida ao antagonismo do mundo, mas também como uma preparação necessária. "Por meio de muitas tribulações, nos importa entrar no reino de Deus", advertiam os apóstolos aos novos convertidos na Galácia. É compreensível, pois, que a multidão incontável dos redimidos a que João viu perante o trono de Deus foi descrita tanto como tendo saído "da grande tribulação" (no contexto, certamente um sinônimo da vida cristã) e como tendo alvejado as suas vestiduras "no sangue do Cordeiro".[23]

É, pois, a esperança da glória que torna o sofrimento suportável. A perspectiva essencial a desenvolver é a do propósito eterno de Deus, a qual é tornar-nos santos ou semelhantes a Cristo. Devemos meditar com frequência nos grandes textos do Novo Testamento que unem a eternidade passada e a futura dentro de um único horizonte. Porque Deus "nos escolheu nele antes da fundação do mundo, para sermos santos e irrepreensíveis perante ele". Seu propósito

---

[21] Exemplo: Mateus 5.10-12; João 15.18-21; Filipenses 1.30; 1Pedro 2.21; 4.12; 2Timóteo 3.12.

[22] Exemplo: Marcos 10.38; 2Coríntios 1.5; Filipenses 3.10; 1Pedro 4.13; 5.1.

[23] Exemplo: Atos 14.22; Romanos 8.17; 2Timóteo 2.11,12; 1Pedro 4.13, 5.1, 9,10; Apocalipse 7.9, 14.

é apresentar-nos "com exultação, imaculados diante da sua glória". É quando esses horizontes se encontram dentro de nossa visão que temos por certo que "os sofrimentos do tempo presente não são para comparar com a glória por vir a ser revelada em nós", porque a "nossa leve e momentânea tribulação produz para nós eterno peso de glória, acima de toda comparação".

E o que é a "glória", esse destino final, ao qual Deus está fazendo que tudo coopere para o bem, inclusive os nossos sofrimentos? É que sejamos "conformes à imagem de seu Filho". O prospecto futuro que torna o sofrimento suportável, portanto, não é a recompensa em forma de "prêmio", a qual poderia levar-nos a dizer que "sem dor não há vitória" ou "sem cruz não há coroa", mas a única recompensa de valor inestimável, a saber, a glória de Cristo, sua própria imagem perfeitamente recriada em nós. "Seremos semelhantes a ele, porque havemos de vê-lo como ele é."[24]

É esse o tema dominante do livro *Destinado Para a Glória*, de Margaret Clarkson, canadense, autora e escritora de hinos. Nascida num lar "desamoroso e infeliz", e afligida desde a infância com horríveis dores de cabeça e artrite aleijante, o sofrimento tem sido seu companheiro de toda a vida. Nos primeiros dias ela experimentou o espectro total das reações humanas à dor, inclusive "raiva, frustração, desespero" e até mesmo a tentação ao suicídio. Mas, gradativamente, chegou a crer na soberania de Deus, a saber, que Deus "mostra sua soberania sobre o mal usando o próprio sofrimento que é inerente ao mal a fim de ajudar na execução de seu propósito eterno". Nesse processo ele desenvolveu uma alquimia maior do que a dos antigos alquimistas, que procuravam transformar metais mais baixos em ouro. Pois o "único alquimista verdadeiro" é Deus. Ele tem êxito até mesmo em "transmutar o mal em bem". Somos "destinados para a glória", a "glória para a qual ele nos criou — a fim de nos fazer semelhantes ao seu Filho".

Podemos responder, é claro, que não desejamos que Deus nos mude, particularmente se o meio necessário usado for a dor. "Podemos deveras desejar", escreveu C. S. Lewis, "que tivéssemos tão pouca importância para Deus que ele nos deixasse em paz a fim de seguirmos nossos impulsos naturais — que ele desistisse de tentar treinar-nos em algo tão diferente de nossos seres naturais: mas, uma vez mais, não estamos pedindo mais amor, mas menos [...]. Pedir que o amor de Deus se contente conosco como somos é o mesmo que pedir que Deus cesse de ser Deus [...]".[25]

Essa visão do sofrimento como o caminho da glória para o povo de Deus é, indubitavelmente, bíblica. Não se pode dizer o mesmo, contudo, das tentativas de

---

[24] Efésios 1.4; Judas 24; Romanos 8.18; 2Coríntios 4.17; Romanos 8.2829; 1João 3.2.

[25] Lewis, C. S. **Problem of Pain [O problema do sofrimento, Vida]**, p. 32,36.

universalizar o principio e aplicá-lo a todo o sofrimento, sem exceção. Considere, por exemplo, um dos livros oficiais publicados em preparação para a sexta assembleia do Concílio Mundial de Igrejas em Vancouver (1983), cujo título anunciado era "Jesus Cristo, a Vida do Mundo". Esse livro, embora escrito por John Poulton, surgiu de uma reunião de vinte e cinco teólogos representantes, cujas perspectivas ele, portanto, incorpora. Um dos seus temas principais é o paralelo que existe entre a morte e ressurreição de Jesus por um lado, e o sofrimento e os triunfos do mundo atual por outro. Dessa forma, a totalidade da vida humana é representada como uma celebração eucarística. "Não poderíamos dizer", pergunta John Poulton, "que onde há a conjunção do sofrimento e da alegria, da morte e da vida, *há eucaristia*?".[26]

A base dessa interpretação é o fato de que "o padrão do auto-sacrifício e de novos começos não é um padrão que somente membros da igreja cristã experimentam e por ele vivem. Fora do seu círculo, outros também parecem refleti-lo, às vezes de maneira admirável". Deveras, continua John Poulton, o entrecruzamento da dor e da alegria, do sofrimento e da segurança, da traição e do amor é discernível na vida cotidiana em todos os lugares. Reflete o inverno e a primavera, a Sexta-feira da Paixão e a Páscoa. Portanto, já não há necessidade da evangelização fora de moda. A nova evangelização será a obra do Espírito Santo em "focalizar em Jesus Cristo uma forma já vislumbrada na experiência humana".

Esse, porém, não é o evangelho do Novo Testamento. A Bíblia não nos dá liberdade de afirmar que todo o sofrimento humano leva à glória. É verdade que Jesus se referiu a guerras, terremotos e fomes como o "principio das dores de parto", anunciando a emergência do novo mundo, como Paulo, similarmente comparou a frustração, o cativeiro da corrupção da natureza e seus gemidos à angústia do parto.[27] Mas essas são referências à promessa da renovação cósmica tanto da sociedade quanto da natureza; a Bíblia não as aplica à salvação de indivíduos nem de povos.

Outro exemplo é a tentativa comovente feita pelo dr. Ulrich Simon, um cristão judeu alemão que fugiu para a Inglaterra em 1933, e cujo pai, irmão e outros parentes pereceram nos acampamentos de concentração nazistas, em aplicar o princípio de morte-ressurreição, sofrimentos-glória ao holocausto. Em seu livro *Uma Teologia de Auschwitz* (1967) ele tentou "mostrar o padrão do sacrifício de Cristo, que resume todas as agonias, como a realidade por trás de Auschwitz". Pois o holocausto (que naturalmente significa "oferta queimada") "não é menos sacrifício do que aquele prefigurado nas Escrituras", isto é, no servo sofredor do Senhor.

---

[26] POULTON, John. **Feast of Life**, p. 52.

[27] Marcos 13.8; Romanos 8.22.

Dessa maneira, "o mecanismo do assassínio foi transformado numa oblação para Deus", e aqueles que deram a sua vida nas câmaras de gás identificaram-se com o "supremo sacrifício por intermédio de uma analogia partilhada"; foram bodes expiatórios, levando os pecados do povo alemão. Mas agora os "mortos de Auschwitz se levantaram do pó", e sua ressurreição é vista na volta de Israel à pátria, na conquista do antissemitismo que "levou a Auschwitz e aí foi redimido", e no testemunho judaico atual ao mundo concernente à sacralidade da vida humana e da irmandade amorosa de todos os homens. O grão de trigo, tendo caído no solo, produziu esse fruto. Assim, os sofrimentos de Auschwitz, diz Ulrich Simon, estão "dentro do padrão da criação e redenção". Em particular, interpretando o holocausto "à luz do sofrimento de Cristo" e vendo seu resultado como "refletido no triunfo do Crucificado", tem sido possível atribuir "significado espiritual ao que não tem sentido". "Aventuramo-nos a atribuir a glória do Cristo assunto aos milhões que morreram nas câmaras de gás."

Não podemos deixar de nos comover com essa tentativa de reconstrução, e compreendemos os motivos pelos quais o dr. Simon deseja desenvolver um "conceito interminável, universal e cósmico da obra de Cristo". Mas receio que esse tipo de "teologia de Auschwitz" seja especulativa em vez de bíblica. Creio haver um modo melhor e mais bíblico de relacionar a cruz com Auschwitz, e tratarei dele mais na frente. Nesse ínterim, dentro da comunidade dos que Deus, em sua misericórdia, redimiu, devia ser possível para nós ecoar as afirmações de Paulo de que "nos gloriemos nas próprias tribulações" porque "gloriamo-nos na esperança da glória de Deus" (Romanos 5.23).

Até aqui, procurando discernir os relacionamentos entre os sofrimentos de Cristo e os nossos, à parte da inspiração do exemplo dele, vimos que o sofrimento (para nós como para Jesus) é o caminho designado por Deus da santificação (santidade madura), da multiplicação (serviço frutífero) e da glorificação (nosso destino final). Espero que tudo isso não pareça superficial. É fácil apresentar teorias, bem sei. Mas as coisas tomam aparência diferente quando o horizonte se fecha sobre nós, um horror de grandes trevas nos engolfa, e não cintila um vislumbre de luz que nos assegure que o sofrimento ainda pode ser produtivo. Nessas horas só podemos apegar-nos à cruz, onde o próprio Cristo demonstrou que a bênção vem através do sofrimento.

A FÉ E O LIVRO DE JÓ

Quinto, a cruz de Cristo é o *fundamento de uma fé racional*. Todo sofrimento, físico e emocional, duramente prova a nossa fé. Como pode ser racional, quando a calamidade nos avassala, continuarmos a confiar em Deus? A melhor resposta a essa questão é a providenciada pelo livro de Jó. Valerá a pena esclarecermos a sua tese.

Jó é apresentado como um homem "íntegro e reto, temente a Deus, e que se desviava do mal". Mas então (depois que nós, como leitores, recebemos um vislumbre das deliberações do concílio celestial), Jó é atacado por uma série de tragédias pessoais: ele é privado sucessivamente de seu gado, seus servos, seus filhos e filhas, e sua riqueza. Seria difícil exagerar a magnitude dos desastres que lhe sobrevieram. No restante do livro o espectro total de respostas possíveis ao sofrimento é ensaiado no diálogo que se desenvolve entre Jó, seus três assim chamados "consoladores", o jovem Eliú e finalmente o próprio Deus. Cada um dos quatro propõe uma atitude diferente, e particularmente notável em cada uma é o lugar reservado ao ego.

A atitude do próprio Jó é uma mescla de *autocomiseração* e *autoafirmação*. Recusando-se a seguir o conselho da esposa de que amaldiçoasse a Deus e morresse, contudo ele começa a amaldiçoar o dia em que nasceu e então angustiadamente anseia pelo dia da sua morte. Ele rejeita totalmente as acusações de seus três amigos. Pelo contrário, molda as suas próprias acusações contra Deus. Deus está brutalmente cruel para com ele, até mesmo sem piedade. Pior ainda, Deus negou-lhe a justiça (27.2). A competição entre eles é altamente injusta, visto que os competidores são tão desiguais. Se tão somente houvesse um mediador que arbitrasse entre eles! Se tão somente ele próprio pudesse encontrar a Deus, a fim de pessoalmente acusá-lo! Nesse ínterim, ele veementemente mantém sua inocência e está confiante de que um dia será vindicado.

Em contraste, podemos melhor descrever a atitude recomendada pelos amigos de Jó como *autoacusação*. Jó está sofrendo porque é pecador. Suas aflições são a penalidade divina por seus malefícios. É essa a ortodoxia convencional acerca dos perversos, a qual repetem *ad nauseam*. "Todos os dias o perverso é atormentado", diz Elifaz (15.20). "A luz dos perversos se apagará", acrescenta Bildade (18.5), enquanto a contribuição de Zofar é que "o júbilo dos perversos é breve" (20.5). Dessa premissa básica tiram a inevitável conclusão de que Jó está sofrendo por causa da sua maldade: "Porventura não é grande a tua malícia, e sem termo as tuas iniquidades?" (22.5). Mas Jó não aceita nada disso. Seus amigos são "médicos que não valem nada" (13.4) e "consoladores molestos" (16.2), que só falam "estultícia" e até mesmo "falsidade" (21.34). E Deus mais tarde confirma o veredicto de Jó. Ele se refere à "estultícia", deles e diz que não falaram "o que era reto, como o meu servo Jó" (42.7-8).

A seguir entra Eliú. Embora ele esteja irado pelo fato de Jó estar pretendendo "ser mais justo do que Deus" (32.2), espera para falar pois tem menos idade do que os outros. Quando fala não é fácil distinguir sua posição da apresentada pelos três consoladores. Pois às vezes ele também repete a antiga ortodoxia. Ele também antecipa o discurso de Yavé acerca da criação. Contudo, parece certo chamar a atitude recomendada por ele de *autodisciplina*, pois sua ênfase distintiva é que fala de muitas maneiras (inclusive o sofrimento) a fim de "apartar o homem do seu desígnio e livrá-lo da soberba" (33:14-17). Assim, Deus abre os ouvidos das pessoas "para a instrução" e "ao aflito livra por meio da sua aflição" (36.10,15). De fato, "quem é mestre como ele?" (v. 22). No seu ensino ele apela às pessoas a que se arrependam, e procura livrá-las de seus apertos.

Finalmente, quando se esgotaram os argumentos de Jó, dos consoladores e de Eliú, Yavé revela-se e fala. A julgar da resposta de Jó, a atitude recomendada agora pode ser chamada de *autoentrega*. Deus está longe de juntar-se às acusações dos três amigos de Jó, e não o culpa pelo fato de afirmar sua inocência (42.8). O Senhor leva a sério as reclamações de Jó, portanto, responde-lhe. Contudo, Jó proferiu "palavras sem entendimento", visto que jamais é correto culpar, acusar, e muito menos "arguir" a Deus (40.2). "Acaso anularás tu, de fato, o meu juízo" pergunta Deus (40.8). E Jó responde: "Eu te conhecia só de ouvir, mas agora os meus olhos te veem. Por isso me abomino, e me arrependo no pó e na cinza" (42.5,6). Antes ele se defendeu, teve pena de si mesmo e afirmou-se a si mesmo, e acusou a Deus. Agora, despreza a si mesmo e adora a Deus. O que foi que ele "viu" que o converteu da autoafirmação à autoentrega?

Jó foi convidado a examinar de novo a criação, e vislumbrou a glória do Criador. Deus bombardeia-o com perguntas. Onde estava quando a terra e o mar foram formados? Pode ele controlar a neve, a tempestade e as estrelas? Possui ele a perícia de supervisionar e sustentar o mundo animal — os leões e as cabras montanhesas, o jumento selvagem e o boi selvagem, a avestruz e o cavalo, os falcões e as águias? Acima de tudo, consegue Jó compreender os mistérios e subjugar a força do hipopótamo e do crocodilo? O que Deus deu a Jó foi uma extensa introdução às maravilhas da natureza, e, por meio dela, uma revelação de seu gênio criador, a qual silenciou as suas acusações e o levou — mesmo em meio ao pesar, sofrimento e dor — a humilhar-se a si mesmo, arrepender-se da sua rebeldia, e confiar novamente em Deus.

Se para Jó foi racional confiar no Deus cuja sabedoria e poder foram revelados na criação, quanto mais racional é que confiemos no Deus cujo amor e justiça foram revelados na cruz? A racionalidade da confiança jaz na conhecida confiabilidade de seu objeto. E ninguém é mais digno de confiança do que o Deus da cruz.

A cruz nos assegura que não há possibilidade de erro da justiça ou de derrota do amor agora ou no último dia. "Aquele que não poupou a seu próprio Filho, antes, por todos nós o entregou, porventura não nos dará graciosamente com ele todas as coisas?" (Romanos 8.32). É a atitude autodoadora de Deus na dádiva de seu Filho que nos convence de que ele não reterá nada de nós daquilo de que precisamos, e não permitirá que nada nos separe do seu amor (vv. 35-39). Assim, entre a cruz, onde o amor e a justiça de Deus começaram a ser claramente revelados, e o dia do juízo, quando serão completamente revelados, é racional que confiemos nele.

Temos de aprender a subir o monte chamado Calvário, e dessa posição vantajosa contemplar todas as tragédias da vida. A cruz não soluciona o problema do sofrimento, mas supre a perspectiva essencial da qual podemos examiná-lo. Visto que Deus demonstrou seu santo amor e justiça amorosa num evento histórico (a cruz), nenhum outro evento histórico (quer seja pessoal, quer global) pode superá-lo ou desprová-lo. Certamente deve ser por isso que o rolo (o livro da história e destino) encontra-se agora nas mãos do Cordeiro que foi morto, e é por isso que somente ele é digno de quebrar os seus selos, revelar o seu conteúdo e controlar o fluxo do futuro.

A dor de Deus

O sexto modo pelo qual os sofrimentos de Cristo se relacionam com os nossos é o mais importante da série. É que a cruz de Cristo é *a prova do amor solidário de Deus*, isto é, de sua solidariedade pessoal e amorosa para conosco em nossa dor. Pois o verdadeiro aguilhão do sofrimento não é o infortúnio em si, nem mesmo a sua dor ou a sua injustiça, mas seu aparente abandono por Deus. A dor é suportável, mas a aparente indiferença de Deus não o é. Às vezes o vemos como estando descansando, ou até mesmo tirando uma soneca em alguma cadeira de balanço celestial, enquanto milhões de pessoas morrem de fome. Pensamos nele como um espectador, quase tendo prazer no sofrimento do mundo, e desfrutando seu próprio isolamento. Philip Yancey avançou um pouco mais e proferiu o indizível que podemos ter pensado mas que jamais ousamos colocar em palavras: "Se Deus realmente está no comando, de algum modo ligado a todo o sofrimento do mundo, por que ele é tão caprichoso, injusto? É ele um sadista cósmico que se deleita em ver-nos retorcer?".[28] Jó havia dito algo parecido: Deus se ri "do desespero do inocente" (9.23).

---

[28] YANCEY, P. **Where is God when it hurts?** [**Onde está Deus quando chega a dor?, Vida**], p. 63.

É essa terrível caricatura de Deus que a cruz desfaz em pedaços. Não devemos vê-lo numa cadeira de balanço, mas numa cruz. O Deus que nos permite sofrer, ele próprio uma vez sofreu em Cristo, e continua a sofrer conosco e para nós hoje. Visto que a cruz é um evento histórico de uma vez por todas, no qual Deus em Cristo levou os nossos pecados e morreu a nossa morte por causa do seu amor e justiça, não devemos pensar nela como a expressão de um eterno levar o pecado no coração de Deus. O que a Bíblia nos permite dizer, entretanto, é que o eterno e santo amor de Deus, que foi singularmente demonstrado no sacrifício da cruz, continua a sofrer conosco em cada situação a que é chamado. Mas é legítimo falarmos de um Deus sofredor? Não nos impede de assim fazer a doutrina tradicional da impassibilidade divina? O adjetivo latino *impassibilis* significa "incapaz de sofrer" e, portanto, "vazio de emoção". Seu equivalente grego *apathes* era aplicado pelos filósofos a Deus, a quem declaravam estar acima do prazer e da dor, visto que estes interromperiam a sua tranquilidade.

Os primitivos pais gregos da igreja aceitaram essa noção sem muitas reservas. Em consequência, seu ensino acerca de Deus às vezes parece mais grego do que hebraico. Era também ambivalente. É verdade que sabiam que Jesus Cristo, o Filho Encarnado, sofreu, mas não o próprio Deus. Por exemplo, Inácio escreveu a Policarpo do Deus que "não pode sofrer, que por amor a nós aceitou o sofrimento", isto é, em Cristo.[29] De modo semelhante, Irineu afirmava que por causa da encarnação "o invisível se fez visível, o incompreensível, compreensível, e o impassível, passível".[30] É verdade, novamente, eles sabiam que os autores do Antigo Testamento escreveram livremente do amor, piedade, ira, pesar e ciúme de Deus. Mas acrescentavam que essas coisas eram antropormofismos que não deviam ser tomados literalmente, visto que a natureza divina não é movida por todas as emoções.[31] Gregório Taumaturgus, no terceiro século, chegou a escrever que "em seu sofrimento Deus mostra a sua impassibilidade".

Esses e outros antigos pais da igreja merecem a nossa compreensão. Desejam acima de tudo salvaguardar as verdades de que Deus é perfeito (de modo que nada pode acrescentar a ele nem dele subtrair) e que Deus é imutável (de modo que nada

---

[29] IGNATIUS. **Ad Polycarp 3.** Cf. seu Ad Eph. VII. 2.

[30] IRENAEUS. **Adversus Haereses**, III. 16.6.

[31] Veja, por exemplo, **Stromateis**, de Clemente de Alexandria, v. 11 e Ezek. Hom., de Orígenes, VI. 6. J. K. Mozley apresenta uma pesquisa útil das citações e referências patrísticas em **Impassibility of God**. Veja também **Suffering of the Impassible God**, de B. R. Brasnett.

pode perturbá-lo).[32] Hoje ainda devemos desejar manter essas verdades. Deus não pode ser influenciado contra a sua vontade nem de fora nem de dentro. Ele jamais é vítima de ações que o influenciem de fora, ou de emoções que o perturbem por dentro. Como disse William Temple: "Há um sentido altamente técnico no qual Deus, como Cristo o revelou, é 'sem paixões'; pois ele é Criador e supremo, e jamais é 'passivo' no sentido de que as coisas lhe aconteçam sem o seu consentimento; ele também é constante, e livre de rajadas de sentimento que o leve de um lado para outro". Todavia, Temple prosseguiu a dizer, com razão, que o vocábulo "impassível" como usado pela maioria dos teólogos na realidade significava "incapaz de sofrer", e que "nesse sentido sua predicação de Deus é quase totalmente falsa".[33]

É verdade que a linguagem do Antigo Testamento é uma acomodação à compreensão humana, e que Deus é representado como experimentando emoções humanas. Contudo, aceitar que seus sentimentos não sejam *humanos* não é negar que sejam *reais*. Se forem apenas metafóricos, "então o único Deus que nos resta será o iceberg infinito da metafísica".[34]

Em contraste com esse conceito, podemos agradecer ao erudito judaico Abraham Heschel, que, em seu livro *Os Profetas* refere-se à sua "teologia patética", porque retratam a um Deus de sentimento. Os "antropomorfismos" frequentes do Antigo Testamento (os quais atribuem o sofrimento humano a Deus) não devem ser rejeitados como rudes ou primitivos, escreve ele, antes, devem ser recebidos com prazer como cruciais à nossa compreensão dele: "a ideia mais exaltada aplicada a Deus não é a sabedoria infinita, o poder infinito, mas o interesse infinito". Assim, antes do dilúvio Yavé "se arrependeu" de haver criado os seres humanos, e "isso lhe pesou no coração", e quando o seu povo foi oprimido por estrangeiros, na época dos juízes, o Senhor "não pôde reter a sua compaixão por causa da desgraça de Israel".[35]

Mais admirável ainda são as ocasiões em que, por intermédio dos profetas, Deus expressa o seu anelo e compaixão para com seu povo e dirige-se diretamente a Israel: "Com amor eterno eu te amei [...] pode uma mulher esquecer-se do filho que ainda mama [...]. Mas ainda que esta viesse a se esquecer dele, eu, todavia, não me esquecerei de ti [...]. Como te deixaria, ó Efraim? Como te

---

[32] As afirmações de que Deus não muda seu modo de pensar, sua justiça ou sua compaixão podem ser encontradas em Números 23.19; 1Samuel 15.29; Ezequiel 18.25 e Malaquias 3.6.

[33] TEMPLE, William. **Christus Ventas**, p. 269.

[34] TYMMS, Vincent. Apud MOZLEY, J. K. **Impassibility of God**, p. 146.

[35] Gênesis 6.6,7; Juízes 10.16.

entregaria, ó Israel? [...] Meu coração está comovido dentro em mim, as minhas compaixões à uma se acendem".[36]

Além do mais, se a revelação divina final e completa foi dada em Jesus, então seus sentimentos e sofrimentos são um reflexo autêntico dos sentimentos e sofrimentos do próprio Deus. Os escritores do evangelho atribuem-lhe o espectro total das emoções humanas, passando do amor e compaixão através da ira e indignação ao pesar e alegria. A teimosia do coração humano causou-lhe angústia e ira. Na entrada do túmulo de Lázaro, em face da morte, ele chorou de pesar e agitou-se de indignação. Ele chorou novamente sobre Jerusalém, e proferiu um lamento sobre sua cegueira e obstinação. E ainda hoje ele pode "compadecer-se das nossas fraquezas", sentindo conosco nelas.[37]

A melhor maneira de confrontar a perspectiva tradicional da impassibilidade divina, porém, é perguntar "que significado pode haver num amor que não é custoso ao que ama".[38] Se o amor é autodoador, então inevitavelmente é vulnerável à dor, visto que se expõe a si mesmo à possibilidade de rejeição e insulto. Foi a "afirmação cristã fundamental de que Deus é amor", escreve Jürgen Moltmann, "que em princípio quebrou o encanto da doutrina aristotélica de Deus" (isto é, como "impassível"). "Fosse Deus incapaz de sofrer [...], então ele também seria incapaz de amar", ao passo que "aquele que é capaz de amar também é capaz de sofrer, porque ele também se abre ao sofrimento que o amor acarreta."[39] Certamente que foi por isso que Bonhoeffer, do cárcere, nove meses antes da sua execução, escreveu ao seu amigo Eberhard Bethge: "somente o Deus sofredor pode ajudar".[40]

Digno de menção especial, como um forte oponente de perspectivas falsas da impassibilidade divina, está o erudito luterano japonês Kazoh Kitamori. Ele escreveu o seu admirável livro *Teologia da Dor de Deus* em 1945, não muito depois de as primeiras bombas atômicas terem destruído Hiroshima e Nagasáqui. Foi inspirado, diz-nos ele, por Jeremias 31.20, onde Deus descreve seu coração como comovido ou compadecido por Efraim. "O coração do evangelho me foi revelado como a 'dor de

---

[36] Jeremias 31.20; 31.3; Isaías 49.15; Oseias 11.8.
[37] Marcos 3.5; João 11.35, 38; Lucas 13.34,35; 19.41-44; Hebreus 4.15. Veja também o ensaio de B. B. Warfield, The Emotional Life of Our Lord, reimpresso de **Biblical and Theological Studies** (Scribners, 1912) em **The Person and Work of Christ**, editado por Samuel G. Craig, p. 93-145.
[38] ROBINSON, H. Wheeler. **Suffering Human and Divine**, p. 176.
[39] MOLTMANN, Jürgen. **Crucified God**. Veja a seção nas p. 222-230.
[40] BONHOEFFER, Dietrich. **Letters and Papers**, p. 361.

Deus' ", escreve ele. Para começar, a ira divina contra o pecado lhe causa dor. "Essa ira de Deus é absoluta e firme. Podemos dizer que o reconhecimento da ira de Deus é o princípio da sabedoria." Mas Deus ama as próprias pessoas com as quais está irado. De modo que a "dor de Deus reflete a sua vontade de amar o objeto de sua ira". É o seu amor e a sua ira que, juntos, produzem a dor. Porque aqui, na arrebatadora frase de Lutero, é "Deus lutando com Deus". "O fato de que esse Deus que luta não é dois deuses diferentes mas o mesmo Deus, causa-lhe dor". A dor de Deus é "uma síntese de sua ira e amor" e é "sua essência". Ela foi revelada de modo supremo na cruz. Pois "a dor de Deus resulta do amor daquele que intercepta e bloqueia sua ira para conosco, aquele que foi ele próprio atingido por sua ira". Esta fraseologia é admiravelmente ousada. Ajuda-nos a compreender como a dor de Deus continua onde quer que sua ira e amor, sua justiça e misericórdia, encontram-se em tensão hoje.

Durante a segunda metade deste século, é provável que tenha havido dois exemplos altamente conspícuos do sofrimento humano. O primeiro é a fome e a pobreza numa escala global. O segundo é o holocausto nazista no qual foram mortos seis milhões de judeus. De que maneira a cruz fala a males como esses?

Estima-se que um milhão de pessoas hoje, por terem falta do suprimento das necessidades básicas da vida, podem ser corretamente descritas como "destituídas". Muitas levam uma existência lamentável nas favelas da Ásia, da América espanhola e do Brasil. A penúria do povo, a lotação de seus miseráveis abrigos, a falta de saneamento elementar, a nudez das crianças, a fome, a doença, o desemprego e a ausência de educação — tudo isso vem a ser um relato horroroso da necessidade humana. Não é de surpreender que tais favelas sejam focos de amargura e ressentimento; o que surpreende é que a desumanidade e injustiça da situação não gera uma ira ainda mais virulenta. Rolf Italiaander imagina um homem pobre de uma das favelas do Rio de Janeiro, o qual sobe até a colossal estátua de Cristo, a 704 metros de altura, que sobressai sobre o Rio, "o Cristo do Corcovado". O homem pobre diz à estátua:

> Subi a ti, ó Cristo, dos alojamentos imundos e confinados lá de baixo [...] para colocar na tua presença, com o maior respeito, estas considerações: há 900.000 pessoas como eu nas favelas desta esplêndida cidade [...]. E tu, ó Cristo [...] permaneces aqui no Corcovado cercado pela glória divina? Desce lá para as favelas. Vem comigo para as favelas e mora conosco lá embaixo. Não fiques longe de nós; vive entre nós e renova a nossa fé em ti e no Pai. Amém.[41]

---

[41] Extraído de **Coming of the Third Church**, de Walbert BÜHLMANN, p. 125.

O que diria Cristo em resposta a tal apelo? Não diria ele: "Eu realmente desci para viver entre vocês, e ainda vivo entre vocês"?

Esse é, de fato, o modo pelo qual alguns teólogos latino-americanos estão apresentando a cruz hoje. Em seu livro *Cristologia nas Encruzilhadas*, por exemplo, o professor Jon Sobrino, de El Salvador, desenvolve um protesto tanto contra uma teologia puramente acadêmica que falha em tomar ações apropriadas, como contra o "misticismo" tradicional e choroso da cruz que é passivo e individualista demais. Em lugar disso, ele procura relacionar a cruz ao mundo moderno e à injustiça social. Foi o próprio Deus, pergunta ele, "intocado pela cruz histórica por ser ele essencialmente intocável?" Não, não. "O próprio Deus, o Pai, estava na cruz de Jesus". Além disso, "Deus é encontrado nas cruzes dos oprimidos". Desde que o professor Sobrino não esteja negando o propósito expiador fundamental da cruz, acho que não deveríamos rejeitar o que ele afirma. Eis seu resumo: "Na cruz de Jesus o próprio Deus está crucificado. O Pai sofre a morte do Filho e toma sobre si mesmo a dor e o sofrimento da história". E, nessa solidariedade última com os seres humanos, Deus "revela-se a si mesmo como o Deus do amor".

Portanto, o que dizer do holocausto? "Depois de Auschwitz", disse Richard Rubinstein, "é impossível crer em Deus". Certa tarde de domingo, num subacampamento de Buchenwald, um grupo de eruditos judeus decidiu levar Deus a julgamento por haver ele negligenciado o seu povo escolhido. Apresentaram-se testemunhas para a promotoria e para a defesa, mas o caso da promotoria era esmagador. Os juízes eram rabis. Pronunciaram o réu culpado e solenemente o condenaram.[42] É compreensível. A pura bestialidade dos acampamentos e das câmaras de gás, e o fracasso de Deus em intervir em favor do seu antigo povo, apesar de suas orações frequentes e fervorosas, têm sacudido a fé de muita gente.

Eu já disse que não acredito que o modo de interpretar Auschwitz e seu resultado seja em termos de morte e ressurreição. Haverá, então, outra maneira? Acho que Elie (Eliezer) Wiesel pode ajudar-nos. Nascido judeu húngaro, e agora autor de renome internacional, ele nos deu em seu livro *Noite* um relato profundamente comovedor de suas experiências de infância nos acampamentos de morte de Auschwitz, Buna e Buchenwald. Ele não tinha ainda completado quinze anos quando a Gestapo chegou e deportou todos os judeus de Sighet, na primavera

---

[42] O rabi Hugo Gryn ouviu esta história pela primeira vez por meio de um tio seu que sobreviveu a Buchenwald. Ela tem sido contada por vários autores judeus, e também por Gerald Priestland em **Case Against God**, p. 13.

de 1944. Viajaram de trem durante três dias, oitenta pessoas em cada vagão de gado. Ao chegarem a Auschwitz, os homens e as mulheres foram separados, e Elie jamais viu sua mãe ou irmão novamente. "Jamais me esquecerei daquela noite, a primeira no acampamento, que transformou a minha vida numa longa noite, sete vezes amaldiçoada e sete vezes selada. Jamais me esquecerei daquela fumaça (do crematório) [...]. Jamais me esquecerei daquelas chamas que consumiram a minha fé para sempre [...]. Jamais me esquecerei daqueles momentos que assassinaram meu Deus e minha alma, e transformaram os meus sonhos em pó[...]". Pouco mais tarde ele escreveu: "Alguns falavam acerca de Deus, de seus caminhos misteriosos, dos pecados do povo judeu, e de sua libertação futura. Mas eu tinha cessado de orar. Como eu me identificava com Jó! Eu não negava a existência de Deus, mas duvidava de sua justiça absoluta".

Talvez a experiência mais horrorosa de todas foi quando os guardas primeiro torturaram e depois enforcaram um menino, "uma criança com um rosto refinado e lindo", um "anjo de olhos tristes". Logo antes do enforcamento Elie ouviu alguém detrás dele murmurar: "Onde está Deus? Onde está ele?" Milhares de prisioneiros foram forçados a assistir ao enforcamento (o menino levou meia hora para morrer) e então tiveram de passar por ele marchando, olhando-o de cheio no rosto. Atrás de si Elie ouviu a mesma voz perguntar: "Onde está Deus agora?" "E ouvi dentro em mim uma voz responder: Onde está ele? Ei-lo aqui — ele está pendurado aqui nesta forca [...]." Suas palavras eram mais verdadeiras do que ele sabia, pois ele não era cristão. Deveras, com cada fibra do seu ser ele se rebelou contra Deus ter permitido que o seu povo fosse torturado, morto, e queimado. "Eu estava sozinho — terrivelmente sozinho num mundo sem Deus e sem o homem. Sem amor nem misericórdia." Teria ele dito isso se, em Jesus, tivesse visto Deus no cadafalso?

Há boa evidência bíblica de que Deus não apenas sofreu em Cristo, mas que também ele em Cristo ainda sofre com o seu povo. Não está escrito a respeito de Deus, que durante os primeiros dias do amargo cativeiro de Israel no Egito, ele não apenas viu a sua miséria, e ouviu o seu gemido, mas também "em toda a angústia deles foi ele angustiado"? Não perguntou Jesus a Saulo de Tarso por que o perseguia, revelando assim solidariedade com a sua igreja? É maravilhoso que possamos partilhar dos sofrimentos de Cristo; é mais maravilhoso ainda que ele partilhe dos nossos. Verdadeiramente seu nome é "Emanuel", "Deus conosco". Mas sua "compaixão" não se limita ao sofrimento com o povo da aliança. Não disse Jesus que, ao ministrarmos aos famintos e aos sedentos, aos estrangeiros, aos nus, aos enfermos e aos presos, estaríamos ministrando a ele, indicando que ele se identificava com todas as pessoas necessitadas e sofredoras?[43]

Eu mesmo jamais poderia crer em Deus, se não fosse pela cruz. O único Deus em que creio é o que Nietzsche ridicularizou como o "Deus da cruz". No mundo real da dor, como se pode adorar um Deus que seja imune a ela? Já entrei em muitos templos budistas em diferentes países da Ásia e parei respeitosamente ante a estátua de Buda, as pernas e os braços cruzados, os olhos fechados, o fantasma de um sorriso a brincar em torno dos lábios, um olhar distante, isolado das agonias do mundo. Mas cada vez, depois de algum tempo, tive de me virar. E, na imaginação, voltei-me para aquela figura solitária, retorcida e torturada na cruz, os cravos atravessando as mãos e os pés, as costas laceradas, os membros deslocados, a fronte sangrando por causa dos espinhos, a boca intoleravelmente sedenta, lançada nas trevas do abandono de Deus. É esse o Deus para mim! Ele deixou de lado a sua imunidade à dor. Ele entrou em nosso mundo de carne e sangue, lágrimas e morte. Ele sofreu por nós. Nossos sofrimentos tornam-se mais manejáveis à luz dos seus. Ainda há um ponto de interrogação contra o sofrimento humano, mas em cima dele podemos estampar outra marca, a cruz, que simboliza o sofrimento divino. "A cruz de Cristo [...] é a única autojustificação de Deus em um mundo como o nosso."[44]

A pequena peça de teatro intitulada "O Longo Silêncio", diz tudo:

> No fim dos tempos, bilhões de pessoas estavam espalhadas numa grande planície perante o trono de Deus.
>
> A maioria fugia da luz brilhante que se lhes apresentava pela frente. Mas alguns grupos falavam animadamente —não com vergonha abjeta, mas com beligerância.
>
> "Pode Deus julgar-nos? Como pode ele saber acerca do sofrimento?" perguntou uma impertinente jovem de cabelos negros. Ela rasgou a manga da blusa e mostrou um número que lhe fora tatuado num acampamento de concentração nazista. "Nós suportamos terror... espancamentos... tortura... morte!"
>
> Em outro grupo um rapaz negro abaixou o colarinho. "E que dizer disto?" exigiu ele, mostrando uma horrível queimadura de corda. "Linchado... pelo único crime de ser preto!"
>
> Em outra multidão, uma colegial grávida, de olhos malcriados. "Por que devo sofrer?", murmurou ela. "Não foi culpa minha."

---

[43] Êxodo 2.24; Isaías 63.9; Atos 9.4; Mateus 1.23; 25.34-40.
[44] FORSYTH, P. T. **Justification of God**, p. 32.

Por toda a planície havia centenas de grupos como esses. Cada um deles tinha uma reclamação contra Deus por causa do mal e do sofrimento que ele havia permitido no seu mundo. Quão feliz era Deus por viver no céu onde tudo era doçura e luz, onde não havia choro nem medo, nem fome nem ódio. O que sabia Deus acerca de tudo o que o homem fora forçado a suportar neste mundo? Pois Deus leva uma vida muito protegida, diziam.

De modo que cada um desses grupos enviou o seu líder, escolhido por ter sido o que mais sofreu. Um judeu, um negro, uma pessoa de Hiroshima, um artrítico horrivelmente deformado, uma criança talidomida. No centro da planície tomaram conselho uns com os outros. Finalmente estavam prontos para apresentar o seu caso.

Antes que pudesse qualificar-se para ser juiz deles, Deus deve suportar o que suportaram. A decisão deles foi que Deus devia ser sentenciado a viver na terra — como homem!

"Que ele nasça judeu. Que haja dúvida acerca da legitimidade de seu nascimento. Dê-se-lhe um trabalho tão difícil que, ao tentar realizá-lo, até mesmo a sua família pensará que ele está louco. Que ele seja traído por seus amigos mais íntimos. Que ele enfrente acusações falsas, seja julgado por um júri preconceituoso, e condenado por um juiz covarde. Que ele seja torturado.

"Finalmente, que ele conheça o terrível sentimento de estar sozinho. Então que ele morra. Que ele morra de tal forma que não haja dúvida de que morreu. Que haja uma grande multidão de testemunhas que o comprove."

E quando o último acabou de pronunciar a sentença, houve um longo silêncio. Ninguém proferiu palavras. Ninguém se moveu. Pois, de súbito, todos sabiam que Deus já havia cumprido a sua sentença.

Conclusão
A Penetrante Influência da Cruz

No primeiro capítulo procurei estabelecer a centralidade da cruz na mente de Cristo, na Escritura e na história; no último examinarei como, a partir desse centro, a influência da cruz se estende para fora até penetrar toda a vida e fé cristã.

Antes, porém, de desenvolver esse tema, pode-nos ser útil pesquisar o território que atravessamos.

Em resposta à pergunta "Por que Cristo morreu?" refletimos que, embora Judas o tivesse entregado aos sacerdotes, os sacerdotes a Pilatos, e Pilatos aos soldados, o Novo Testamento indica que o Pai o "entregou" e que Jesus "deu-se a si mesmo" por nós. Essa verdade nos levou a olhar abaixo da superfície ao que estava acontecendo, e investigar as implicações das palavras de Jesus no cenáculo, no jardim do Getsêmani e examinar o grito de abandono.

Já se tornara evidente que sua morte relacionava-se com nossos pecados, e, assim, na Segunda Parte chegamos ao próprio coração da cruz. Começamos tratando do problema do perdão como o conflito entre a majestade de Deus e a gravidade do pecado. E embora tenhamos rejeitado as teorias da "satisfação", concluímos no capítulo 5 que Deus deve "satisfazer-se a si mesmo". Isto é, ele não pode contradizer a si mesmo, mas deve agir de modo que expresse seu perfeito caráter de santo amor. Mas como podia ele fazer isso? Nossa resposta (capítulo 6) foi que a fim de satisfazer a si mesmo ele substituiu-se a si mesmo em Cristo por nós. Ousamos apresentar a "autossatisfação pela autossubstituição" como a essência da cruz.

Na Terceira Parte olhamos além da cruz para suas consequências, deveras, sua realização, em três esferas: a salvação dos pecadores, a revelação de Deus e a conquista do mal. Quanto à salvação, estudamos as quatro palavras "propiciação", "redenção", "justificação" e "reconciliação". Essas são "imagens" do Novo Testamento, metáforas do que Deus fez na morte de Cristo e por meio dela. Contudo, a "substituição" não é outra imagem; é a realidade que jaz por trás de todas elas. Vimos, então (capítulo 8), que Deus revelou completa e finalmente o seu amor e justiça exercendo-os na cruz. Quando se nega a substituição, obscurece-se a autorrevelação de Deus, mas quando se afirma a substituição, o brilho da sua glória aumenta. Assim, tendo-nos concentrado até aqui na cruz tanto como realização objetiva (salvação do pecado) quanto influência subjetiva (mediante a revelação do santo amor), concordamos em que *Christus Victor* é um terceiro tema bíblico, o qual retrata a vitória de Cristo sobre o diabo, a lei, a carne, o mundo e a morte, e a nossa vitória por meio dele (capítulo 9).

Dei o título de "Vivendo Sob a Cruz" à Quarta Parte porque a comunidade cristã é essencialmente uma comunidade da cruz. De fato, a cruz radicalmente alterou todos os nossos relacionamentos. Agora adoramos a Deus em celebração continua (capítulo 10), compreendemos a nós mesmos e damos a nós mesmos no serviço a outros (capítulo 11), amamos os nossos inimigos, procuramos vencer o mal com o bem (capítulo 12), encarando o desconcertante problema do sofrimento à luz da cruz (capítulo 13).

Sete afirmações na carta aos Gálatas

A fim de enfatizar, em conclusão, a influência penetrante da cruz, a saber, que não podemos eliminá-la de nenhuma área de nosso pensamento e vida, examinaremos a carta de Paulo aos Gálatas. São dois os motivos principais dessa escolha. Primeiro, indiscutivelmente é a primeira carta do apóstolo. Não é este o lugar para determinar os prós e os contras das teorias gálata-sul ou gálata-norte. A semelhança com a carta aos Romanos pode sugerir a última data, mas a situação pressuposta em Gálatas se enquadra melhor na cronologia de Atos e fortemente favorece uma data anterior. Nesse caso a carta foi escrita por volta de 48 A.D., quinze anos depois da morte e ressurreição de Jesus. Segundo, o evangelho de Paulo em Gálatas (o qual ele defende, juntamente com sua autoridade apostólica, como vindo de Deus, não do homem) focaliza-se na cruz. Deveras, a carta contém sete admiráveis afirmações acerca da morte de Jesus, e cada uma delas ilumina uma faceta diferente. Colocando-as juntas, obtemos uma compreensão espantosamente completa da influência penetrante da cruz.

1. A cruz e a salvação (1.3-5)

> Graça a vós outros e paz da parte de Deus nosso Pai, e do nosso Senhor Jesus Cristo, o qual se entregou a si mesmo pelos nossos pecados, para nos desarraigar deste mundo perverso, segundo a vontade de nosso Deus e Pai, a quem seja a glória pelos séculos dos séculos. Amém.

Essas palavras fazem parte da saudação introdutória de Paulo. Em geral uma saudação epistolar como essa seria casual ou convencional. Mas Paulo a usa como uma declaração teológica cuidadosamente equilibrada acerca da cruz, a qual indica o interesse do apóstolo na carta.

Primeiro, *a morte de Jesus foi tanto voluntária quanto determinada*. Por um lado, ele "se entregou a si mesmo pelos nossos pecados", livre e voluntariamente.

Por outro, sua autodoação foi "segundo a vontade de nosso Deus e Pai". Deus Pai propôs e desejou a morte de seu Filho e a predisse nas Escrituras do Antigo Testamento. Contudo, Jesus abraçou esse propósito de livre e espontânea vontade. Ele dispôs sua vontade a fim de fazer a vontade do Pai.

Segundo, *a morte de Jesus foi pelos nossos pecados*. O pecado e a morte são integralmente relacionados através da Escritura como causa e efeito, como já vimos. Geralmente o que peca e o que morre são a mesma pessoa. Aqui, entretanto, embora os pecados sejam nossos, a morte é de Cristo: ele morreu pelos *nossos* pecados, levando a penalidade deles em nosso lugar.

Terceiro, *o propósito da morte de Jesus foi resgatar-nos*. A salvação é uma operação de resgate, empreendida pelas pessoas cuja situação é tão desesperadora que não podem salvar-se a si mesmas. Em especial, ele morreu a fim de nos salvar "deste mundo perverso". Tendo Cristo inaugurado uma nova era, as duas eras se sobrepõem no presente. Mas ele morreu a fim de nos resgatar da antiga era e assegurar nossa transferência à nova, de modo que já vivêssemos a vida da era vindoura.

Quarto, *o resultado presente da morte de Jesus é graça e paz*. "Graça" é o seu favor livre e imerecido, e "paz" é a reconciliação com ele e uns com os outros, fruto da operação da graça. A vida da era vindoura é uma vida de graça e paz. Paulo continua a referir-se a ela nos versículos seguintes, nos quais ele exprime seu espanto de que os gálatas tão rapidamente tivessem desertado aquele que os tinha chamado "na graça de Cristo" (v. 6). Pois o chamado de Deus é um chamado da graça, e o evangelho de Deus é um evangelho da graça.

Quinto, *o resultado eterno da morte de Jesus é que Deus será glorificado para sempre*. As referências dos versículos 3-5 à graça e à glória, como parte da mesma sentença, são surpreendentes. A graça provém de Deus; a glória é devida a ele. Esse epigrama contém toda a teologia cristã.

Aqui, pois, em uma sentença grávida, carregada, encontra-se a primeira declaração de Paulo em Gálatas acerca da cruz. Embora ela tivesse sido determinada eternamente pela vontade do Pai, Jesus se entregou voluntariamente por nós. A natureza da sua morte foi sofrer a penalidade pelos nossos pecados, e o seu propósito resgatar-nos da antiga era e transferir-nos à nova, na qual recebemos graça e paz no presente e Deus recebe glória para sempre.

2. A CRUZ E A EXPERIÊNCIA (2.19-21)

> Porque eu, mediante a própria lei, morri para a lei, a fim de viver para Deus. Estou crucificado com Cristo; logo, já não sou eu quem vive, mas Cristo vive em mim; e esse viver que agora tenho na carne, vivo pela fé no Filho de Deus, que me amou

e a si mesmo se entregou por mim. Não anulo a graça de Deus; pois, se a justiça é mediante a lei, segue-se que morreu Cristo em vão.

Se já não conhecêssemos o versículo 20, ele nos pareceria extraordinário. Que Jesus Cristo foi crucificado sob Pôncio Pilatos é fato histórico estabelecido, mas o que estaria Paulo querendo dizer ao afirmar que *ele* foi crucificado com Cristo? Como fato físico era, manifestamente, inverdade, e como fato espiritual era difícil de compreender.

Necessitamos examinar o contexto. Os versículos 15-21 em geral tratam da justificação, como um Deus justo pode declarar justos os injustos. Mas, em especial, afirmam que os pecadores são justificados não pela lei (que recebe sete referências) mas pela graça de Deus mediante a fé. Três vezes no versículo 25 o apóstolo insiste em que ninguém pode ser justificado pela lei. Teria sido muito difícil afirmar com mais força do que ele o faz a impossibilidade da autojustificação, isto é, de ganharmos a aceitação pela obediência da lei. Por que acontece isso? Porque a lei condena o pecado e prescreve a morte como sua penalidade. Assim, a função da lei é condenar, não justificar.

Visto que a lei clama por minha morte como infrator da lei, como posso ser justificado? Somente cumprindo o requisito e morrendo a morte exigida por ela. Se eu mesmo tivesse de fazer tudo isso, contudo, seria meu fim. De modo que Deus providenciou outra maneira. Cristo levou a penalidade da minha quebra da lei, e a bênção do que ele fez se tornou minha porque estou unido com ele. Sendo um com Cristo, posso dizer: "morri para a lei" (v. 19), cumprindo as suas exigências, porque "estou crucificado com Cristo" e agora ele vive em mim (v. 20).

Como acontece em Romanos 6 e em Gálatas 2, a declaração de nossa morte e ressurreição com Cristo é a resposta de Paulo à acusação de antinomianismo. É óbvio que ninguém pode ser justificado mediante a observância da lei. Mas isso não significa que estou livre para quebrá-la. Pelo contrário, é inconcebível que eu continue a pecar. Por quê? Porque morri; fui crucificado com Cristo; minha vida de pecados recebeu a condenação que merecia. Em consequência eu (o eu velho e pecaminoso) já não vivo. Mas Cristo vive em mim. Ou, como é evidente que estou vivo, posso dizer que a vida que agora vivo é completamente diferente. E o velho "eu" (pecaminoso, rebelde e culpado) que já não vive. É o novo "eu" (justificado e livre de condenação) que vive pela fé no Filho de Deus que me amou e a si mesmo se entregou por mim.

É importante compreendermos que Paulo se refere à morte e à ressurreição de Cristo, e à nossa morte e ressurreição mediante a união com ele. O apóstolo apresenta a mesma verdade de duas maneiras. Com referência à morte de nossa velha vida, ele pode dizer: "me amou e a si mesmo se entregou por mim" e: "morri [...]. Estou crucificado com Cristo". Com referência à ressurreição a uma nova vida, ele pode dizer: "Cristo vive em mim" e "vivo para Deus" (v. 19) ou: "Vivo pela fé no Filho de Deus" (v. 20).

Resumindo, Cristo morreu por mim, e eu morri com ele, cumprindo as exigências da lei e pagando a justa penalidade do pecado. Então Cristo ressurgiu e vive. E eu vivo por meio dele, partilhando sua vida de ressurreição. A justificação pela fé, pois, não elimina a graça de Deus (v. 21). Nem (como em Romanos 6) a toma por assentado, dizendo: "onde o pecado abundou, superabundou a graça". Não, a justificação mediante a fé magnifica a graça de Deus, declarando que a justificação é pela graça somente. É o conceito de justificação pela lei que elimina a graça de Deus, pois se uma situação justa diante de Deus fosse possível pela obediência à lei, então a morte de Cristo seria supérflua.

3. A CRUZ E A PREGAÇÃO (3.1-3)

> Ó gálatas insensatos! Quem vos fascinou a vós outros, ante cujos olhos foi Jesus Cristo exposto como crucificado? Quero apenas saber isto de vós: recebestes o Espírito pelas obras da lei, ou pela pregação da fé? Sois assim insensatos que, tendo começado no Espírito, estejais agora vos aperfeiçoando na carne?

Paulo acabou de descrever (em 2.11-14) seu encontro público com Pedro em Antioquia, porque Pedro havia-se afastado da comunhão da mesa com os gentios cristãos, e, assim, de fato havia contraditado a livre aceitação de Deus deles pela graça. Paulo prosseguiu a ensaiar os argumentos que tinha usado com Pedro a fim de provar a doutrina da justificação pela fé. Agora ele se lança numa expressão de espantada indignação. Ele acusa os gálatas de insensatez. Ele usa a palavra "insensato" (*anoetos*) duas vezes, que significa ter falta de *nous*, inteligência. A insensatez deles é tão incaracterística e tão inaceitável que o apóstolo pergunta quem os "fascinou". Ele implica que devem ter sido enfeitiçados, talvez pelo Arquienganador, embora sem dúvida por meio de falsos mestres humanos. Pois a sua distorção presente do evangelho é totalmente incompatível com o que ouviram de Paulo e de Barnabé. Ele, portanto, lembra-os de sua pregação de quando esteve com eles. Ele retratou a Jesus Cristo publicamente perante os seus olhos como tendo sido crucificado por causa deles. Como, pois, podiam imaginar que, tendo começado a vida cristã mediante a fé no Cristo crucificado, precisavam continuá-la por meio da sua própria realização?

Temos muito que aprender com esse texto acerca da pregação do evangelho.

Primeiro, *pregar o evangelho é proclamar a cruz.* É verdade que devemos acrescentar a ela a ressurreição (1.1; 2.19-20). Da mesma forma devemos acrescentar que Jesus nasceu de uma mulher sob a lei (4.4). Mas o evangelho em essência é as boas novas do Cristo crucificado.

Segundo, *pregar o evangelho é proclamar visualmente a cruz.* Paulo usa um verbo admirável, *prographo*. Geralmente esse verbo significa "escrever anteriormente", por exemplo, "escrevi há pouco" (Efésios 3.3). Mas *grapho* pode às vezes significar "desenhar" ou "pintar" em vez de "escrever", e *pro* pode significar "ante" em lugar de (ante nossos olhos) em vez de em tempo (previamente). De modo que Paulo aqui compara sua pregação do evangelho a uma enorme tela de pintura ou a um cartaz que publicamente exibe um anúncio. O assunto dessa pintura ou desse cartaz foi Jesus Cristo na cruz. É claro que não era literalmente uma pintura, pois foi criada com palavras. Contudo, era tão visual e tão vívida em seu apelo à imaginação dos gálatas que o cartaz foi apresentado "ante os vossos olhos". Uma das maiores artes ou dons da pregação do evangelho é transformar os ouvidos das pessoas em olhos, e fazê-las *ver* o que estamos falando.

Terceiro, *pregar o evangelho é proclamar a cruz visualmente como uma realidade presente.* Jesus Cristo havia sido crucificado pelo menos quinze anos antes da data em que Paulo escrevia, e, em nosso caso, quase dois milênios atrás. O que Paulo fez através da sua pregação (e devemos fazer por meio da nossa) foi trazer aquele evento passado para o presente. O ministério tanto da palavra quanto do sacramento pode fazer isso. Ele pode vencer a barreira do tempo e tornar os eventos passados em realidades presentes de tal modo que as pessoas tenham de reagir a eles. É quase certo que nenhum dos leitores de Paulo esteve presente na crucificação de Jesus; contudo, a pregação do apóstolo a trouxe perante seus olhos de modo que podiam vê-la, e para a sua experiência existencial de modo que ou deviam aceitá-la ou rejeitá-la.

Quarto, *pregar o evangelho é proclamar a cruz como uma realidade visual, presente e permanente.* Pois o que nós (como Paulo) devemos colocar perante os olhos das pessoas não é apenas *Christos staurotheis* (aoristo) mas *Christo estauromenos* (perfeito). O tempo verbal enfatiza não tanto que a cruz foi um evento histórico do passado, mas que sua validade, poder e benefícios são permanentes. A cruz jamais deixará de ser o poder da salvação de Deus para os que creem.

Quinto, *pregar o evangelho é proclamar a cruz também como objeto de fé pessoal.* Paulo não apresentou o Cristo crucificado ante os olhos deles para que pudessem apenas olhar para ele e se admirar. O propósito do apóstolo era persuadi--los a virem e colocarem sua confiança em Cristo como seu Salvador crucificado. E era isso que tinham feito. O motivo do espanto de Paulo era que, tendo recebido a justificação e o Espírito pela fé, eles imaginavam poder continuar na vida cristã por meio de suas próprias realizações. Era uma contradição do que Paulo tinha apresentado ante os seus olhos.

4. A CRUZ E A SUBSTITUIÇÃO (3.10-14)

> Todos quantos, pois, são das obras da lei, estão debaixo de maldição; porque está escrito: Maldito todo aquele que não permanece em todas as coisas escritas no livro da lei, para praticá-las. E é evidente que pela lei ninguém é justificado diante de Deus, porque o justo viverá pela fé. Ora, a lei não procede de fé, mas: Aquele que observar os seus preceitos, por eles viverá. Cristo nos resgatou da maldição da lei, fazendo-se ele próprio maldição em nosso lugar, porque está escrito: Maldito todo aquele que for pendurado em madeiro; para que a bênção de Abraão chegasse aos gentios, em Jesus Cristo, a fim de que recebêssemos pela fé o Espírito prometido.

Esses versículos constituem uma das exposições mais claras da necessidade, significado e consequência da cruz. Paulo se exprime em termos tão fortes que alguns comentaristas não puderam aceitar o que ele escreveu acerca da maldição que Cristo se tomou por nós. A. W. F. Blunt, por exemplo, escreveu em seu comentário: "A linguagem desse texto é admirável, quase chocante. Não ousaríamos usá-la."[1] Joachim Jeremias também a chamou de uma "frase chocante" e falou de sua "ofensa original".[2] Entretanto, o apóstolo Paulo realmente usou esse tipo de linguagem, e Blunt certamente tinha razão em acrescentar que "Paulo quer dizer cada palavra que proferiu". De modo que temos de aceitá-la.

Têm-se feito diversas tentativas para suavizá-la. Primeiro, sugeriu-se que Paulo deliberadamente despersonalizou a "maldição" chamando-a de "maldição da lei". Mas a expressão em Deuteronômio 21.23 é "maldito de Deus"; não podemos pensar seriamente que Paulo esteja contradizendo a Escritura. Segundo, propôs-se que o "fazer-se maldição" expressa a simpatia de Cristo pelos infratores da lei, não uma aceitação objetiva do seu juízo. Eis a interpretação de Blunt: "Não foi por meio de uma ficção forense que Cristo levou os nossos pecados, mas por um ato de genuíno sentimento de companheirismo", qual uma mãe que tem um filho que erra mas que "sente que a culpa dele é também dela".[3] Essa, porém

---

[1] BLUNT, A. W. F. **Galatians**, p. 96.

[2] JEREMIAS, Joachim. **Central Message**, p. 35.

[3] BLUNT, A. W. F. **Galatians**, p. 97.

é uma evasão; não faz justiça às palavras de Paulo. Como disse Jeremias, "fez-se" é "uma circunlocução para a ação de Deus".

Terceiro, diz-se que a declaração de Paulo de que Cristo se tornou "maldição" por nós fica aquém de afirmar que ele na realidade foi "maldito". Mas segundo Jeremias "maldição" é uma "metonímia do amaldiçoado", e devíamos traduzir essa frase como "Deus fez Cristo um amaldiçoado por causa de nós". Esse versículo é, então, paralelo ao de 2Coríntios 5.21 que diz: "Aquele que não conheceu pecado, ele o fez pecado por nós". E seremos capazes de aceitar as duas frases, deveras, adorar a Deus pela verdade delas, porque "Deus estava em Cristo, reconciliando consigo o mundo" (2Coríntios 5.19) mesmo quando ele fez Cristo tanto pecado quanto maldição.

Lutero compreendeu bem claramente o que Paulo queria dizer e expressou suas implicações com característica singeleza:

> Nosso Pai misericordioso, vendo-nos oprimidos e vencidos pela maldição da lei, de modo que jamais poderíamos livrar-nos dela por meio de nosso próprio poder, enviou seu único Filho ao mundo e pós sobre ele todos os pecados de todos os homens, dizendo: Sê tu Pedro, o negador; Paulo, perseguidor, blasfemador e cruel opressor; Davi, o adúltero; o pecador que comeu do fruto no Paraíso; o ladrão que foi pendurado na cruz; e brevemente, sê tu a pessoa que cometeu os pecados de todos os homens; vê que, portanto, pague-os e os satisfaça.[4]

Necessitamos sentir a lógica do ensino de Paulo. Primeiro, *todos os que confiam na lei estão sob maldição*. No começo do versículo 10, Paulo novamente emprega a expressão que usou três vezes em 2.16, a saber, "todos quantos, pois, são das obras da lei" (literalmente). O motivo pelo qual Paulo pode declarar que tais estão "debaixo de maldição" é que as Escrituras dizem que estão. "Maldito todo aquele que não permanece em todas as coisas que estão no livro da lei, para praticá-las" (cf. Deuteronômio 27.26). Ser humano algum jamais "permaneceu" em "praticar" o que a lei requer. Ninguém, a não ser Jesus, conseguiu prestar tal obediência contínua e total, de modo que "é evidente" (v. 11) que "pela lei ninguém é justificado diante de Deus", porque ninguém a guardou.

Além disso, a Escritura também diz que "o justo viverá pela fé" (Habacuque 2.4), e viver "pela fé" e viver "pela lei" são dois estados completamente diferentes (v. 12). A conclusão é inevitável. Embora teoricamente os que obedecem à lei viverão, na prática ninguém viverá, porque ninguém ainda lhe obedeceu.

---

[4] LUTERO, Martinho. **Epistle to the Galatians**, p. 272.

Portanto, não podemos obter a salvação dessa maneira. Pelo contrário, longe de sermos salvos pela lei, somos amaldiçoados por ela. A maldição ou juízo de Deus, que sua lei pronuncia sobre os infratores, descansa sobre nós. É essa a assombrosa situação da humanidade perdida.

Segundo, *Cristo nos redimiu da maldição da lei fazendo-se maldição por nós*. Talvez essa seja a declaração mais clara do Novo Testamento acerca da substituição. A maldição da quebra da lei repousava sobre nós; Cristo nos redimiu, tomando-se maldição em nosso lugar. A maldição que pairava sobre nós foi transferida a ele. Ele a assumiu para que pudéssemos escapar. E a evidência de que ele levou nossa maldição é ter sido pendurado no madeiro, visto que Deuteronômio 21.23 declara que tal pessoa é maldita (v. 13).

Terceiro, Cristo fez isso *a fim de que nele a bênção de Abraão pudesse ir para os gentios* [...] *pela fé* (v. 14). O apóstolo deliberadamente passa da linguagem da maldição para a da bênção. Cristo morreu por nós não apenas para remir-nos da maldição divina, mas também para assegurar-nos a bênção divina. Ele, nos séculos passados, tinha prometido abençoar a Abraão e através da descendência deste às nações gentias. E essa bênção Paulo aqui interpreta como "justificação" (v. 8) e "Espírito" (v. 14); todos os que estão em Cristo são, assim, ricamente abençoados.

Resumindo, por causa da nossa desobediência estávamos debaixo da maldição da lei. Cristo nos redimiu, levando-a em nosso lugar. Como resultado, recebemos pela fé em Cristo a bênção prometida da salvação. A sequência é irresistível. Leva-nos à adoração humilde de que Deus em Cristo, em seu santo amor por nós, estava disposto a ir a tais extremos, e que as bênçãos que hoje desfrutamos são devidas à maldição que ele levou por nós na cruz.

5. A CRUZ E A PERSEGUIÇÃO (5.11; 6.12)

> Eu, porém, irmãos, se ainda prego a circuncisão, por que continuo sendo perseguido? Logo está desfeito o escândalo da cruz. Todos os que querem ostentar-se na carne, esses vos constrangem a vos circuncidardes, somente para não serem perseguidos por causa da cruz de Cristo.

Ambos os versículos mencionam a cruz de Cristo, e em 5.11 ela é chamada de "escândalo" ou "pedra de tropeço". Ambos os versículos fazem referência à perseguição. Segundo 5.11, Paulo está sendo perseguido por pregar a cruz; segundo 6.12, os falsos mestres evitam a perseguição pregando a circuncisão em lugar da cruz. De modo que a alternativa para os evangelistas, pastores e mestres cristãos é pregar ou a circuncisão ou a cruz.

"Pregar a circuncisão" é pregar a salvação pela lei, isto é, por meio da realização humana. Tal mensagem remove o escândalo da cruz, escândalo pelo fato de não podermos ganhar nossa salvação; esse tipo de mensagem, portanto, nos exime da perseguição.

"Pregar a cruz" (como em 3.1) é pregar a salvação pela graça de Deus somente. Tal mensagem é pedra de tropeço (1Coríntios 1.23) porque é gravemente escandalosa para o orgulho humano; ela, portanto, nos expõe à perseguição.

É claro que não há judaizastes no mundo hoje, pregando a necessidade da circuncisão. Mas há uma abundância de mestres falsos, tanto dentro como fora da igreja, que pregam um falso evangelho (que não é evangelho, 1.7), a salvação por meio das boas obras. Pregar a salvação por meio das boas obras é elogiar as pessoas, evitando, assim, a oposição. Pregar a salvação pela graça é escandalizar as pessoas, suscitando, assim, a oposição. Para alguns isso pode parecer alternativa demasiadamente severa. Mas não penso assim. Todos os pregadores cristãos têm de enfrentar essa questão. Ou pregamos que os seres humanos são rebeldes contra Deus, estão debaixo do seu juízo e (se deixados em paz) perdidos, e que o Cristo crucificado que levou o nosso pecado e maldição é o único Salvador disponível, ou enfatizamos o potencial e a habilidade humanos, usando a Cristo apenas como um aumento dessas qualidades, não tendo nenhuma necessidade da cruz a não ser exibir o amor de Deus e, assim, inspirar-nos a maior esforço.

O primeiro é o caminho da fidelidade, o último o caminho da popularidade. Não é possível ser fiel e popular ao mesmo tempo. Necessitamos ouvir novamente o aviso de Jesus: "Ai de vós, quando todos vos louvar! porque assim procederam os seus pais com os falsos profetas" (Lucas 6.26). Em contraste, se pregamos a cruz, podemos descobrir que nós próprios somos perseguidos para ela. Como escreveu Erasmo em seu tratado *Sobre a Pregação*: "Que ele (o pregador) se lembre de que a cruz jamais será faltosa aos que sinceramente pregam o evangelho. Sempre haverá Herodes, Ananias, Caifases, Escribas e Fariseus".[5]

6. A CRUZ E A SANTIDADE (5.24)

> E os que são de Cristo Jesus crucificaram a carne, com as suas paixões e concupiscências.

É essencial que examinemos esse texto (como de fato todos os textos) no seu contexto. No capítulo 5 de Gálatas Paulo trata do significado da liberdade moral.

---

[5] Apud BAINTON, Roland H. **Erasmus of Christendom**, p. 323.

Ele declara que não é autoindulgência, mas controle próprio, não servir a nós mesmos mas servir uns aos outros em amor (v. 13). Por trás dessa alternativa está o conflito interior do qual todos os cristãos têm consciência. O apóstolo chama os protagonistas de "carne" (nossa natureza caída e com a qual nascemos) e de "Espírito" (o próprio Espírito Santo que habita em nós quando nascemos de novo). Nos versículos 16-18 ele descreve o concurso entre os dois, porque os desejos da carne e os do Espírito são contrários uns aos outros.

Os atos da carne (vv. 19-21) incluem imoralidade sexual, apostasia religiosa (idolatria e feitiçaria), quebra social (ódio, discórdia, inveja, ambição egoísta e facções) e apetites físicos descontrolados (bebedice e orgias). O fruto do Espírito (vv. 22-23), contudo — as graças que ele faz amadurecer nas pessoas a quem ele enche — inclui amor, alegria e paz (especialmente com relação a Deus), paciência, bondade e mansidão (em relação uns com os outros), e fidelidade, gentileza e domínio próprio (em relação a nós).

Como, pois, podemos fazer que os desejos do Espírito predominem sobre os da carne? Paulo responde que depende da atitude que adotarmos para com cada um deles. Segundo o versículo 24, devemos "crucificar" a carne, com as suas paixões e concupiscências. Segundo o versículo 25, devemos "viver" e "andar" no Espírito.

Meu interesse neste capítulo está no versículo 24, por causa da declaração de que os que pertencem a Cristo "crucificaram" sua carne, ou natureza pecaminosa. É essa uma metáfora espantosa. Pois a crucificação era uma forma horrível e brutal de execução. Contudo, graficamente ilustra qual deve ser nossa atitude para com a natureza caída. Não devemos acariciá-la, nem estragá-la, dando-lhe estímulo ou até mesmo paciência. Pelo contrário, devemos rejeitá-la de modo cruel, juntamente com seus desejos. Paulo está elaborando o ensino de Jesus acerca do "tomar a cruz" e segui-lo. Ele nos está dizendo o que acontece quando chegamos ao lugar da execução: a crucificação real se realiza.

Lutero escreve que o povo de Cristo prega a sua carne à cruz, "de modo que embora a carne ainda viva, contudo não pode realizar o que faria, pois se encontra atada de pés e mãos, e firmemente pregada na cruz".[6] E se não estivermos prontos para crucificar a nós mesmos dessa maneira decisiva, logo descobriremos que em seu lugar estamos crucificando novamente o Filho de Deus. A essência da apostasia é "passar do lado do Crucificado para o dos crucificadores".[7]

---

[6] LUTERO, Martinho. **Epistle to the Galatians**, p. 527.
[7] Hebreus 6.4-6; 10.26,27. Cf. C. F. D. Moule, **Sacrifice of Christ**, p. 30.

As crucificações de Gálatas 2.20 e 5.24 referem-se a duas coisas bem diferentes, como mencionamos num capítulo anterior. A primeira diz que fomos crucificados com Cristo (aconteceu a nós como resultado de nossa união com ele), e a segunda afirma que o próprio povo de Cristo tem praticado a ação de crucificar sua velha natureza. A primeira fala de nossa liberdade da condenação da lei mediante a partilhação da crucificação de *Cristo*, a segunda de nossa liberdade do poder da carne, assegurando a *sua* crucificação. Não devemos confundir estas duas coisas, a saber, termos sido crucificados com Cristo (passivo) e termos crucificado a carne (ativo).

7. A CRUZ E A VANGLÓRIA (6.14)

> Mas longe esteja de mim gloriar-me, senão na cruz de nosso Senhor Jesus Cristo, pela qual o mundo está crucificado para mim, e eu para o mundo.

É difícil encontrar-se um equivalente da palavra *kauchaomai*. Significa gloriar-se, confiar em, regozijar-se em, ter prazer em, viver para alguma coisa. O objeto de nossa vanglória enche os nossos horizontes, domina nossa atenção, e absorve o nosso tempo e energia. Numa palavra, nossa "vanglória" é a nossa obsessão.

Alguns estão obcecados consigo mesmos e com o seu dinheiro, fama ou poder; os mestres falsos da Galácia eram triunfalistas, obcecados com o número dos convertidos (v. 13); mas a obsessão de Paulo era com Cristo e a sua cruz. Aquilo que o cidadão romano via como objeto de vergonha, desgraça e até mesmo desgosto era para Paulo o seu orgulho, vanglória e glória. Além do mais, não podemos colocar isso de lado como idiossincrasia paulina. Pois, como vimos, a cruz ocupava o centro da mente de Cristo, e sempre tem ocupado o centro da fé da igreja.

Primeiro, gloriar-se na cruz é vê-la como o *caminho da aceitação com Deus*. A questão mais importante de todas é como nós, pecadores perdidos e culpados, podemos comparecer perante um Deus santo e justo. Foi com o fim de responder a essa questão em alto e bom som que Paulo, no calor apaixonado da sua controvérsia com os judaizantes, escreveu a carta aos gálatas. Como eles, alguns hoje ainda confiam em seus próprios méritos. Mas Deus nos livre de que nos gloriemos a não ser na cruz. A cruz exclui a todos os outros tipos de vanglória (Romanos 3.27).

Segundo, gloriar-se na cruz é vê-la como *o padrão de nossa negação própria*. Embora Paulo escreva de apenas uma cruz ("a cruz de nosso Senhor Jesus Cristo") ele se refere a duas crucificações, ou mesmo a três. Na mesma cruz em que nosso Senhor Jesus Cristo foi crucificado, "o mundo está crucificado para mim, e eu para o mundo". O "mundo" assim crucificado (repudiado) não significa, é claro, as pessoas do mundo (pois somos chamados a amá-las e servi-las), mas os valores do mundo, seu materialismo ímpio, vaidade e hipocrisia (pois não se nos ordena que amemos a estes, mas que os rejeitemos). "A carne" já foi crucificada (5.24); agora "o mundo" junta-se a ela na cruz. Devemos manter as duas crucificações principais de 6.14 em íntima relação uma com a outra — a de Cristo e a nossa. Pois não são duas, mas uma. É somente a visão da cruz de Cristo que nos fará dispostos, e até mesmo ansiosos por tomar a nossa. É somente então que poderemos, com integridade, repetir as palavras de Paulo com ele, de que não nos gloriamos em nada a não ser na cruz.

Consideramos as sete grandes declarações de Paulo na carta aos Gálatas acerca da cruz, e as examinamos na ordem em que ocorrem. Pode ser útil, em conclusão, reordená-las e reagrupá-las em ordem teológica em vez de cronológica, a fim de compreendermos ainda mais firmemente a centralidade e penetração da cruz em todas as esferas da vida cristã.

Primeiro, a cruz é *o fundamento de nossa justificação*. Cristo nos resgatou do presente mundo-perverso (1.4) e nos redimiu da maldição da lei (3.13). E o motivo pelo qual ele nos livrou desse cativeiro duplo é que possamos nos apresentar audazmente na presença de Deus como filhos e filhas, sermos declarados justos e recebermos a habitação do seu Espírito.

Segundo, a cruz é *o meio de nossa santificação*. É aqui que entram as outras três crucificações. Fomos crucificados com Cristo (2.20). Crucificamos a nossa natureza caída (5.24). E o mundo está crucificado para nós, como o estamos para o mundo (6.14). De modo que a cruz é mais que a crucificação de Jesus; inclui a nossa crucificação, a crucificação da nossa carne e a crucificação do mundo.

Terceiro, a cruz é *o assunto de nosso testemunho*. Devemos apresentar um cartaz do Cristo crucificado ante os olhos do povo, de modo que vejam e creiam (3.1). Ao fazermos isso, não devemos expurgar o evangelho, extraindo dele seu escândalo ao orgulho humano. Não, qualquer que seja o preço, preguemos a cruz (o mérito de Cristo), não a circuncisão (o mérito do homem); é o único modo de salvação (5.11; 6.12).

Quarto, a cruz é *o objeto de nossa glória*. Que Deus nos livre de gloriarmos em algo mais (6.14). Todo o mundo de Paulo girava em torno da cruz. Ela enchia a sua visão, iluminava a sua vida, aquecia o seu espírito. Ele se "gloriava" nela. Significava mais para ele do que qualquer outra coisa. Devíamos ter a mesma perspectiva.

Se a cruz não se encontra no centro dessas quatro esferas, então merecemos que se nos aplique a mais terrível de todas as descrições: "inimigos da cruz de Cristo" (Filipenses 3.18). Sermos inimigos da cruz é nos opormos aos seus propósitos.

A justificação própria (em vez de ir à cruz em busca de justificação), a autoindulgência (em vez de tomar a cruz e seguir a Cristo), o anúncio próprio (em vez de pregar a Cristo crucificado) e a glorificação própria (em vez de nos gloriarmos na cruz) — são essas as distorções que nos tornam "inimigos" da cruz de Cristo.

Paulo, por outro lado, foi um amigo devotado da cruz. Ele se identificou com ela de modo tão ínfimo que sofreu perseguição física por ela. — Trago no corpo as marcas de Jesus" (Gálatas 6.17), escreveu ele, as chagas e as cicatrizes que ele recebera ao proclamar o Cristo crucificado, os *stigmata* que o marcaram como autêntico escravo de Cristo.

Os *stigmata* de Jesus, no espírito se não no corpo, permanecem como marcas da autenticação para cada discípulo cristão, e em especial para cada testemunha cristã. Campbel Morgan o expressou muito bem:

> Só o homem crucificado pode pregar a cruz. Disse Tomé: "A menos que eu veja em suas mãos o sinal dos cravos [...] não crerei". O dr. Parker, de Londres, disse que o que Tomé disse acerca de Cristo, o mundo hoje está dizendo a respeito da igreja. E o mundo também está dizendo a cada pregador: A menos que eu veja em tuas mãos as marcas dos cravos, não crerei. É verdade. Só o homem [...] que morreu com Cristo [...] pode pregar a cruz de Cristo.[8]

---

[8] MORGAN, G. Campbell. **Evangelism**, p. 59-60.

Bibliografia

Esta bibliografia inclui somente as obras mencionadas no texto. Com pouquíssimas exceções, os trabalhos escritos em línguas outras que não o inglês são apresentados em tradução, sempre que estas existam e não seja muito difícil adquiri-las.

ABELARD, P. In: FAIRWEATHER, E. (Ed.). **A Scholastic Miscellany.**
ANDERSON, J. N. D. **Morality, Law and Grace.** Tyndale Press, 1972.
ANSELMO. **Cur Deus Homo?** (1098). Trad. Edward S. Prout. Religious Tract Society, 1880.
ATKINSON, David. **Peace in Our Time?** NP, 1985.
ATKINSON, James. Rome and Reformation Today. **Latimer Studies,** n. 12, Latimer House, 1982.
AULEN, Gustav. **Christus Victor** (1930). SPCK, 1931.
Baptism, Eucharist and Ministry. Tese sobre a Fé e a Ordem, Concílio Mundial de Igrejas, n. 111, 1982.
BAILEY, Kenneth. **The Cross and the Prodigal.** Concordia, 1973.
BAINTON, Roland H. **Erasmus of Christendom** (1969). Collins, 1970.
BARCLAY, O. R. **Whatever Happened to the Jesus Lane Lot?** IVP, 1977.
BARCLAY, William. **Crucified and Crowned.** SCM, 1961.
BARRACLOUGH, Geoffrey (Ed.). **The Christian World:** A Social and Cultural History of Christianity. Thames & Hudson, 1981.
BARTH, Karl. In: BROMILEY, G. W.; TORRANCE, T. E. (Ed.). **Church Dogmatics.** Trad. G. W. Bromiley. T. & T. Clark, 1956-1957.
BAUERNFEIND, O. Nikao. Theological Dictionary of the New Testament. Eerdmans, 1967. v. IV, p. 942-945.
BAXTER, Richard. The Saints' Everlasting Rest (1650). In: DUNCAN, William Orme Games (Ed.). **Practical Works,** 1830. v. XXIII.
BECKWITH, R. T.; DUFFIELD, G. E.; PACKER, J. I. **Across the Divide.** Marcham Manor Press, 1977.
BEESON, Trevor. **Discretion and Valour:** Religious Conditions in Russia and Eastern Europe. Collins, 1974.
BEHM, Johannes. "Haima". **Theological Dictionary of the New Testament.** Eerdmans, 1964. v. I, p. 172-177.

BERKHOF, Hendrik. **Christ and the Powers**. Trad. John Howard Yoder. Herald Press, 1962.
BERKOUWER, G. C. **The Work of Christ**. Eerdrnans, 1965.
BLUNT, A. W. F. The Epistle of Paul to the Galatians. **The Clarendon Bible**. OUP, 1925.
BONHOEFFER, Dietrich. **The Cost of Discipleship** (1937). Trad. R. H. Fuller. SCM, 1964.
_____. **Letters and Papers from Prison** (1953). SCM, 1971.
BOSWELL, James. **Life of Johnson**. Dutton, 1927. 2 v.
BRASNETT, B. R. **The Suffering of the Impassible God**. SPCK, 1928.
BRUCE, F. F. **Colossians**.
BRUNNER, Emil. **Man in Revolt**: A Christian Anthropology (1937). Trad. Olive Wyon. Lutterworth, 1939.
BUCHANAN, Colin (Ed.). Essays on Eucharistic Sacrifice in the Early Church. **Grove Liturgical Study**, Grove Books, n. 40, 1984.
BÜCHSEL, F. "Aliasse e Katalasso". **Theological Dictionary of the New Testament**, Eerdmans, 1964. v. I, p. 251-259.
_____; HERMANN, J. "Hilaskomai". **Theological Dictionary of the New Testament**. Eerdmans, 1965. v. III, p. 300-323.
BÜHLMANN, Walbert. **The Coming of the Third Church** (1974). Orbis, 1978.
BULTMANN, Rudolf. In: BARTSCH, Hans Werner (Ed.). **Kerygma and Myth** (1948). Trad. R. H. Fuller. SPCK, 1953. 2 v.
BUSHNELL, Horace. **Forgiveness and Law**. Fundado em princípios interpretados por analogias humanas. Scribner, Armstrong & Co, 1874.
_____. **The Vicarious Sacrifice**. Baseado nos princípios da obrigação universal. Alexander Strahan, 1866.
BUTTRICK, George A. **Jesus Game Preching**. Preleções de Yale de 1931. Scribner, 1931.
CAIRD, G. B. **Principalities and Powers**: a Study in Pauline Theology. Clarendon Press, 1956.
CALVIN, John. **Commentary on a Harmony of the Evangelists Matthew, Mark and Luke**. Trad. W. Pringle. Eerdmans, 1965. 3 v.
_____. **Commentary on the Gospel According to St John**. Trad. T. H. L. Parker. Oliver & Boyd, 1961. 2 v.
_____. Institutes of the Christian Religion (1559). In: MCNEILL, John T. (Ed.). Library of Christian Classics. Trad. Ford Lewis Battles. Westminster Press, 1960. v. XX e XXI.

Campbell, John McLeod. **The Nature of the Atonement, e seu relacionamento com a remissão dos pecados e a vida eterna** (1856). 4. ed. Macmillan, 1873.

Carey, George L. Justification by Faith in Recent Roman Catholic Theology. In: Reid, Gavin (Ed.). **The Great Acquittal**. Collins, 1980.

_____. The Lamb of God and Atonement Theories. **Tyndale Bulletin**, n. 32, p. 97-122, 1983.

Christian Witness to Traditional Religionists of Asia and Oceania. **Lausanne Occasional Paper**, Lausanne Committee for World Evangelization, n. 16, 1980.

Church of England Evangelical Council. **Evangelical Anglicans and the ARCIC Final Report**. Grove Books, 1982.

Cicero, Against Verres. **The Verrine Orations**. Trad. L. H. G. Greenwood. Heinemann, 1928-1935. 2 v.

_____. **In Defense of Rabirius**. Trad. H. G. Hodge. The Speeches of Cicero. Heinemann, 1927. p. 452-491.

Clarkson, Margaret. **Destined for Glory**: the meaning of suffering. Eerdmans e Marshalls, 1983.

Clement of Alexandria. Stromateis (Miscelânea). In: Roberts, A.; Donaldson, J. (Ed.). **The Ante-Nicene Fathers** (1885). Eerdmans, 1975. v. II, p. 299-567.

Clow, W. M. **The Cross in Christian Experience**. Hodder & Stoughton, 1910.

Coates, R. J. The Doctrine of Eucharistic Sacrifice in Moderas Times. In: Packer, J. I. (Ed.). **Eucharistic Sacrifice**. Church Book Room Press, 1962. p. 127-153.

Coggan, F. Donald (Ed.). **Christ and the Colleges**: a History of the InterVarsity Fellowship of Evangelical Unions. IVFEU, 1934.

_____. **The Glory of God**: Four studies in a ruling biblical concept. CMS, 1950.

Council of Trent. Veja **Canons and Decrees**, de H. J. Schroeder.

Cox, Harvey G. **On Not Leaving it to the Snake** (1964). SCM, 1968.

Craig, Mary. **Blessings**: an autobiographical fragment. Hodder & Stoughton, 1979.

Cranfield, C. E. B. **The Epistle to the Romans**. International Critical Commentary. T. & T. Clark, 1975-1979. 2 v.

_____. **The Gospel According to St Mark**. Cambridge Greek New Testament Commentary series. CUP, 1959.

Cranmer, Thomas. **On the Lord's Supper** (1550). In: Jenkyns, H. (Ed.). **The Remains of Thomas Cranmer** (1833). Thynne, 1907.

_____. **First Book of Homilies** (1547). SPCK, 1914.

CRAWFORD, Thomas J. **The Doctrine of Holy Scripture Respecting the Atonement**. Wm Blackwood, 1871; 5 ed. 1888.

CULLMANN, Oscar. **Baptism in the New Testament**. Trad. J. K. L. Reid (1950). SCM, 1951.

_____. **The Christology of the New Testament**. Trad. S. C. Guthrie e C. A. M. Hall (1957). SCM, 1959.

CYPRIAN, Ad Thibaritanos; DE LAPSIS. **The Ante-Nicene Fathers**. Trad. Ernest Wallis. Eerdmans, 1981. v. V.

DALE, R. W. **The Atonement**. Congregational Union, 1894.

DENNEY, James. "Anger". In: HASTINGS, James (Ed.). **A Dictionary of Christ and the Gospels**. T. & T. Clark, 1906. v. 1, p. 60-62.

_____. **The Atonement and the Modern Mind**. Hodder & Stoughton, 1903.

_____. **The Death of Christ**. Ed. R. V. G. Tasker (1902). Tyndale Press, 1951.

DIDACHE. **Early Christian Fathers**. Trad. e Ed. Cyril C. Richardson. SCM, 1953. v. 1, p. 161-179.

DIMOCK, Nathaniel. **The Doctrine of the Death of Christ:** in relation to the sin of man, the condemnation of the law, and the dominion of Satan. Elliot Stock, 1890.

DIX, Gregory (Ed.). **The Apostolic Tradition of St Hippolytus of Rome**. SPCK, 1937.

_____. **The Shape of the Liturgy**. Dacre Press, 1945.

DODD, C. **The Bible and the Greeks**. Hodder & Stoughton, 1935.

_____. **The Epistle of Paul to the Romans**. The Moffat New Testament Commentary. Hodder & Stoughton, 1932.

_____. "Hilaslcesthai, Its Cognates, Derivatives and Synonyms, in the Septuagint". **Journal of Theological Studies**, n. 32, p. 352360, 1931.

_____. **The Johannine Epistles**. The Moffat New Testament Commentary. Hodder & Stoughton, 1946.

DUNSTONE, A. S. **The Atonement in Gregory of Nyssa**. Tyndale Press, 1964.

EARECKSON, Joni. **Joni**. Zondervan, 1976.

_____. **A Step Further**. Zondervan, 1978.

EDWALL, P.; HAYMAN, E.; MAXWELL, W. D. (Ed.). **Ways of Worship**. SCM, 1951.

ENGLAND, R. G. Fustification Today: The Roman Catholic and Anglican Debate. **Latimer Studies**, Latimer House, n. 4, 1979.

ROBERTS, A.; DONALDSON, J. (Ed.). Epistle to Diognetus. **The Ante-Nicene Fathers** (1885). Eerdmans, 1981. v. I, p. 23-30.

FAIRWEATHER, Eugene (Ed.). **A Scholastic Miscellany:** Anselm to Ockham. Library of Christian Classics. Macmillan, 1970. v. X.

FICHTNER, Johannes. "Orge". **Theological Dictionary of the New Testament.** Eerdmans, 1967. v. V, p. 394-408.

FORSYTH, P. T. **The Cruciality of the Cross.** Hodder & Stoughton, 1909.

_____. **The Justification of God.** Duckworth, 1916.

_____. **The Work of Christ.** Hodder & Stoughton, 1910.

FOXE, John. **Book of Martyrs** (1554). Religious Tract Society, 1926.

FRANKS, Robert S. **A History of the Doctrine of the Work of Christ.** Em seu desenvolvimento eclesiástico. Hodder & Stoughton, 1918.

_____. **The Work of Christ:** A Historical Study of Christian Doctrine (1918). Thomas Nelson, 1962.

GANDHI, Mahatma. **An Autobiography** (1948). Jonathan Cape, 1966.

GLASSER, William. **Reality Therapy:** a new approach to psychiatry. Harper & Row, 1965.

GLOVER, T. R. **The Jesus of History.** SCM, 1917; 2. ed., 1920.

GOUGH, Michael. **The Origins of Christian Art.** Thames & Hudson, 1973.

GREEN, E. M. B. Christ's Sacrifice and Ours. In: PACKER, J. I. (Ed.). **Guidelines:** Anglican Evangelicals Face the Future. Falcon, 1967. p. 89-117.

_____. **The Empty Cross of Jesus.** Hodder & Stoughton, 1984.

_____. Eucharistic Sacrifice in the New Testament and the Early Fathers. In: PACKER, J. I. (Ed.). **Eucharistic Sacrifice.** Church Book Room Press, 1962. p. 58-83.

_____. **I Believe in Satan's Downfall** (1981). Hodder & Stoughton, 1984.

GREEN, Peter. **Watchers by the Cross:** thoughts on the seven last words. Longmans Greeen, 1934.

GREGORY OF NAZIANZUS. Orations. In: SCHAFF, Philip; WACE, Henry (Ed.). **Nicene and Post-Nicene Fathers.** Trad. C. G. Browne e J. E. Swallow (1893). Eerdmans, 1981. p. 203-434.

GREGORY OF NYSSA. The Catechetical Oration. In: SCHAFF, Philip; WACE, Henry (Ed.). **Nicene and Post-Nicene Fathers**. Trad. W. Moore e H. A. Wilson (1892). Eerdmans, 1979. v. V, p. 473-509.

GROTIUS, Hugo. **A Defense of the Catholic Faith concerning the Satisfaction of Christ against Faustus Socinus** (1617). Trad. E. H. Foster. W. F. Draper, 1889.

GRUBB, Normam P. **Once Caught, No Escape:** My Life Story. Lutterworth, 1969.

GUILLEBAUD, H. E. **Why the Cross?** IVF, 1937.

HAMLEY, Colonel (Edward Bruce. **Voltaire.** W. Blackwood & Sons, 1877.
HANSON, A. T. **The Wrath of the Lamb.** SPCK, 1959.
HARDY, Alister. **The Divine Flame.** Collins, 1966.
HART, H. L. A. **Punishment and Responsibility.** OUP, 1968.
HEILER, Friedrich. **The Gospel of Sadhu Sundar Singh** (1924). George Allen & Unwin, 1927.
HENGEL, Martin. **The Atonement:** the origin of the doctrine in the New Testament. Trad. John Bowden (1980). SCM, 1981.
_____. **Crucifixion.** Trad. John Bowden (1976); SCM e Fortress Press, 1977. Originalmente Mors turpissima crucis.
HESCHEL, Abraham. **The Prophets.** Harper & Row, 1962.
HOEKEMA, Anthony A. **The Christian Looks at Himself.** Eerdmans, 1975.
HOOKER, Richard. Of the Laws of Ecclesiastical Polity (1593-1597). In: KEBLE, John (Ed.). **The Works of Richard Hooker.** 3. ed. OUP, 1845. 3 v.
_____. Sermon on Habakkuk 1:4 (1585). In: KEBLE, John (Ed.). **The Works of Richard Hooker.** 3. ed. OUP, 1845. v. 3, p. 483-547.
IGNATIUS. Ad Ephesios. In: ROBERTS, A.; DONALDSON, J. (Ed.). **The Ante-Nicene Fathers** (1885). Eerdmans, 1981. v. 1, p. 49-58.
_____. Ad Polycarp. In: ROBERTS, A.; DONALDSON, J. (Ed.). **The Ante-Nicene Fathers** (1885). Eerdmans, 1981. v. 1, p. 99-100.
IMBERT, Jean. **Le Procès de Iésus.** Presses Universitaires de France, 1980.
IRENAEUS. Adversus Haereses. In: ROBERTS, A.; DONALDSON, J. (Ed.). **The Ante-Nicene Fathers** (1885). Eerdmans, 1981. v. 1, p. 315-567).
JEEVES, Malcoim A.; BERRY, R. J.; ATICINSON, David. **Free to Be Different.** Marshalls, 1984.
JEREMIAS, Joachim. The Central Message of the New Testament (1955). SCM, 1966.
_____. **The Eucharist Words of Jesus.** Trad. N. Perrin. OUT, 1955.
_____; ZIMMERLI, W. "Pais Theou". **Theological Dictionary of the New Testament.** Eerdmans, 1967. v. V, p. 654-717.
_____. "Polloi". **Theological Dictionary of the New Testament.** Eerdmans, 1968. v. VI.
_____; ZIMMERLI, W. **The Servant of God** (1952). SCM, 1957.
JOSEPHUS. **Jewish Antiquities.** H. St J. Thackeray, Ralph Marcus et al. Heinemann, 1930-1965. 6 v.
_____. **Jewish War.** Trad. H. St J. Thackeray. Heinemann, 1927-1928. 2 v.

MARTYR, Justin. Dialogue with Trypho a Jew. In: ROBERTS, A.; DONALDSON, J. (Ed.). **The Ante-Nicene Fathers** (1885). Eerdmans, 1981. v. I, p. 194-270.

_____. First Apology. In: ROBERTS, A.; DONALDSON, J. (Ed.). **The Ante-Nicene Fathers** (1885). Eerdmans, 1981. v. I, p. 163-187.

KIDNER, F. D. **Sacrifice in the Old Testament**. Tyndale Press, 1952.

KING, Martin Luther. **Strength to Leve** (1963). Hodder & Stoughton, 1964.

KITAMORI, Kazoh. **Theology of the Pain of God** (1946). SCM, 1966.

KORAN, The. 3. ed. rev. Trad. N. J. Dawood. Penguin, 1958.

KÜNG, Hans. **Justification. The Doctrine of Karl Barth and a Catholic Reflection** (1957). Burns & Oates, 1964.

LAMBETH CONFERENCE. **Lambeth Conference Papers**. SPCK, 1958.

LASSERRE, Jean. **War and the Gospel**. James Clarke, 1962.

LEWIS, A. J. **Zinzendorf:** The Ecumenical Pioneer. Um estudo sobre a contribuição moraviana à missão e unidade cristãs. SCM, 1962.

LEWIS, C. S. **The Four Loves**. Geoffrey Bles, 1960.

_____. The Humanitarian Theory of Punishment. In: HUGHES, Philip E. (Ed.). **Churchrnen Speak**. Marcham Manor Press, 1966. p. 39-44.

_____. **The Problem of Pain** (1940). Collins Fontana, 1957.

_____. **Surprised by Joy**. Geoffrey Bles, 1955.

LEWIS, W. H. (Ed.). **Letters of C. S. Lewis**. Geoffrey Bles, 1966.

LOANE, Marcus L. **Archbishop Mowil**. Hodder & Stoughton, 1960.

LOMBARD, Peter. Book of Sentences (Sententiarum Libri Quatuor). In: MIGNE, J. P. (Ed.). **Opera Omnia**. Paris, 1880. v. 192, p. 521-1112.

LUCIAN. The Passing of Peregrinus. **The Works of Lucian**. Trad. A. M. Harman. Heinemann, 1936. v. 5, p. 2-51.

LUTHER, Martin. **Commentary on the Epistle to the Galatians** (1535). James Clarke, 1953.

_____. Letters of Spiritual Counsel. In: TAPPERT, Theodore G. (Ed.). **Library of Christian Classics**. SCM, 1955. v. XVIII.

MACKINTOSH, Robert. **Historic Theories of the Atonement**. Hodder, 1920.

MACLAREN, Alexander. **The Epistles of Paul to the Colossians and Philemon**. The Expositor's Bible. Hodder & Stoughton, 1896.

MARSHALL, I. H. **The Work of Christ**. Paternoster Press, 1969.

MCCROSSAN, T. J. In: HICKS, Roy; HAGIN, Kenneth E. (Ed.). **Bodily Healing and the Atonement** (1930). Faith Library Publications, 1982.

MCGRATH, Abster. The Moral Theory of the Atonement: An Historical and Theological Critique. **Scottish Journal of Theology**, n. 38, p. 205-220, 1985.

MENNINGER, Karl. **Whatever Became of Sin?** Hawthorn Books, 1973.

MILLER, J. H. "Cross" e "Crucifix". **The New Catholic Encyclopedia**. McGraw Hill, 1980. v. 4, p. 473-479 e 485.

MOBERLY, R. C. **Atonement and Personality** (1901).

MOLTMANN, Jürgen. **The Crucified God:** The cross of Christ as the foundation and criticism of Christian theology (1973). SCM, 1974.

MORGAN, G. Campbell. **Evangelism**. Henry E. Walter, 1964.

MORRIS, Leon. **The Apostolic Preaching of the Cross**. Tyndale Press, 1955.

_____. **The Atonement:** Its Meaning and Significance. IVP, 1983.

_____. **The Cross in the New Testament**. Paternoster Press, 1965.

_____. The use of hilaskesthai etc. in Biblical Greek. **The Expository Times LXII** (1951). v. 8, p. 227-233.

MOULE, C. F. D. **The Sacrifice of Christ**. Hodder & Stoughton, 1956.

MOULE, Handley C. G. **Colossians Studies**. Hodder & Stoughton, 1898.

MOWRER, O. Hobart. **The Crisis in Psychiatry and Religion**. Van Nostrand, 1961.

MOZLEY, J. K. **The Doctrine of the Atonement**. Duckworth, 1915.

_____. **The Impassibility of God:** a survey of Christian thought. CUP, 1926.

MUGGERIDGE, Malcolm. **Jesus Rediscovered**. Collins, 1969.

MURRAY, Iain H. **David Martyn Lloyd-Jones**. Banner of Truth, 1982.

MURRAY, John. **The Epistle to the Romans**. Marshall, Morgan & Scott, 1960-1965. 2 volumes em 1.

_____. **Redemption Accomplished and Applied**. Eerdmans, 1955; Banner of Truth, 1961.

NEIL, William. **Apostle Extraordinary**. Religious Education Press, 1965.

NEILL, S. C. **Christian Faith Today**. Penguin, 1955.

_____. **Crises of Belief**. Hodder & Stoughton, 1984.

_____. Jesus and History. In: GREEN, E. M. B. (Ed.). **Truth of God Incarnate**. Hodder & Stoughton, 1977.

NICOLE, Roger R. C. H. Dodd and the Doctrine of Propitiation. **Westminster Theological Journal XVII**, v. 2, p. 117-157, 1955.

NIETZSCHE, Friedrich. **The Anti-Christ** (1895). Penguin, 1968.

NYGREN, Anders. **Agape and Eros:** a study of the Christian idea of love. Trad. A. G. Hebert. SPCK, 1932-1939. 2 v.

_____. **A Commentary on Romans** (1944). Fortress Press, 1949.

O'BRIEN, Peter. Commentary on Colossians. **Word Biblical Commentary**. Word Books, 1982. v. 44.

_____. Principalities and Powers, Opponents of the Church. In: CARSON, D. A. (Ed.) **Biblical Interpretation and the Church:** Text and Context. Paternoster Press, 1984. p. 110-150.

O'Donovan, Oliver. In Pursuit of a Christian View of War. **Grove Booklets on Ethics**. Grove Books, 1977. n. 15.

Origen. *Ezek. Hom.* In: Migne, J. P. (Ed.). **Opera Omnia**. Paris, 1862. v. 13, p. 663-767.

Orr, James. **The Progress of Dogma**. Hodder & Stoughton, 1901.

Packer, J. I. Justification. **New Bible Dictionary**, 2. ed. IVP, 1982. p. 646-649.

_____. What Did the Cross Achieve? The Logic of Penal Substitution. **Tyndale Bulletin**, n. 25, p. 3-45, 1974.

Paterson, W. P., "Sacrifice". In: Hastings, James (Ed.). **A Dictionary of the Bible**. T. & T. Clark, 1902. p. 329-349.

Philo. Ad Gaium. **Works**. Trad. C. D. Yonge. Henry G. Bohn, 1855. v. 4.

Pius XI. **Ad Catholice Sacerdotii**. Catholic Truth Society, 1935.

Pius XII. **Mediator Dei**. Catholic Society, 1947.

Plato. **Phaedo**. Trad. H. N. Fowler. Heinemann, 1914. p. 200-403.

Pocknee, Cyril E. **The Cross and Crucifix in Christian Worship and Devotion**. Alcuin Club Tracts XXXII. Mowbray, 1962.

Poulton, John. **The Feast of Life:** a theological reflection on the theme Jesus Christ — The life of the world. World Council of Churches, 1982.

Price, Tony. **Evangelical Anglicans and the Lima Text**. Grove Worship Series, Grove Books, n. 92, 1985.

Priestland, Gerald. **The Case Against God**. Collins, 1984.

_____. **Priestland's Progress:** one man's search for Christianity now. BBC, 1981.

Ramsey, A. Michael. **The Glory of God and the Transfiguration of Christ**. Longmans Green, 1949.

Rashdall, Hastings. **The Idea of Atonement in Christian Theology**. Macrnillan, 1919.

Robinson, H. Wheeler, **Suffering Human and Divine**. SCM, 1940.

Sanday, W.; Headlam, A. C. **The Epistle to the Romans**. 5. ed. International Critical Commentary. T. & T. Clark, 1902.

Schroeder, H. J. The Canons and Decrees of the Council of Trent (1941). Tan Books, 1978.

Sider, Ronald; O'Donovan, Oliver. **Peace and War:** a debate about pacifism. Grove Books, 1985.

Silvester, Hugh. **Arguing with God**. IVP, 1971.

Simon, Ulrich E. **A Theology of Auschwitz**. Gollancz, 1967.

SIMPSON, E. K.; BRUCE, F. F. **Commentary on the Epistles to the Ephesians and the Colossians.** New London Commentary. Marshalls, 1957; **New International Commentary on the New Testament.** Eerdmans, 1957.

SIMPSON, P. Carnegie. **The Fact of Christ.** Hodder & Stoughton, 1900.

SKINNER, B. F. **Beyond Freedom and Dignity** (1971). Pelican, 1973.

SMITH, George D. (Ed.). **The Teaching of the Catholic Church.** 2. ed. Burns Oates, 1952.

SOBRINO, Jon. **Christology at the Crossroads** (1976). Orbis, SCM, 1978.

SOCINUS, Faustus. **De Jesu Christo Servatore** (1578). Trad. Thomas Rees. London, 1818.

STAHLIN, Gustav (Org.). **Theological Dictionary of the New Testament.** Eerdmans, 1967. v. V, p. 419-447.

STIBBS, Alan M. **The Finished Work of Christ.** The 1952 Tyndale Biblical Theology Lecture. Tyndale Press, 1954.

_____. **The Meaning of the Word "Blood" in Scripture.** Tyndale Press, 1948.

STOTT, John R. W. **The Message of Ephesians:** God's New Society. The Bible speaks today series. IVP, 1979.

_____. **The Message of the Sermon on the Mount:** Christian Counter-Culture. The Bible speaks today series. IVP, 1978.

SWETE, H. B. **The Gospel According to St Mark.** Macmillan, 1898.

TALLENTYRE, S. G. **The Life of Voltaire.** London, 1903. 2 v.

TASKER, R. V. G. **The Biblical Doctrine of the Wrath of God.** Tyndale Press, 1951.

TATLOW, Tissington. **The Story of the Student Christian Movement of Great Britain and Ireland.** SCM, 1933.

TAYLOR, Vincent. **The Atonement in New Testament Teaching.** Epworth Press, 1940.

_____. **Forgiveness and Reconciliation:** a Study in New Testament theology. 2. ed. Macmillan, 1946.

_____. **Jesus and His Sacrifice:** a Study of the Passion-sayings in the Gospels. Macmillan, 1937.

TEMPLE, William. **Christus Veritas.** Macmillan, 1924.

_____. **Citizen and Churchman.** Eyre & Spottiswoode, 1941.

_____. **Readings in St John's Gospel.** Macrnillan, 1939-1940. 2 v.

TERTULLIAN. *Adversus Praxean.* In: ROBERTS, A.; DONALDSON, J. **The Ante-Nicene Fathers.** Trad. Holmes. Eerdmans, 1973. v. III, p. 597- 627.

_____. *De Carne Christi*. In: ROBERTS, A.; DONALDSON, J. **The Ante-Nicene Fathers**. Trad. Holmes. Eerdmans, 1973. v. III, p. 521-542.

_____. De Carona. In: ROBERTS, A.; DONALDSON, J. **The Ante-Nicene Fathers**. Trad. Holmes. Eerdmans, 1973. v. III, p. 93-103.

THOMPSON, R. J.; Beckwith, R. T. Sacrifice and Offering. **New Bible Dictionary**. 2. ed. IVP, 1982. p. 1045-1054.

TIZARD, L. J. **Preaching:** The Art of Communication. OUP, 1959.

TOURNIER, Paul. **Creative Suffering** (1981). SCM, 1982.

TREUHERZ, J. **Pre-Raphaelite Paintings**. Lund Humphries, 1980.

TURNER, H. E. W. **The Patristic Doctrine of Redemption**. Mowbray, 1952.

TYNDALE, William. **Doctrinal Treatises**. Parker Society. CUP, 1848.

VANSTONE, W. H. **Love's Endeavour, Love's Expense:** The Response of Being to the Love of God. Darton, Longman & Todd, 1977.

VIDLER, Alec R. **Essays in Liberality**. SCM, 1957.

VITZ, Paul. **Psychology as Religion:** The Cult of Self-Worship. Eerdmans, 1977.

VIVEKANANDA, Swami. **Speeches and Writings**. G. A. Natesan, Madras.

WACE, Henry. **The Sacrifice of Christ:** its vital reality and efficacy (1898). Church Book Room Press, 1945.

WALLACE, Ronald S. **The Atoning Death of Christ**. Marshalls, 1981.

WARFIELD, B. B. **Biblical Doctrines**. OUP, 1929.

_____. In: CRAIG, Samuel G. (Ed.). **The Person and Work of Christ**. Presbyterian & Reformed Publishing Company, 1950.

WARREN, M. A. C. **Interpreting the Cross**. SCM, 1966.

WATERLAND, Daniel. **A Review of the Doctrine of the Eucharist** (1737). Clarendon Press, 1896.

WEBSTER, Douglas. **In Debt to Christ**. Highway Press, 1957.

_____. **Yes to Mission**. SCM, 1966.

WELLS, David F. **Revolution in Rome**. IVP, 1972.

_____. **The Search for Salvation**. IVP, 1978.

WENHAM, G. J. **Nimbers. Tyndale Old Testament Commentaries**. IVP, 1981.

WETCOTT, B. F. **Commentary on the Epistles of John**. Macmillan, 1883.

_____. **The Epistle to the Hebrews** (1889). 3. ed. Macmillan, 1903.

_____. **The Historic Faith**. 6. ed. Macmillan, 1904.

WESTMINSTER CONFESSION OF FAITH. The Proposed Book of Confessions of the Presbyterian Church in the United States (1976). p. 77-101.

WHALE, J. S. **Victor and Victim:** the Christian doctrine of redemption. CUP, 1960.
WHITE, Douglas. The nature of Punishment and Forgiveness. In: RUSSELL, C. F. (Ed.). **Papers in Modern Churchmanship**. Longmans Green, 1924. n. II, p. 6-9.
WIESEL, Elie. **Night** (1958). Penguin, 1981.
WILLIAMS, Rowan. Eucharistic Sacrifice – The Roots of a Metaphor. **Groe Liturgical Sutdy**, Grove Books, n. 31, 1982.
WILMER, Haddon. **Third Way**, maio 1979.
WRIGHT, Tom. "Justification: The Biblical Basis and its Relavance for Contemporary Evanglicalism". In: REID, Gavin (Ed.). **The Great Acquittal**. Collins, 1980.
YANCEY, Phillip. **Where is God when it hurts?** Zondervan, 1977.
ZWEMER, Samuel M. **The Glory of the Cross**. Marshall, Morgan & Scott, 1928.

Esta obra foi composta em *GoudyOlSt BT*
e impressa por Gráfica Eskenazi sobre papel
Chambril Avena 70 g/m² para Editora Vida.